财政部规划教材

全国财政职业教育教学指导委员会推荐教材

全国高等院校财经类教材

U0514601

市场营销项目化教程

林媛媛　柯晶莹　主　编
张轶岚　陈　璐　蓝福基　副主编

中国财经出版传媒集团

经济科学出版社
Economic Science Press

图书在版编目（CIP）数据

市场营销项目化教程 / 林嫒嫒，柯晶莹主编. —— 北京：经济科学出版社，2023.7
财政部规划教材　全国财政职业教育教学指导委员会推荐教材　全国高等院校财经类教材
ISBN 978 - 7 - 5218 - 4887 - 8

Ⅰ.①市…　Ⅱ.①林…②柯…　Ⅲ.①市场营销学 - 教材　Ⅳ.①F713.50

中国国家版本馆 CIP 数据核字（2023）第 119185 号

责任编辑：白留杰　杨晓莹
责任校对：李　建
责任印制：张佳裕

市场营销项目化教程
林嫒嫒　柯晶莹　主　编
张轶岚　陈　璐　蓝福基　副主编
经济科学出版社出版、发行　新华书店经销
社址：北京市海淀区阜成路甲 28 号　邮编：100142
教材分社电话：010 - 88191309　发行部电话：010 - 88191522
网址：www. esp. com. cn
电子邮箱：bailiujie518@ 126. com
天猫网店：经济科学出版社旗舰店
网址：http: //jjkxcbs. tmall. com
北京密兴印刷有限公司印装
710 × 1000　16 开　21.75 印张　540000 字
2023 年 7 月第 1 版　2023 年 7 月第 1 次印刷
ISBN 978 - 7 - 5218 - 4887 - 8　定价：66.00 元
（图书出现印装问题，本社负责调换。电话：010 - 88191545）
（版权所有　侵权必究　打击盗版　举报热线：010 - 88191661
QQ：2242791300　营销中心电话：010 - 88191537
电子邮箱：dbts@ esp. com. cn）

前言

随着社会、经济的发展，为了在激烈的市场竞争中获得更好的生存和发展机会，企业日益重视市场营销工作，由此，在现代经济环境下，市场营销活动无处不在，国家需要营销，企事业单位需要营销，个人也需要营销。对营销人才的需求也日趋强烈，提高经管类专业学生的营销意识和营销能力，培养社会发展需求的营销人才，已成为高校人才培养工作的重要任务。《市场营销项目化教程》是市场营销、工商管理、国际经济与贸易、会计、物流管理、连锁经营管理等专业的必修基础课教材，希望能帮助大学生突破创业就业的"瓶颈"，对其就业、创业有一定的借鉴及指导意义。

为切实提高教学质量，推进教育创新，突出高等院校培养"应用型"人才的目标，形成培养创新创业型人才的办学特色，本教材理论与实践相结合，坚持"理论联系实际，教学服务社会"的教学理念，本教材在编写中，依据高等教育的人才培养宗旨和模式，以培养学生市场营销的综合素质为主线，以"突出特色，立体培养"为办学思路，全面介绍市场营销基本理论、战略与战术；不断深化和充实专业教学内容，改革和创新教学方式，以线上线下结合编排教材内容，与时代发展同步前进，以强化课程的科学性、合理性、实用性，试图为学习者提供"课程思政＋知识理论＋实践案例"三位一体学习资源，探索通过教材改革引导教法创新，并推进课程思政实践，加强对学生分析能力的培养，以培养学生实际操作技能为主线，使学生能够较好地适应市场营销管理工作实践需要，更好地服务于社会主义市场经济建设。

本教材立足于市场营销基础理论，结合营销工作实际，融合企业新的营销方式和策略，采用"项目"→"任务"→"案例分析"→"情景讨论与能力训练"的构建方式编写，具体包括11个项目，分别是：感悟市场营销，培养市场营销环境，培养市场分析能力，培养市场调研与预测能力，领悟市场竞争战略，领悟目标营销战略，制定产品策略，制定定价策略，制定渠道策略，制定促销策略，感知新媒体传播。希望通过本教材的学习，让营销梦想照进现实。

本教材具有以下特点：

1. 突出能力培养。本教材把培养学生的实践能力和创新能力放在首要位置，并兼顾学生的后续发展需要来确立教材内容体系。

2. 突出案例教学。本教材每章都配有案例，通过经典案例教学使理论知识更具体形象，使学生对所需知识点易于掌握。

3. 互联网＋教程。本教材适应现代信息技术发展，突出互联网＋在市场营销教材及教学中的应用。

4. 突出自学能力的训练，通过适当的阅读材料增强学生对知识点的理解。

5. 为方便教师教学和学生学习使用，本书提供听故事悟原理视频、营销情景分析音频，配有教学课件、思政材料、案例分析思路。通过扫二维码即可阅读、观看。内容丰富，突出教材的适用性。

本教材由林媛媛、柯晶莹担任主编并负责全书的统稿工作，张轶岚、陈璐、蓝福基担任副主编。本教材具体分工为：项目一、项目二由林媛媛教授编写；项目三、项目四由胡瑜慧副教授、徐全红讲师编写；项目五、项目六由陈菡讲师编写；项目七、项目十一由陈璐讲师编写；项目八由蓝福基讲师、柯晶莹副教授编写；项目九、项目十由张轶岚讲师、戴萍萍副教授编写。

本教材在编写过程中，得到了财政部、学院领导、专家及其他教师的大力支持。同时，感谢李超鹏老师、苏博生老师提供动画教学资源。另外，本教材编写过程中还参阅了大量的文献资料，在此一一表示感谢。

本教材可作为工商管理及经贸类本科生教材，也可作为营销人员的阅读参考书。由于市场营销学是一门实践性较强的应用学科，加之编者水平有限，书中疏漏之处难免，敬请同行专家和读者批评指正。

编者

2023 年 6 月

目 录

项目一

感悟市场营销

听故事悟原理
（鱼骨刻的老鼠）

课程思政
（树立正确的
市场意识）

项目一课件

■ 目标描述

知识目标：

1. 掌握市场的概念及市场的构成；
2. 掌握市场营销的内涵；
3. 掌握市场营销的核心概念；
4. 掌握市场营销哲学及其演变；
5. 掌握市场营销组合及其发展。

技能目标：

1. 通过模拟情境训练，提高对市场及市场营销相关角色的认知水平；
2. 通过课堂模拟训练及实战训练，提高学生的语言表达能力；
3. 通过思维能力训练，提高学生分析问题的能力；
4. 通过实战训练，增强团队的沟通与协作能力。

■ 工作任务导图（见图1-1）

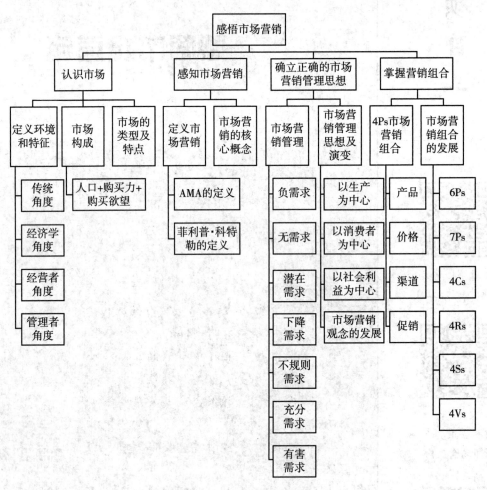

图1-1 市场营销工作任务

■ 重要概念

市场 市场营销 市场营销理念 生产观念 推销观念 社会营销观念 市场营销组合
营销管理

任务一　认识市场

营销情境 1-1

三个业务员卖鞋

　　美国一家制鞋公司，先后派出三个业务员，去某岛国推销鞋子。第一个业务员在岛国考察一天，看到这里的居民都不穿鞋，认为没有市场，所以第二天就打道回府。第二个业务员在岛上待了一个星期，看到这里的人不穿鞋后，认为鞋的市场很大，踌躇满志，计划把鞋运过去卖给岛民。公司为了解更真实的情况，又派出第三个业务员。该业务员在那里考察了三个星期，看到这里的居民不穿鞋，因此认为市场潜力巨大，只是需要开发。他了解到这里的人不穿鞋，原因是他们脚上长有脚疾，他们也想穿鞋，但是公司生产的鞋太窄，并不适合他们。这里的部落首领也不允许外来人上岛做生意。这个业务员看到岛上有大量的土特产，认为公司可以想办法先帮他们将这些土特产卖出去，以换取部落首领对他们上岛售鞋的许可。他还让公司专门制作了一批宽鞋来免费送给岛民，并告诉他们穿鞋的好处。岛民渐渐发现穿鞋确实既实用又舒适而且美观，因此穿鞋的人越来越多。部落首领因为售出了大量的土特产获取了很多收入，也欣然同意了制鞋公司的请求。就这样，第三个业务员通过自己的努力，打破了当地居民不穿鞋的习俗。

音频：
营销情境 1-1
分析提要

　　资料来源："英国人""美国人"两种不同思维模式［J］.中国民办科技实业，1994（03）：46.

　　思考：三个推销员向同一地区推销同一产品，为什么会出现三种不同的结局呢?

一、定义市场

　　市场由一切有特定需求或欲望并且愿意和可能从事交换来使需求和欲望得到满足的潜在顾客组成。

　　1. 从传统角度，市场是指商品交换的具体场所。

　　2. 从经济学角度，市场是指商品和劳务从生产领域向消费领域转移过程中所发生的一切交换和职能的总和，是各种错综复杂交换关系的总体，它包括供给和需求两个相互联系、相互制约的方面，是两者的统一体。

　　3. 从市场营销者角度，市场是指某种商品的现实购买者和潜在购买者需求的总和，市场专指买方，即不包括卖方；专指需求而不包括供给。

　　4. 从管理学角度，市场是指那些具有特定需要或欲望，而且愿意并能够通过交换来获取这种需要或欲望的全部顾客（见图 1-2）。

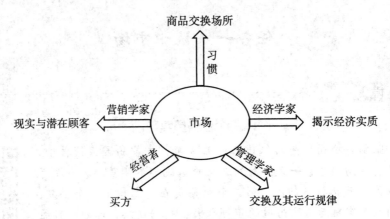

图1-2 不同视角的市场

二、市场构成

菲利普·科特勒（Philip Kotler）指出，市场是由一切具有特定欲望和需求，并且愿意和能够以交换来满足这些需求的潜在顾客组成的。由此可见，从管理学角度看，市场是指营销市场，是指广义的市场，这种市场的大小取决于人口、购买力和购买欲望三个要素。

即：市场 = 人口 + 购买力 + 购买欲望

人口、购买力和购买欲望三个要素互相制约，缺一不可。

在营销实践中，市场还有现实市场与潜在市场之分。

上述市场的三要素完全具备，则形成的就是现实市场。

如果只是具备了其中的人口、购买欲望而缺少购买力，或是具备了人口、购买力两个要素，而对产品本身只是感兴趣还未产生购买欲望，则这样的市场就是潜在市场。市场营销的一个重要任务就是要通过企业的努力，将潜在市场转化为现实市场。

相关链接：　　　　　　　　　　**菲利普·科特勒**

　　菲利普·科特勒（1931—），生于美国，经济学教授。他是现代营销集大成者，被誉为"现代营销学之父"，任美国西北大学凯洛格管理学院终身教授，是该学院国际市场学 S. C. 强生荣誉教授。美国管理科学联合市场营销学会主席，美国市场营销协会理事，营销科学学会托管人，管理分析中心主任，杨克罗维奇咨询委员会成员，哥白尼咨询委员会成员，中国 GMC 制造商联盟国际营销专家顾问。

　　资料来源：［美］菲利普·科特勒（Philip Kotler）. 营销管理（13 版）［M］. 卢泰宏，译. 北京：中国人民大学出版社，2009.

三、市场的类型及特点

上述市场概念以及相关核心概念，对于认识企业与市场的关系无疑是十分必要的，但企业还必须认识竞争环境中市场的基本类型及其特点，这对于企业经营也有着重要意义。

从不同的角度可以分为不同类型的市场。在市场营销学中，主要根据以下几种标准来划分市场（见图 1-3）。

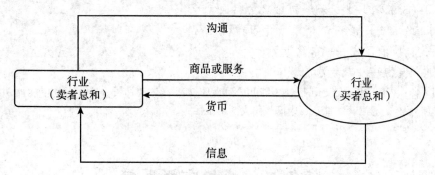

图 1-3　市场与行业的关系

1. 根据购买者的身份划分，可以将整个市场分为消费者市场、生产者市场、中间商市场和政府市场。

2. 根据经营者的对象和用途划分，可以将整个市场划分为消费品市场、生产资料市场、资金市场、技术市场、信息市场、服务市场等。

3. 从竞争的角度看，市场大致有以下几种类型：

（1）独家垄断市场。这种市场主要表现为一个行业只有一家企业，或者说一种产品只有一个生产者或销售者，没有或基本没有替代者。这种市场在现实经济生活中是罕见的，典型的例子是公用事业企业，如电力公司。当一家企业独自拥有制造某种产品的全部或绝大多数原料时，该企业的市场也是独家垄断市场；至于通过专利取得垄断地位，通过确立极高的声誉而占据垄断地位，则是独家垄断市场的另外两种情况。

（2）寡头垄断市场。这是指一种产品在拥有大量的消费者或用户的情况下，由少数几家大企业控制了绝大部分的产量和销量，剩下的一小部分则由众多小企业去分享。产生这种市场的主要原因，是资源的有限性、技术的先进性、资本规模的集聚性以及规模经济效益所形成的排他性。汽车、电视机、计算机等产品的市场往往属于这种市场。

（3）垄断竞争市场。这是指一个行业中有许多企业生产和销售同一产品，每一个企业的产量或销量只占总需求的一小部分。这种市场大量存在，食品、服装、日用杂货等市场都属于这一类。在这种市场上，由于同行业企业很多，产品替代性很大，因而竞争激烈；由于对价格谁也没有多大的控制能力，企业进出也很容易，竞争主要表现为非价格竞争。各个企业为了提高市场占有率，都十分重视产品特色，力图使自己的产品与竞争者的产品区别开来。

（4）完全竞争市场。这是指一个行业中有众多的独立生产者，它们都以相同的方式向市场提供同类的、标准化的产品。这种市场的例子不多，最接近的是农产品市场。竞争主要表现为价格竞争。

任务二　感知市场营销

营销情境 1-2

四个和尚卖梳子

四个和尚到庙里给和尚销售梳子。第一位说和尚没有头发,不需要梳子,一把梳子都卖不掉!第二位告诉和尚,头皮要经常梳,活络血脉,有益健康,结果卖了 10 多把。第三位对和尚说,香客很远才来到这里拜佛,他们都是十分虔诚的,但是却风尘仆仆,全身蓬头垢面,如果庙里买一些梳子,让这些香客把头发梳整齐了,把脸洗干净了,香客会感受到关怀,下次还会再来,结果和尚就买了 100 多把。第四

音频:营销情境 1-2 分析提要

位对和尚说,听说你是有名的得道高僧,书法造诣非常高,如果把您的字刻在梳子上,内容刻一些"幸福梳""平安梳""积德梳""行善梳"送给这些香客,既弘扬了佛法,又同时弘扬了大师您的书法,老和尚微微一笑,就买了 1 000 把。

资料来源:李增迁.梳子与和尚 [J].金融经济,2007 (09):63.

思考:这四个人的行为说明了什么营销思想?

一、定义市场营销

(一) 市场营销不同于促销和推销

在现实生活中,我们经常看到各种各样的促销活动和推销活动,很多人认为促销、推销就是市场营销,市场营销就是想办法把产品卖掉,变成现金。其实不然,市场营销是企业在产品产出之前就已经开始了,是企业系统化管理的活动过程,涉及采购、生产、交换及消费等环节,而促销则是营销活动诸多环节中的一环,是产品生产出来以后才有的活动;推销更是众多促销手段当中的一种,对于整个市场营销活动来讲,可谓是冰山之一角。

从图 1-4 中可以看出,市场营销的核心内容是以消费者为中心的。企业开展营销活动要

从市场调查做起，在弄清楚消费者需求爱好的前提下，进行产品的市场营销及其营销组合设计和研发，配合适当的价格、促销、分销等策略，全面为消费者着想。企业如果真正做到了想消费者之所想，急消费者之所急，适消费者之所需，那么推销就显得不必要了。因此美国管理学权威彼得·杜拉克曾说过这样的话，营销的目的就是使推销成为多余。被称为现代营销学之父的美国西北大学教授菲利普·科特勒也提到，市场营销最重要的部分不是推销，推销仅仅是市场营销冰山的顶端，是市场营销几个职能中的一个，并且往往不是最重要的一个。

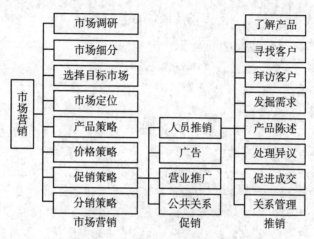

图 1-4　市场营销与促销、推销

（二）市场营销的含义

国外学者对市场营销下过上百种定义，企业界的理解更是各有千秋。

美国学者基恩·凯洛斯曾将各种市场营销定义分为三类：一是将市场营销看作是一种为消费者服务的理论；二是强调市场营销是对社会现象的一种认识；三是认为市场营销是通过销售渠道把生产企业同市场联系起来的过程。这从一个侧面反映了市场营销的复杂性。

美国市场营销学会（AMA）对市场营销的定义：市场营销是计划和执行关于商品、服务和创意的构思、定价、促销和分销，以创造符合个人和组织目标的交换过程。

相关链接：　　　　　　　　　　**美国市场营销协会**

美国市场营销协会（American Marketing Association，AMA）于 1937 年由市场营销企业界及学术界具有远见卓识的人士发起成立。如今，该协会已发展成为世界上规模最大的市场营销协会之一，拥有 30 000 多名会员，他们在世界各地从事着市场营销方面的工作，以及营销领域的教学与研究。作为面向营销人的领先机构，美国市场营销协会被视为市场营销从业者和学术研究人员可信赖的主要资源平台。提供最值得信赖的市场营销资源，帮助会员了解市场营销领域的相关知识、培训以及各种实用工具，获得受益终身的经验、有价值的市场信息和业务联系。美国市场营销协会始终坚持着创新和发展，紧跟不断变化的全球市场来调整发展方向，从而使协会会员能在其职业生涯中更加出类拔萃。

资料来源：季宝成. 市场营销学教程（第五版）[M]. 北京：中国人民大学出版社，2012.

营销学家菲利普·科特勒教授对市场营销的定义：市场营销是个人和群体通过创造并同他人交换产品和价值以满足需求和欲望的一种社会和管理过程。从这个定义中，可以归纳出市场营销概念的三个要点：（1）市场营销的最终目标是"满足需求和欲望"。（2）市场营销的核心是"交换"，交换过程是一个主动、积极地寻找机会，满足双方需求和欲望的社会过程和管理过程。（3）交换过程能否顺利进行，取决于企业创造的产品和价值满足顾客需求的程度和交换过程的管理水平。

相关链接：   **市场营销学的产生**

市场营销学于20世纪初创建于美国，后来流传到欧洲、日本和其他国家，在实践中不断完善和发展。它的形成阶段在1900～1930年，但直到20世纪之前，市场营销还尚未形成一门独立的学科。进入19世纪，伴随资本主义经济的发展，资本主义的矛盾日趋尖锐。频频爆发的经济危机，迫使企业日益关心产品销售，千方百计地应对竞争，并在实践中不断探索市场营运的规律。到19世纪末20世纪初，世界主要资本主义国家先后完成了工业革命，由自由竞争向垄断资本主义过渡。垄断组织加快了资本的积聚和集中，使生产规模逐步扩大。这一时期泰罗以提高劳动生产率为主要目标的"科学管理"理论、方法应运而生，并受到普遍重视。同时，科学技术的发展，也使企业内部计划与组织变得更为严密，从而有可能运用现代化的调查研究方法，预测市场变化趋势，制订有效的生产计划和销售计划，控制和调节市场销售量。在这种客观需要与可能的条件下，市场营销学作为一门独立的经营管理学科诞生了。

资料来源：郭元．现代市场营销学［M］．北京：北京理工大学出版社，2021.

二、市场营销的核心概念

市场营销的核心概念包含需要、欲望和需求，产品或提供物，价值和满意，交换和交易，市场、关系和网络，营销和营销者等一系列概念（见图1-5）。

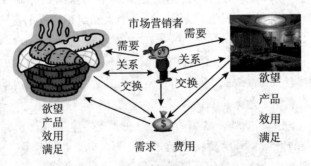

图1-5　市场营销的核心概念

（一）需要、欲望和需求

市场营销的核心概念告诉我们，市场交换活动的基本动因是满足人们的需要和欲望。这是市场营销理论提供给我们的一种观察市场活动的新的视角。这里"需要"（needs）、"欲望"（wands）、"需求"（demands）三个看来十分接近的词汇，其真正的含义是有很大差别的。营销者必须努力理解目标市场的需要、欲望和需求。

"需要"是指人们生理上、精神上或社会活动中所产生的一种无明确指向性的满足欲，就如饥饿了想寻找"食物"，但并未指向是"面包""米饭"还是"馒头"。需要可以划分为生理性需要和社会性需要，存在于营销活动出现之前，不能凭空被市场营销者创造出来。

除了需要层次理论（Maslow's）包括的五种需要（见图1-6），人还有认知的需要、审美的需要等。而一旦这一指向变得明确时，需要就变成了欲望。

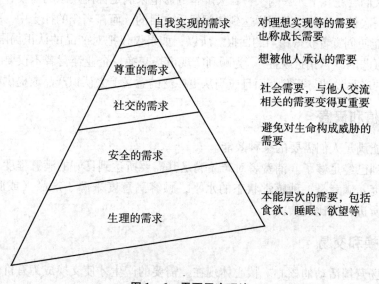

图1-6 需要层次理论

"欲望"是指想得到能够满足基本需要的具体产品的愿望。欲望比需要更深一层次，当"需要"这一指向一旦得到明确，"需要"就变成了"欲望"。欲望受个人所处的文化背景和社会环境的影响，不同背景下消费者的欲望不同。一个美国人需要食品，欲望是想要得到一个汉堡包、法国烤肉和可口可乐。在毛里求斯，人们需要食品，欲望是得到芒果、大米、小扁豆和蚕豆。欲望往往被人们所处的社会具体化。营销者不能创造需要，但他们可以影响消费者的欲望。

"需求"是指人们愿意购买并且有能力购买某些具体产品的欲望。消费者的欲望在有购买能力后便会变成需求。对企业产品而言，有购买能力的"欲望"才是有意义的，才能真正构成对企业产品的"需求"。例如，当一个人想要交通工具，这是他的需要；他想要辆丰田轿车，这是他的欲望；如果他有能力购买一辆丰田轿车，那么就可以认为他对轿车有需求。市场营销者可以通过推出消费者喜欢的产品，为产品制定合适的价格，积极宣传产品，通过各种营销手段来满足消费者需求。

（二）产品（商品、服务、创意）

产品（products）不仅指看得见摸得着的物质产品，也包括那些同样能使人们的需要得到满足的服务甚至满意。取得产品的途径包括自产、强制取得、乞讨及交换。

人类靠产品来满足自己的各种需要和欲望。因此，可将产品表述为能够用于满足人类某种需要或欲望的任何物体。产品包括有形与无形的、可触摸与不可触摸的。有形产品是为顾客提供服务的载体。无形产品或服务是通过其他载体，诸如人、地、活动、组织和观念等来提供的。当我们感到疲劳时，可以到音乐厅欣赏歌星唱歌（人），可以到公园去游玩（地），可以到室外散步（活动），可以参加俱乐部活动（组织），或者接受一种新的意识（观念）。服务也可以通过有形物体和其他载体来传递。实体产品的重要性不仅在于拥有它们，更在于使用它们来满足我们的欲望。人们购买小汽车不是为了观赏，而是因为它可以提供一种叫作交通的服务。人们会花几千元去购买一台大屏幕的彩电来满足休闲娱乐的需要，也可以花费同样的钱去进行一次长途旅游，以同样达到休闲娱乐之目的。而在当今的社会中，一个有价值的"主意"，也可能使创意者获得相当的回报。所以，如果仅仅把对产品的认识局限于物质产品，那就是经营者可悲的"营销近视症"。为顺利实现市场交换，企业经营者不仅要十分重视在市场需要引导下的产品设计与开发，而且应当从更广泛的意义上去认识产品或提供物的含义。

（三）价值和满意

价值：指能满足人们需要的某种效能。

满意：感到已经足够了。消费者对产品满足其需要所达到良好的满意程度。

顾客满意度：满意是一种感觉状态的水平，顾客满意度来源于产品（或服务）的绩效与顾客的期望所进行的比较。

（四）交换和交易

交换是市场营销活动的核心。核心体现在，需要的产生才使交换成为有价值的活动，产品的产生才使交换成为可能，而价值的认同才能使交换最终实现。市场营销的前几个构成要素最终都是为了"交换"服务的，因为"交换"而有意义的。所以说"交换"是市场营销概念中的核心要素。如何通过克服市场交换障碍，顺利实现市场交换，进而达到实现企业的社会效益和经济效益之目的，是市场营销学研究的核心内容。

交易是指只有当交换双方克服了交换障碍，达成了交换协议，这种达成意向的交换才是交易。

（五）市场、关系和网络

市场：是交易实现的场所和环境，从广义上讲，市场就是一系列交换关系的总和，由"卖方"和"买方"两大群体构成。

关系：这里的关系是指企业为了稳定自己的市场份额和销售业绩，努力发展自己同供应商、经销商、顾客之间的关系，从而使交易关系长期稳定地保持下去。

网络：企业同与其经营活动有关的各种群体（包括供应商、经销商和顾客）所形成的一系列长期稳定的交易关系就构成了企业的市场网络。

（六）营销和营销者

市场营销是一种积极的市场交易行为，在交易中主动积极的一方为市场营销者，而相对被动的一方则为营销者的目标市场。

　　市场营销核心概念之间的关系是：需要的产生才使交换成为有价值的活动，产品的产生才使交换成为可能，而价值的认同才能使交换最终实现。市场营销就是为了实现同交换对象之间的交易，这是营销的直接目的（见图1-7）。

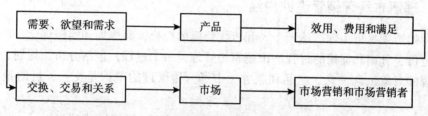

图1-7　市场营销核心概念之间的关系

任务三　确立正确的市场营销管理思想

营销情境1-3

从"面粉"到"面包"美国皮尔斯堡面粉公司营销观念的演变

　　美国皮尔斯堡面粉公司，于1869年成立，从成立到20世纪20年代以前，这家公司提出"本公司旨在制造面粉"的口号。因为在那个时代，人们的消费水平较低，面粉公司认为不需要做大量宣传，只要保持面粉质量，大批量生产降低成本和售价，销量就自然大增，利润也会随之增加，而不必讲究市场需求特点和推销方法。1930年左右，该公司发现，在推销公司产品的中间商中，有的已开始从其他的厂家进货，导致该公司销量不断下降。为了应对这种局面，该公司第一次在内部成立商情调研部门，并选派了大量的推销人员，力图扭转局面，扩大销售。同时，该公司更改口号为"本公司旨在推销面粉"。该公司开始重视推销技巧，不惜采用各种手段，进行大量的广告宣传，甚至使用硬性兜售的手法，推销面粉。

音频：
营销情境1-3
分析提要

然而各种强力推销方式并未满足顾客经常变化的新需求，特别是随着人民生活水平的提高，这一问题也就日益凸显，迫使该公司对消费者变化的新需求进行分析研究，从满足消费者的心理及实际需要出发制定公司经营宗旨。1950年该公司经过市场调查，了解到第二次世界大战后美国人民的生活方式已发生了变化，家庭妇女采购食品时，日益要求多种多样的半成品和成品，如各式饼干、点心、面包等，来代替购买面粉回家做饭。针对市场需求变化，该公司开始生产各种半成品和成品使销售量迅速上升。1958年，该公司又进一步成立了皮尔斯堡销售公司，着眼于长期占领市场，着重研究今后3~30年消费者的消费趋势，不断设计和制造新产品，培训新的销售人员。

资料来源：陈昭玖. 从"面粉"到"面包"——企业营销观念的转变［J］. 农村百事通，2001（03）：7.

思考：皮尔斯堡面粉公司的营销观念发生了什么变化？

一、市场营销管理

（一）理解市场营销管理的内涵

市场营销管理是指为创造达到个人和机构目标的交换，而规划和实施理念、产品和服务的构思、定价、分销和促销的过程。市场营销管理是一个过程，包括分析、规划、执行和控制。其管理的对象包含理念、产品和服务。市场营销管理的基础是交换，目的是满足各方需要。

（二）市场营销管理的本质

市场营销管理的主要任务是刺激消费者对产品的需求，但不能局限于此。它还帮助公司在实现其营销目标的过程中，影响需求水平、需求时间和需求构成。因此，市场营销管理的任务是刺激、创造、适应及影响消费者的需求。从此意义上说，市场营销管理的本质是需求管理。

（三）需求分析

任何市场均可能存在不同的需求状况，市场营销管理的任务是通过不同的市场营销策略来解决不同的需求状况。

1. 负需求（negative demand）。负需求是指市场上众多顾客不喜欢某种产品或服务，如许多老年人为预防各种老年疾病不敢吃甜点心和肥肉，又如有些顾客害怕冒险而不敢乘飞机，或害怕化纤纺织品有毒物质损害身体而不敢购买化纤服装。市场营销管理的任务是分析人们为什么不喜欢这些产品，并针对目标顾客的需求重新设计产品、定价，做更积极的促销，或改变顾客对某些产品或服务的信念，诸如宣传老年人适当吃甜食可促进脑血液循环，乘坐飞机出事的概率比较小等。把负需求变为正需求，称为改变市场营销。

2. 无需求（no demand）。无需求是指目标市场顾客对某种产品毫无兴趣或漠不关心，如许多非洲国家居民从不穿鞋子，对鞋子无需求。通常情况下，市场对下列产品无需求：（1）人们一般认为无价值的废旧物资；（2）人们一般认为有价值，但在特定环境下无价值的东西；（3）新产品或消费者平时不熟悉的物品等。市场营销者的任务是刺激市场营销，即创造需求，通过有效的促销手段，把产品利益同人们的自然需求及兴趣结合起来。

3. 潜在需求（latent demand）。这是指现有的产品或服务不能满足许多消费者的强烈需求。例如，老年人需要高植物蛋白、低胆固醇的保健食品，美观大方的服饰，安全、舒适、服务周到的交通工具等，但许多企业尚未重视老年市场的需求。企业市场营销的任务是准确地衡量潜在市场需求，开发有效的产品和服务，即开发市场营销。

4. 下降需求（falling demand）。这是指目标市场顾客对某些产品或服务的需求出现了下降趋势，如城市居民对电风扇的需求已饱和，需求相对减少。市场营销者要了解顾客需求下降的原因，或通过改变产品的特色，采用更有效的沟通方法再刺激需求，即创造性地再营销，或通过寻求新的目标市场，以扭转需求下降的格局。

5. 不规则需求（irregular demand）。许多企业常面临因季节、月份、周、日、时对产品或服务需求的变化，而造成生产能力和商品的闲置或过度使用。如在公用交通工具方面，在运输高峰时不够用；在非高峰时则闲置不用。又如在旅游旺季时旅馆紧张和短缺；在旅游淡季时，旅馆空闲。再如节假日或周末时，商店拥挤；在平时商店顾客稀少。市场营销的任务是通过灵活的定价、促销及其他激励因素来改变需求时间模式，这称为同步营销。

6. 充分需求（full demand）。这是指某种产品或服务需求水平和时间等于期望的需求，但消费者需求会不断变化，竞争日益加剧。因此，企业营销的任务是改进产品质量及不断估计消费者的满足程度，维持现时需求，这称为"维持营销"。

7. 过度需求（overfull demand）。这是指市场上顾客对某些产品的需求超过了企业供应能力，产品供不应求。例如，由于人口过多或物资短缺，引起交通、能源及住房等产品供不应求。企业营销管理的任务是减缓营销，可以通过提高价格、减少促销和服务等方式使需求减少。企业最好选择那些利润较少、要求提供服务不多的目标顾客作为减缓营销的对象。减缓营销的目的不是破坏需求，而只是暂缓需求水平。

8. 有害需求（unwholesome demand）。这是指对消费者身心健康有害的产品或服务，诸如烟、酒、毒品、黄色书刊等。企业营销管理的任务是通过提价、传播恐怖及减少可购买的机会或通过立法禁止销售，称为反市场营销。反市场营销的目的是采取相应措施来消灭某些有害的需求。

二、市场营销管理思想及其演变历史

企业的市场营销活动是在特定的市场营销哲学或经营观念指导下进行的。市场营销观念又称市场营销哲学，是指企业制定经营决策、开展市场营销活动的根本指导思想，是企业的基本经营理念。

市场营销观念不是静止不变的，是由企业在特定的时期内所处的客观环境决定的。当社会经济、政治和市场状况等客观环境发生变化后，企业所奉行的营销观念也随之更新。企业为了适应不同时期的市场营销环境而发展了自己的市场营销观念（见图1-8）。

了解市场营销哲学的演变，对于企业更新观念、适应市场经济发展、加强市场营销管理，具有十分重要的意义。

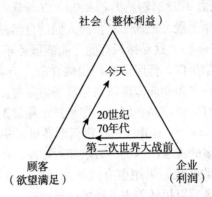

图 1-8　企业对利益关注的变化

（一）以生产为中心的观念

1. 生产观念（production concept）。生产观念是一种最古老的市场营销观念，即以生产为中心的企业经营指导思想，把生产作为企业经营活动的中心。生产观念产生于19世纪末到20世纪初。当时，由于经济和技术比较落后，消费者并不富裕，而且国内市场和国际市场都在扩大，生产的发展不能满足消费需求的增长，消费者的需求量大，多数商品处于供不应求的"卖方市场"。销售与消费只是被动地适应市场，他们的口号是：企业生产什么，市场就销售什么，生产多少就销售多少。只要有商品，质量尚可，价格便宜，就不愁在市场上找不到销路，甚至有许多产品是顾客上门求购。所以，当时支配企业的是生产观念。在生产观念的指导下，企业普遍认为，只要能向顾客提供买得起、买得到的产品，就会实现销售。生产的关键就在于降低成本，扩大产量，提供价廉的产品。因此，企业只注重生产，无需关心市场。

> **相关链接：**　　　　　　　　　　　　　**我的汽车就是黑的**
>
> 　　汽车大王亨利·福特去参观屠宰场，看见一整条猪被分解成各个部分，分别出售给不同的消费群体。受此影响，在福特的脑海中产生了灵感，为什么不能把汽车的制造反过来，将汽车的生产像屠宰场的挂钩流水线一样，把零部件逐一安装起来组装成整车？福特把他的想法付诸实践，由原来单件小批量的生产转变成大批量生产，生产效率大幅提高，产量大大增长，财富也高度积聚。甚至，20世纪20年代，美国福特汽车公司的创始人亨利·福特曾自豪地说："不管顾客需要什么，我的汽车就是黑色的。"随着社会产品的丰富，福特汽车因其只有黑色汽车陷入困境，濒临倒闭。直到1947年老福特去世后，公司才改变经营观点，重新获得竞争优势。
>
> 　　资料来源：吴健安，钟育赣. 市场营销学（应用型本科版）[M]. 北京：清华大学出版社，2015.

　　这种只适应于"卖方市场"的营销理念，具有明显的局限性。一是由于持这种营销理念的企业，重视生产，忽视销售，把所有的精力和人、财、物等资源都集中在生产环节，忽视市场和消费需求的存在，这对于当时处于商品生产初期阶段的企业尚可有效。但是，随着市场的发展，如果企业仍然不考虑市场需求、盲目生产，那么企业就无法逃脱被市场淘汰的命运。所以，以生产为导向的观念只适合于消费者购买力低、需求缺口大、生产力水平低的卖方市场。二是营销手段单一，不适合市场经济发展的需要。加强生产管理、进行规模化生产、降低产品成本，对企业来讲固然重要，但仅有这些还是远远不够的。如果忽视市场销售和消费者需求，将销售手段仅仅停留在生产制造过程，就无法满足现代消费需求的多样化。三是这种观念所代表的急功近利倾向也是现代企业所忌讳的，以生产为导向的理念对企业进行评价的指标体系主要是短期利润，片面追求短期的销售额，忽视企业的长期利益，如果现代企业仍然持有这种指导思想，那么它迟早会被市场所淘汰。

2. 产品观念（product concept）。产品观念也是一种古老的经营思想。产品观念和生产观念有许多相同之处，都产生在供不应求的"卖方市场"形势下，都是以生产为中心，忽视市场的存在和多样化的需求。许多人将其合二为一，但二者有较为明显的差别。产品观念认为，消费者欢迎那些质量好、功能全和具有某种特色的产品，坚持"拥有质量就拥有购买者"的经营思想。因此，企业应致力于提高产品质量，只要物美价廉，顾客自然会找上门，无须大力推销。产品观念比生产观念前进了一步，但这种指导思想同样只适应于卖方市场，并日益显示出其固有的缺陷，主要表现为：一是这种营销理念所强调的"质量观"与现代企业所强调的"质量是企业的生命"有根本的不同。它的质量观是面向标准，即政府、行业管理机构、企业所提出的质量标准，而不是面向消费者的、符合市场消费者所要求的质量标准。二是持此营销理念的企业过分强调质量在营销中的地位，从而淡化了消费者的其他需要，导致"市场营销近视"，即不适当地把注意力放在产品上，而不是放在市场需求上，缺乏远见，只看到自己的产品质量好，看不到市场需求在变化，致使企业经营陷入困境。

相关链接： **爱尔琴手表公司的营销观念**

爱尔琴手表是美国一家有百余年历史的企业，一直享有全美国最佳手表厂商的声誉。该公司一直把重点放在保持其优质产品的形象，并通过首饰店和百货公司组成的分销网销售，销售量呈上升势态。但 1958 年后，其销售量和市场份额开始下降，是什么原因使公司的优势地位受到削弱呢？根本原因是该公司的当权者注意力主要放在生产优质手表，以至于根本没注意手表消费市场需求的变化。消费者对手表必须走时十分精确、名牌、使用一辈子的观念失去兴趣，他们所期望的手表是走时准确、造型优美、价格适中，追求方便性、经济性。该行业的其他竞争者已掌握了需求变化，推出了低价手表。问题就出在爱尔琴公司把注意力都集中在产品身上，而忽略了随时掌握变化的需求并对此做出反应。

资料来源：余爱云，刘镇龙，张云燕. 市场营销项目化教程［M］. 北京：北京理工大学出版社，2017.

---

3. 推销观念（selling concept）。推销观念认为消费者一般不会自觉地购买足够用的产品，强调推销是企业成功的关键，坚持"好穿都得靠吃喝"的经营思想，忽视消费者的需求，注重产后推销，其口号是"企业卖什么，人们就买什么"。这种观念只适应于未成熟的"买方市场"。推销观念产生于由"卖方市场"向"买方市场"转变的过程中。从 20 世纪 30 年代末开始，随着资本主义生产力的发展，社会产品日益丰富，花色品种不断增加，市场上许多产品开始供过于求，企业竞争激烈。特别是 1929 年，资本主义世界爆发了空前严重的经济危机，堆积如山的货物卖不出去，市场萧条。面对如此严重的危机，许多企业认识

到，即使有高质量的产品也未必能卖得出去，要在激烈的市场竞争中求得生存并不断发展，企业的中心工作必须由生产转移到促进销售上来，由此形成了以推销观念为核心的营销理念。与过去相比，这一阶段企业开始把注意力转向市场，但仅停留在产品生产出来以后如何尽力推销阶段上。

推销观念存在缺陷：一是营销工具的滞后性。即不进行事前的市场调查与预测，只有产品卖不出去造成产品积压才想方设法搞推销。这种滞后性的推销工作往往带有非常盲目的性质，搞不清楚产品积压的真正原因，不能防患于未然，必然导致企业生产经营活动的恶性循环，被市场牵着鼻子走。二是导致企业工作重心的错位和企业形象的损坏。由于企业过分强调推销的作用，急于推销积压的产品，使企业的工作重心全部放在产品推销上面，影响企业其他经营活动的开展。三是注重当前利润，忽视企业长远利益。企业只注重当前产品推销，在推销产品的过程中，很容易产生硬性推销、强买强卖、滥用广告的现象，这样既损害了消费者的利益，又损害了企业自身的声誉，最终影响企业的长远利益。

（二）以消费者为中心的观念——市场营销观念（marketing concept）

市场营销观念是作为对传统观念的挑战而出现的一种新型的企业经营哲学。市场营销观念是一种以消费者需求为中心的企业经营管理哲学。在这种观念指导下，企业一切活动都以顾客的需求为中心，在满足消费者需求的基础上实现企业的利润。因此，这一观念也称为"市场导向观念"，即以顾客需要和欲望为导向的经营哲学。

一方面，第二次世界大战以后，随着第三次科学技术革命的深入，市场可供的产品数量激增，品种日新月异，同时由于大量的军工企业转为生产民用产品，使商品市场的供应量急剧扩大，供给大于需求的现象日益突出，买方市场出现。在买方市场条件下，消费者有了充分选择商品的余地，可以在充裕的商品中通过比较选择自己喜爱的商品。另一方面，随着社会的发展，消费者的收入水平和文化生活水平不断提高，消费者的需求日益向着求便利、追时尚、求愉悦、多变化的方向发展。时代的变革和市场环境的变化向企业的生存与发展提出了严峻的挑战，过去那种"酒香不怕巷子深"的优越感已不复存在。面对日益激烈的市场竞争，谁拥有顾客，谁就得以生存和发展，从而使市场营销理念进入第四个阶段——市场营销观念阶段。

从推销观念向市场营销观念的转变，是企业新旧经营哲学的分水岭，是企业经营思想的一次重大飞跃，也是市场营销学理论上的一次重大变革，被称为"营销革命"。企业生产经营活动从过去的以生产者为中心的"以产定销"转向了以消费者为中心的"按需生产""以销定产"的轨道。

市场营销观念虽然抓住了"顾客"这个市场核心是企业指导思想的根本变革，但仍存在不足之处：片面注重顾客的短期需求和眼前利益，忽视社会其他利益的存在，如政府的需求与利益、企业股东的需求与利益、企业职工的需求与利益、社会与自然环境保护等。有的企业在贯彻市场营销观念的过程中，甚至造成了对其他利益的伤害。为了解决上述问题，企业营销理念发展到了第五阶段——社会市场营销观念阶段。

（三）以社会利益为中心的观念——社会市场营销观念（social marketing concept）

社会市场营销观念产生于 20 世纪 70 年代，是对市场营销观念的修改和补充。20 世纪

70 年代，以美国为代表的一些营销学专家对以顾客为核心的营销理念产生了怀疑，针对环境污染、资源短缺、人口爆炸、忽视社会服务等情况，提出对市场营销观念应做某些修正和补充，从而出现了一种新的观念——社会市场营销观念。

社会市场营销观念作为一种新的市场营销理念，其核心观点是：企业提供的产品和服务，不仅要满足消费者的市场需求或短期欲望，而且要符合消费者的长远利益和社会的长远发展，改善社会福利。即企业决策者在确定经营目标时，应当根据自己企业的优势，既要考虑市场需求，又要注意消费者的长远利益和社会利益，综合运用各种营销手段，引导消费者合理消费，实现企业利益和社会效益的统一。

社会市场营销观念是市场营销观念的发展和延伸，主要有消费者需求与利益、企业利益和社会利益三个方面。这种经营哲学强调企业向市场提供的产品和服务，不仅要满足消费者个别的、短期的需要，而且要符合消费者和社会总体的、长远的利益。企业要正确处理消费者需求与利益、企业短期利益与长远利益，企业经营目标和社会整体利益之间的关系，统筹兼顾，协调发展。

（四）市场营销观念的发展

1. 大市场营销观念（meg marketing concept）。大市场营销观念是 20 世纪 80 年代以来市场营销观念的新发展。它是指导企业在封闭市场上开展市场营销的一种新的营销战略思想，其核心内容是强调企业的市场营销既能够有效地适应外部环境，又能够在某些方面发挥主观能动作用和使外部环境朝着有利于企业的方向发展。

大市场营销观念与一般营销观念相比，具有以下两个特点：一是大市场营销观念打破了"可控制要素"和"非可控制要素"之间的分界线，强调企业营销活动可以对环境产生重要的影响，使环境朝着有利于实现企业目标的方向发展；二是大市场营销观念强调必须处理好多方面的关系，才能成功地开展常规的市场营销，从而扩大企业市场营销的范围。

2. 全球营销观念（global marketing concept）。全球营销观念是 20 世纪 90 年代以后，市场营销观念的最新发展，是指导企业在全球市场进行营销活动的一种崭新的营销思想。全球营销观念在某种程度上完全抛弃了本国企业与外国企业、本国市场与外国市场的概念，而是把整个世界作为一个经济单位来处理。全球营销观念强调营销效益的国际比较，即按照最优化的原则，把不同国家中的企业组织起来，以最低的成本，最优化的营销去满足全球市场需要。

3. 绿色营销观念（green marketing concept）。英国威尔斯大学肯·毕提教授在其所著的《绿色营销——化危机为商机的经营趋势》一书中指出，绿色营销是一种能辨识、预期及符合消费的社会需求，并且可带来利润及永续经营的管理过程。绿色营销观念认为，企业在营销活动中，要顺应时代可持续发展战略的要求，注重地球生态环境保护，促进经济与生态环境协调发展，以实现企业利益、消费者利益、社会利益及生态环境利益的协调统一。从这些界定中可知，绿色营销是以满足消费者和经营者的共同利益为目的的社会绿色需求管理，以保护生态环境为宗旨的绿色市场营销模式。

所谓绿色营销，是指企业在生产经营过程中，将企业自身利益、消费者利益和环境保护利益三者统一起来，以此为中心，对产品和服务进行构思、设计、销售和制造。绿色营销是指企业以环境保护为经营指导思想，以绿色文化为价值观念，以消费者的绿色消费为中心和出发点的营销观念、营销方式和营销策略。它要求企业在经营中贯彻自身利益、消费者利益和环境利益相结合的原则，绿色营销是适应 21 世纪的消费需求而产生的一种新型营销理念。可以说，绿色营销是在人们追求健康（health）、安全（safe）、环保（environment）的意识形态下所发展起来的新的营销方式和方法。经济发达国家的绿色营销发展过程已经基本上形成了以绿色需求—绿色研发—绿色生产—绿色产品—绿色价格—绿色市场开发—绿色消费为主线的消费链条。

相关链接： **博迪商店（The Body Shop）**

1976 年，安妮塔·罗迪克在英国的布莱顿开了一家博迪商店，那是一家极小的销售小包装化妆品的商店。后来，博迪商店先后在 47 个国家建立了自己的分支机构。该公司只生产和销售以配料为基础的化妆品，并且其包装是可回收利用的。该公司化妆品的配料以植物为主且多数来自发展中国家。所有产品的配方均非采用动物试验。公司还通过非贸易援助使命组织帮助发展中国家，捐款给保护雨林组织，帮助妇女和艾滋病事业活动，以及为回收建立示范。

资料来源：余爱云，刘镇龙，张云燕. 市场营销项目化教程［M］. 北京：北京理工大学出版社，2017.

4. 网络营销观念（on-line marketing concept 或 e-marketing concept）。网络营销观念是 21 世纪市场营销观念的最新发展，是适应国际互联网的发展而产生的一种新的营销理念。网络营销是以国际互联网络为基础，利用数字化信息和网络媒体的交互性来辅助营销目标实现的一种新型的市场营销方式。网络营销包括网络调研、网络新产品开发、网络促销、网络分销、网络服务等内容，网络营销同传统的营销方式对比具有跨时空性、便捷性的特点，不受时间、空间及地域范围的影响。

5. 体验营销观念（experiential marketing concept）。随着互联网的发展以及人们生活水平和生活质量的提高，体验营销应运而生。体验营销是 1998 年美国战略地平线 LLP 公司的两位创始人 B-josephpineⅡ和 James Hgilmore 提出的，他们对体验营销的定义是，从消费者的感官、情感、思考、行动、关联五个方面重新定义，设计营销理念。体验营销就是以满足消费者的体验需求为目标，在销售当中，让客户参与其中，亲身体验产品的功能性，在不同产品的对比下，体现销售产品的优点，从而进行一系列产品销售的行为。

相关链接： **被动式与主动式营销导向**

一些学者发现，秉承市场导向的企业取得了出众的成效。这最初是由那些实践被动式市场导向（了解并满足顾客所表达的需求）的公司证明的。但纳夫等认为，这只是低层次的创新，如果关注顾客的潜在需求（顾客无法明确表达的需求），即实施主动式营销导向，则能实现高水平创新。3M、惠普和摩托罗拉等公司通过实施"调查—学习"过程来调研或猜测潜在需求，实施的是总体市场导向，这种企业更有可能取得成功。

资料来源：［美］菲利普·科特勒. 营销管理（第 13 版）［M］. 卢泰宏等译. 北京：中国人民大学出版社，2009：12.

任务四　掌握营销组合

营销情境 1-4

椰树集团跨界合作

2022 年，瑞幸咖啡和椰树椰汁联名合作，这是椰树椰汁 34 年来第一次跨界合作。4 月 11 日，瑞幸咖啡与椰树集团联名推出了新品"椰云拿铁"。椰树集团在其官微发起了"瑞幸 VS 椰树纸袋大 PK"投票活动，点赞数短短数小时超 1.6 万次。此次双方的合作，在包装袋上，分别推出了土味十足的"椰树致敬瑞幸版"和风格清新的"瑞幸致敬椰树版"两种风格，而在产品的杯套上，则延续了椰树集团一贯"土味"的风格。当新锐咖啡品牌遇上国民饮品，这场打破次元的联名迅速成为年轻人的打卡对象，就连包装袋也到了一袋难求的地步。

音频：
营销情境 1-4
分析提要

资料来源：王富林 . 2022 营销热点回顾［J］. 国际品牌观察，2022（29）：12-14.

思考：椰树集团跨界合作成功的秘籍。

　　市场营销组合是企业市场营销战略的重要组成部分，它把企业可控的各种资源组成一个优化的整体。这个概念是由美国哈佛大学教授尼尔·鲍顿（N. H. Borden）于 1964 年最早提出的。企业制订市场营销组合策略可以保证从整体上满足消费者的需求，即在选定的目标市场上，综合考虑环境、能力、竞争状况等对企业自身可控的元素并加以优化组合与运用，以此完成企业的经营目标。

一、4Ps 市场营销组合理论

（一）市场营销组合（4Ps）

　　1960 年，麦卡锡（E. J. McCarthy）在《基础营销》一书中提出了著名的 4Ps 市场营销组合理论。影响企业营销的因素有两类，一类是企业外部环境给企业带来的机会和威胁，这是企业不可控的因素；另一类则是企业自身可以通过决策加以控制的因素。市场营销组合（Marketing Mix）是企业市场营销战略的重要组成部分，把企业可控的基本营销策略组成一个整体性优化系统，可以保证企业从整体上满足消费者需求，形成对付竞争者的强有力手段。市场营销组合的四个要素包括产品（product）、渠道（place）、价格（price）、促销（promotion），即 4Ps。

（二）市场营销组合要素

　　1. 产品。产品策略包括产品发展、产品计划、产品设计、交货期等决策内容，其影响因素包括产品的特性、质量、外观、附件、品牌、商标、包装、担保、服务等。

　　2. 价格。价格策略包括确定定价目标、确定产品价格原则与技巧等内容，其影响因素包括分销渠道、区域分布、中间商类型、运输方式、存储条件等。

3. 渠道。分销策略主要研究使商品顺利到达消费者手中的途径和方式等内容，其影响因素包括付款方式、信用条件、基本价格、折扣、批发价、零售价等。

4. 促销。促销策略主要研究促进顾客购买商品以实现扩大销售的策略，其影响因素包括广告、人员推销、宣传、营业推广、公共关系等。

总之，上述四个方面的子策略组合起来总称为 4Ps 市场营销组合策略。企业经营的成败，在很大程度上取决于这些组合策略的选择及其综合运用的效果（见图 1-9）。

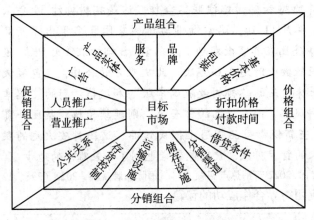

图 1-9　市场营销组合的构成

（三）4Ps 市场营销组合特性

市场营销组合具有三个鲜明的特性，即动态性、层次性、整体性。

1. 动态性。构成营销组合的"4Ps"的各个自变量，是最终影响和决定市场营销效益的决定性要素，而营销组合的最终结果就是这些变量的函数，即因变量。从这个关系看，市场营销组合是一个动态组合。只要改变其中的一个要素，就会出现一个新的组合，产生不同的营销效果。

2. 层次性。市场营销组合由许多层次组成，就整体而言，4Ps 是一个大组合，其中每一个 P 又包括若干层次的要素。这样，企业在确定营销组合时，不仅更为具体和实用，而且相当灵活；不但可以选择四个要素之间的最佳组合，而且可以恰当安排每个要素内部的组合。

3. 整体性。企业只有在准确分析判断特定的市场营销环境、企业资源及目标市场需求特点的基础上，才能制定出最佳的营销组合策略。所以，最佳的市场营销组合作用，绝非产品、价格、渠道、促销四个营销要素的简单数字组合，而是使它们产生一种整体协同的作用。

二、市场营销组合的发展

本节分别阐述 6Ps 大市场营销组合策略、7Ps 服务营销组合策略、4Cs 顾客营销组合策略、4Rs 关系营销组合策略、4Ss 消费者营销组合策略、4Vs 个性营销组合策略。

（一）大市场营销组合（6Ps）

在 20 世纪 80 年代，随着大市场营销观念的提出，人们提出在 4Ps 的基础上，把政治力量（political power）和公共关系（public relation）两个元素也加进来，作为企业开展营销活动的可控因素，协调地运用经济、心理政治、公关等手段，以博得东道主或各方，例如供应商、经销商、消费者研究机构、政府人员、各利益集团及宣传媒介等的合作及支持，营造良好的国际市场营销环境，形成无国界竞争态势，从而达到预期目的。因此，便产生了 6Ps 大市场营销组合策略。6Ps 大市场营销组合策略是对传统市场营销组合策略的发展。6Ps 大市场营销组合策略由菲利普·科特勒提出，主要应用于实行贸易保护主义的特定市场。

（二）服务营销组合（7Ps）

服务营销与产品营销有很大的差别，两者的营销层面和范围不同，决定了两者的营销方式和手段不同。1981 年，美国服务营销学家布姆斯（B. Booms）和毕纳（M. Bitner）将 4Ps 扩展到 7Ps，提出了 7Ps 服务营销组合策略。7Ps 服务营销组合在传统 4Ps 的基础上，增加三个服务性的"p"，即人员（people）、过程（process）、物质环境（physical environment）。

1. 人员。所有的人都直接或间接地被卷入某种服务的消费过程，这是 7Ps 服务营销组合很重要的一个观点。知识工作者、白领雇员、管理人员以及部分消费者将额外的价值增加到既有的社会总产品或服务的供给中，这部分价值往往非常显著。

2. 过程。此处的过程指服务通过一定的程序、机制以及活动得以实现的过程，亦即消费者管理流程，是市场营销战略的一个关键要素。

3. 物质环境。物质环境包括服务供给得以顺利传送的服务环境，有形商品承载和表达服务的能力，当前消费者的无形消费体验，以及向潜在顾客传递消费满足感的能力。

（三）顾客营销组合（4Cs）

随着市场竞争日趋激烈，媒介传播速度迅猛快捷，4Ps 理论愈加受到挑战。20 世纪 90 年代，美国市场学家罗伯特·劳特伯恩（pobert lauterborn）提出了与传统营销 4Ps 相对应的 4Cs 顾客营销组合策略。4Ps 营销组合向 4Cs 营销组合转变，即产品向消费者（consumer）转变；价格向成本（cost）转变；渠道向便利（convenience）转变；促销向沟通（communication）转变。4Cs 营销组合针对产品策略，提出要更关注消费者的需要与欲望；针对价格策略，提出要重点考虑消费者为获得某件商品或某项服务所愿意付出的代价；强调促销过程是一个与消费者保持双向沟通的过程。4Cs 营销组合要素为消费者、成本、便利、沟通。

（四）关系营销组合策略（4Rs）

20 世纪初，美国学者唐·舒尔茨（Don Shultz）提出了基于关系营销的 4Rs 关系营销组合策略，受到广泛关注。4Rs 阐述了一个全新的市场营销组合要素，即关联（relevance）、反应（response）、关系（relationship）、回报（return）。4Rs 理论以竞争为导向，在新的层次上概括了营销新框架，体现并落实了关系营销的思想。

1. 与顾客建立关联。顾客群体具有动态性,其忠诚度也呈多变性。为提高顾客忠诚度,赢得长期而稳定的市场,企业必须与其建立牢固的关联,大大减少其流失的可能性。

2. 提高市场反应速度。站在顾客角度,及时倾听其希望、渴望、需求,迅速给出反应并及时答复建立快速反应机制,了解顾客与竞争者的一举一动,迅速给出应对决策。

3. 开展关系营销。企业通过不断改进与顾客的关系,实现关系固定化,把满意顾客变成亲密顾客。从一次性顾客到终生顾客,分清关系类型,便于集中营销力量。

4. 回报是营销的源泉。市场营销为企业带来短期或长期收入和利润。首先,回报是市场营销发展的动力;其次,回报是维持市场关系的必要条件。

(五) 消费者营销组合策略 (4Ss)

4Ss 消费者营销组合策略主要强调从消费者需求出发,建立起一种"消费者占有"的导向。它要求企业对产品、服务、品牌不断进行改进,使消费者满意最大化,进而使消费者对企业产品保持忠诚度。4Ss 是指满意(satisfaction)、服务(service)、速度(speed)、诚意(sincerity)。

1. 满意。这是强调企业要以顾客需求为导向,以顾客满意为中心,站在顾客立场上考虑和解决问题,把顾客的需要和满意放在一切考虑因素之首。

2. 服务。这是强调企业营销人员要经常与顾客联络沟通,为其提供尽可能丰富的信息;对其态度要亲切友善,用体贴入微的服务使其感动;视每位顾客为特殊和重要人物,为其营造温馨的服务环境。

3. 速度。这是强调不让顾客久等,能迅速地接待办理,用最快的速度迎接最多的顾客。

4. 诚意。这是强调以他人利益为重,真诚服务客人。为赢得顾客喜好,必先投之以情,用真情服务感化顾客,以有情服务战胜无情竞争。

(六) 个性营销组合策略 (4Vs)

进入 20 世纪 90 年代以来,高科技产业迅速崛起,高科技企业及其产品或服务不断涌现,互联网、移动通信工具、发达的交通网、先进的信息技术,让企业和消费者之间信息不对称的状况得以改善,沟通渠道呈多元化。很多跨国企业在全球范围进行资源整合,企业的营销观念不断更新,4Vs 营销组合观念就是其中之一。

4Vs 是指差异化(variation)、功能化(versatility)、附加价值(value)、共鸣(vibration)的营销组合理论。该理论首先强调企业要实施差异化营销,使自己与竞争对手区别开来,树立自己独特的形象,便于消费者辨识,满足其个性化需求;其次,该理论要求产品或服务有更大柔性能够针对消费者的具体需求进行组合;最后,4Vs 理论更加重视产品或服务中的无形元素,通过品牌、文化等元素满足消费者情感需求。该理论的缺点是操作性不强,实际中仅能作为企业的一种宏观策略。营销智慧火花:营销战略是谋划竞争格局的方略,营销战术是设计战胜对手的方案。

案例分析:科技促进可持续发展　共建更加绿色的智能世界

华为是全球领先的信息与通信技术(ICT)解决方案供应商,消除数字鸿沟,促进经济、环境和社会的和谐与可持续发展是华为一直以来的可持续发展愿景。为此，华为不仅支持联合国可持续发展目标的实现，还同时与供应链上下游的客户和供应商密切合作，致力于构建一个可持续的、更美好的全联接世界。华为的可持续发展战略主要表现在：

文本：分析
思路

1. 在商业道德方面，华为恪守商业道德、遵守国际公约和各国相关法律法规。华为推进了海外各子公司的合规体系建设，已经在100多个业务相关国家完成对标当地与ICT产业相关的法律要求。在145家子公司全面落实了反腐败、反商业贿赂实践，并在此基础上结合自身业务特点，持续强化了反腐败和反商业贿赂管理体系建设。例如诚信与合规文化，合规管理以及对外交流方面的建设。

2. 在网络安全方面，2018年基于"网络环境是不安全的，网络攻击是常态化的"假设，华为以动态响应的思维构建了产品规划与开发的全视图，发布了新的网络安全框架，以应对更为复杂的网络安全环境。

3. 清洁高效，低碳循环：致力于减少生产、运营等过程以及产品和服务全生命周期对环境的影响，通过创新的产品和解决方案，促进各行业的节能减排和循环经济发展，持续牵引产业链各方共建低碳社会。

（1）绿色产品：把绿色环保理念融入产品规划、设计、研发、制造、交付和运维等各个环节中，通过持续的技术创新，不断提升产品和解决方案的资源使用效率，向客户提供领先的节能环保产品和解决方案。

（2）绿色运营：致力于在办公、生产、物流及实验室等方面提升资源使用效率，降低温室气体及废弃物排放强度，将华为运营打造为环境友好型典范。

（3）绿色伙伴：持续保证华为产品的环保符合性，促进合作伙伴运营活动符合环境法规要求，牵引供应链节能减排，提升华为产业生态链综合竞争力。

（4）绿色世界：致力于不断推广绿色ICT综合解决方案，促进各个行业的节能减排，积极推动资源节约、环境友好的低碳社会建设。

华为董事长表示，华为秉持"开放、合作、共赢"，携手全球伙伴，通过技术创新，积极推进绿色环保，着力实现更好的数字包容，促进可持续发展，共同构建一个更加美好的万物互联的智能世界。

资料来源：数字化管理课程思政教学研究示范中心．https：//management. hdu. edu. cn/kcsz/2022/1101/c7409a186456/page. htm. 陈岚．华为数字能源：勇攀科技高峰 成就绿色智能世界［J］．广东科技，2021，30（10）：40－43.

讨论问题：

（1）华为公司反映出何种营销管理哲学？

（2）华为的营销管理哲学与其他几种营销理念有何不同？

（3）请举例说明跟华为采取一样营销管理理念的企业及其采取的措施。

（4）你认为华为的这种营销管理哲学会成为未来的主流吗？是否有其他更新的理念出现？

情境讨论和能力训练

训练主题：理解市场营销管理思想的演变及市场营销组合策略的设计

训练目的：

1. 了解市场营销管理思想及其演变。

2. 设计营销组合策略。

训练方案：

1. 将班级同学进行分组，每组4~6人。

2. 每个小组成员都撰写一份资料，分析营销观念的转变。

3. 所写资料应该包括以下内容：（1）营销观念有哪些？（2）推销观念和营销观念的异同点？（3）营销观念的新发展给公司带来的影响。

4. 小组成员一起讨论：假设一个小组就是一个公司，为公司选择经营方向并设计营销组合。

本项目思考题

1. 什么是市场营销？结合实际，谈谈市场营销的意义。

2. 市场营销管理思想的演变及发展。

3. 推销观念与营销观念的异同点。

4. 市场营销组合的特点。

项目 二

培养市场营销环境分析能力

听故事悟原理
（美国企业家
亚蒙哈默的
两次成功）

课程思政
（在对的时间
做对的事情）

项目二课件

■ 目标描述

知识目标：

1. 了解企业宏观环境与外部环境、微观环境与内部环境的区别；

2. 了解企业所处行业环境的构成元素及其与企业微宏观、内外部环境的关系；

3. 掌握 SWOT 分析方法。

技能目标：

1. 提升学生识别营销环境因素，捕捉市场营销机会的能力；

2. 提高学生运用 SWOT 对企业内外环境进行分析和运用的能力。

■ 工作任务导图（见图2-1）

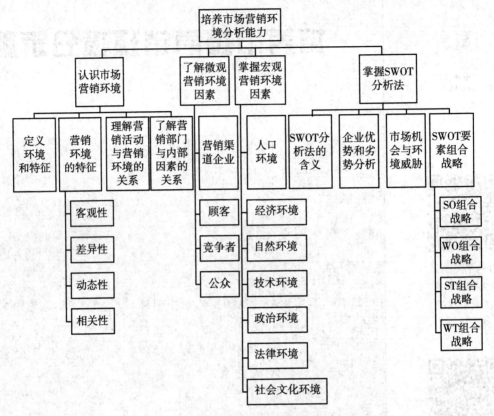

图2-1　培养市场营销环境分析能力工作任务

■ 重要概念

潜在竞争者　企业竞争战略　行业环境　市场占有率　个人可支配收入　环境威胁　市场机会

任务一　认识市场营销环境

营销情境 2 - 1

新东方转型

成立于 1993 年的新东方原本是中国教育培训行业的龙头，曾经深深驻扎在莘莘学子的记忆里。2021 年 7 月 24 日，中共中央办公厅、国务院办公厅印发《关于进一步减轻义务教育阶段学生作业负担和校外培训负担的意见》。随着"双减"等国家限制校外培训政策的推出，市场风云突变，整个教培行业面临灭顶之灾，新东方的股价更是一落千丈，最多时市值下跌 90%，公司营收下降 80%。为了生存，俞敏洪破釜沉舟，在 2021 年 12 月 28 日，新东方宣布成立"东方甄选"，进军直播带货界，成为一家农产品科技公司。"在绝望中寻找希望，人生终将走向辉煌。"2023 年春节前夕，伴随着日内上涨超 10%，新东方在线的股价再度创出上市以来的新高。

音频：
营销情境 2 - 1
分析提要

资料来源：田甜，汪海. 从"东方甄选"的崛起看农产品直播营销策略［J］. 安徽职业技术学院学报，2022，21（03）：33 - 38，48.

思考：东方教育转型的原因。

一、定义营销环境

按照现代系统论，环境是指系统边界以外所有因素的集合。市场营销环境是存在于企业营销系统外部的不可控制或难以控制的因素和力量，这些因素和力量是影响企业营销活动及其目标实现的外部条件。

任何企业都如同生物有机体一样，总是生存于一定的环境之中，企业的营销活动不可能脱离周围环境而孤立地进行。企业营销活动要以环境为依据，主动地去适应环境，同时又要在了解、掌握环境状况及其发展趋势的基础上，通过营销努力去影响外部环境，使环境有利于企业的生存和发展，有利于提高企业营销活动的有效性。因此，重视研究市场营销环境及其变化，是企业营销活动的最基本课题。

营销环境的内容比较广泛，可以根据不同标志加以分类。基于不同观点，营销学者提出了各具特色的分析环境的方法。菲利普·科特勒采用的是划分为微观环境和宏观环境的方法。微观环境与宏观环境之间不是并列关系，而是主从关系，微观营销环境受制于宏观营销环境，微观环境中所有的因素都要受宏观环境中各种力量的影响，如图 2 - 2 所示。

微观环境是指与企业紧密相连，直接影响与制约企业营销能力的外界力量和因素，多半与企业具有或多或少的经济联系，也称直接营销环境，又称作业环境，包括市场营销渠道企业、顾客、竞争者以及社会公众。宏观环境是指影响微观环境及企业营销活动的一系列巨大的社会力量和自然环境因素，主要有人口、经济、政治、法律、科学技术、社会文化及自然生态等因素。宏观环境一般以微观环境为媒介去影响和制约企业的营销活动，故被称作间接营销环境，在特定场合，也可直接影响企业的营销活动。宏观环境因素与微观环境因素共同构成多因素、多层次、多变化的企业市场营销环境的综合体，如图 2-3 所示。

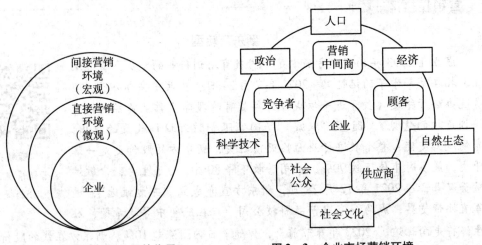

图 2-2　营销环境对企业的作用　　　　图 2-3　企业市场营销环境

营销环境按其对企业营销活动的影响，也可分为不利环境与有利环境，即形成威胁的环境与带来机会的环境。前者是指对企业市场营销不利的各项因素的总和；后者是指对企业市场营销有利的各项因素的总和。营销环境按其对企业营销活动影响时间的长短，还可分为企业的长期环境与短期环境，前者持续时间较长或相当长；后者对企业市场营销的影响比较短暂。

二、营销环境的特征

市场营销环境对企业的影响是无处不在的，企业在制订市场营销计划和管理营销活动的过程中都离不开对市场营销环境的分析。作为营销人员，必须了解市场营销环境的特征，对市场营销环境有基本的认识，只有这样，才能更全面地分析环境。市场营销环境具有客观性、差异性、动态性和相关性的特征。

（一）客观性

市场营销环境的客观性是指它不以企业或营销者的意志为转移和改变，是企业不可控制的。尤其是宏观环境，难以按企业的要求和意愿随意改变，如企业无法去改变天气状况、无法去修改法律法规、无法去调整人口结构、无法去阻止科技前进的脚步等。任何企业都处在一定环境的影响之下，无论企业有没有察觉，环境的影响都是客观存在的。环境的客观性要求企业必须去适应环境，树立"适者生存"的发展观念，以环境为依据，努力地去适应环境，并且在此基础上通过市场营销努力影响环境向有利于企业生存和发展的方向转变。

（二）差异性

任何环境要素，无论是宏观环境要素，还是微观环境要素，都有其特点，就算是同一类的环境要素，也会有千差万别的表现。例如，同为供应商，但它们所提供的服务或与企业的合作模式，也不尽相同。另外，环境的差异性还表现为同一环境的变化对不同企业的影响是不同的，如 2020 年中国以及世界部分国家和地区暴发新型冠状病毒肺炎疫情，很多国家和地区关闭工厂、商业场所、公园和学校，波及各行各业，很多企业受其影响而倒闭，但也有很多行业（如线上教育等）得到了快速发展。正因为营销环境的差异性，所以企业必须依据不同的环境及其变化，采取相应的营销策略，对企业只造成轻微影响的环境因素，企业可以暂时持观望态度，但如果是对企业生存和发展可能构成重大影响的环境因素，企业必须高度地重视，准备应对之策。

（三）动态性

市场营销环境的诸要素不是固定不变的，而是随着人类社会的发展而在不断变化着，市场营销环境是一个动态系统。营销环境的动态性要求企业具备一定的预见未来环境变化的能力，提前做些努力去适应环境的变化，如果只是按现在的环境组织营销活动，当营销环境发生重大变化时，企业很可能没有能力及时做出调整而被环境淘汰。环境的变化可能给企业带来机会也可能会带来威胁，当企业能准确地预测环境变化，并且调整营销策略去适应这种变化时，企业就可能会迎来新的市场机会。

（四）相关性

市场营销环境诸要素不是独立存在的，而是相互影响、相互制约的，其中一个因素的变化，会引起其他因素的变化。例如，随着智能手机的普及和移动互联网的发展，很多企业纷纷将销售渠道转移到线上，越来越多的消费者也开始用手机终端进行购物。随着科技的进步，现代技术和智能化管理在物流领域的应用越来越广，导致很多仓储物流作业人员失业，物流行业在技术设备上的竞争也随之加大。企业应从一个环境要素的变化中尽可能去预见与之关联的其他环境要素的可能性变化趋势。

三、理解营销活动与营销环境的关系

市场营销环境通过其内容的不断扩大及其自身各因素的不断变化，对企业营销活动产生影响。市场营销环境的内容随着市场经济的发展而不断变化。20 世纪初，西方企业仅将销售市场视为营销环境；20 世纪 30 年代后，将政府、工会、竞争者等与企业有利害关系者也看作是环境因素；进入 20 世纪 60 年代，又把自然生态、科学技术、社会文化等作为重要的环境因素；20 世纪 90 年代以来，随着政府对经济干预力度的加强，愈加重视对政治、法律环境的研究。环境因素由内向外的扩展，国外营销学者称为"环境外界化"。

营销环境是企业营销活动的制约因素，营销活动依赖于这些环境才得以正常进行。这表现在：营销管理者虽可控制企业的大部分营销活动，但必须注意环境对营销决策的影响，不得超越环境的限制；营销管理者虽能分析、认识营销环境提供的机会，但无法控制所有有利因素的变化，更无法有效地控制竞争对手。由于营销决策与环境之间的关系复杂多变，营销管理者无法直接把握企业营销决策实施的最终结果。此外，企业营销活动所需的各种资源，需要在环境许可的条件下取得，企业生产与经营的各种产品，也需要获得消费者或用户的认可与接纳。

虽然企业营销活动必须与其所处的外部环境相适应，但营销活动绝非只能被动地接受环境的影响，营销管理者应采取积极、主动的态度能动地去适应营销环境。就宏观环境而言，企业可以通过不同的方式增强适应环境的能力，避免来自环境的威胁，有效地把握市场机会。在一定条件下，也可运用自身的资源，积极影响和改变环境因素，创造更有利于企业营销活动的空间。良好的企业营销行为会造就良好的营销环境，从而进一步形成良好的企业营销行为，反之亦然。营销环境与企业的循环互动作用，使营销环境与企业成为一个整体的系统。菲利普·科特勒的"大市场营销"理论认为，企业为成功地进入特定的市场，在策略上应协调地使用经济的、心理的、政治的和公共关系的手段，以博得外国的或地方的各有关方面的合作与支持，消除壁垒很高的封闭型或保护型市场存在的障碍，为企业从事营销活动创造一个宽松的外部环境。就微观环境而言，直接影响企业营销能力的各种参与者，事实上都是企业的利益共同体。按市场营销的双赢原则，企业营销活动的成功，应为顾客、供应商和营销中间商带来利益，并造福于社会公众。即使是竞争者，也存在互相学习、互相促进的因素，在竞争中，有时也会采取联合行动，甚至成为合作者。

四、了解营销部门与内部因素的关系

企业营销系统指作为营销者的企业整体，微观营销环境包括企业外部所有参与营销活动的利益关系者。但从营销部门的角度看，营销活动能否成功，首先要受企业内部各种因素的直接影响。因此，营销部门在分析企业的外部营销环境前，必须先分析企业的内部因素或内部条件。

企业为开展营销活动，必须设立某种形式的营销部门。市场营销部门一般由市场营销副总裁、销售经理、推销人员、广告经理、营销研究与计划以及定价专家等组成。营销部门在制定和实施营销目标与计划时，不仅要考虑企业外部环境力量，而且要争取高层管理部门和其他职能部门的理解和支持，调动企业内部各方面的资源，充分运用企业内部环境力量，使内部优势和劣势与外部机会和威胁相平衡。

营销部门不是孤立存在的，它还面对着其他职能部门以及高层管理部门，如图2-4所示。

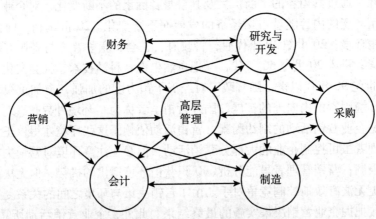

图2-4 企业内部因素

企业营销部门与财务、采购、制造、研究与开发等部门之间既有多方面的合作，也存在争取资源方面的矛盾。这些部门的业务状况如何，它们与营销部门的合作以及它们之间是否协调发展，对营销决策的制定与实施影响极大。例如，生产部门对各生产要素的配置、生产能力和所需要的人力、物力的合理安排有着重要的决策权，营销计划的实施，必须取得生产部门的充分支持；市场营销调研预测和新产品的开发工作，需要研究与开发部门的配合和参与。高层管理部门由董事会、总经理及其办事机构组成，负责确定企业的任务、目标、方针政策和发展战略。营销部门在高层管理部门规定的职责范围内做出营销决策，市场营销目标从属于企业总目标，并为总目标服务的次级目标，营销部门所制订的计划也必须在高层管理部门的批准和推动下实施。

任务二　了解微观营销环境因素

营销情境 2 − 2

饿了么平台抽检事件

"饿了么" 2008 年创立于上海，是中国领先的本地生活平台。

2016 年，央视 315 晚会每年会曝光一批欺骗消费者的违规企业，饿了么首当其冲被点名批评。央视记者经过实地调查，称饿了么采用 "黑作坊"，没有顾及消费者的实际利益。在"饿了么"网站上，餐馆的照片看着干净正规光鲜亮丽，但实际却是油污横流，不堪入目。老板娘用牙咬开火腿肠直接放到炒饭中，厨师尝完饭菜再扔进锅里……

音频：
营销情境 2 − 2
分析提要

央视指出，"饿了么"平台引导商家虚构地址、上传虚假实体照片，甚至默认无照经营的黑作坊入驻。根据我国《食品安全法》规定，网络食品交易第三方平台提供者应当对入网食品经营者进行实名登记，明确其食品安全管理责任；依法应当取得许可证的，还应当审查其许可证。央视认为，该店铺当然有责任，食品安全监督部门应该对其进行监督，但饿了么平台也同样有自己的责任，对餐饮进行筛选、保证入驻商家质量是平台的责任。

饿了么公关部回应，截至 2016 年 3 月 7 日，新《食品安全法》修订实施五个月以来，饿了么已在全国范围内下线违规餐厅 25 761 家，涉及违规行为包括无证无照、证照不全、假证、套证、超范围经营等。

资料来源：张鑫. 网络订餐的食品安全现状和对策研究［J］. 大众科技，2021，23（05）：164 − 166.

思考："饿了么"事件带来的启示。

微观营销环境包括那些与企业有双向运作关系的个体、集团和组织，在一定程度上企业可以对其进行控制或施加影响。微观营销环境既受制于宏观营销环境，又与企业营销形成协作、竞争、服务与监督的关系，直接影响与制约企业的营销能力，如图 2 − 5 所示。

图 2 - 5　微观营销环境因素

一、营销渠道企业

（一）供应商

供应商是指向企业提供生产经营所需资源的组织或个人，包括提供原材料、零配件、能源、劳务或其他资源等。供应商对企业的影响主要有四点：一是供应的稳定性；二是供应的价格；三是所供应物资的质量；四是供应的时间和履约程度。供应商作为上游企业，是企业生产的来源和保障，是企业得以开展经营活动的前提。科学有效地选择和管理供应商，并且与供应商建立沟通、互助、共赢的合作模式，是企业正确处理与供应商关系的基本立足点。面对供应商，企业需要做到：（1）建立完善的进入评价体系，对供应商进行实地考察，综合多方面指标对供应商进行等级评分，从中筛选出最符合企业发展模式的供应商；（2）完善对供应商的监管机制和企业内部的采购流程，成立专门的监督小组，加强对供应商的过程管理，跟踪供应商所供应物资和服务的质量，确保供货的稳定性，通过有效的激励机制改进供应商绩效；（3）实施供应链管理，与重要的供应商建立战略合作伙伴关系，建立利益共享机制，及时沟通解决问题，最大限度地减少内耗与浪费，尽力实现供应链整体效益的最优化。

（二）营销中间商

营销中间商主要指协助企业促销、销售和经销其产品给最终购买者的机构，包括中间商、实体分配公司、营销服务机构和财务中介机构等。

1. 中间商。中间商包括商人中间商和代理中间商，是协助企业寻找顾客或直接与顾客交易的商业性企业。商人中间商购买商品，拥有商品所有权，又称经销中间商，主要有批发商和零售商。代理中间商包括代理商、经纪人和生产商代表，专门介绍客户或与客户洽商签订合同，但不拥有商品所有权。

2. 实体分配公司。实体分配公司主要指协助厂商储存并把货物运送至目的地的仓储物流公司。实体分配包括包装、运输、仓储、装卸、搬运、库存控制和订单处理等方面，其基本功能是调节生产与消费之间的矛盾，弥合产销时空上的背离，提高商品的时间效用和空间效用，以便适时、适地和适量地把商品供给消费者。

3. 营销服务机构。营销服务机构主要指为厂商提供营销服务的各种机构，如营销研究公司、广告公司、传播公司等。企业可自设营销服务机构，也可委托外部营销服务机构代理有关业务，并定期评估其绩效，促进其提高创造力、质量和服务水平。

4. 财务中介机构。财务中介机构主要指协助厂商融资或分担货物购销储运风险的机构，如银行、保险公司等。财务中介机构不直接从事商业活动，但对工商企业的经营发展至关重要。在市场经济中，企业与金融机构关系密切，企业间的财务往来要通过银行结算，企业财产和货物要通过保险取得风险保障，而贷款利率与保险费率的变动也会直接影响企业成本，信贷来源受到限制更会使企业处于困境。

二、顾客

顾客就是企业的目标市场，是企业服务的对象，也是营销活动的出发点和归宿。企业的一切营销活动都应以满足顾客的需求为中心，因此，顾客是企业最重要的环境因素。

相关链接： **海底捞"客户服务至上"**

海底捞品牌创建于 1994 年，历经二十多年的发展，海底捞国际控股有限公司已经成长为国际知名的餐饮企业。截至 2019 年 12 月 31 日，海底捞已在中国（含港澳台）以及新加坡、越南、韩国、日本、英国、美国、加拿大以及澳大利亚等国家经营 768 家门店，拥有超过 5 473 万会员和 10 万名员工。

海底捞多年来历经市场和顾客的检验，成功地打造出信誉度高，融汇各地火锅特色于一体的优质火锅品牌。作为一家业务涉及全球的大型连锁餐饮企业，海底捞秉承诚信经营的理念，以提升食品质量的稳定性和安全性为前提条件，为广大消费者提供更贴心的服务，更健康、更安全、更营养和更放心的食品。

资料来源：海底捞官网，http://www.haidilao.com/.

顾客即市场，是企业的生存之本、利润之源，是企业一切营销活动的出发点和落脚点。顾客决定了企业的生存与发展，是企业最重要的环境因素，企业必须依据顾客的需求生产产品和提供服务，营销人员在营销过程也需提升服务水平，只有赢得顾客，才能赢得市场。企业在生产和经营的过程中，必须始终贯彻"顾客至上"的理念。首先，调查和了解顾客需求，紧紧围绕顾客的需求进行产品生产，严格把控产品质量，对顾客负责。其次，保持与顾客的沟通，了解顾客的想法与需求，及时得到信息反馈，改进营销中的不足。再次，尽可能为顾客创造价值，提供一些增值服务，做好售后服务，赢得顾客的信赖。最后，企业在开展营销活动或与顾客进行沟通的时候，要持有真诚之心，耐心为顾客解答问题，不虚假不掩藏，打消顾客的疑虑。

三、竞争者

在竞争性的市场上，企业不能独占市场，都会面对形形色色的竞争对手。除来自本行业的竞争外，还有来自替代品生产者、潜在加入者、原材料供应者和购买者等多种力量的竞争。

相关链接：   **比亚迪的竞争对手**

从竞争者的类型来看，市场上现在主要有两大新能源汽车企业类型，有从传统汽车生产企业延伸开发生产新能源汽车，包括美国通用、日本日产和丰田等传统主流汽车企业，另外则是例如比亚迪和特斯拉之类的完全新的汽车行业参与者。而在参与新能源汽车市场竞争的经营策略上，各个企业的侧重点也各有不同，丰田公司主要着眼于混合动力汽车并向氢动力汽车延伸，比亚迪着力于锂电池动力汽车，而现在最红火的新能源汽车公司特斯拉则着眼于高端纯电动跑车。每个企业在推出新产品的时候总会拿与自己竞争性较强的产品作为主要竞争对手。

资料来源：郭腾江. 比亚迪公司新能源汽车竞争优势和基本竞争战略研究 [D]. 广州：华东理工大学，2014.

从消费需求的角度看，竞争者可以分为以下几种类型。

（一）欲望竞争者

指提供不同产品，满足不同消费欲望的竞争者。消费者在同一时刻的欲望是多方面的，很难同时满足，这就出现了以不同产品满足不同需要的竞争。例如，消费者在年终有较多收入时，为改善生活，既可以添置家庭耐用消费品，也可以外出旅游，还可以装修住宅等，就出现了许多不同的欲望。但从时间与财力来说，只能选择力所能及的项目，作为在这一时期的欲望目标。

（二）属类竞争者

指满足同一消费欲望的可替代的不同产品之间的竞争者，是消费者在决定需要的类型之后出现的次一级竞争，也称平行竞争。例如，消费者需要购买家庭耐用品，到底是购买家庭娱乐设备，还是购买新式家具，或是购买家庭健身器材，要选择其中的一类，满足这一消费欲望。

（三）产品竞争者

指满足同一消费欲望的同类产品不同产品形式之间的竞争者。消费者在决定了需要的属类之后，还必须决定购买何种产品。例如，消费者决定购买家庭娱乐设备后，还需决定到底是购买大屏幕电视机，还是购买摄像机，或是购买高级音响设备。

（四）品种竞争者

指满足同一消费欲望的同一产品不同品种之间的竞争者。产品有许多品种，如消费者决定购买大屏幕彩色电视机，市场上有等离子彩色电视机（PDP），也有液晶彩色电视机（LCD），消费者还要决定选择购买其中的哪一种。

（五）品牌竞争者

指满足同一消费欲望的同类产品同一品种不同厂家产品之间的竞争者。每一种大屏幕电视机又有许多不同的生产厂家，如液晶电视机既有长虹、TCL、康佳等多种国产品牌还有进口日本、韩国产品可供选择。

以上几种竞争方式紧密关联，如图 2－6 所示。

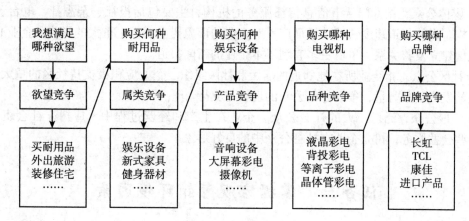

图 2－6　五种竞争类型

企业要成功，必须在满足消费者需要和欲望方面比竞争对手做得更好。企业的营销系统总是被一群竞争者包围和影响着，必须加强对竞争者的研究，了解对本企业形成威胁的主要竞争对手及其策略，双方力量对比如何，知己知彼，扬长避短，才能使其提供的产品在顾客心目中确立强有力的地位，以获取战略优势。

相关链接：　　　　　　　　　**从营销者角度的竞争者分类**

把竞争（competition）定义为在同一地理范围内经销类似产品或替代品。

1. 品牌竞争者。以相近的价格向同类的消费者提供相同特色与功能的产品。

2. 产品竞争者。提供具有不同特色、功能和价格的同类产品。

3. 通用竞争者。提供不同产品解决同类问题或满足消费者的同类基本需求。

4. 总预算竞争者。为得到同一组顾客所持有的有限资金资源而竞争。

资料来源：［美］威廉·M. 普莱德等. 市场营销学［M］. 王学生等译. 北京：清华大学出版社，2012.

四、公众

公众是指对企业的营销活动有实际或潜在利害关系的团体或个人，如财务公众、政府机关、社团组织、媒体公众、社区公众、一般公众等。企业必须密切关注广大公众的态度，主动及时地去了解公众对企业的看法，采取积极措施，做好公共关系工作，树立企业的良好形象，获得公众的正面评价和支持。

1. 财务公众，指影响公司获得资金能力的机构。包括银行、投资公司和股东等。

2. 政府机关，指负责管理企业营销业务的有关政府机构。企业应时常关注最新政策，发展战略和营销计划必须与政府机关的法律法规、发展计划、产业政策保持一致，营销行为不得违反相关法律法规，遵纪守法，不偷税漏税。

3. 社团组织，指为一定的目的由一定数量的人员组成的群众性组织，如消费者协会、华侨联合会、环保组织等。企业营销活动关系到社会各方面的切身利益，必须密切注意来自社团组织的批评和意见，并及时进行沟通和处理。

4. 媒体公众，指专门从事信息传播服务的机构，主要包括报社、杂志社、电台、电视台等机构。媒体报道速度快，传播面广，对企业的形象树立会产生重大的影响。企业必须与传媒机构建立友善关系，争取更多有利于本企业的新闻报道。

5. 社区公众，指企业所在地邻近的居民和社区组织。企业应积极支持社区的重大活动，为社区的发展贡献力量，争取社区公众的理解与支持。

6. 一般公众，泛指广大的社会公众。企业在生产和经营过程中，应树立社会责任感，开展一些公益服务，树立企业在社会公众中的良好形象。

任务三　掌握宏观营销环境因素

营销情境 2 – 3

华为公司的警企合作

音频：营销情境
2 – 3 分析提要

深圳市人口超 2 000 万，人均 GDP 与道路车辆密度均全国第一，深受交通拥堵困扰。2019 年 8 月，《中共中央、国务院关于支持深圳建设中国特色社会主义先行示范区的意见》发布。华为公司与深圳交警开展警企合作，响应创建现代化强国城市范例的号召，以人工智能赋能交通管理，探索打造城市交通智能体，成功实现了三个大改变：

一是执法。执法"量""质"齐升。引入人工智能技术，实现对卡口数据运算的秒级响应，二次识别技术日处理图片达 1 000 万张，违章图片识别效率提升了 10 倍，识别率达 95% 以上。AI 辅助执法，原需要 7 天的一个专项活动，依托大数据及交通分析建模引擎，30 分钟即能精准查处、定向清除，效率是以往的 10 倍。套牌、假牌、报废、多次违法车辆在深圳道路已基本绝迹。

二是治堵。通行"速""率"齐升。过去是车看灯读秒数通行，现在是灯看车读车数放行。华为"打造交通智能体，让出行可以预见！"EI 交通智能体 TrafficGo 在线信号配时，关键路口等待时间平均缩短 17.7%

三是指挥。管理"能""效"齐升。构建新型运营指挥中心，实现"最快双腿"和"最强大脑"紧密结合，深圳交警"铁骑专项行动"应急反应时间缩短 67%。

展望未来，华为将基于 5G 技术，打造智能化的警用终端，向 5G 车联网、智能和无人驾驶管理等方向大力探索，将深圳的城市交通管理水平提升到一个新的阶段，持续支持深圳创新型城市建设。

资料来源：陈玲. 市场营销基础［M］. 重庆：重庆大学出版社，2022.

思考：结合华为公司与深圳交警开展警企合作的案例，分析华为如何借助宏观环境发展自己。

宏观营销环境是指会对企业营销活动造成市场机会或环境威胁的主要社会力量，包括人口、经济、自然、技术、政治、法律、文化等因素。企业及微观环境的参与者，无不处于宏观环境之中，如图2-7所示。

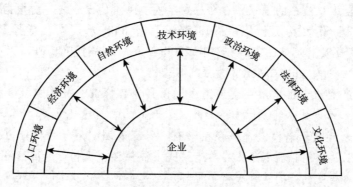

图2-7 宏观环境

一、人口环境

人口是构成市场的最基本因素之一。现代市场营销观念认为，企业必须密切注意自身所处的人的环境的变化，因为市场是由那些想购买商品同时又具有购买力的人构成的。哪里有人，哪里就有衣、食、住、行等各种需求。因此，人口的多少直接决定市场的潜在容量，人口越多，市场规模就越大。而人口的年龄结构、地理分布、婚姻状况、出生率、死亡率、人口密度、人口流动性及其文化教育等人口特性会对市场格局产生深刻影响，并直接影响企业的市场营销活动和企业的经营管理。企业必须重视对人口环境的研究，密切注视人口特征及其发展动向，不失时机抓住市场机会，开展营销活动。

（一）人口总量

一个国家或地区的总人口数量，是衡量市场潜在容量的重要因素。目前，世界人口环境正发生明显的变化，主要趋势是：全球人口持续增长，发达国家生育率虽持续下降，但全球人口仍以每12年增加10亿人的速度增加。人口增长首先意味着人民生活必需品的需求增加，2016年末中国大陆总人口为138 271万人，超过欧洲和北美洲人口的总和。随着社会经济的持续发展，人民收入水平不断提高，中国已被视作世界最大的潜在市场。

（二）年龄结构

随着社会经济的发展、科学技术的进步、生活条件和医疗条件的改善，人口的平均寿命大大延长，许多国家人口老龄化加速。2016年，中国60周岁及以上人口23 086万人，占总人口的16.7%；65周岁及以上人口15 003万人，占总人口的10.8%。随着老年人口绝对数和相对数的增加，银色市场迅速扩大，在健康护理服务、娱乐、旅游等方面，需求潜力非常可观。而出生率下降会引起市场需求变化，给儿童食品、童装、玩具等生产经营者带来威胁，但同时也使年轻夫妇有更多的闲暇时间用于旅游、娱乐和在外用餐。

相关链接： **老龄化加剧，中国养老产业亟待发展**

中国人口老龄化将伴随 21 世纪始终。早在 1999 年，我国就提前进入老龄化社会，目前是世界老年人口最多的国家，占全球老年人口总量的五分之一。根据六普公布的数据，2010 年我国 60 岁及以上人口占 13.26%，比 2000 年人口普查上升 2.93 个百分点，其中 65 岁及以上人口占 8.87%，比 2000 年人口普查上升 1.91 个百分点，目前我国处在老龄化社会（Aging society）发展阶段。

养老服务产业作为第三产业发展迅速，极具经济价值，与养老服务相关联产业的需求显著上升。养老服务业是复杂的综合性产业，中国传统观念、养老机构床位现状等对于我国老年人养老模式选择存在影响。研究表明，对于经济能力强受教育程度高的、半自理以及不能自理老年人在养老模式上往往选择机构养老；经济能力强、受教育程度高、健康程度良好的这部分老年更倾向于选择候鸟式养老、互联网养老、社会参与养老等。

资料来源：穆光宗，张团. 我国人口老龄化的发展趋势及其战略应对 [J]. 华中师范大学学报（人文社会科学版），2011，50（05）：29－36. 包世荣. 我国养老服务业发展研究 [D]. 长春：吉林大学，2019.

（三）地理分布

人口在地区上的分布，关系到市场需求的异同。居住在不同地区的人群，由于地理环境、气候条件、自然资源、风俗习惯的不同，消费需求的内容和数量也存在差异。随着经济的发展，我国城镇化率逐年提高。2016 年，城镇常住人口 79 298 万人，城镇化率 57.35%。人口的城市化和区域性转移都意味着社会消费结构发生变化。

（四）家庭组成

家庭组成是指一个以家长为代表的家庭生活的全过程，也称家庭生命周期，按年龄、婚姻、子女等状况，可划分为七个阶段：（1）未婚期，年轻的单身者；（2）新婚期，年轻夫妻，没有孩子；（3）满巢期一，年轻夫妻，有六岁以下的幼童；（4）满巢期二，年轻夫妻，有六岁和六岁以上儿童；（5）满巢期三，年纪较大的夫妻，有已能自立的子女；（6）空巢期，身边没有孩子的老年夫妻；（7）孤独期，单身老人独居。

与家庭组成相关的是家庭人数和家庭户数。家庭是社会的细胞，也是商品采购和消费的基本单位。一个市场拥有的家庭单位数和家庭平均成员数以及家庭组成状况等，对市场消费需求的潜力和需求结构，都有十分重要的影响。随着计划生育、晚婚、晚育的倡导和实施，职业妇女的增多、单亲家庭和独身者的涌现，家庭消费需求的变化甚大。

（五）人口性别

性别差异给消费需求带来差异，在购买习惯与购买行为上也有差别。一般来说，在一个国家或地区，男、女人口总数相差并不大。但在一个较小的地区，如矿区、林区、较大的工地，往往是男性占较大比重；而在某些女职工占极大比重的行业集中区，则女性人口又较多。由于女性多操持家务，大多数日用消费品由女性采购，因此，不仅妇女用品可设专业商店销售，很多家庭用品和儿童用品也都纳入妇女市场。

二、经济环境

经济环境一般是指影响企业市场营销方式与规模的经济因素，如消费者收入与支出状况、经济发展状况等。

（一）收入与支出状况

1. 收入。市场消费需求指人们有支付能力的需求。仅仅有消费欲望，并不能创造市场。只有既有消费欲望，又有购买力，才具有现实意义。这是因为，只有既想买又买得起，才能产生购买行为。在研究收入对消费需求的影响时，常使用以下指标：

（1）人均国内生产总值。一般是指价值形态的人均 GDP。它是一个国家或地区所有常住单位在一定时期（如一年）内按人口平均所生产的全部货物和服务的价值超过同期投入的全部非固定资产货物和服务价值的差额。国家的 GDP 总额反映了全国市场的总容量、总规模。人均 GDP 则从总体上影响和决定了消费结构与消费水平。2014 年我国 GDP 首破 60 万亿元，达到 636 463 亿元，同比增长 7.4%，居世界第二位；我国人均 GDP 约为 7 485 美元（约合人民币 46 531 元），高于 2013 年的 6 767 美元。

（2）个人收入。指城乡居民从各种来源所得到的收入。各地区居民收入总额可用于衡量当地消费市场的容量，人均收入多少反映了购买力水平的高低。

（3）个人可支配收入。指从个人收入中减除缴纳税金和其他经常性转移支出后所余下的实际收入，即能够用于作为个人消费或储蓄的数额。

（4）可任意支配收入。在个人可支配收入中，有相当一部分要用来维持个人或家庭的生活以及支付其他必不可少的费用。只有从可支配收入中减去这部分维持生活的必需支出，才是个人可任意支配收入，这是影响消费需求变化的最活跃的因素。

我国统计部门每年采用抽样调查的方法，取得城乡居民家庭人均可支配收入和人均纯收入等数据，如表 2－1 所示。

表 2－1　城乡居民每年人均可支配收入　单位：元

项目	1990 年	2000 年	2010 年	2020 年	2021 年	2022 年
城镇居民家庭	1 516	6 295	19 109	43 834	43 504	49 283
农村居民家庭	686	2 253	5 919	17 131	16 902	20 133

资料来源：《中国统计年鉴》及《国民经济和社会发展统计公报》。

2. 支出。主要是指消费者支出模式和消费结构。收入水平在很大程度上影响着消费者支出模式与消费结构，随着消费者收入的变化，支出模式与消费结构也会发生相应变化。消费结构一般指以货币表示的人们所消费的各种不同类型的消费资料（包括服务）在消费总体中所占的比例。1853～1880 年，德国统计学家恩斯特·恩格尔（Ermst Engel）曾对比利时不同收入水平的家庭进行调查，并于 1895 年发表了《比利时工人家庭的日常支出：过去和现在》一文，分析收入增加对消费支出构成状况的影响，指出在将支出项目按食物、衣服、房租、燃料、教育、卫生、娱乐等费用分类后，收入增加时各项支出比率的变化情况为：食物支出所占比率趋向减少；教育、卫生与休闲支出比率迅速上升。换言之，一个家庭收入越少，其支出中用于购买食物的比例越大，这便是恩格尔定律。食物支出占个人总支出的比例，称为恩格尔系数。一般认为，恩格尔系数越大，生活水平越低；反之，生活水平越高。联合国根据恩格尔系数的大小，对世界各国的生活水平有一个划分标准，即一个国家平均家庭恩格尔系数大于60%，为贫穷；50%~60%为温饱；40%~50%为小康；30%~40%属于相对富裕；20%~30%为富足；20%以下为极其富裕。

研究表明，消费者支出模式与消费结构不仅与消费者收入有关，而且受以下因素影响：(1) 家庭生命周期所处的阶段；(2) 家庭所在地址与消费品生产、供应状况；(3) 城市化水平；(4) 商品化水平、劳务社会化水平、食物价格指数与消费品价格指数变动是否一致等。中国近几年推进住房、医疗、教育等改革，个人在这些方面的支出增加，以及食物价格上涨，无疑会从不同方面影响恩格尔系数的变化。

相关链接： **居民消费水平持续提高，消费结构不断优化升级**

1. 消费水平持续提高，消费能力不断增强。

2021年全国居民人均消费支出24 100元，比2012年的12 054元增加12 046元，人均消费支出累计名义增长99.9%，年均名义增长8.0%；扣除价格因素，累计实际增长67.4%，年均实际增长5.9%。分城乡看，城镇居民人均消费支出30 307元，比2012年累计名义增长77.2%，年均名义增长6.6%，扣除价格因素，累计实际增长47.9%，年均实际增长4.4%；农村居民人均消费支出15 916元，比2012年累计名义增长138.7%，年均名义增长10.2%，扣除价格因素，累计实际增长99.7%，年均实际增长8.0%。

2. 恩格尔系数逐步下降，生活品质不断提高。

2021年全国居民人均食品烟酒支出7 178元，比2012年增长80.2%，年均增长6.8%。食品烟酒支出占消费支出的比重（恩格尔系数）从2012年的33.0%下降至2021年的29.8%，下降3.2个百分点。分城乡看，城镇居民人均食品烟酒支出8 678元，比2012年增长58.6%，年均增长5.3%；城镇居民恩格尔系数从2012年的32.0%下降至2021年的28.6%，下降3.4个百分点。农村居民人均食品烟酒支出5 200元，比2012年增长117.2%，年均增长9.0%；农村居民恩格尔系数从2012年的35.9%下降至2021年的32.7%，下降3.2个百分点。居民恩格尔系数的下降，标志着居民生活水平的进一步提高。

3. 消费结构优化升级，发展型享受型消费日益提升。

随着居民收入水平提高和消费领域不断拓展，居民消费结构持续优化升级，交通出行、子女教育、医疗服务等消费快速增长，服务性消费支出占比逐步提高。2021年全国居民人均交通通信支出3 156元，比2012年增长117.5%，年均增长9.0%，快于全国居民人均消费支出年均增速1.0个百分点，占人均消费支出的比重为13.1%，比2012年上升1.1个百分点。2021年全国居民人均教育文化娱乐支出2 599元，比2012年增长106.0%，年均增长8.4%，快于全国居民人均消费支出年均增速0.4个百分点，占人均消费支出的比重为 10.8%，比 2012 年上升 0.3 个百分点。2021 年全国居民人均医疗保健支出 2 115 元，比 2012 年增长 152.3%，年均增长 10.8%，快于全国居民人均消费支出年均增速 2.8 个百分点，占人均消费支出的比重为 8.8%，比 2012 年上升 1.8 个百分点。2021 年全国居民人均服务性消费支出占人均消费支出的比重为 44.2%，比 2013 年提高 4.5 个百分点。

资料来源：国家统计局。

3. 消费者的储蓄与信贷。

（1）储蓄是指城乡居民将可任意支配收入的一部分储存待用。储蓄的形式可以是银行存款，可以是购买债券，也可以是手持现金。较高储蓄率会推迟现实的消费支出，加大潜在的购买力。我国人均收入水平虽不高，但储蓄率相当高，从银行储蓄存款余额的增长趋势看，国内市场潜力规模甚大，如表 2-2 所示。

表 2-2　　　　　　　　　　居民年终储蓄存款余额

年份	城乡居民人民币储蓄存款余额（亿元）	平均每人储蓄存款余额（元）
1978	210.6	22
1980	395.8	40
1990	7 119.6	615
2000	64 332.4	5 076
2010	303 303	22 619
2020	925 986	63 300
2021	990 000	72 700
2022	1 784 000	85 761

资料来源：《中国统计年鉴》及《国民经济和社会发展统计公报》。

（2）信贷。指金融或商业机构向有一定支付能力的消费者融通资金的行为，其主要形式有短期赊销、分期付款、消费贷款等。消费信贷使消费者可用贷款先取得商品使用权，再按约定期限归还贷款。消费信贷的规模与期限在一定程度上影响着某一时限内现实购买力的大小，也影响着提供信贷的商品的销售量。如购买住宅、汽车及其他昂贵消费品，消费信贷可提前实现这些商品的销售。

（二）经济发展状况

1. 宏观经济形势。所有国家和地区的总体经济状态都是波动的。经济波动的传统模式，包括繁荣、衰退、萧条和复苏四个阶段，即商业周期。不同国家和地区在同一时期可能处于商业周期的不同阶段。2007 年以来，一场由美国次级抵押贷款市场动荡引起的金融风暴，使全球大多数国家都受到了严重的冲击。美国金融危机不断扩张，通过金融全球化，把次贷危机的风险转移到了世界的各个角落。这场百年罕见的金融危机，没有一个国家可以独善其身，我国经济已深度融入世界经济环流，不可能全身而退。中国政府已经并继续出台进一步扩大内需的一系列措施，以维护经济、金融和资本市场稳定，促进经济平稳较快发展。这是中国应对这场危机最重要、最有效的手段，也是对世界经济最大的贡献。问题在于，国际或国内经济形势都是复杂多变的，机遇与挑战并存，企业必须认真研究，力求正确认识与判断，制定相应的营销战略和计划。

2. 通货膨胀与通货紧缩。通货膨胀是指流通中货币量超过实际需要量所引起的货币贬值、物价上涨的经济现象，或是流通中用于交换的货物（服务）随着时间的变化，在转移过程中不断升值的过程。通货紧缩则是指社会价格总水平即商品和服务价格水平持续下降，货币持续升值的过程。二者都是宏观经济不平衡和不协调，前者表现为"需求过大、供给不足"，物价上涨使价格信号失真，导致生产的盲目发展，造成国民经济的非正常运行，使产业结构和经济结构发生畸形化，引发国民经济的比例失调；后者表现为"供给过剩、需求不足"，其持续发展会导致消费者消极消费，企业投资收益下降，社会经济可能陷入价格下降与经济衰退相互影响、恶性循环的严峻局面。因此，通货膨胀与通货紧缩，既是当今经济政策制定者头痛的问题，也是与所有企业和个人息息相关的问题。

三、自然环境

营销活动受自然环境的影响。自然环境包括资源状况、生态环境和环境保护等方面，面对不断短缺的自然资源和日益加剧的环境污染，企业应在可持续发展的战略指导下，加强对污染的控制和治理，采取措施节约能源，实行生态营销、绿色营销来保护环境。气候因素对市场营销的影响也是不可忽略的，一个国家的海拔高度、湿度和温度等的变化都可能会影响某些产品和设备的使用及性能的发挥。地形的复杂程度和土地面积的大小，对商品价格和运输方式都有直接影响。

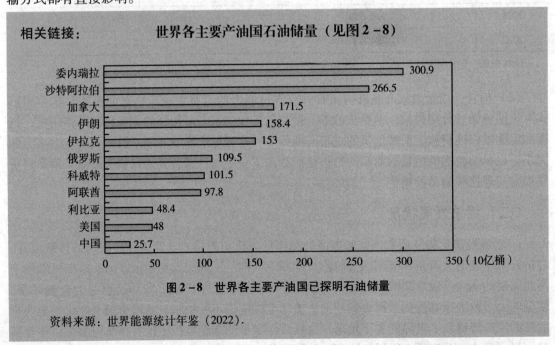

相关链接： 世界各主要产油国石油储量（见图2-8）

图2-8 世界各主要产油国已探明石油储量

资料来源：世界能源统计年鉴（2022）.

四、科学技术环境

科学技术是第一生产力，技术进步是经济增长的源泉之一。科技的发展对经济发展有巨大的影响，不仅直接影响企业内部的生产和经营，还同时与其他环境因素互相依赖、互相作用，给企业营销活动带来有利与不利的影响。例如，一种新技术的应用，可以为企业创造一个明星产品，产生巨大的经济效益；也可以迫使企业的某种曾获得巨大成功的传统产品退出市场。新技术的应用会引起企业市场营销策略发生变化，也会引起企业经营管理发生变化，还会改变零售商业业态结构和消费者购物习惯。

当前，世界新科技革命正在兴起，生产的增长越来越多地依赖科技进步，产品从进入市场到市场成熟的时间不断缩短，高新技术不断改造传统产业，从而加速了新兴产业的建立和发展。值得注意的是，高新技术的发展促进了产业结构趋向尖端化、软性化、服务化，营销管理者必须更多地考虑应用尖端技术，重视软件开发，加强对用户的服务，适应知识经济时代的要求。

相关链接： **中国互联网络发展状况**

中国互联网络信息中心（CNNIC）2022年8月31日在京发布了第50次《中国互联网络发展状况统计报告》。《报告》显示，截至2022年6月，我国网民规模为10.51亿人，互联网普及率达74.4%。

在网络基础资源方面，截至2022年6月，我国域名总数为3 380万个，".CN"域名数为1 786万个，IPv6地址数量为63 079块/32，较2021年12月增长0.04%；在信息基础设施建设方面，截至2022年6月，我国千兆光网具备覆盖超过4亿户家庭的能力，已累计建成开通5G基站185.4万个。

资料来源：第50次《中国互联网络发展状况统计报告》发布。

五、政治法律环境

（一）政治环境

政治环境是指企业市场营销的外部政治形势，主要包括政治制度与体制，政局稳定性、政府所持的市场道德标准等。在国内，安定团结的政治局面不仅有利于经济发展和人民货币收入的增加，而且能够影响群众心理预期，导致市场需求的变化。党和政府的方针、政策对国民经济的发展方向和速度提出要求，也直接关系到社会购买力的提高和市场消费需求的增长变化。对国际政治环境的分析，应了解"政治权力"与"政治冲突"对企业营销活动的影响。政治权力对市场营销的影响，往往表现为由政府机构通过采取某种措施约束外来企业或其产品，如进口限制、外汇控制、劳工限制、绿色壁垒等。政治冲突指国际上的重大事件与突发性事件，这类事件在以和平与发展为主流的时代从未绝迹，对企业市场营销工作的影响或大或小，有时带来机会，有时带来威胁。

（二）法律环境

法律环境是指国家或地方政府所颁布的各项法规、法令和条例等，它是企业营销活动的准则，企业只有依法进行各种营销活动，才能得到国家法律的有效保护。近年来，为适应经济体制改革和对外开放的需要，我国陆续制定和颁布了一系列法律、法规，如《产品质量法》《公司法》《商标法》《反不正当竞争法》《消费者权益保护法》《进出口商品检验法》等。

企业的营销管理者必须熟知有关的法律条文，才能保证企业经营的合法性，运用法律武器来保护企业与消费者的合法权益。对从事国际营销活动的企业来说，不仅要遵守本国的法律制度，还要了解和遵守国外的法律制度和有关的国际法规、惯例和准则。例如，欧洲国家规定禁止销售不带安全保护装置的打火机，无疑限制了中国低价打火机的出口市场。日本政府也曾规定，任何外国公司进入日本市场，必须找一个日本公司同它合伙，以此来限制外国资本的进入。只有了解和掌握了这些国家的有关贸易政策，才能制定有效的营销对策，在国际营销中争取主动。

六、社会文化环境

社会文化主要是指一个国家或地区的民族特征、价值观念、生活方式、风俗习惯、宗教信仰、伦理道德、教育水平、语言文字等的总和。主体文化是占据支配地位的，起着凝聚整个国家和民族的作用，是经过千百年的历史沉积所形成的文化，包括价值观、人生观等。次级文化是在主体文化支配下所形成的文化分支，包括种族、地域、宗教等。文化对所有营销参与者的影响是多层次、全方位、渗透性的，它不仅影响企业营销组合，而且影响消费心理、消费习惯等，这些影响多半是通过间接的、潜移默化的方式进行的。这里主要分析以下几方面。

（一）教育水平

受教育程度不仅影响劳动者收入水平，而且影响着消费者对商品的鉴赏力，影响消费者心理、购买的理性程度和消费结构，从而影响着企业营销策略的制定和实施。

（二）宗教信仰

人类的生存活动充满了对安全、幸福的向往和追求，在生产力低下、人们对自然现象和社会现象迷惑不解的时期，这种追求往往带着盲目崇拜的宗教色彩。不同的宗教信仰有不同的文化倾向和戒律，从而影响着人们认识事物的方式、价值观念和行为准则，进而影响人们的消费行为。

（三）价值观念

价值观念是指人们对社会生活中各种事物的态度和看法。不同的文化背景下，价值观念差异很大，影响着人们的消费需求和购买行为。对于不同的价值观念，营销管理者应研究并采取不同的营销策略。

（四）消费习俗

消费习俗是指历代传承下来的一种消费方式，是风俗习惯的一项重要内容。消费习俗在饮食、服饰、居住、婚丧、节日、人情往来等方面都表现出独特的心理特征和行为方式。

（五）消费流行

由于社会文化多方面的影响，消费者产生共同的审美观念、生活方式和情趣爱好从而导致社会需求的一致性，这就是消费流行。消费流行在服饰、家电以及某些保健品方面，表现最为突出。消费流行在时间上有一定的稳定性，但有长有短，有的可能几年，有的可能是几个月；在空间上还有一定的地域性，同一时间内，不同地区流行的商品品种款式、型号、颜色可能不尽相同。

七、企业 PEST 宏观环境分析

宏观环境是企业生存和发展的大气候，是企业成长的土壤、阳光和水分，它涉及一系列影响企业战略规划和经营管理的外部要素，是企业确定市场营销规划工作的前提。

哈佛大学教授迈克尔·波特提出了 PEST 模型，该模型为企业宏观环境分析提供了基本框架。PEST 宏观环境分析的关键是在确定政治、经济、社会、技术四大维度前提下，分析影响企业战略和经营的具体因素，如表 2 - 3 所示。

表 2 - 3　　　　　　　　　　　　　　**PEST 模型**

维度	因素
政治（P） Politics	政治制度、世贸组织、垄断与竞争立法、环保、税收政策、就业政策、贸易规则、与政府关系等
经济（E） Economy	商业周期、货币供通说、支配收入、原料能源、贸易、投资等
社会（S） Society	人口流动与统计、生活方式、价值观、消费结构教育水平、文化、审美标准、宗教、风俗等
技术（T） Technology	政府支付、技术关注、产品开发技术转让、劳动生产新优品和废品率、技术水平评估等

其一，通过政治环境分析，可发现新的经营机会，提前识别潜在经营风险。

其二，经济环境分析需要数据的准确性和全面性，通常需要参考权威的报告和统计数字。

其三，社会环境的变化常常是从量变到质变的长期演化过程，重在见微知著，及早发现趋势，及时评估影响，识别外在机遇和威胁。

其四，评估技术对企业影响至关重要，尤其对于叠加其他三因素影响的技术变革趋势，像"新基建""数字中国战略""中国制造 2025"等，企业更应尽早进行适应性和前瞻性的规划。

任务四　掌握 SWOT 分析法

营销情境 2 – 4

沃尔玛公司的发展

　　沃尔玛公司由山姆·沃尔顿先生于 1962 年在美国阿肯色州成立。经过 60 余年的发展，沃尔玛公司在 20 个国家经营超过 10 500 家门店和多个电子商务网站。沃尔玛全球 2023 财年营收达到 6 110 亿美元，全球员工总数约 210 万名，并多次荣登《财富》杂志世界 500 强榜首。

音频：
营销情境 2 – 4
分析提要

　　沃尔玛于 1996 年进入中国，在深圳开设了第一家沃尔玛大卖场和山姆会员商店。经过 20 多年在中国的发展，沃尔玛在中国经营多种业态和品牌，目前已经在全国 100 多个城市开设了数百家门店和数家配送中心。

　　沃尔玛致力于通过实体零售店、在线电子商店以及移动设备移动端等不同平台不同方式来帮助世界各地的人们随时随地节省开支，并生活得更好。沃尔玛将继续在可持续发展、企业社会责任以及就业机会领域担任领军者的角色。

资料来源：刘婷. 沃尔玛在中国市场的营销战略分析 [J]. 商业文化, 2021 (20): 50 – 51.

　　思考：沃尔玛有哪些优势、劣势、机会和威胁？

一、SWOT 分析法的含义

　　SWOT 分析法，即态势分析法，就是将与研究对象密切相关的各种内部优势和劣势以及外部的机会和威胁等，通过调查罗列出来，并依照矩阵形式排列，然后用系统分析的方法，把各种因素相互匹配起来加以分析，从而得出一系列相应的结论，而结论通常带有一定的决策性。企业营销 SWOT 分析法，就是要分析企业在营销过程中自身的优势（strength）和劣势（weakness），以及外部环境带给企业的机会（opportunity）和威胁（threat），并结合这四点进行研究分析，权衡之后制订相应的营销战略计划及对策等，力求内部条件与外部环境协调平衡，扬长避短，趋利避害，牢牢把握对企业发展最有利的市场机会。

二、企业优势和劣势分析

　　企业的优势与劣势分析主要是着眼于企业自身的实力和竞争对手的情况。当两个企业处在同一市场或者它们都有能力向同一顾客群体提供产品或服务时，如果其中一个企业有更高的盈利率或盈利潜力，说明这个企业比另外一个企业更有竞争优势。

（一）企业优势

　　企业优势是指企业自身特有的、有利于成长和发展或竞争制胜的因素，包括企业内部存在的有利于促进企业生产经营发展的优势资源、技术、产品及其他方面的特殊能力。充足的资金来源、良好的企业形象、高明的经营技巧、先进的工艺设备、较低的生产成本、与供应商长期稳定的关系、良好的雇员关系等，都可以形成企业优势。

（二）企业劣势

企业劣势是企业在生产经营过程中所形成的、对自身生产经营活动具有不利影响的因素。一个企业的劣势主要表现在：缺乏明确的战略导向、缺乏专业的企业管理知识、缺乏某些关键技能或能力、企业形象较差、缺乏专业人才、与供应商关系不稳定、生产成本过高等。

相关链接： **TikTok**

机会识别与资源配置理论强调了"人"与"机会"的感知和识别关系，以及在机会识别基础上的资源组合与匹配，从而最大化发挥资源协同效应，获取竞争优势。尤其在中国移动互联网产品全球化发展的过程中，在与发达国家跨国企业竞争存在传统资源数量上的劣势时，就更需要寻求切入全新市场的发展机会，并依据所识别到的机会，创造性地配置资源，满足客户需求，扩大市场份额并最终获得生存发展空间。TikTok 的机会识别者——具有全球化视野的管理团队，在识别到移动互联网及短视频业务全球化发展的巨大机遇时，果断利用智力资源打造出高质量的产品和服务，利用资本资源精准并购以获取流量导入，深挖当地市场用户使用习惯，招揽当地人才资源以实施本地化运营，调动渠道资源进行广告宣传与营销公关，并连接合作伙伴资源打造价值共创的生态闭环，最终通过将分散的资源模块有效配置成相依存的整体，共同推动产品整体价值的提升，从而在全球范围内获得巨大成功。

资料来源：李莉，苏子棋，吕晨. 移动互联网产品全球化发展策略研究——以 TikTok 为例［J］. 管理现代化，2021，41（01）：44-47.

三、市场机会与环境威胁

（一）市场机会分析

市场机会是指对企业市场营销管理富有吸引力的领域。企业在每一个特定机会中成功的概率，取决于其业务实力是否与该行业所需要的成功条件相符。并不是每一个市场营销因素带给企业的机会是一样大的，机会分析可以从其潜在吸引力和企业成功的可能性两个方面进行综合分析，其机会分析矩阵如图 2-9 所示。

成功的可能性

		高	低
潜在的吸引	大	区域1	区域2
	小	区域4	区域3

图 2-9 机会分析矩阵

在图 2-9 中，处于区域 1 的市场机会，对企业有很大的潜在利益，而且企业获得成功的可能性也很大，这极有可能为企业带来丰厚的利润，企业应把握时机，投入资源，全力发展。处于区域 2 的市场机会，虽然潜在的吸引力较大，但是企业成功的可能性较小，企业应尽快找出成功可能性较低的原因以改善自身条件，设法化解不利因素。而处于区域 3 的市场机会，潜在利益和成功概率都较小，企业应慎重对待这些市场机会，审慎地开展营销活动。处于区域 4 的市场机会，虽然潜在吸引力较小，但是成功的可能性较大，企业应密切关注市场趋势的变化，及时采取有效措施。

相关链接：　　　　　　　　　**营销机会三个来源**

1. 现有产品供不应求；
2. 用一种新的或优良的方式去提供现有产品或服务；
3. 开发一个全新的产品或服务。

资料来源：［美］菲利普·科特勒等. 营销管理（15 版）［M］. 何佳讯等译. 上海：格致出版社、上海人民出版社，2016.

（二）环境威胁分析

环境威胁是指环境中不利于企业发展可能会给企业造成经济损失，甚至可能会对企业的市场地位构成威胁的因素。不同的环境对企业的影响程度是不同的，有些会对企业构成严重的威胁，有些影响比较轻微。企业对环境威胁的评估，可以从它对企业的影响程度和出现的概率两个方面着手，其威胁分析矩阵如图 2-10 所示。

出现概率

		高	低
影响程度	大	区域1	区域2
	小	区域4	区域3

图 2-10　威胁分析矩阵图

在图 2-10 中，处于区域 1 的环境威胁，对企业的影响很大，而且出现的概率也较大，企业应特别重视，并制定应对之策；处于区域 2 的环境威胁虽然出现的概率较小，但是对企业的影响程度却很大，企业也应高度重视，密切监视它的发展变化；而处于区域 3 的环境威胁，出现的概率和对企业的影响程度都较小，企业可以暂且不用理会，但是要留意它的发展变化；处于区域 4 的环境威胁，虽然对企业的影响程度较小，但是出现的概率较大，企业应采取一些措施，预防演变为严重的环境威胁。

四、SWOT 模型要素组合战略运用

SWOT 方法对企业内外环境进行分析，制定并执行 SWOT 要素组合战略，目的就是优化企业现有资源，提高企业的竞争优势。

（一）优势—机会（SO）组合战略

这是一种发展企业内部优势与利用外部机会的战略，是一种理想的战略模式。当企业具有特定方面的优势，而外部环境又为发挥这种优势提供有利机会时，可以采取该战略。例如有良好的产品市场前景、供应商规模扩大和竞争对手有财务危机等外部条件，配以企业市场份额提高等内在优势，可成为企业收购竞争对手、扩大生产规模的有利条件。

（二）劣势—机会（WO）组合战略

这是利用外部机会来弥补内部弱点，使企业改劣势而获取优势的一种战略存在外部机会，但由于企业存在一些内部弱点而妨碍其利用机会，可采取措施先克服弱点。例如，若企业弱点是原材料供应不足和生产能力不够，从成本角度看，会导致开工不足、生产能力闲置、单位成本上升，而加班加点会导致一些附加费用。在产品市场前景看好的前提下，企业可利用供应商扩大规模、新技术设备降价、竞争对手财务危机等机会，实现纵向整合战略，重构企业价值链，以保证原材料供应，同时可考虑购置生产线来克服生产能力不足及设备老化等缺点。

（三）优势—威胁（ST）组合战略

这是一种企业利用自身优势，回避或减轻外部威胁所造成的影响的战略。例如，竞争对手利用新技术大幅度降低成本，给企业很大成本压力；原材料供应紧张，价格可能上涨；消费者要求大幅度提高产品质量，企业还要支付高额的环保成本等，这些都会导致企业成本状况进一步恶化，使之在竞争中处于非常不利的地位。但若企业拥有充足的现金、熟练的技术工人和较强的产品开发能力，便可利用这些优势开发新工艺，简化生产工艺过程，提高原材料利用率，从而降低原材料消耗和生产成本，降低外部威胁影响。

（四）劣势—威胁（WT）组合战略

这是一种旨在减少内部弱点，回避外部环境威胁的防御性战略。当企业处于内忧外患的境况时，往往面临生存危机，降低成本也许成为改变劣势的主要措施。当企业成本状况恶化，原材料供应不足，生产能力不够，无法实现规模效益，且设备老化，使企业在成本方面难以有大作为时不得不采取目标聚集战略或差异化战略，以回避成本方面的劣势，并回避成本原因带来的威胁。

SWOT分析运用于企业成本战略分析可发挥企业优势，利用机会克服弱点回避风险，获取或维护成本优势，将企业成本控制战略建立在对内外部因素分析及对竞争势态的判断等基础上。

五、应用 SWOT 分析模型的注意事项

SWOT模型已提出很久了，带有时代的局限性。以前的企业比较关注成本质量，现在的企业更强调组织流程。SWOT分析法具有很强的主观评判性；不要过多依赖于它，或仅仅依赖于它；可以把它视为参考方法，但不能作为唯一方法。

其一，对企业进行 SWOT 分析时，必须对企业现状和前景加以区分。

其二，对企业进行 SWOT 分析时，必须与企业竞争对手进行比较。

其三，对企业进行 SWOT 分析时，确保简洁化，避免复杂化，避免过度分析。

其四，对企业进行 SWOT 分析时，必须明确该分析方法可能会因人而异，有一定的主观性。

其五，在运用 SWOT 分析法的过程中，要注意其适应性。

其六，SWOT 分析法可与 PEST 等分析方法一起使用。

案例分析：比亚迪新能源汽车的发展

文本：分析思路

近年来，我国新能源汽车的渗透率不断提升，主要原因在于国家层面和各省份都制定了明确的新能源汽车发展目标，确立了新能源汽车的发展方向，有助于新能源汽车的发展。同时，新能源汽车的使用价格要比传统燃油车低得多，使得众多车主选择价格更为实惠的新能源汽车，也是新能源汽车渗透率提升的原因之一。

洞察先机，锁定目标。面对环境污染，全球对能源使用的限制力度加大，各国禁售燃油车的日程表相继出炉，发展新能源汽车是大势所趋。比亚迪把"为地球降温 1 度"作为自己诚挚的使命，在环境压力如此巨大的情形下，比亚迪看准机会、锁定目标，利用在电池技术领域研发领先的优势寻求新能源作为可替代燃料，提出"三大绿色梦想"解决石油问题带来的全球环境污染和经济问题。比亚迪利用科技创新造福人类，倡导绿色交通改变出行！2008 年 12 月 15 日，全球第一款不依赖充电站的双模电动车比亚迪 F3DM 在深圳上市，解决了能源紧缺、二氧化碳减排和环境污染三大问题。比亚迪抢得先机，用科技打造绿色出行的钥匙，开创了中国力量领跑世界的壮举！

因势利导，借力政府。近年来，政府对于新能源相关产业一直给予财政支持，以刺激相关企业对新能源汽车加大研发、生产能力以及向消费者市场推广，从而有利于激活市场和培育产业。为此，国家相关部门出台了一系列的政策措施，如财政补贴和对新能源汽车不限行、不限购等。我国在 2009 年发布了首个节能与新能源汽车补贴政策，对试点城市公共服务领域购置新能源车辆进行补贴，后来扩大到乘务车领域。对于着力开发新能源项目的车企来说，一方面可以得到大笔财政补贴；另一方面又能推广其产品提高市场占有率，实现双赢。比亚迪抓住这一契机，与地方政府展开全面合作。

投其所好，顾客至上。近几年，随着人们购买眼光越来越挑剔，比亚迪似乎更懂消费者。为了满足市场的个性化与品质需求，针对不同的消费群体，比亚迪加大了市场调研力度。通过调研，比亚迪清楚年轻购车族在购车时偏好小排量车和好看的外观，其次是产品的性能、配置、价格和口碑等因素，这些无疑对消费者的吸引力度很大。比亚迪根据消费者的偏好，在近几年推出的车型身上更注重外观设计的时尚感和创新性。

在新能源汽车渗透率不断提升的前提下，比亚迪在 2020 年的销量打败特斯拉，逐渐发展成为我国新能源汽车的龙头企业。

比亚迪作为中国新能源汽车的龙头企业成立于 1995 年，1998 年在欧洲创立了第一个海外子公司；2002 年比亚迪于香港主板上市，2011 年比亚迪再次在上交所 A 股上市；2020 年比亚迪发布了自主研发的刀片电池，刀片电池的问世对我国本土新能源汽车续航能力的发展有着至关重要的作用。

2020 年，比亚迪新能源汽车在全球实现 17.92 万辆的销量，进入全球新能源汽车企业销量的前三名。在中国境内，2020 年比亚迪新能源汽车以 18.32 万辆的销量打败了国际新能源汽车巨头特斯拉，排名第一位。

资料来源：《新时代的中国能源发展》白皮书，中国政府网.www.gov.cn.马建，刘晓东，陈轶嵩等.中国新能源汽车产业与技术发展现状及对策［J］.中国公路学报，2018，31（08）：1-19.

讨论问题：

1. 结合案例谈谈比亚迪应该怎样扬长避短、变革创新？

2. 请用 PEST 分析法分析新能源产业发展环境。

情境讨论和能力训练

训练主题：掌握 PEST 分析法

训练目的：

1. 了解市场营销环境因素。

2. 选择某一行业（企业）进行 PEST 分析。

训练方案：

1. 将班级同学进行分组，每组 4~6 人。

2. 每个小组成员都撰写一份资料，标题为：××的市场营销环境分析。

3. 所写资料应该包括以下内容：经济环境、政治法律环境、自然资源、科学技术环境、社会文化环境等因素带来的机遇与挑战（××产品销售，或者××产业）。

4. 小组成员一起讨论完成。

本项目思考题

1. 市场营销环境有哪些特点？分析市场营销环境意义何在？

2. 微观营销环境由哪些方面构成？竞争者、消费者对企业营销活动有何影响？

3. 宏观营销环境包括哪些因素？各有何特点？

4. 消费者支出结构变化对企业营销活动有何影响？

5. 结合我国实际说明法律环境对整个营销活动的重要影响。

6. 试剖析一个实例指出企业营销威胁与机会所在，应采用何种对策。

项目三

培养市场分析能力

听故事悟原理
（丁磊养猪）

课程思政
（周杰伦的中国风）

项目三课件

■ **目标描述**

知识目标：

1. 了解消费者市场与组织市场的区别；

2. 了解消费者市场与组织市场的购买行为类型；

3. 掌握影响消费者市场和组织市场的因素；

4. 掌握消费者市场与组织市场的购买决策过程。

技能目标：

1. 能够分析消费者购买某具体产品的原因以及其购买决策过程；

2. 能够根据消费者市场与组织市场的区别来有针对性地设计营销方案。

■ 工作任务导图（见图 3 −1）

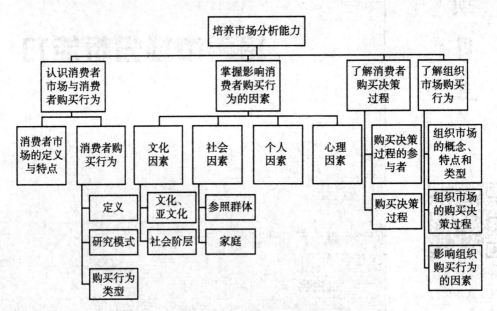

图 3 −1　培养市场分析能力

■ 重要概念

消费者市场与组织市场　参照群体　需要与动机　知觉　态度　消费者市场与组织市场的购买行为类型　消费者市场与组织市场的购买决策过程

任务一 认识消费者市场与消费者购买行为

营销情境 3 - 1

华为进入消费者市场

2011 年初，华为最高管理层齐聚意大利西西里岛，经过激烈的讨论终于统一认识，决定大力拓展运营商之外的市场，还提出了未来几年内将销售收入做到 1 000 亿美元的目标，这也意味着未来几年华为必须保持不低于 20% 的高速增长。此时，华为的"老师"IBM 规模也在 1 000 亿美元左右。此后不久，华为组建了另外两个面向不同客户的业务集团（BG），分别是企业 BG 和消费者 BG。

音频：
营销情境 3 - 1
分析提要

相对于企业业务，华为消费者业务进入更晚。"2003 年我们搞手机事业部时，来的大部分都是无线不要的人。"一位华为终端公司老员工回忆起当年情景颇多感慨。他认为，任正非一开始并没有寄望于手机业务能单独做起来，而是要通过手机阻击当时如日中天的 UT 斯达康和中兴通讯，这两家公司当时依靠小灵通业务赚得盆满钵满。

华为迅速与京瓷公司达成合作协议杀入小灵通市场，通过价格战一举击溃了 UT 斯达康，遏制住中兴的扩张势头。不过，终端一直都没有成为华为的主流业务。从第一任董事长郭平开始，终端公司坚持走运营商定制市场，虽然规模并不大，却也保持着一定利润。

2011 年，华为将旗下所有面向消费者的业务如手机、其他终端设备、互联网以及芯片业务（主要由华为控股的海思公司承担）整合在一起，组成了消费者 BG。同年，余承东从战略与 Marketing 部门调任到终端公司，他为华为手机制定了新思路：做精品、做品牌，构筑长期发展核心能力。当然，核心产品还是智能手机。余承东立下军令状：去年完成 2 000 万部智能手机销售目标的基础上，今年华为必须完成 6 000 万部智能手机的任务。

这意味着华为的客户将从几百家运营商扩展到十亿消费者。据彭博通讯社报道，华为第二季度有望跻身全球第三大智能手机厂商。但按照余承东的预期，华为手机三年之内成为世界领先手机终端产商，手机（包括数据卡、家庭网关和机顶盒等其他终端）营收需要达到 300 亿美元——这几乎相当于今天华为运营商网络销售的体量，而华为终端今年营收预计仅有 80 多亿美元。在这个巨量目标前，他要和一些典型的华为式习惯做抗争。2012 年初，他对终端体系进行了人事调整。中国区总裁调离，副总裁一名退休，一名调离，还调整了手机产品线总裁、家庭产品线总裁和首席营销官。

资料来源：秦姗，冀勇庆. 华为转基因：从企业市场到消费者市场［J］. 中国企业家杂志，2012 (16).

思考：华为为什么要进入消费者市场？

一、认识消费者市场

（一）定义消费者市场

按照顾客购买目的或用途的不同，市场可分为组织市场和消费者市场两大类。组织市场是指以某种组织为购买单位的购买者所组成的市场，其购买目的是为了生产、销售或履行组织职能。消费者市场是由个人或家庭所组成的市场，其购买目的是为了生活消费。生活消费是产品或服务流通的终点，因此消费者市场也称为最终产品市场。

（二）了解消费者市场的特点

与生产者市场相比，消费者市场具有以下特征：

1. 从交易的商品看，由于它是供人们最终消费的产品，而购买者是个人或家庭，因而它更多地受到消费者个人人为因素诸如文化修养、欣赏习惯、收入水平等方面的影响；产品的花色多样、品种复杂，产品的生命周期短；商品的专业技术性不强，替代品较多，因而商品的价格需求弹性较大，即价格变动对需求量的影响较大。

2. 从交易的规模和方式看，消费品市场购买者众多，市场分散，成交次数频繁，但交易数量零星。因此绝大部分商品都是通过中间商销售产品，以方便消费者购买。

3. 从购买行为看，消费者的购买行为具有很大程度的可诱导性。这是因为消费者在决定采取购买行为时，不像生产者市场的购买决策那样，常常受到生产特征的限制及国家政策和计划的影响，而是具有自发性、感情冲动性；消费品市场的购买者大多缺乏相应的商品知识和市场知识，其购买行为属非专业性购买，他们对产品的选择受广告、宣传的影响较大。

4. 从市场动态看，由于消费者的需求复杂，供求矛盾频繁，加之随着城乡交往、地区间往来的日益增多，旅游事业的发展，国际交往的增多，人口的流动性越来越大，因此，购买力的流动性也随之加强。企业要密切注意市场动态，提供适销对路的产品，同时要注意增设购物网点和在交通枢纽地区创设规模较大的购物中心，以适应流动购买力的需求。

二、理解消费者购买行为

（一）消费者购买行为的定义

消费者购买行为指消费者在内在和外在因素影响下，挑选、购买、使用和处置产品或服务以满足自身需要的过程。消费者行为直接决定了营销企业的经营状况。

（二）消费者购买行为研究模式

消费者购买行为研究模式有多种，其中有代表性的是刺激—反应模式。这种模式源于行为心理学的创始人约翰·沃森（John B. Watson）建立的"刺激—反应"原理（见图 3 -2）。他指出，人的行为是受到刺激之后，经过一系列心理活动过程而做出的反应。心理活动主要包括感觉、知觉、记忆、思维、情绪和意志等，它是隐蔽的，不能被外界直接观察、测量和记录，因此被称为购买者黑箱。在黑箱模型中，消费者会接收来自外部环境的各种刺激。刺激主要包括营销刺激和宏观环境刺激两方面，营销刺激包括产品、定价、渠道和促销等，是企业能够计划并实施控制的，例如企业可以通过广告、公共关系、销售促进等促销方式来影响消费者的购买决策。宏观环境刺激包括经济、技术、政治、文化等因素，通常是企业无法控制的。所有这些刺激，进入了购买者的"黑箱"后，产生了人们看得到的购买者反应：购买还是拒绝接受，或是表现出需要更多的信息。如购买者一旦决定购买，其反应便通过其购买决策过程表现在购买者的购买选择上，包括产品的选择、厂牌选择、购物商店选择、购买时间选择和购买数量选择。由此可见，尽管购买者的心理是复杂的，难以捉摸的，但这种神秘的、不易被窥见的心理活动可以被反映出来而使人们认识。因此，消费者购买行为研究包括三个方面：一是揭示和描述消费者的行为表现，即通过科学的方法发现和证实消费者存在哪些行为反应。二是揭示消费者的行为产生的原因，把观察到的已知事实组织起来、联系起来，提出一定的假说去说明这些事实发生的原因及其相互关系。三是预测和引导消费者行为，即在影响因素既定的条件下预测消费者行为，并通过改变营销刺激来引导和控制消费者行为。

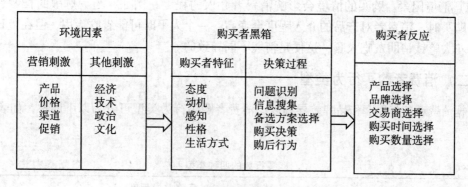

图 3 - 2　营销刺激与消费者反应模式

三、消费者购买行为类型

根据不同的分类标准，消费者购买行为可以分为不同的类型。常见的分类标准是消费者参与程度（customer involvement）和品牌差异程度。这里首先对"购买者参与"进行阐述。

（一）消费者参与

1. 消费者参与的定义。消费者参与是指消费者对某一产品、事物、事件或行为的重要性或与自我相关性的认识。如果消费者认为某一产品、事物、事件或行为对自己很重要或者自我相关性高，则参与程度高。反之，则参与程度低。消费者参与程度的高低通过两个方面来衡量：一是指消费者在购买时的谨慎程度及在购买过程中所花费的时间和精力的多少；二是指参与购买过程的人数，一些简单产品的购买通常由一人完成，而另一些复杂产品则由许多人共同参与完成。

2. 影响消费者参与的因素。基于以往的研究，消费者参与程度主要受三个因素影响：个体因素、产品和刺激物因素、情境因素。

（1）个体因素。影响消费者参与的个体因素主要有个体的需要和兴趣；先前的经验。当消费者对产品有需要和兴趣时，消费者的参与程度会比较高。先前经验对介入程度有负向影响。如果消费者在产品和服务上有丰富的先前经验，则其参与程度会比较低。相比于首次购买的产品，消费者经常购买的产品，参与程度会降低。

（2）产品与刺激的因素。主要包括以下两个方面：

一是风险和价值。对于产品个人来说，当某一产品的价值较高，或者购买某一产品可能引起的风险较高时，消费者的参与程度也会随之提高。例如，购买高单价的产品时，消费者的参与程度会增加。购买可能带来较高社会风险以及心理风险时，消费者的参与程度也会提高。例如，当家长为孩子购买婴儿车、儿童玩具时，由于车的性能可能带来很高的风险，家长们往往会慎之又慎，再三斟酌进行挑选。二是社会外显性。当产品的社会外显性增加时，参与程度也会增加。例如汽车、配饰、衣着都是社会外显性很强的产品，不当的衣着或是购买不当的产品具有很高的社会风险，消费者在选择这类产品时有很强的动机去甄别和挑选，对于社会外显性高的产品的参与度也很高。

（3）情境因素。购买的情境会影响消费者介入的程度。例如，当为尊敬的长辈、在意的朋友购买时，消费者对产品的介入程度会变高。一个人平时可能省吃俭用，但在节日的时候却会花大笔钱请朋友吃大餐，这便是情境不同导致的。

（二）消费者购买行为类型

根据消费者参与程度和品牌差异程度，消费者购买行为类型可分为以下四种，如表 3 - 1 所示：

表 3 - 1　　　　　　　　　　　　购买行为的四种类型

消费者参与程度	品牌差异程度	
	高	低
大	复杂购买行为	多样性购买行为
小	减少失调感的购买行为	习惯性的购买行为

1. 复杂的购买行为。如果消费者属于高度参与，并且了解现有各品牌、品种和规格之间具有显著差异，则会产生复杂的购买行为。在该购买行为之下，消费者首先要广泛搜集各种相关信息，对可能选择的产品进行全面评估，在此基础上建立起自己对该品牌的信念，形成自己的品牌态度，最终慎重地作出购买决策。

对于复杂的购买行为，营销者应制定策略帮助购买者掌握产品知识，运用各种途径宣传本品牌的优点，影响最终购买决定，简化购买决策过程。

2. 减少失调感的购买行为。如果消费者属于高度参与，但是并不认为各品牌之间有显著差异，则会产生减少失调感的购买行为。在该购买行为之下，消费者并不广泛收集产品信息，并不精心挑选品牌，购买决策过程迅速而简单，但是在购买以后会认为自己所买产品具有某些缺陷或其他同类产品有更多的优点而产生失调感，怀疑原先购买决策的正确性。地毯、房内装饰材料、服装、首饰、家具和某些家用电器等商品的购买大多属于减少失调感的购买行为。此类产品价值高、不常购买，但是消费者看不出或不认为某一价格范围内的不同品牌有什么差别，无须在不同品牌之间精心比较和选择，购买决策过程迅速，可能会受到与产品质量和功能无关的其他因素的影响，如因价格便宜、销售地点近而决定购买。购买之后，会因使用过程中发现产品的缺陷或听到其他同类产品的优点而产生失调感。

对于这类购买行为，营销者要提供完善的售后服务，通过各种途径经常提供有利于本企业和产品的信息，使顾客相信自己的购买决定是正确的。

3. 多样性购买行为。如果消费者属于低度参与并了解现有各品牌和品种之间具有显著差异，则会产生多样性购买行为。在该购买行为之下，消费者购买产品有很大的随意性，并不深入收集信息和评估比较就决定购买某一品牌，在消费时才加以评估，但是在下次购买时又转换其他品牌。转换的原因是厌倦原口味或想试试新口味，是寻求产品的多样性而不一定有不满意之处。

对于多样性购买行为，市场领导者和挑战者的营销策略是不同的。市场领导者力图通过占有货架、避免脱销和提醒购买的广告来鼓励消费者形成习惯性购买行为。而挑战者则以较低的价格、折扣、赠券、赠送样品和强调试用新品牌的广告来鼓励消费者改变原习惯性购买行为。

4. 习惯性购买行为。如果消费者属于低度参与并认为各品牌之间没有什么显著差异，就会产生习惯性购买行为。在该购买行为之下，消费者对所选购的产品和品牌比较了解，主要依据过去的知识和经验习惯性地作出购买决定，并不深入收集信息和评估品牌。

对习惯性购买行为的主要营销策略是：

（1）利用价格与销售促进吸引消费者试用。由于产品本身与同类其他品牌相比难以找出特别的优点以引起顾客的兴趣，就只能依靠合理价格与优惠、展销、示范、赠送、有奖销售等销售促进手段吸引顾客试用。一旦顾客了解和熟悉产品，就可能经常购买以致形成购买习惯。

（2）开展大量重复性广告加深消费者印象。在低度参与和品牌差异小的情况下，消费者并不主动收集品牌信息，也不评估品牌，只是被动地接受包括广告在内的各种途径传播的信息，根据这些信息所产生的对不同品牌的熟悉程度来决定选择，购买之后甚至不去评估它。购买决策过程是：由被动的学习形成品牌信念，然后是购买行为，接着可能有也可能没有评估过程。因此，企业必须采用大量广告使顾客通过被动地接受广告信息而产生对品牌的熟悉。为了提高效果，广告信息应简短有力且不断重复，只强调少数几个重要论点，突出视觉符号与视觉形象。根据古典控制理论，不断重复代表某产品的符号，购买者就能从众多的同类产品中认出该产品。

（3）增加购买参与程度和品牌差异。在习惯性购买行为中，消费者只购买自己熟悉的品牌而较少考虑品牌转换，如果竞争者通过技术进步和产品更新将低度参与的产品转换为高度参与的产品，并扩大其与同类产品的差距，将促使消费者改变原先的习惯性购买行为，寻求新的品牌。提高参与程度的主要途径是在不重要的产品中增加较为重要的功能和用途，并在价格和档次上与同类产品拉开差距。

任务二　掌握影响消费者购买行为的因素

营销情境 3 - 2

欧内斯特·迪希特的动机研究和象牙香皂的推广

欧内斯特·迪希特被认为是动机研究（motivation research）之父，20世纪50年代他把弗洛伊德精神分析学说用于购买行为研究，他认为研究消费者购买行为必须深入到无意识水平，着重于消费者的情感及非理性的一面，并设计了多种投射调查法，如语言联想法、语句完成法、图画故事法和角色扮演法等，调查无意识动机与购买情境和产品选择的关系。迪希特指出，消费者首先是用眼睛来观察商品，然后才在他的头脑中加深印象，并试图来认识他所看到的一种产品对他具有什么意义。现代消费者购到一件商品，并非仅仅为了购买商品的物

音频：
营销情境 3 - 2
分析提要

理功能或效用，也并非只是为了取得商品的所有权，他更希望通过购买商品，从中获得一系列的心理满足和愉悦感。

迪希特第一个大型成功案例是为康普顿广告公司推广象牙牌（Ivory）香皂，推广前的象牙牌香皂销量出现了大幅下滑。当时标准的市场调查方法是询问消费者为什么选择这种产品，或者为什么不选择。

迪希特认为，在弄清楚人们的沐浴心理之前，无论是推广什么香皂品牌都是没有意义的，因此他以其惯用的非指导性方法，在全国各地的基督教青年会采访了100人。"我同人们讨论他们生活中泡澡和淋浴这两件事，而不会问他们用什么洗澡或为什么使用或不用象牙牌香皂洗澡。"他发现，洗澡有着各种隐含的心理意义。

洗澡不仅能洗去身上的污垢，还是一个净化身心的过程。洗澡时，"你不仅能洗净污垢，还能洗去罪恶感"。他提出了这样的宣传口号，"明智点，用象牙牌香皂重新开始……把所有的烦恼都洗掉。"在这里，"烦恼"用来含蓄地表达，如果用对了香皂，心中那些不能说的罪恶感就都能一洗而净。这听起来也许又假又牵强，香皂怎么能洗去罪恶感呢？

然而，象牙牌香皂的纯白色有许多内涵，如帮你洗干净身体，让你心生期待，洗净后能穿上漂亮衣服出门，引导你放眼明天而非关注过往。这代表着把认知关注点放在未来而非过去。如果能通过沐浴这一种仪式重塑自己的认知关注点，你就能应对那些过多反刍的情绪。这些对欧内斯特·迪希特来说再直观不过了。更重要的是，这场推广活动成绩斐然。

然而，沐浴不仅仅是为了让自己摆脱罪恶感，迪希特认为沐浴还有其他不同的心理功能。迪希特认为，如果你打算推销香皂，那么这种毫无负罪感的爱抚就可能是一个沟通重点。

这让他开始思考另一件事，世界上有很多种爱抚，取决于谁在爱抚以及谁在被爱抚。毕竟，触摸是一种最强大也是最暧昧的交流方式，需要仔细思考其内涵，例如，母

亲的爱抚和爱人的爱抚有着天差地别。迪希特认为在市场营销过程中，这种区别需要经过慎重思考。因为有些香皂［如卡玫尔（Camay）］可能会被建构为肉欲的象征，是一个放纵的"诱惑者"的形象。而其他香皂，比如象牙牌香皂，其爱抚代表母爱和关怀。

迪希特决定把象牙牌香皂建立在其母性形象上。广告中经常展示一个纯洁的有着"象牙色脸庞"的宝宝形象（当听到"母亲""宝贝"这些词的时候，你脑海里的第一幅画面是什么）。广告文案是这样的："宝宝有着象牙般洁白的小脸……你为什么不能拥有呢？相比其他香皂，医生优先选择了这款象牙牌香皂，适合您的肤色。"另一条文案是这样的："想象一下！全场最高性价比！"外加一张宝宝照片。这将是家庭主妇们的选择，为了家人有更好的生活，她们精打细算、遵守医生的建议、保养好自己来让丈夫更加忠贞，她们能在沐浴时把这些烦恼都洗掉（这款香皂还能让你重获娃娃般的瓷肌），把罪恶感一洗而光。

其结果是，象牙牌香皂销量猛增。根据《广告时代》（Advertising Age）的数据，到1979年，象牙牌香皂已经售出了300多亿块。

资料来源：［英］杰弗里·贝蒂. 冲突的演化：那些心理学研究无法摆平的心理冲突 ［M］. 北京：中国人民大学出版社，2022.

思考：为什么要研究消费动机?

一、文化因素

（一）文化以及亚文化

文化是决定人们的欲望和行为的最基本的因素。人类行为的绝大部分，由"学习"所得、经验而来。他们在成长中受到家庭、社会的影响，习得一套基本的价值观、风俗习惯，逐渐形成一定的偏好和行为模式。

每种文化之间会有差异。一种文化内部也会因各种因素的影响，使人们的价值观、风俗习惯及审美观等表现出不同特征，构成亚文化。重要的如民族亚文化、宗教亚文化和地理亚文化，不同的地区有不同的风俗、习惯和爱好，从而使消费者行为带有明显的地方色彩。

（二）社会阶层

一个社会存在着不同的阶层。每一社会阶层的成员，会有相似的价值观、兴趣、爱好和行为方式。社会阶层通常是一个人的职业、收入、教育和价值观等因素作用的结果。同一阶层的人要比来自两个阶层的人行为更加相似，社会阶层也是影响消费和购买的重要因素。

二、社会因素

（一）参考群体

1. 参考群体的概念。参考群体是消费者个体在形成购买或消费决策时，用以参照、比较的个人或群体，是消费者用以指导自己目前行为的，具有某种价值观念和观察事物准则的群体。

2. 参照群体的分类。按照不同的标准，可以对参照群体进行不同类别的划分。

（1）按群体的组织和结构状况划分。正式群体通常是指有明确的组织目标、正式的组织结构，成员有着具体的角色规定的群体。一个单位的基层党组织，大学里的教研室，工厂里的新产品开发小组均属于正式群体。而非正式群体是人与人在交往的过程中，根据自己的兴趣、爱好和情感自发产生的，它的权利基础是由下而上形成的，成员之间的相互关系带有明显的感情色彩，并以此作为行为的依据。如健身俱乐部、家庭、社区团体等属于非正式群体。

（2）按群体对个体行为的影响划分。

①接触群体（contactual group）。接触群体是指个体已经拥有了群体成员资格的群体，也就是说个体已经是该群体中的一员。在这种情况下，个体与该群体成员会经常性地接触并互相交流，个体对群体及群体成员的态度是正面的和肯定的，从而该群体对成员消费者的消费行为具有一致的影响。

②渴望群体（aspirational group）。渴望群体是指热切地希望加入，并追求心理认同的群体。首先，个体通常不具有成员资格，没法和群体及群体成员进行频繁的互动和交流，但是该群体的价值观和行为方式是非常认同的，他非常渴望加入这样一个群体中。在这种情况下，群体对消费者的影响是大的。例如，很多名人代言产品就是利用了明星这样一个渴望群体的影响力。

③否认或背离群体（disclaimant group）。否认或背离群体是指个体已经拥有了群体成员，同时能够与群体和群体成员经常性接触与互动，但是对群体的价值观和行为方式并不认同的群体。在这种情况下，消费者常做出一些和该群体相反的"另类"举动。例如，有些青少年对父母的一些教育方式产生反感，为此，他们经常做出一些出格的举动来和父母"抗争"。

④避免群体（avoidance group）。避免群体是指个体没有群体成员资格，同时也不愿意与之发生联系的群体。面对这样的群体时，人们总是会通过一些明显的举措来和这样的群体划清界限。如通过就读好学区的学校来避免学习习惯不好的同学，通过去高档饭店吃饭来和低收入群体相隔离等。

3. 参照群体对消费者的影响。参照群体的行为、价值观和目标等都会直接或间接影响消费者的行为。一般而言，参照群体对成员的影响主要有三种方式：信息性影响、规范性影响和价值表现影响。

（1）信息性影响。信息性影响是指个人将参照群体成员的行为和观念当作潜在的有用信息加以参考。这种信息既可以直接由参照群体成员提供，也可以通过观察参照群体成员的行为而获得。前者通常被称为口碑传播（word of mouth）；后者则被称为观察学习（observational learning）。例如，某同学想买电脑，但他对电脑的知识有限，他可能会根据班级的电脑高手对不同品牌电脑的评价而进行购买决策，也可能会观察班级电脑高手使用的电脑品牌，然后跟随购买。

（2）规范性影响。规范性影响又叫功利性影响，它是指个人为了获得赞赏或避免惩罚而满足群体的期望。换言之，这种影响是由于群体规范或者期待的作用而对消费者产生的影响。例如，我们往往为了获得配偶的夸赞而特意购买某种产品，或者因为害怕朋友的再次嘲笑而将仅穿过一次的衣服锁入衣柜，再也不穿。

（3）价值表现影响。价值表现影响也称为认同性影响，它是指参照群体的价值观和行为方式被成员所吸收、内化之后，无需外在的奖赏或惩罚，成员都会依据群体的观念和规范行事。因为个体已经完全接受了群体的规范，群体的价值观实际上已经成为个体的价值观。例如中国人传统的价值观是孝顺长辈，如果你发自内心地认同这种价值观，那么无需任何外力，你会自觉孝顺长辈。

相关链接： **群体的压力**

我们在做决策时经常受到周围人的影响，经典的阿什齐现象（Asch Phenomenon）向我们揭示了群体压力如何对个人决策带来强大影响。

实验者将八名被试者带进一个房间，让他们看见板上画的四条线，其中三条紧挨在一起；另一条离他们有一定的距离。然后询问他们，三条放在一起的不等长线段中，哪一条和第四条线段一样长。受试者需要公开宣布他们的判断，其中七个人是实验者安排，他们都宣布错误答案。一无所知的那名被试者安排在最后宣布答案，他几乎总是同意其他被试者的意见。在一种受控的情境下，安排37名真正的被试者，每名被试者做18次试验即报告18次，每次报告时都没有其他人提供任何信息。结果，37人中只有2人总共犯了3次错误。在另一个试验中，50名真被试者被分别安排在其余成员均是"假被试者"的50个试验组里，在听到假被试者一致但错误的判断后，有37人总共犯了194次错误，而每种错误都与群体所犯的错误相同。

资料来源：陈荣. 消费者行为学 ［M］. 北京：清华大学出版社，2015.

4. 参照群体对消费者行为影响的决定因素。参照群体对消费者的影响并不是一致和稳定的，参照群体有时对消费者有着强有力的影响力，有时候影响力又显得非常微弱。决定给一个参照群体对消费者行为的影响主要有三类因素：一是产品本身的特征；二是参照群体的特征；三是消费者个体的特征。

（1）产品本身的特征。

①产品使用时的可见性。产品使用时的可见性是指消费者使用产品过程中能够被他人所察觉。当产品或品牌的使用可见性很高时，参照群体的影响力较大。例如，服装产品的使用可见性非常高，参照群体对成员选择服装的颜色、款式、品牌具有重大的影响力。而其他产品，例如保健品和内衣，参照群体对成员的影响就非常有限。

②产品的必需程度。当产品的必需程度较高时，参照群体对消费者的影响力较小；当产品的必需程度较低时，参照群体对消费者的影响力较大。例如，对于食品，参照群体的影响力很有限；而对于高档的化妆品，女性朋友间的互相影响非常大。

研究表明，若从产品的可见性和必需程度两方面分析参照群体对消费者的影响，则可见性高的必需品，参照群体对是否要购买这类产品影响较小，但在品牌选择上的影响较大；对于可见性较低的必需品，则无论是在产品种类还是品牌上，其影响都比较小（见表3-2）。

③产品对群体的相关性。当活动与群体功能的实现关系密切时，个体在活动中遵守规范的压力就越大，此时参照群体对消费者使用某种与活动关联密切的产品的影响就越大。例

如，对于一个上流社会的人士而言，着礼服参加舞会是一项重要的社交活动。上流社会的人因此非常看重礼服的品质。但是对于一个经常在酒吧喝啤酒的群体而言，穿什么衣服并不是十分重要。换言之，该群体对着装并没有大的影响。

表3-2 **产品特征与参照群体的影响**

产品需要程度	必需品 （参照群体对产品需求影响力弱）	非必需品 （参照群体对产品需求影响力强）
可见 （参照群体对品牌选择影响力强）	公共必需品 （例如外套，眼镜）	公共奢侈品 （例如豪华汽车，大牌手袋）
隐蔽 （参照群体对品牌选择影响力弱）	私人必需品 （例如内衣，马桶）	私人奢侈品 （例如按摩浴缸）

④产品的生命周期。产品的生命周期是指产品从投入市场到退出市场的全过程。从时间的维度来看，一般可以将产品的生命周期分成导入期、成长期、成熟期和衰退期四个阶段。当产品处于导入期时，参照群体会对是否购买产品影响巨大，而对购买何种品牌则没有什么影响；在成长期，产品的销售、市场的成长都处于一个上升期，参照群体对产品和品牌选择的影响都很大；在成熟期，由于市场已经处于饱和状态，没有什么潜力可挖，参照群体对产品品牌的选择影响更大；而到了衰退期，由于产品已经没有多少人会注意，参照群体对产品及品牌的影响都很小。

（2）参照群体的特征。

①参照群体的声誉和权威性。很显然，当某参照群体具有良好的声誉，甚至是该领域的权威时，消费者就会对该参照群体产生很高的信任，更愿意接受该群体提供的意见和建议。

②参照群体的权利。参照群体的权利主要通过对消费者的规范性影响而实现。当一个参照群体拥有正式的组织结构、明确的规章制度时，就可以对消费者的服从进行奖赏及对违反行为进行处罚，消费者受到这样的强有力的赏罚而不得不遵守该群体的行为准则。

③参照群体与消费者的相似性。参照群体与消费者的相似性会影响参照群体对消费者价值表现上的影响。当参照群体与消费者有很高的相似性时，消费者就会非常认同该群体的价值观和行为方式，进而影响消费者的行为。

（3）消费者个体的特征。

①消费者的经验和信息来源。如果消费者对某类产品的经验不足，并且其能够获得的信息也非常有限时，其就越可能向参照群体寻求帮助。如消费者在购买电脑、彩电、洗衣机等较为复杂的产品时，其经验和知识是非常有限的，那他就越有可能向他的朋友咨询相关信息。

②个人在购买过程中的自信程度。尽管消费者的经验和信息来源会影响参照群体的影响力，但是消费者对自己拥有的经验和信息是一个"感知"的过程。有的人拥有很少的经验和知识，但是如果他过度自信，他也不太可能去向他的朋友们"请教"。同时，如果一个人拥有很多的经验和信息，但是信心不足，此时群体的影响力又会体现出来。

③个人对群体的忠诚度。一般而言，一个人对群体越忠诚，他越有可能遵守该群体的规范来行事，参照群体对人的影响力就越大。

（二）家庭

家庭是现实中对消费者影响最大的主要参考群体。一个人经历的家庭，既有自身所处的家庭，如父母、兄弟姐妹等；还有己身所在的家庭，包括配偶、子女。消费者从双亲那里养成许多倾向，在习惯于父母子女一起居住的家庭，这种影响更有决定性意义。己身所在的家庭对购买行为产生更直接的影响，形成消费者的"购买组织"。

家庭是有生命周期的。家庭生命周期反映的是一个家庭的发展、变化的全过程，按家长的年龄、婚姻和子女状况等分为若干阶段。不同阶段的购买力、兴趣和偏好，甚至会发生较大的变化。

（三）身份和社会地位

"身份"是指一个人在不同场合应扮演的"角色"和作用。例如在父母跟前是儿子，在子女面前是父亲，面对妻子是丈夫，在工作单位是主管……每种身份又附着一种"地位"，反映社会评价和尊重程度。消费者往往结合身份和社会地位考虑购买，许多产品、品牌由此成为一种身份、社会地位象征。

三、个人因素

（一）年龄、生活方式、个性和自我形象

（1）一个人的欲望和能力，会随年龄而有所不同。

（2）人们追求的生活方式不同，消费的喜好和追求也会不同。生活方式有许多分类，曾有西方国家服装企业为"简朴的妇女""时髦的妇女"和"有男子气的妇女"，分别推出不同品牌、设计不同产品。在我国，20世纪80年代出生的"80后"和90年代出生的"90后"乃至世纪出生的"00后"，在生活方式方面已经表现出较大差异。

（3）个性通过自信、支配、自主、顺从、开放、保守等性格特征表现出来。不同个性的消费者偏好的产品和品牌个性会有所区别。

（4）在生活中，每个人心中往往会有一幅关于自己形象的复杂"图案"。这种自我形象驱使消费者有意、无意地寻求与之匹配的产品、品牌。

（二）经济条件、性别以及职业

大多数人通常会"量入为出"，依据收入多少、负担大小等做出消费选择。同时，消费不仅男女有别，职业也会影响其购买选择。

四、心理因素

（一）需要与动机

1. 需要。需要是指个体在生理或心理上产生的一种缺乏状态。例如当我们感到身体缺水的时候，饮水的需要就产生了。当我们感到疲劳的时候，休息的需要就产生了。需要既可

以指向个体内部维持生理作用的物质要素（如水、食物等），也可以指向社会环境中的心理因素（如爱情、社会赞许等）。美国心理学家马斯洛认为，人的需要从低级到高级依次有五种形式：生理的需要、安全的需要、归属感的需要、尊重的需要以及自我实现的需要。

2. 动机。动机是激发和维持有机体的行动，并将使行动导向某一目标的心理倾向或内部驱力，是决定行为的内在动力。动机可分为显性动机和隐性动机。显性动机是指消费者意识到并且承认的动机；隐性动机是指消费者没有意识到或者不愿意承认的动机，隐性动机对消费者的购买行为有更为显著的影响。动机具有激活功能和指向功能。激活功能是指动机会推动人们产生某种活动，例如人们饥饿的时候会去觅食，口渴的时候会去找水。指向功能是指在动机的支配下，个体的行为将指向一定的目标或对象。例如，在学习动机的支配下，人们的行动指向的是书本而不是游戏机。在饥饿动机的支配下，人们的行动会指向食物而不是服装。

3. 需要与动机的关系。（1）需要本身不一定引起个体的行动，需要只有达到一定强度并且有诱因存在时（此时需要处于被激活状态），才能驱使个体采取行动。也就是说，只有动机才能引起个体的行动，因为动机具有激活功能。（2）需要仅仅为行为指明总的目标或任务，但是并不规定实现目标的方法或途径。例如，在饥饿产生时，消除饥饿是需要，是总的目标或任务。消除饥饿的食品如米饭、馒头、面条等都是实现目标的不同方法或途径，消费者到底要选择哪种食品，不是由需要所决定，而是由动机所决定。企业通过动机研究，可以通过诱因的设计，让消费者确信，当他们有某种需要的时候，它的产品是最好的选择。

（二）知觉

1. 知觉的概念。知觉（perception）是指个体选择、组织和理解外界刺激，形成对客观世界有意义的和相互联结的反应的过程。消费者每天会接触到大量的商业信息（如产品、包装、广告）和非商业信息（如新闻）。在众多信息中，对于有些刺激，消费者会加以处理；而对于有些信息，消费者会忽略。刺激首先作用于消费者的感觉器官。感觉（sensation）是指个体对于直接作用于感觉器官的刺激的直接反应。消费者通过感受器（sensory）来接受感觉输入，这些感受器是指人体器官，如眼睛、耳朵、鼻子、皮肤等。在评价和使用绝大多数消费产品时，这些器官都会被单独或者共同调用起来。

2. 知觉和感觉的区别。第一，感觉是人脑对客观刺激一部分或者单个属性的反应；而知觉是对客观刺激各个属性及其相互联系的综合的、整体的反应过程。第二，感觉是介于心理和生理之间的活动；而知觉更侧重于心理活动，是以生理为基础的心理过程。第三，感觉过程仅仅是对当前刺激的反应，一般不需要以往知识和经验的参与；而知觉却是感觉器官、大脑、先前经验等协同活动对刺激进行综合分析的过程。知觉和感觉的相同点在于二者的前提是都需要客观刺激直接作用于人的感官器官。由于知觉是对客观事物更综合、整体的反应过程，知觉需要以感觉为基础，对事物的个别属性的感觉越丰富，知觉就越准确、完整。

3. 知觉的特点。

（1）知觉的整体性。知觉的整体性是指人在过去经验的基础上把由多种属性构成的事物知觉为一个统一的整体的特性。在知觉事物时，即使刺激本身是零散的，但人最终认识到的不是事物的各种属性和各个部分，而是把事物作为一个整体来反映。

相关链接： **电视广告的播出时间与效果**

电视是目前传播范围最广、影响最大且费用最为昂贵的广告媒体。为节省费用，企业的电视广告往往设计时长为 30 秒、15 秒、5 秒等不同版本。30 秒广告的情节最完整，产品信息最详尽。简版广告仅仅是 30 秒广告中的主要情节或主要广告语，其他具体情节一律省去。企业最初播放 30 秒广告，持续数月。当公众对该广告耳熟能详、出口成诵的时候，改为播放 15 秒乃至 5 秒的广告。其中，5 秒广告的费用是 30 秒广告的 1/6，其传播效果是否也是其 1/6 呢？

研究表明，5 秒广告的效果远大于 30 秒广告效果的 1/6，甚至可以接近于 30 秒广告的效果。受众在 5 秒广告中虽然只看到、听到主要情节或主要广告语，但是由于对原 30 秒广告十分熟悉，大脑会将 30 秒广告所省略的情节和词语自动回忆出来，将不完整的信息补充完整。这种做法就是利用知觉整体性的原理以较少的广告费用收到较大的传播效果。

资料来源：吴健安，聂元昆. 市场营销学（第五版）[M]. 北京：高等教育出版社，2014.

（2）知觉的选择性。知觉的选择性是指知觉对外来刺激有选择地反应或组织加工的过程，包括选择性注意、选择性曲解和选择性保留。选择性注意是指人们对感觉到的事物，只有少数引起注意，形成知觉，多数会被有选择地忽略。例如，一个准备购买平板电脑的消费者，容易注意到平板电脑的广告、展示等，但对手机广告、展示等一般难以留下深刻的印象。所以，企业在营销传播和促销活动中，必须善于突破选择性注意的屏障。一般来说，与消费者最近的需要有关的事物，正在等待的信息以及变动大于正常、出乎预料的情况，容易引起注意并形成知觉；选择性曲解是指人们对于注意到的事物，往往习惯于按自己的意愿、逻辑解释。具体怎样理解，通常取决于个人经历、偏好、当时的情绪、情境等因素。如果消费者对某个企业或者某个品牌形成偏好，那么即使这个企业或者品牌发生危机，消费者仍然会找理由向好的方向解释；选择性记忆是指人们容易忘掉大多数的信息，但能够记住与自己态度、信念一致的东西，这就是选择性记忆的结果。

（三）态度

1. 态度的含义和特点。态度是对人（也包括自身）和事物的一种持久的概括性的评价。态度具有指向性、持久性和可变性三个特点。指向性是指态度是针对某一对象而产生的，当人们表达自己的某一态度时，都会提到态度的对象。例如，某明星的态度，对某银行的态度等；持久性是指态度形成后会持续相当长的时间；可变性是指态度并非永远不变，当某些客观因素发生变化时，人们的态度也可能随之发生改变。

2. 态度的三种成分。（1）认知成分。认知成分是指消费者关于某个事物的知觉、知识和信念。例如，华为手机外观如何，触感如何，各项技术参数如何。知觉、知识和信念可以来自对事物的直接经验，也可以来自各种二手资料。（2）情感成分。情感成分是指消费者对事物的情感或感觉。例如，我很喜欢华为手机。（3）行为成分。行为成分是指消费者对某一态度对象采取行动的意向。行为意向反映的是行为准备状态，不一定成为真正的实际行动。例如，我可能会购买华为手机。

3. 态度三种成分间的一致性。消费者有追求一致性的动机。消费者在态度的认知、情感和行为三个成分上往往保持一致。例如，消费者对某种品牌的属性有好的评价（认知成分），就会对该产品有良好的印象和偏好（情感成分），进而产生购买的意向。如果消费者对某品牌印象不好（情感成分），就不会产生购买意向（行为成分）。当三种成分不一致时，认知失调就产生了。根据认知失调理论，当有不一致存在时，消费者便需要调整态度成分，以达到一致和谐。态度三个成分的一致性也意味着，某一个特定成分的变化将导致另外成分发生相应的变化。市场营销者也经常利用这一点设计他们的营销策略。

营销人员的关注点往往是如何影响人们最终的购买行为，但是，直接影响人们的行为通常是比较困难的。因此，营销可以从改变人们态度中的认知成分和情感成分入手，例如通过新产品发布会等手段向消费者介绍产品的特点，或者其他方式提供信息、享乐或者其他刺激来影响其对产品的认识和情感。

4. 态度的生效层级。根据三种成分彼此的关系和形成步骤，可以归纳出四种生效层级，分别是：标准学习层级、低介入层级、经验层级和行为影响层级，如表3-3所示。

表3-3   消费者介入度和影响层级的关系

消费者介入度	影响层级
高介入度	标准学习层级：认知-情感-行为
低介入度	低介入层级：认知-行为-情感
体验/冲动	经验层级：情感-行为-认知
行为影响	行为学习层级：行为-认知-情感

（1）标准学习层级。标准学习层级常发生在消费者介入度较高的情况下，因此也被称为高介入层级或者理性层级。标准学习层级下，态度的三种成分出现的顺序为：认知、情感、行为，这种情况下的态度是基于认知信息加工的态度。例如，购买平板电脑的消费者，先会通过积累产品知识来形成对产品的认知。基于这些认知，消费者会形成对平板电脑的情感，觉得哪一个品牌更吸引自己，更中意哪一款产品。根据这些评价，消费者最后采取行动，去购买特定一款平板电脑。

（2）低介入层级。与标准学习层级中态度的三个成分的先后顺序不同，低介入层级先对产品产生认知，然后出现购买行为，最后发展成为情感。在这样的态度层级下，消费者对于品牌没有一种强烈的偏好，他们根据有限的信息行动，在产品使用后才形成对产品的评价和情感态度。例如，消费者在购买饮料时，可能只在有限的信息下就直接进行购买，在品尝过后才发现这种口味不错，形成了对产品积极正向的态度。消费者在购买泡泡糖或者狗粮时，或许也是不假思索的，而营销人员则为思考怎样宣传产品的属性花费了大量时间。因此，在低介入层级下，营销人员可以通过重复来强调产品的属性。

（3）经验层级。经验层级强调情感反应的重要性。情感直接表现在行为，最后发展成为信念来支持行为。消费者首先依照他们对品牌整体的情感来评估某一品牌，如果消费者感觉不错，那么就会直接产生购买行为。在冲动型购物中，情感反应就起到了重要作用，消费者先是在特定的刺激下形成了对产品的情感，例如使用产品会给他们怎样的感觉和乐趣，然后购买了产品。在经验层级中，消费者对以情感为基础的信息和产品形象较为重视，如包装、喜欢的颜色和代言人等。经验层级中，如果一个产品在整体情感上被人认为是令人愉悦的，则实际的认知过程并不是必需的。

对营销者来说，一个有效的促销策略是运用经典性条件反射，将产品和服务与美好的乐趣和情感联系起来，培养消费者对产品的正面感觉。

（4）行为学习层级。行为学习层级始于行动。周围环境中的因素促使消费者先采取行动，而在行动之前没有形成信念和情感。在行为学习层级中，行为是最先出现的，但是关于行为学习层级中情感和认知的形成次序研究并没有得出非常一致的结果。联系消费者知觉章节我们所学内容，可能的促销策略是通过工具性条件反射，应用促销技术，如赠品、试用品、折扣、赠券，让消费者先使用产品，然后培养起正面的情感和信念。

5. 态度改变策略。消费者对产品的态度会影响产品的销售。态度的持久性特征并不意味着态度是一成不变的。改变态度的方法有：

（1）改变态度中的认知成分。

①改变对属性的评价。该策略是改变对品牌或产品一个或多个属性的信念。例如，消费者心中的一个固念可能是美国制造的汽车没有日本制造的汽车好，美国汽车公司的广告就试图改变消费者在安全性这个属性上的评价，如复杂而精密的保护措施。改变消费者对属性的评价，通常要呈现关于产品表现的事实或描述。

②改变属性权重。不同产品属性在消费者心目中的权重是不同的，营销者希望消费者能赋予自己产品相对较强的属性更多的权重。例如，西麦片味道上可能不如其他麦片可口，它们的广告中不断强调麦片的"健康"这一属性。Quaker 麦片就强调含有降低心脏病的成分，"考虑一下这种有利于心脏健康的早餐吧"，以增加消费者在评价麦片产品时，对"健康"这一属性赋予更高的权重。

③增加新属性。许多新属性的增加是得益于技术的革新，在舒肤佳香皂等产品问世之前，香皂等产品的购买者很少将"除菌"作为衡量产品的一个属性。舒肤佳产品在广告中强调细菌的危害和产品除菌的功能，强调除菌是香皂等产品的一个重要属性，从而改变了消费者对产品的评价。反过来思考，有时候减少原有属性和增加一种新属性同等重要。例如，某些消费者对带有香味的产品的直观感觉是人工添加成分比较多，最近空气清新剂的制造商开始推出没有香味的产品，以满足不喜欢香味或对于气味比较敏感的人群的需要。

④改变理想点。根据多元属性模型中的理想点模型，营销人员可以通过改变消费者心目中理想产品的形象来改变消费者的认知。例如，消费者往往认为表皮光滑没有斑点的苹果是好苹果，生长于某高山地区的苹果表皮是有斑点的，该苹果的营销者就可以告诉消费者，其实有斑点的苹果才是真正经过风吹雨打纯天然的苹果，才是好吃的苹果，从而改变消费者关于理想苹果的信念。

（2）改变态度中的情感成分。利用经典条件反射理论，将产品与消费者有积极情感的事物相关联，也是改变消费者态度的有效方法。例如舒洁卫生纸公司曾举办过善意营销活动，消费者只要购买产品，舒洁公司就为当地的环保团体捐助一定的金额，希望通过活动改变行业砍伐树木造纸给消费者留下的不良印象。肯德基为了配合其"营养均衡，健康生活"的食品健康政策，在 2004 年赞助了"肯德基全国青少年三人篮球冠军挑战赛"活动，希望改变在消费者心目中不健康食品的形象。

（3）改变态度中的行为成分。运用"操作性条件反射"理论，使消费者的第一次尝试有好的结果。

任务三　了解消费者购买决策过程

营销情境 3-3

消费者购车决策在加快

音频：
营销情境 3-3
分析提要

尼尔森与汽车之家最新一次调研发现，"77%的受访者从萌生购车想法到成交提车，只花了不足 90 天，其中 30% 一个月内就买定成立。"购买决策时间的缩水，并不意味着鲁莽和冲动——得益于丰富的互联网信息，如今购车族更加理性、精明。

在信息化时代，购买决策过程依旧如漏斗一般，充满层层筛选和诸多变数。消费者在购车过程中，会有意或无意浏览不少其他品牌的车型。数据显示，仅在汽车之家资讯类一个版块，快要做出购买决定的消费者一个月的车型浏览数量平均可达 42 款，并对其中 16 款车型有过深入了解。在信息浏览中，消费者对于意向车型的态度也在不断变化。比较筛选阶段，高达 61% 的消费者改变了原有的车型偏好。即使在购买的最终阶段，这一比例也高达 31%。对品牌最初的好感，并不能保证最终的购买决定。

目前中国是全世界竞争最激烈的汽车市场之一，有 200 多个中外品牌、1 500 多款车型。尽管汽车企业广告投放一直保持涨势，但效果不容乐观。据尼尔森汽车电视广告效果实时追踪研究，仅有 30% 的中国受访者能回忆起电视广告的内容，在他们中只有 29% 表示能回忆起品牌，使最终的整体广告传播效果仅为 9%。这一比例在美国是 19%。

传统大众媒体在消费者信息来源序列中的地位，逐渐被互联网、新媒体超越。汽车消费者更看重 4S 店（64%）、亲戚朋友介绍（62%）和专业汽车网站（42%）。据尼尔森与汽车之家的调研显示，如今善于使用互联网的购车族，决策流程可以分为三个阶段。首先，消费者会设定一个购车预算，基于安全口碑、实用性口碑等因素筛选车型。其次，会对这个数据库中的车型进行比较和评估，深入了解口碑、性能和外观设计等因素，筛选心仪的两至三款车型。最后环节是 4S 店体验，外观、舒适性和促销优惠是促使购买决定的最终因素。同时，不同阶段品牌制胜的因素不尽相同。开始的品牌筛选阶段，最重要的是安全性比较好（42%），在预算之内（33%）及青睐的品牌（33%）等；比较阶段开始更多关注产品设计（49%）、车辆性能（46%）及消费者口碑（37%）；在踏进 4S 店做最终决定时，更关注驾乘舒适性（40%）、口碑（23%）、促销（22%）和油耗（21%）。

在信息浏览阶段，消费者更多通过新闻、搜索和资料库获取信息；比较评估阶段的消费者更有针对性，对其他用户的评价反馈更重视；最终购买时，论坛和促销信息是消费者关注的重点。

资料来源：唐福勇. 尼尔森：消费者购车决策在加快 [N]. 中国经济时报，2014-12-12.

思考：消费者的购车决策是哪一种购买决策类型？消费者如何评价不同的汽车品牌？

一、消费者购买决策过程的参与者

消费者在购买活动中可能扮演下列五种角色中的一种或几种。（1）发起者：第一个提议或想到去购买某种产品的人。（2）影响者：有形或无形的影响最后购买决策的人。（3）决定者：最后决定整个购买意向的人。例如，买不买，买多少，怎么买，何时买，何地买等。（4）购买者：实际执行购买决策的人。例如，与卖方谈交易条件，带上现金去商店选购等。（5）使用者：实际使用或消费该商品的人。

消费者以个人为购买单位时，五种角色可能由一人担任；以家庭为购买单位时，五种角色往往由不同的家庭成员分别担任。在以上五种角色中，营销人员最关心决定者是谁。

二、消费者购买决策的一般过程

消费者决策过程是指消费者在购买产品或服务过程中所经历的步骤。一般认为，需要经历五个过程：问题确认、信息收集、备选产品评估、购买决策、购后行为（见图3-3）。这五个步骤代表了消费者从认识需求到评估该购买的总体过程。模式表明，消费者的购买决策过程早在实际购买之前就已经开始，并延伸到实际购买之后，这就要求营销人员注意购买决策过程的各个阶段而不是仅仅注意销售。需要说明的是，并不是消费者的所有决策都会依次序经历这个过程的所有步骤，有些情况下，消费者可能会颠倒甚至跳过某些步骤，尤其在参与程度较低的决策类型中。例如，购买特定牙膏的妇女可能会从需要购买牙膏跳到做出直接购买决策，中间的信息评价和方案评估都会跳过，且通常情况下不存在购后行为。

图3-3 消费者购买决策的一般过程

（一）问题确认

当消费者认识到现有状态与期望状态之间有某种差异，问题就发生了。问题可以有多种方式产生，一是消费者的实际状态下降了，如汽车在高速公路上意外抛锚，就面临马上维修的需要；二是消费者的期望状态上升了，如汽车没有任何机械问题，而是车主对汽车的外形或功能不满意或看法发生了改变，也是问题的提出。无论哪一种方式，现有状态和期望状态之间都出现了差异，即出现了待解决的问题。

人们对于需要的认识可能源于人体内在生理的感受，如饥饿、寒冷、干渴等；也可能源于外部环境的刺激，如由广告、商场展示、其他消费者的消费示范等。内外部刺激都可能引发对需求的不满足，进而导致驱力。驱力进而造成紧张的压力，迫使人们采取行动，这就是所谓的动机。消费者在意识到某种需求后，是否采取行动以及采取何种行动取决于两方面因素：一是理想状态与现实状态间的差距大小和强度；二是该问题的重要性。例如，你前不久买了一款数码相机，最近发现同学买了同品牌推出的新款相机，这可能不会导致你购买新相机的决策，因为这种差距是较小的。而如果你希望买一部时尚的大屏智能手机，而现在使用的是一部非智能移动电话，那么理想状态与现实状态间的差距就较大，做出购买决策的可能性较大。而此时，如果你更急需买一辆自行车，那么更换手机的需求重要性就相对较低，恐怕只能将换手机的计划先行搁置，而首先考虑自行车的购置了。

营销者不能只是被动地等待消费者认知问题，而是需要在消费者未意识到问题之前，诱发消费者对问题的认知。例如，营销者要推出某种新产品，就可以通过大力宣传新产品的优越性来让消费者了解使用这种产品可以达到的期望状态，让消费者意识到现状与期望状态之间的差距。另外，营销人员还应强调这种优越性的重要性。例如，某汽车制造商率先为汽车配备了安全气囊，他就应该强调汽车的安全性对消费者的重要性。

（二）信息收集

消费者对信息的收集有两种不同的参与状态：一是加强关注状态，指消费者对能够满足需要的商品信息敏感起来。虽然不有意识地收集信息，但留心接收信息，比平时更加关注该商品的广告、别人对该商品的使用评价等。二是主动收集状态，指消费者通过查找材料、询问朋友、上网搜索、去商店了解等方式获取产品信息。

营销人员需要了解消费者在不同的时间和地点会搜寻什么类型的信息，或者至少能接受什么类型的信息。消费者的信息来源可分为四类：个人来源（家庭、朋友）；商业来源（广告、网页、销售人员、包装、展示）；公共来源（大众媒体、社交媒体）；经验来源（处理和使用产品）。虽然消费者从商业来源（营销人员主导）获取的产品信息最多，但最受信任的信息常来自个人、经验或者独立的公共机构。

通过收集信息，消费者能了解竞争品牌及其特征。图 3-4 中第一格显示了市场中全品牌集合，个体消费者了解到的只是其中一个子集，即知晓集（awareness set）。其中仅部分品牌能够满足消费者最初的购买标准，即考虑集（consideration set）。随着消费者收集到更多信息，仅有少数品牌通过筛选成为具有优势的选择集（choice set），消费者从而做出最后选择。表明公司一定要让自己的品牌进入潜在客户的知晓集、考虑集和选择集，并且设计出恰当的有竞争力的吸引点，使自身品牌在选择集中区别于其他品牌。除此之外，企业应该识别消费者的信息来源，并评估不同来源的相对重要性，以便进行有效传播。

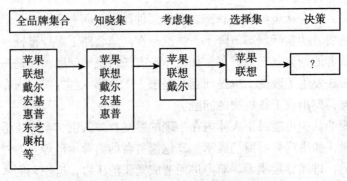

图 3-4　消费者决策过程中的品牌集合

（三）备选产品评估

消费者在对信息进行全面收集后就会根据这些信息和一定评价方法对同类产品的不同品牌加以评价并决定选择。一般而言，消费者的评价行为涉及以下四个方面。

1. 产品属性。产品属性是指产品所具有的能够满足消费者需要的特性。产品在消费者心中表现为一系列基本属性的集合。例如，下列产品应具备的属性是：

（1）冰箱：制冷效率高，耗电少，噪声低，经久耐用。

（2）计算机：信息储存量大，运行速度快，图像清晰，软件适用性强。

（3）药品：迅速消除病痛，安全可靠，无副作用，价格低。

（4）宾馆：洁净，舒适，用品齐全，服务周到，交通方便，收费合理。

在价格不变的条件下，产品具有更多的属性将增加吸引力，但是也会增加成本。营销人员应了解顾客主要对哪些属性感兴趣，以确定产品应具备的属性。

2. 品牌信念。品牌信念是指消费者对某品牌优劣程度总的评价。每一品牌都有一些属性，消费者对每一属性实际达到了何种水准给予评价，然后将这些评价综合起来，就构成他对该品牌优劣程度总的评价，即他对该品牌的信念。假定品牌属性的得分最高是 10 分，最低是 1 分，经过评价，某品牌的冰箱制冷效率得分为 8 分，耗电量得分为 6 分，噪声得分为 7 分，耐用性得分为 5 分，该品牌冰箱在上述四个属性方面得分综合起来，就是该品牌冰箱的品牌信念。

3. 效用要求。效用要求是指消费者对该品牌每一属性的效用功能应当达到何种水准的要求。或者说，该品牌每一属性的效用功能必须达到何种水准他才会接受。

4. 评价模式。明确了上述三个问题以后，消费者会采用一定的评价模式对不同的品牌进行评价和选择。评价模式有两种：补偿式选择与非补偿式选择。

（1）补偿式选择模式，亦称期望值选择模式。根据此模式，消费者将按各属性的重要程度赋予每一属性以相应的权属，同时结合每一品牌在每一属性上的评价值，得出各个品牌的综合得分，得分最高者就是被选择的品牌。在这一模式下，某一属性上的劣势可以由其他属性上的优势来弥补（见表 3-4）。

表 3-4　　　　　　　补偿式选择示例：家用汽车　　　　　　单位：分

品牌	属性				
	安全性（权重 0.5）	省油性（权重 0.1）	耐用性（权重 0.2）	售后服务（权重 0.3）	结果
A	9	7	8	5	8.3
B	9	4	7	6	8.1
C	9	5	4	8	8.2
D	6	9	6	7	7.2

在上例中，最终被选择的品牌就是得分最高的 A 品牌。

（2）非补偿式选择模式。非补偿式选择模式是指某一属性上的劣势不能由其他属性上的优势来弥补。

①联结式。消费者对产品评价属性的最低水平做出规定，只有所有属性均达到最低要求，该产品才会作为选择对象。即使产品在某些属性上的评价值很高，只要某项评价标准不符合最低要求，仍将被排除在选择范围之外。以表 3-4 中的汽车评价为例，如果消费者规定安全性、省油性、耐用性和售后服务分别不能低于 7、6、7、5 分，那么 B、C、D 品牌都会被排除在外，只有 A 品牌符合要求。如果符合要求的品牌不止一个，那就需要用其他规则做进一步筛选。

②重点选择式。消费者把重要的一个或几个评价属性作为接受标准，如果满足其中的一个接受标准，那么就将其作为满足接受标准的备选方案。以表 3-4 为例，把接受标准定为安全性和售后服务都在 8 分以上，那么该消费者就会选择 C 品牌。如果符合要求的品牌不止一个，那就需要用其他规则做进一步筛选。

③按序排除式。消费者将各评价属性按重要性进行排序，并为每个属性规定一个接受标准，在最重要的属性上检查各品牌是否满足该标准，如果不能满足则排除在外，接着又依序以其他属性作为新的标准，排除不能满足新的接受标准的品牌，评价顺序取决于每个属性的权重。以表 3-4 为例，权重最高的是安全性，如果把 9 分作为接受标准，则品牌 D 被排除；接着考虑权重第二的售后服务，如果把 6 分作为接受标准，则品牌 A 被排除；再考虑权重第三的耐用性，如果将 7 分作为标准，则品牌 C 被排除；最后消费者就会选择 B 品牌。

④编纂式。编纂式规则与按序排除式有类似之处，首先将产品的评价属性按重要程度排序，然后在重要的属性上对各个品牌进行比较，在该属性上得分最高的品牌将成为备选品牌，如果得分最高的品牌不止一个，则在权重排序第二的属性上进行比较，如此继续下去，直至找出最后剩下的品牌。表 3-4 中，依据最重要的安全性属性，A、B、C 品牌在安全性上的得分一致，于是根据第二重要的标准进行评价，那么 C 品牌在售后服务上最优，因而挑选 C 品牌。

（四）购买决策

在方案评估阶段，消费者对选择集里的品牌形成偏好，也可能对最喜爱的品牌产生购买意图。但即便如此，仍有两个因素会对购买意图和购买决定产生影响。第一个因素是他人态度。他人态度对消费者决策影响的大小取决于两个方面：一是他人对购买者偏好品牌持负面态度的强度；二是购买者遵从他人意愿的动机。他人的负面态度越强，且关系和购买者越亲密，购买者调整购买意图的可能性越大，反之亦然。第二个因素是非预期情境因素，意料之外的突发事件可能让消费者突然改变购买意图。例如，琳达可能会失业，因此其他一些购买可能会变得更急迫，或者某个销售人员可能冒犯她。因此，偏好甚至购买意图都不能完全准确地预测购买行为。

消费者调整、推迟或取消购买等决策，受到一种或多种感知风险的重要影响。例如，功能性风险可能使产品达不到预期功能，社会性风险会引发在别人面前的尴尬。感知风险水平随购买金额大小、属性的不确定性和消费者自信程度而变化。营销人员一定要了解引起消费者感知风险的因素，并提供信息和帮助以减小感知风险。

（五）购后行为

购买之后，消费者可能会体验到与购买之前不一致的因素，如产品某些令人不满的性能、听到其他品牌产品的优点等，因此会对曾支持其做购买决策的宣传信息产生戒备。因此营销人员一定要监控消费者的购后满意度、购后行为、购后产品的使用和处理。满意的消费者更有可能再次购买产品，并倾向于向其他人传播产品优点。不满意的消费者会放弃或退回产品，还会采取公开行动（向公司投诉或在线向其他人抱怨），或个体行为（自己不再购买或者提醒朋友不要购买此产品）。

购后沟通能够减少退货和取消订单的数量。营销人员还应当监控购买者如何使用和处理产品。销售频率的一个关键驱动是产品消费率。消费者越快地消费产品，就会越早地再度购买。加速消费者再次购买商品的一个策略是将产品更换与某个节日、事件或一年中的某个特定时间绑定起来。另一个策略是给消费者提供更精细的信息：（1）第一次使用产品或需要更换产品的时间；（2）产品目前的性能状况。如果消费者丢弃产品，营销人员应该知道他们如何处理，尤其是会污染环境的产品，如电子产品。

任务四　了解组织购买行为

营销情境 3 - 4

美国采购公务用车

为了缓解金融危机造成的经济萧条局面，美国于 2009 年通过《经济恢复和再投资法案》，决定启动 726 亿美元经济刺激基金，用于实施提高能源效率、促进能源保护、发展再生能源的 16 项计划。在这一系列计划中，加速采购节能环保政府公务用车计划，充分体现了节约能源资源和刺激生产消费的双重功能。

音频：
营销情境 3 - 4
分析提要

作为加速采购公务用车计划的实施者，总务署拟用经济刺激基金购置 17 600 辆低能耗公务用车，主要配备给总务署车队，供联邦机构租赁使用。联邦采购中心主任（James A. Willianm）说，总务署将加快实施车辆采购计划，并切实提高经济刺激基金的使用效益，保证政府公务用车具有显著和长远的节能环保效果。2009 年 4 月 1 日，总务署订购了总价值 7 700 万美元的 3 100 辆低能耗混合动力汽车，这是联邦政府有史以来一次性订购混合动力汽车最大的一单。2009 年 7 月 1 日前，总务署将完成 14 105 辆公务用车的采购任务，使其用经济刺激基金购置的低能耗汽车总量达到 17 205 辆。这些车辆共耗资 28 700 万美元，全部从与总务署签订过合同的三大汽车制造商采购，包括克莱斯勒 2 933 辆、5 300 万美元；福特 7 924 辆、12 900 万美元；通用 6 348 辆、10 500 万美元。这次更新汽车的原则是一辆换一辆，旧车必须达到更新标准才可以被淘汰。总务署执行署长（Paul F. Prouty）表示要多措并举，帮助联邦机构实现经济复苏和建设环保型政府的目标。

资料来源：王健，余建华，李开盛. 国际关系中的变局与治理［M］. 上海：上海社会科学院出版社，2021.

思考： 美国总务署在制订采购公务用车计划时，受到哪些因素的影响和制约？

一、组织市场的概念和类型

组织市场是指工商企业为从事生产、销售等业务活动以及政府部门和非营利组织为履行职责而购买产品和服务所构成的市场。就买方而言，组织市场的买方是某种正规组织，消费者市场的买方是个人或家庭。就卖方而言，消费者市场是个人市场，组织市场是法人市场。组织市场包括生产者市场、中间商市场、非营利组织市场和政府市场。

1. 生产者市场。它是指购买产品或服务用于制造其他产品或服务，然后销售或租赁给他人以获取利润的单位和个人。组成生产者市场的主要产业有工业、农业、林业、渔业、采矿业、建筑业、运输业、通信业、公共事业、银行业、金融业、保险业和服务业等。

2. 中间商市场。它是指购买产品用于转售或租赁以获取利润的单位和个人，包括批发商和零售商。

3. 非营利组织。泛指所有不以营利为目的、不从事营利性活动的组织。我国通常把非营利组织称为"机关团体、事业单位"。非营利组织的购买目的是维持正常运作和履行职能。

4. 政府市场。它由执行政府职能而购买或租用产品的各级政府和下属各部门构成。各国政府通过税收、财政预算掌握了相当部分的国民收入，形成了潜力极大的政府采购市场，成为非营利组织的重要组成部分。

二、组织市场的特点

与消费者市场相比，组织市场有以下明显不同：

（一）派生需求

组织市场最重要的特点之一，是其购买需求随下游顾客需求的变化而变化。组织用户需要为自己的顾客提供所需产品或服务以获得盈利，购买什么、不买什么很大程度上受到他们顾客的影响。如棉花种植企业将棉花卖给纺织企业，纺织企业将布匹卖给服装加工企业，服装加工企业生产服装卖给批发商，批发商购进、转卖给零售商，零售商再卖给消费者，形成一条环环相扣的供应链。

在实践中，这种派生需求的表现往往是多层次的。如棉花种植企业要种植多少棉花，取决于纺织企业对棉花的需求，纺织企业对棉花的需求取决于服装加工企业对面料的需求，服装企业对面料的需求取决于消费者对服装的需求。假如消费者的偏好从棉质面料转向其他面料，最终肯定影响到纺织企业和棉花种植企业的产品销售。虽然消费者本身一般不会直接购买棉花，他们仍然是服装加工企业和纺织企业购买行为的推动力。一个企业无论是否经营消费者市场，都要密切关注相关消费者市场的动态。

（二）需求弹性较小，需求波动性大

在生产者市场，需求的价格弹性相对较小。例如皮革价格下降，制鞋企业未必大幅增加购买，除非皮革是皮鞋成本的主要部分，或制鞋企业想要大幅降低皮鞋价格，或消费者会购买更多皮鞋；反之皮革价格上涨，制鞋企业也未必大大减少购买，除非找到了节省原材料的

更好办法，发现了替代品，或消费者欲望转移。短期内，生产者用户的需求刚性明显。

由于生产者用户的购买从根本上取决于消费者需求，消费者市场的少量变化也可能引发生产者市场较大波动。因为作为工业用品的机器、设备一般使用寿命较长，产量不变时每年只需更新折旧的部分。但消费者市场需求增加，企业要扩大生产，所需新购置的机器设备就多。相反，消费者市场的需求稍减，会导致购买工业用品的投资下降。

（三）技术要求较高，购买程序复杂

工业用品通常由专业人员采购。他们不仅了解产品性能、质量、规格及技术等细节，采购方法、谈判技巧也更专业。作为供应商企业，还常常要提供技术资料乃至一系列售前服务，如成交前向客户演示并提供试用。生产者用户的购买更多考虑成本、利润，行为较为理智。产品时效性强，专用性强，可替代性差。不仅要按时、按质、按量保证供应，对产品设计、产品性能、售后服务等要求也高。因此组织用户的购买往往由专人负责，参加购买决策的人也较多，购买程序复杂。

（四）顾客数目少，购买规模大

生产者市场的购买者绝大多数是企业，相对于消费者市场的数量要少很多，但每次购买规模、金额却大很多。许多工业用品的购买者，甚至地域分布也相对集中。有的行业，往往几家买主占了大部分，给购销双方带来管理的方便和降低生产、经营成本的好处，同时也能使双方关系密切。

（五）采用直接采购、互惠购买和租赁的形式

生产者用户常向供应商直接进货，不经中间环节，价格贵或技术复杂的项目尤其如此。有时候"你买我的，我买你的"，甚至三边或多边贸易关系。近年来还有一种趋势，就是厂房、写字楼、机器设备、车辆等价值高的项目，许多企业也不再自己购置，而是租赁。

三、组织购买的类型

生产者用户由于集团消费、组织购买，其购买行为远比消费者复杂。一般来说，生产者用户的采购主要有以下三种类型：

（一）直接重购

用户按常规持续采购，即依据过去的订货目录和要求继续向原供应商订货，不做大的变动，也可能会有一些数量的调整。这是生产者市场最简单的一种购买类型。

直接重购的往往是要不断补充、频繁购买的产品，如生产所需的主要原材料。负责采购的有关人员在库存低于预定水平时，便会考虑通知进货。通常由同一供应商继续供货，除非该供应商出了问题，或发现了新供应商，而且供货条件、质量、价格等有更大的吸引力。已进入用户"购买单"的供应商要继续努力保证产品质量、服务水平，并积极争取降低成本，以稳定现有顾客；未入用户视野的供应商，可以设法先争取小部分订货，使顾客通过使用、比较，重新考虑货源。

（二）修正重购

用户要求改变所购产品的规格、价格或其他条件，甚至提出更换供应商。这种类型的购买复杂一些，用户参与购买决策的人员也会多一些。由于用户要做某些或某方面的调整、改变，就可能改变供应商，或要求与原供应商重新洽谈、协商。修正重购对已列入用户"购买单"的供应商是一种威胁；对未列入用户"购买单"的供应商则意味着机会。

（三）新购

用户初次购买，通常会有一整套标准并考虑一批可能的供应商。新购产品价值越高，风险越大，参与决策人员和所需信息越多。由于用户没有现成的"购买单"，购买行为会很复杂，要考虑的购买问题、要经历的购买手续更多，购买过程时间更长，但对所有的供应商都意味着机会。

四、组织用户的购买决策过程

从理论上来说，组织用户完整的股民过程可分为八个阶段，但是具体过程依不同的购买类型而定，直接重购和修正重购可能跳过某些阶段，新购则会完整地经历各个阶段（见表 3 - 5）。

表 3 - 5　　　　　　　　　　组织用户的购买决策过程

购买阶段	购买类型		
	新购	修正重购	直接重购
确定需求	是	可能	否
确定总体需求	是	可能	否
确定产品规格	是	是	是
物色供应商	是	可能	否
征求意见	是	可能	否
选择供应商	是	可能	否
正式订购	是	可能	否
绩效评估	是	是	是

（一）确定需求

需求认知就是企业内部有人认识到需要购入某些产品或服务才能解决企业某个问题或满足业务需求，这种认知可能是由内部或外部的刺激引起的。内部刺激包括企业决定推出一种新产品，需要购置新生产设备和原材料；后者企业原有设备发生故障而需要购买新的零部件；或者企业采购经理对现有供应商的产品质量、服务或价格等不满意而需要新的供应商。

外部刺激的情况，例如采购人员在某展销会上得到新的主意，或者接受了广告宣传的推荐，或者接受了某个推销员的建议等，也会产生需求。事实上，企业营销者经常在其广告中为客户提示一些问题，说明它们的产品如何能提供解决方法，以刺激需求认知。

（二）确定总体需求

当认识到某种采购需求后，企业购买者就要确定拟采购项目的总体特征和数量。这一步骤对标准化的产品是不成问题的，但对于非标准化的产品，采购人员就有必要同工程技术人员、使用者和其他有关人员共同确定拟购项目的总体特征，如可靠性、耐用性、价格和其他一些必要的属性，并按其重要程度排出先后次序。在此阶段，工业用品的供应商应帮助采购者详细确定总体需求，提供关于不同产品特点和价值的信息，这对争取到订单是有好处的。

（三）确定产品规格

这个阶段采购企业需要进一步确定采购项目的明细技术规格，而这项工作经常需要一个价值分析工程团队的帮助。价值分析是降低成本的有效方法，这种方法通过仔细研究产品的每个组成部分，来决定是否需要重新设计，是否可以标准化，或者是否有更廉价的生产方法等。价值分析工程团队将对高成本的零部件进行逐一检查，对照其使用要求找出是否存在降低成本的可能性。同时，营销者也可以把价值分析作为一个工具使用，通过向购买者展示制造产品的更好形式，来使直接重购转化为能给他们提供获得新业务的新购。

（四）物色供应商

现在购买者就开始努力寻找最好的卖主，一般来讲这阶段的工作应分两步。首先，通过各种渠道，如翻阅工商企业名录、由其他企业推荐、上网检索、查阅广告或其他有关资料等进行初步选择，列出初步合格企业名单；其次，对已经列入初步合格名单的供应商再进行登门拜访，检查其生产设备，了解其人员配备、管理水平以及其他影响产品质量的环节，从中选出最理想的供应商。通常越是新购，所采购的产品项目越是复杂昂贵，选择供应商所花费的时间就越多。此时供应商的任务是将本企业列入企业名录，并在市场上建立良好信誉；销售人员应当时刻关注采购企业寻求供应商的过程，确保本企业在备选行列，并争取最好结果。

（五）征求意见

在征求意见阶段，购买者将邀请合格的供应商提出建议。此时一些供应商将提供产品目录或派出推销员，但当所采购的产品价格昂贵、技术复杂时，则采购人员应要求每个合格的供应商提出明细的书面建议。此时企业营销管理者对这些建议的研究和写作应注意技巧性。所提建议应是营销文件而不是技术文件，所以除了说明产品的性能、规格等技术性指标外，还包括定价、支付条件、提供的服务以及介绍供货企业的能力、资源条件和其他能表示其竞争能力的因素。

（六）选择供应商

这时企业采购核心成员将评估供应商提供的建议并选择一个或几个最好的供应商。在选择供应商时，采购核心的做法是首先列举出所期望的供应商的属性特征及其相对重要性。例如，在一项调查中，采购经理列出了一系列影响供应商与客户之间关系的因素，其中最重要因素有：高质量的产品和服务、供货及时、合乎道德规范的企业行为、真诚的沟通与合作、有竞争力的价格等。其他次重要因素包括维修与服务能力、地理位置、业绩历史和市场上的声誉等。然后，采购核心成员依据这些因素对供应商进行排队，选择出最佳的供应商。

在做出最后决定之前，购买者可能还要和选中的供应商再次进行谈判，以争取较低的价格和更优惠的条件，最终他们必须选择一个或几个供应商。一般采购者愿意保持多渠道购货以避免完全依赖单一供应商对经营活动的制约。通过多个渠道购货，采购者可以在以后比较他们的价格、服务和履约情况，从其竞争中得到好处。

（七）正式订购

在这个阶段，采购者要准备一个具体详细的订购单，并将其发给选中的供应商。订购单项目包括技术规格、所需数量、交货时间、退货政策和保障条款等。对于维修、修理和操作项目，采购者可能使用一揽子合同而不是定期采购订单。这种一揽子合同适合于建立长期的购销关系，即供应商承诺将按照双方同意的价格定期向购买方重复供货。在这种情况下一般由销售者控制存货，当购买者需要进货时，他就通过计算机自动将订单传递给销售者，销售者立即送货。这种一揽子合同避免了每一次采购都要重新谈判的烦琐而昂贵的程序。一揽子合同的发展必然导致越来越多的单一渠道供货并从该单一渠道购买更多的产品项目的情况，而这将使供应商与采购者的联系更加密切，使局外的供货竞争者很难插入。只有当采购方对供应商的产品、价格或服务不满意时，竞争者才有进入的机会。

（八）绩效评估

在这个阶段，采购者将对各供应商进行逐一审核，采购者可能要与使用者交流，要求使用者按满意度打分；或者直接对供应商的有关属性（如产品质量、价格、服务、信誉等）采用加权法进行综合评价；或者计算由于供应商绩效不好而多花费的成本。绩效评估的结果可能导致购买者继续保持或调整，或删除原供应商。因此营销管理者应该随时检查购买者评估使用的因素，确保购买者满意。

综上所述，企业采购的八阶段模型对产业用品购买过程进行了简单描述。实际上的购买过程可能要复杂得多。如在直接重购或修正重购时，其中有些阶段有可能被压缩或简化；每一个组织都以自己的方式购买，每一个购买类型也都有其独特要求；采购中心的不同成员可能参与不同的采购阶段；尽管某些采购过程的阶段必然发生，但采购者未必总按此固定程序行事，他们也可能再加入其他步骤。

在最近几年里，科学技术的进步给产业用品市场营销过程带来了巨大的冲击。越来越多的企业购买者通过电子数据交换或互联网采购所有种类的产品和服务。这种高技术下的采购行为将使购买者方便接触新的供应商,这对于降低采购成本,简化订购程序和保证及时供货等,都有极大的好处。反之,产业用品市场营销者也可以在网上与客户共享营销信息,推动产品和服务的销售,为客户提供服务支持,维持并加强与客户的长期合作关系。

五、影响组织购买行为的因素

组织购买行为不仅受到组织内部购买决策过程的影响,还会受到外部环境、组织因素、团体因素以及个人因素的影响。

(一)环境因素

无论是在消费者市场还是组织市场,所有购买和销售行为都受到环境因素的影响。影响组织购买行为的环境因素是客观存在的,组织本身对其无法控制,无法改变,但是组织在某种程度上可以影响甚至利用环境因素的变化做出有利于组织目标的购买行为。

1. 经济环境。经济状况的变化对组织市场上所有企业的经营成败都起着至关重要的作用。近年来各国失业率攀升,通货膨胀率居高不下,汇率波动起伏等,对组织购买和销售产生显著影响。因此,对于组织购买者来说,必须时刻关注国内和国外的经济形势。除了影响组织市场购买和销售的直接因素外,由于组织需求的派生特性,那些影响最终消费者购买力的经济状况的变化也会影响到组织采购。当最终消费者的购买力下降,对原材料、零部件及相关服务的需求势必下降。一国利率的提高,会使进口产品增强其在价格上的竞争力并限制本国产品的出口,进而影响到本国产品的需求;或者说一国利率的提高,会使组织采购更倾向于国外供应商而非本国供应商。

需要注意的是,经济状况的变化对所有组织的影响是不尽相同的。一般来说,经济状况对政府和机构的影响相对于对工商企业的影响要小得多,其原因就在于政府和机构的采购按年度采购计划来进行。这一年度采购计划在一个财政年度里是不能随意变动的。另外,经济状况对组织的影响与组织所在的具体行业有关。例如,当利率提高、银根收紧的时候,对于那些用于生产汽车的铝、橡胶轮胎的需求将大幅下跌,而对纺织品和化工品的影响甚小。

2. 政治环境。政治和法律清楚地界定了组织在购买产品或服务过程中能做什么,不能做什么。无论是政府部门、机构组织还是工商企业,都要受到政治和法律的约束。政治的影响主要体现在政府行为方面,例如,两国政府首脑频繁互访,因此给两国企业带来大量订单;政府为启动房地产市场而减轻对房地产业的税收,因此拉动水泥、钢筋等上游产业的发展;政府迫于公众的压力及媒体的鼓动出台一项法规以禁止某杀虫剂的使用,将会使那些生产杀虫剂的厂商有破产的危险,而那些生产替代品的厂商则面临着前景光明的市场良机等。而且,在某种程度上,一国政治与法律环境往往倾向于保护本国企业。例如,日本政府通过提供直接的金融支持、有关技术、产品和国际市场的研究数据,以及建立贸易壁垒来对本国工商企业予以很大的帮助和支持,这对国外企业与日本企业之间的合作或进入日本市场显然会造成很大的障碍。

法律环境对产业用品市场的影响主要体现在法律的健全程度、法律内容的导向和状态以及国际法规惯例的约束等方面。

相关链接： 中俄增强政治互信 俄罗斯加大远东开放力度

2023年3月21日，中俄两国领导人签署并发表《中俄关于深化新时代全面战略协作伙伴关系的联合声明》。声明指出，当前世界变局加速演进，国际格局深刻调整。在这一形势下，双方保持密切外交协调，开展紧密多边协作，坚决捍卫公平正义，推动构建新型国际关系。

此外，中俄领导人当天还签署并发表《关于2030年前中俄经济合作重点方向发展规划的联合声明》。声明表示，双方将在8个重点方向开展双边经济合作，实现两国长期自主发展，推动中俄经济和贸易合作高质量发展，为全面推进双边合作注入新动力，保持两国货物和服务贸易快速发展势头。

俄罗斯这只"双头鹰"横跨欧亚大陆，其远东地区与中国东北三省相邻。最近一年多，俄罗斯前所未有地加大了在远东地区的开发力度，推出一系列扩大对外开放的新政策。展望未来，俄罗斯远东地区与中国各领域的合作还会进一步扩大加深。

资料来源：庄宏韬. 中国周边命运共同体构建研究［D］. 兰州：兰州大学，2022.

3. 技术因素。技术对组织市场的影响具体体现在通信技术、信息传递、物流运输、存货管理、分销渠道和金融服务等方面，其对组织市场购买行为的意义在于，几乎所有制造商和采购方，无论其规模大小，都可以突破时空的限制，将全球供应商视为自己的供货来源。因此，技术因素对组织市场的具体影响表现为两个方面，一方面，限定了采购组织获得产品和服务的可能性；另一方面，则限定了组织提供给其用户的产品和服务的品质。

在对组织购买产生影响的诸多技术因素中，互联网无疑是为组织采购方提供最便利条件的要素之一。通过互联网，整条供应链上的成员公司都可以在其中获取大量即时信息，例如买家存货、销售数量甚至单个产品的需求量等。另外，IT技术的发展使组织顾客常常会采用一些技术性的程序来预测新技术发生的周期，以期能做出及时的反应。对于营销人员来说也应密切关注IT技术的变革，及时调整营销策略以适应新的技术环境。

4. 文化环境。文化包括风俗、习惯、规范及传统等影响着组织的结构和功能，同时也影响着组织内成员之间的关系。文化是客观存在的，并对浸润其中的组织和人们产生长期的潜移默化的影响，因此也势必影响到组织的采购行为，尤其是组织在进行跨文化合作或进行营销活动时，将不可避免地面临着"文化冲突"。例如，在我们国家，商业来往中个人或组织的名誉及社会地位都依赖于"面子"的观念，如果在商业谈判中造成尴尬的局面或者表现得手足无措，即使是无意之失，也会严重影响谈判的效果；又如在日本文化中，日本商人更愿意通过集体决策和全面考虑的方式慢节奏地工作，外国商人和政治家往往会因为无法得到"直接的回答"而十分恼火，其实这只是日本文化中沟通方式的正常表现。

5. 物质条件。组织要想获得令人满意的利润水平，其前提条件之一便是一系列低成本的投入。而这些低成本的投入通常来自一个国家或地区的物质条件。例如，一个组织能够获得成本更低的原材料、水、电力和熟练的工人，经验丰富的管理人员以及便利的运输，那么这个组织与其竞争对手相比就更有竞争力。

国际经贸在世界范围内的发展趋势是消除贸易壁垒和鼓励市场经济，使组织市场变成一个动态市场，竞争者几乎能够从世界上任何地方自由进入。当一个组织需要与其供应商建立紧密的买卖关系时，位置与运输是组织进行供应商选择时所要考虑的两个重要因素。随着运输成本的增加，组织采购者越来越倾向于选择那些原材料生产、产品制造或者储存设施都在附近的供应商。

（二）组织因素

要想了解组织购买行为，首先要了解该企业的战略目标、组织政策、采购部门地位和采购流程等直接影响采购结果的各种影响因素。所有企业都感受到了来自原材料价格上涨和消费者抗拒商品涨价的双重压力，于是采购职能的影响力与日俱增，更多的与企业战略定位和组织政策相联系起来。

1. 战略目标。竞争的压力使组织采购时开始追求节约成本、提高质量，进而有组织开始思考如何将采购变成更强有力的战略武器。这一思考逻辑的结果就是组织客户已经将采购作为企业的战略重点之一，对于组织供应商来说，在了解组织客户的购买行为时，必须深入了解和关注组织客户的目标。例如，随着采购职能改变了基于交易的支持作用，转而更多地承担起管理层的战略作用，许多处于领先地位的公司采取了集中采购的战略（centralized purchasing），即许多大公司将原来分散进行的采购工作集中起来统一进行。这种集中采购肯定对工业用品市场营销带来影响，对于供应商来说，这意味着将面对人数较少而层次较高的采购人员。原来使用地区性的销售力量分别直接向单一大型采购者的分厂（或部门）销售即可，而现在销售者必须使用统一的全国性的销售团队力量。

2. 组织政策。组织政策也是影响组织购买行为的重要因素，例如越来越多的组织购买者开始出现与供应商长期合作的倾向，试图与供应商签订长期合同（long term contracts），这就在政策层面上为供应商争取组织客户提供了参考。美国通用汽车公司（GM）就是从那些坐落在 GM 工厂附近并能生产高质量零部件的少数供应商那里购买所需产品，签订长期合同。许多企业营销者还为他们的客户提供"电子数据交换系统"（electric data interchange systems）。销售商可以利用该系统使客户的计算机与自己的计算机连接起来，客户向计算机输入订购数据后就自动传给供应商，借此可以立即订购所需产品。在网络化信息时代，这种电子网络购销形式会越来越普遍。在美国，许多医院都已经实现通过计算机网络适时采购。

3. 采购部门地位。传统组织的采购部门往往地位低下，尽管其管理费用经常高于整个组织成本的一半以上。由于在采购方面面临着压力，很多组织开始重视采购部门在组织结构中的地位和作用，采购部门在组织中的地位日益重要，采购工作也正朝着专业化、规范化的方向发展。例如，许多企业将其传统的强调最低成本进货的采购部门，转化为以从少数较好供应商那里寻求最佳价值为任务的现代"采办部门"（procurement department）。同时，许多全球性公司的采购部门还负责在世界范围内收集资料，寻求和建立战略伙伴关系，这也要求企业营销者必须不断地使其销售力量升级，以适应现代企业购买者素质提高的要求。

4. 采购流程。许多大型组织围绕新的采购战略，采纳和实施了一系列创新的生产制造概念，完善和发展了适应现代生产制度的采购流程，如"适时交易""卖主管理存货系统""价值分析""全面质量管理""弹性生产"等，这些概念和实践极大地影响了企业营销者的销售和客户服务方式。例如"适时交易"（just-in time production，JIT）就意味着生产资料恰好在购买方生产需要的时候才运达客户的工厂，而不是像传统的那样储存在工厂的仓库以备用。这就要求供应商的供应要与客户的生产时间表完全一致，避免供应的生产资料忽多忽少。由于在适时交易情况下要经常运送货物，因此许多企业营销者便在接近其大型的适时交易客户附近建立货栈，例如美国的"卡斯尔"钢铁公司（Kasle Steel）就在别克汽车城（Buick City）附近建立了一个工厂专门为 GM 在那里的工厂提供服务。在适时交易大力发展的情况下，单一性的资源来源（single-sourcing）日益增加，即客户经常鼓励与唯一的或少数几个供应商签订长期的采购合同。适时交易还要求购销双方密切合作，加速订购产品运送过程，降低成本。此时产业营销者最好建立电子数据资料交换系统，通过该系统将其与实时交易客户连接起来。

（三）团体因素

由于组织购买过程涉及一系列复杂的、细小的决策，而且这些决策并不是由个人做出，而是受到组织中他人的影响，所以在关注组织购买过程时，还必须考虑组织客户中团队成员对采购的参与度。组织购买过程中团体因素的影响主要包括企业的采购中心及其人际关系因素的影响。

1. 采购中心构成。采购中心（buying center）是由参与购买决策和购买过程的所有个人和部门组成，这个概念表明团体因素在组织购买行为中的作用。一般而言，采购中心是一个非正式的跨部门决策单位，其主要目标就是获取、分享、处理有关采购的信息。采购中心的成员参加购买决策过程并且分担决策的共同目标及风险。采购中心的规模大小依据组织规模或采购项目而有所区别，但参与采购的组织成员一般具备以下一个或两个条件：对采购具有正式的职责，如使用者、决策人员；掌握着重要的有关采购信息来源，如采购人员。采购中心作为组织采购的决策单位，对供应商的选择和评估具有举足轻重的地位和作用；反过来，对于供应商而言，就应该注重对采购中心的人员构成进行研究和分析，并采取相关的营销策略。

在这一步工作中，确定组织采购类型及组织采购所处的具体决策阶段是判断采购中心的重点，因为购买类型的不同和采购过程的不同阶段，采购中心参与采购行为的部门或人员也会相应地不同。生产部门的人员在采购决策过程中，对于选择、保留供应商以及采购批量在供应商之间的分配具有重要的影响作用；采购部门一般在产品特征和潜在供应商基本确定后才出现并发挥作用，采购人员具有丰富的谈判经验和采购知识，并且与供应商保持着紧密关系，他们在直接重购和修正重购中扮演重要角色；工程部门在每一种采购类型中，都扮演着描述需求特征、确定产品功能、限定潜在供应商等方面的重要角色；研发部门的作用主要体现在新购和修正重购中，即参与新产品的初期开发，为零部件、原材料提出各种规格要求，提出最终产品的执行标准；高层管理人员在非例行采购决策以及具有战略意义的采购中会成为采购中心的核心成员，质量控制部门在新购的最后阶段，即选择供应商时，可能会参与到采购决策中，发挥为采购产品把关的作用。

2. 采购中心成员的角色。以上是以组织内部职能部门为依据，对参与到组织采购过程中的部门进行了区分和描述。在实际情况中，采购中心的构成会依据采购规模大小的不同、组织结构以及组织规模的不同而有所区别，但是纵观组织市场的采购过程，采购中心的成员都是分工明确，各自承担不同的任务和风险。具体来看，采购中心的成员一般包括以下几类。

（1）使用者。使用者（users）就是真正使用所购产品或服务的组织成员。在许多情况下，使用者一般最先提出购买建议，并协助确定所需产品的品种、规格和型号等。

（2）影响者。影响者（influencers）是指那些通过向决策程序增加信息或决策准则、帮助确定产品规格和型号等，来直接或间接影响购买行为的人员，如技术人员、工程师和质量控制人员就是非常重要的影响者。

（3）决策者。决策者（deciders）是有最终确定或批准供应商方面的正式或非正式权利的人员。在常规购买中，决策者既可能是公司主管，具有批准购买的权力，也有可能是设计工程师，由他制定的产品规格要求只有某些供应商能满足。

（4）购买者。购买者（buyers）就是执行决议或实施购买行为的人。一般购买者有挑选供应商和确定购买条件的正式权利，他们可以帮助确定产品的规格和型号，但他们的主要角色是挑选卖主并进行谈判。在一些复杂的采购中，购买者可能还包括参与谈判的高层管理人员。

（5）监督者。监督者（gatekeepers）是指控制进入采购核心信息的人员。例如，企业中对采购负有最后责任的所谓采购代表，就经常有权阻止供应商的推销人员与使用者或决策者接触或见面，以免影响本企业的采购决策。其他监督者还包括技术人员、接待人员、电话交换机接线员甚至高层管理者的私人秘书等。

在现实中，有时一个人可以担任几种角色；也可能是许多人同时担任某一种角色，他们可能都是影响者。采购核心内的各个成员，由于他们在企业中担任的职务不同，他们的经历、学历、认识能力和任务不同，往往使其各有独特的感觉、目的和行为等。因此，企业在制定营销策略时，应首先从鉴别和分析购买者的采购核心开始，逐次地分析其他有关因素的影响。

需要注意的是，采购核心在一个组织内并非一个固定不变的和有明确标志的单位，它只是由不同的人员根据不同的购买情况而形成的购买角色的组合。组织营销者要善于根据采购类型、产品服务等区别，区分采购中心的规模和构成。例如，对于常规采购来说，一个人（如一个销售代表）可能扮演所有采购核心成员的角色，即整个购买决策过程仅由一个人完成；但对于较复杂的采购来说，采购核心可能要由 20～30 人组成，这些人来自组织内不同层次和部门。总之，了解和掌握组织客户采购中心的规模和构成是一种重要的营销挑战。组织市场的营销者不仅必须了解谁是决策的参与者，而且还要了解参与者的相对影响有多大，他们都使用什么样的评估标准等。只有这样才能有针对性地做好销售工作，提高成功率。

（四）个人因素

所有组织的购买行为都是在有组织的相互影响的基础上产生的一种个人行为。因为只有个人才可以确定问题、做出决策和采取行动。同时，所有购买行为都是由具体采购人员的个人"需求"和愿望来激励的；个人的"需求"和愿望是由个人的感觉和阅历来引导的；而个人的感觉和阅历又是在实现企业目标的复杂关系中得到的。任何人参与组织（企业、机关、团体）都是为了获得报酬。而只有完成了组织的目标和任务，才可能获得报酬。也就是说，一方面是个人的需求；另一方面个人参与某一决策工作必须取得成绩。这两者之间存在着密切的联系。因此，市场营销工作的目标必然是各个决策参与者，而不应该是抽象的企业组织。了解采购核心各个成员的性格特点、偏好，了解不同采购中心成员的两种需求，这将有助于营销业务的开展。

案例分析：戴尔是怎样采购的

戴尔采购工作最主要的任务是寻找合适的供应商，并保证产品的产量、品质及价格方面在满足订单时，有利于戴尔公司。精确预测是保持较低库存水平的关键，既要保证充分的供应，又不能使库存太多，这在戴尔内部被称为没有剩余的货底。在 IT 行业，技术日新月异，产品更新换代非常快，厂商最基本的要求是保证精确的产品过渡，不能有剩余的货底留下来。

文本：分析
思路

戴尔要求采购部门做好精确预测，并把采购预测上升为购买层次进行考核，这是一个比较困难的事情，但必须精细化，必须落实。给戴尔做配套，或者作为戴尔零部件的供应商，都要接受戴尔的严格考核。戴尔的考核要点如下：

其一，供应商计分卡。在卡片明确订出标准，如瑕疵率、市场表现、生产线表现、运送表现以及做生意的容易度，戴尔要的是结果和表现，据此进行打分。瑕疵品容忍度：戴尔考核供应商的瑕疵率不是以每 100 件为样本，而是以每 100 万件为样本，最早是每 100 万件的瑕疵率低于 1 000 件，后来质量标准升级为 6 - Sigma 管理标准。

其二，综合评估。戴尔经常会评估供应商的成本、运输、科技含量、库存周转速度、对戴尔的全球支持度以及网络的利用状况等。

其三，适应性指标。戴尔要求供应商应支持自己所有的重要目标，主要是策略和战略方面的。戴尔通过确定量化指标，让供应商了解自己的期望；戴尔给供应商提供期的进度报告，让供应商了解自己的表现。

其四，品质管理指标。戴尔对供应商有品质方面的综合考核，要求供应商应"屡创品质、效率、物流、优质的新高"。

其五，每 3 天出一个计划。戴尔的库存之所以比较少，主要在于其执行了强有力的规划措施，每 3 天出一个计划，这就保证了戴尔对市场反应的速度和准确度。供应链管理第一个动作是做什么呢？就是做计划。预测是龙头，企业的销售计划决定利润计划和库存计划，俗话说，龙头变、龙尾跟着变。这也就是所谓的"长鞭效应"。

在物料库存方面，戴尔比较理想的情况是维持 4 天的库存水平，这是业界最低的库存记录。戴尔是如何实现库存管理运作效率的呢？第一，拥有直接模式的信用优势，合作的供应商相信戴尔的实力；第二，具有强大的订单凝聚能力，大订单可以驱使供应商按照戴尔的要求去主动保障供应；第三，供应商在戴尔工厂附近租赁或者自建仓库，能够确保及时送货。

戴尔也存在供应商管理问题，并已练就出良好的供应链管理沟通技巧，在有问题出现时，可以迅速地化解。当客户需求增长时，戴尔会向长期合作的供应商确认对方是否可能增加下一次发货数量。如果问题涉及硬盘之类的通用部件，而签约供应商难以解决，就转而与后备供应商商量，所有的一切，都会在几个小时内完成。一旦穷尽了所有供应渠道也依然无法解决问题，那么就要与销售和营销人员进行磋商，立即回复客户：这样的需求无法满足。

供应商要按戴尔的订单要求，把自己的原材料转移到第三方仓库，但这个原材料的物权还属于供应商。戴尔根据自己的订单确定生产计划，并将数据传递给本地供应商，让其根据戴尔的生产要求把零配件提出来放在戴尔工厂附近的仓库，做好送货的前期准备。戴尔根据具体的订单需要，通知第三方物流仓库，通知本地的供应商，让他把原材料送到戴尔的工厂，戴尔工厂在8小时之内把产品生产出来，然后送到客户手中。整个物料流动的速度是非常快的。

资料来源：钱黎春，胡长深. 市场营销学 ［M］. 长沙：湖南师范大学出版社，2017.

讨论问题：

1. 戴尔的采购从哪些方面反映了组织购买者的共同行为特征？

2. 作为组织购买者，戴尔的购买行为有哪些时代特点？

3. 假设你所在的公司是一家生产液晶显示器的大型企业，现在打算将戴尔由潜在客户变为现实客户，请你为自己的公司提出一套能够实现这一目标的方案。

情境讨论和能力训练

训练主题： 消费者购买决策过程

训练目的：

1. 了解日用品和耐用消费品购买决策过程的差异。

2. 根据日用品和耐用消费品购买决策过程的差异来设计相应的营销活动。

训练方案：

1. 将班级同学进行分组，每组4~6人。

2. 每个小组成员都撰写一份资料，介绍自己购买某种日用品和耐用消费品的决策过程。

3. 所写资料应该包括以下内容：（1）日用品和耐用消费品的购买决策过程分别包括哪几个阶段？（2）根据两类产品购买决策过程所经历阶段的差异，选择性地回答以下问题：需求如何产生？信息怎样收集？考虑了哪些备选品牌？如何对备选品牌评估并做购买决定？购后的使用状况及满意程度如何？

4. 小组成员一起讨论：日用品与耐用消费品的购买决策过程有何差异？针对二者的营销策略应有何不同，并写成相应的总结材料。

本项目思考题

1. 消费者市场与组织市场之间的区别是什么？

2. 消费者购买决策过程包括哪些环节？

3. 如何对备选产品进行评估？

4. 影响消费者购买决策的因素有哪些？

5. 组织市场的购买决策过程是怎样的？

6. 影响组织购买决策的因素有哪些？

项目四

培养市场调研与预测能力

听故事悟原理
（一张照片
带来的订单）

课程思政
（警惕商业
情报泄露）

项目四课件

■ **目标描述**

知识目标：

1. 了解市场营销调研的过程，熟悉营销二手数据收集、评价和原始数据收集的主要方法；

2. 了解市场需求的含义及市场反应函数的内容；

3. 掌握市场需求预测的主要方法。

技能目标：

1. 能就某一问题进行营销调研；

2. 能设计规范且有效的调查问卷；

3. 能进行市场需求预测。

■ 工作任务导图（见图4-1）

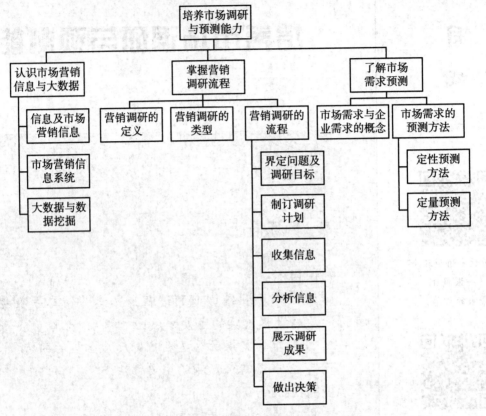

图4-1 培养市场调研与预测能力工作任务

■ 重要概念

　　市场营销信息系统　营销调研　实验法　观察法　抽样调查　市场需求　市场潜量
购买者意向调查法　销售人员综合意见法　专家意见法　时间序列分析法　因果分析法

任务一 认识市场营销信息与大数据

麦德龙客户信息管理系统

欧洲零售商麦德龙公司成立于1964年，以其崭新的理念和管理方式在欧洲迅速成长起来并一跃成为《财富》500强企业之一。20世纪70年代，麦德龙的最高领导人之一conradi先生就将信息管理的理念带进了公司的物流管理体系。麦德龙有自己的软件开发公司，它的电脑专家专门为麦德龙开发设计了一套适应其管理体制的信息管理系统。该信息管理系统掌握了商品进、销、存的全部动态，将存货控制在最合理的范围内。当商品数量低于安全库存，电脑就会自动产生订单，向供货商发出订货通知，从而保证商品持续供应和低成本经营。通过对商品进、销、存的动态了解，随时发现问题并作出反应，有效提高了顾客的满意度。

音频：
营销情境4-1
分析提要

为了减少成本、提高企业的经营效率，麦德龙限定了自己的客户群。主要针对专业客户，如小型零售商、酒店、餐饮业、工厂、企事业单位、政府和团体等。并对客户实施不收费的会员管理，建立客户的信息管理系统。凭着这套系统其他零售店需要供应40万件商品才有可能满足客户的需求，而麦德龙只需要15万件。在别人等待客户时，麦德龙则强调要主动接近客户。麦德龙在中国的每家店都有专门的客户咨询员，他们每天跑出去拜访客户，了解顾客需求。按照客户距离麦德龙商店的路程远近，将客户进行分类，以便进行重点分析和研究。同时，麦德龙还对其客户（特别是中小型零售商）提供咨询服务。除定期发送资料外，他们还组织"客户顾问组"，对客户购物结构进行分析，同主要客户进行讨论，帮助客户做好生意。经过35年的不断改进和完善，从商品选择、订货、追加订货到收货、销售、收银的每一个环节，麦德龙都有先进的信息管理系统进行严格控制，通过信息技术来协助管理。

资料来源：郑方华. 营销策划技能案例训练手册 [M]. 北京：机械工业出版社，2006（有删减）.

思考：麦德龙是如何建立客户信息管理系统的？

一、认识信息及市场营销信息

（一）信息的概念及特征

信息即消息，是事物发生、发展而发出的信号。信息和一般的物质资源相比较，具有许多的不同点。所以，把握信息的特征是一个重要问题。

1. 信息具有普遍性。信息是事物存在方式和运动状态的反映，因此，只要有事物存在，只要有事物运动，就存在着信息。人类面临着一个以声音、形态、色彩、气息、电波、光线、元素等构成的范围广泛的信息世界，没有不运动的事物，也没有无信息的真空。

2. 信息具有知识性。信息是组成大千世界的各种事物的不同反映，人们获得信息，就意味着获得了对客观事物变化特征的一种认识，从而就减少了对客观事物的不肯定、不了解和持疑义的程度。

3. 信息具有可感知性。人类对于客观事物的感知是通过眼、耳、鼻、舌、身等传感器官进行直接感知和识别的，如人们看到春草发芽、柳树吐絮，就获知了大地回春的信息。随着人类智能的发展，人的智力作用于物质、能量、信息，使信息的可感知性又跨越到更新的高度。如现代通信网络的发展，我们可以通过电脑、电话在数分钟内接收万里之遥的信息。

4. 信息具有可处理性。人类可以按照既定目标要求，对信息进行收集、加工、整理、归纳、概况，通过筛选和整理，使信息成为对人类有用的情报。如信息可以采用语言、文字、表等形式，也可以转换成计算机的代码，或者磁带上的声波；反之，代表信息的某些代号、代码、声波等又可以转化成文字、语言。对于暂时不用的信息，可通过体内储存和体外储存两种主要方式把它们储存起来，以备随时查用（体内储存是指人通过大脑的记忆功能把信息储存起来；体外储存是指通过各种文字性的、音像性的、编码性的载体把信息储存起来）。

5. 信息具有反馈性。信息的一个特点是信息输出后，可将其与实际情况相比的结果再输送回来，从而调整未来的行动，所以利用信息反馈是控制一个系统的重要方法。

（二）市场营销信息的内容

1. **市场营销信息的含义。**市场营销信息是一种特定信息，是企业所处的宏观环境和微观环境的各种要素发展变化和特征的真实反映，是反映它们的实际状况、特性、相互关系的各种消息、资料、数据、情报等的统称。市场营销信息是社会信息的重要组成部分，它反映市场动态，表现市场供求、消费心理、竞争及市场营销活动，并不断扩散。它是企业了解市场、掌握市场供求发展趋势，了解用户、为用户提供产品和服务的重要资源。

2. **市场营销信息的特征。**企业营销管理者每天都会接触大量的市场营销信息，要使广泛的市场营销信息真正转化为企业的资源，为企业的营销决策所有效利用，就必须了解市场营销信息本身的特性，把握市场营销信息运行的规律，做好市场营销信息的管理工作。市场营销信息的主要特征大致可归纳为以下方面。

（1）**系统性。**市场营销系统是一个复杂的大系统，企业在实际营销活动中要受到众多因素的影响和制约。市场营销信息不是零星的、个别的信息集合，而是若干具有特定内容的同质信息在一定时间和空间范围内形成的系统集合，具有层次性和可分性。

（2）**有效性。**市场营销信息是为了满足开展市场营销活动的需要而收集整理的。有用的信息会帮助从事市场营销活动的企业制定有效的决策、实施方案和措施，从而实现营销目标。而只取得大量杂乱无章的信息是无济于事的，甚至还可能干扰决策。

（3）**社会性。**市场营销信息不同于一般信息，如生物系统内部的自然信息。市场信息是产品交换过程中人与人之间传递的社会信息，是信息发出者和信息接收者所能共同理解的数据、文字和符号，反映的是人类社会的市场经济活动。

（4）分散性和大量性。第一，市场营销信息的产生没有固定的时间和地点，而是随时随地发生和传播着，如散见在各地、各种媒体上的市场信息，消费者某种欲望的随意流露，顾客对商品的抱怨等；第二，信息内容的量大、面广，各类信息五花八门，十分广泛、庞杂，而企业所需要和有能力处理的信息仅仅是其中的一部分，要学会从各类信息中筛选出对自己有用的信息；第三，信息往往需要多条合在一起才能表达出某一完整的意思，某一侧面所反映的信息，可能会不够全面、清晰，代表性也不强，偶然一次出现的情况反映不出事物规律性的特征，但如果将多条信息联系在一起，就能较深刻地体现某种现象，给有关人员有益的启示。

（5）可压缩性。信息可以被人们依据各种特定的需要，进行收集、筛选、整理、概括和加工，并可建立相应的信息系统对大量的信息进行多次加工，增强信息自身的信息量。

（6）可存贮性。信息可以通过体内存贮和体外存贮两种主要方式存贮起来。

二、了解市场营销信息系统

市场营销信息系统（market information system，MIS）是指由人员、机器设备和程序所构成的持续和相互作用的复合体，用于收集、整理、分析、评估和分配需要的、及时的、准确的市场信息。市场营销信息系统由四个子系统——内部报告系统、市场营销情报系统、市场营销调研系统和市场营销分析系统组成，如图 4－2 所示。通过上述子系统，企业营销管理人员收集所需要的信息，适时分配信息，对营销环境及其各组成要素加以监视和分析，帮助其从事市场营销的分析、计划、执行和控制，最终使他们的营销决策和计划再流回市场，与营销环境相沟通。

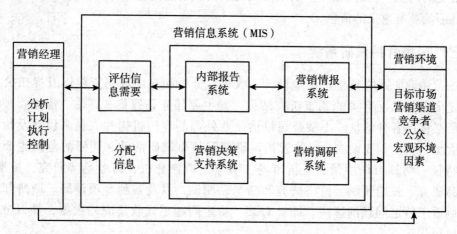

图 4－2　市场营销信息系统

（一）内部报告系统

内部报告系统以企业内部会计系统为主，辅之以销售信息系统组成，是营销信息系统中最基本的子系统。营销信息系统的主要任务是开发信息。企业营销管理人员所需要的信息可以从公司内部报告系统、营销情报系统和营销调研系统中获得，企业营销管理人员使用最基本的信息是内部报告系统的信息。内部报告系统的信息由公司内部各部门收集的信息组成，用来评价营销业绩、指出营销所存在的问题和面临的机遇。会计部门提供财务报表，并留有销售、成本和现金流量的详细报告。生产部门报告关于生产计划、装运和存货情况。销售部门报告经销商的情况和竞争对手的活动。营销部门提供有关消费者的人口构成、心理状况和购买行为的资料。顾客服务部门提供有关消费者满意程度和服务问题的情况。为某一个部门所做的调研可以对其他部门也有用处，企业营销管理人员可以利用从以上提到的或公司内部的其他来源获得的信息，评价业绩、发现问题及创造新的营销机会。

（二）市场营销情报系统

市场营销情报是营销环境日常变化的信息，它可以从许多渠道获得。首先，大量的情报可以由公司内部职员提供，如经理、工程师、科学家、采购人员和销售人员等。公司必须督促内部职员进行市场信息收集，而且还要训练提高他们获取和发现新信息的能力。其次，企业还必须说服供应商、经销商和顾客提供重要情报。对于竞争对手的情报可以从竞争对手的年度报告、讲话、新闻报道和广告中获得，还可以从商业刊物和贸易展览会得到有关信息。企业要形成规范的情报循环网，提高营销信息系统收集信息的质量，帮助企业在营销活动中及时采取措施，这样或者能防患于未然，或者能领先一步抢占市场。再次，企业要争取让企业所有的相关人员都成为"情报员"。通过他们积极、自觉地利用各种途径（如报纸杂志、上级机关、行业团体、专业调研机构、供应商、中间商及顾客）收集信息，观察营销环境的变化情况，并及时向企业提供信息，从而形成较为系统的营销情报。企业同时也应配备专业人员从事情报的管理与分析工作，科学地评估收集到的情报，包括分析情报是否有用，是否可靠，是否有效；同时，通过一系列统计软件和信息处理专家的工作，将情报变为对企业营销决策具有指导意义的信息。

（三）市场营销调研系统

市场营销调研系统是指系统地设计、收集、分析和提出数据资料以及提出公司所面临的特定的营销状况有关的调查研究结果。其主要任务是搜集、评估、传递管理人员制定决策所必需的各种信息。小型公司可请企业外部的专门机构和人员来设计及执行调研项目；大型公司则需要设立自己的营销调研部门从事调研活动。调研的范围主要包括确定市场特征、估算市场潜量、分析市场占有率、销售分析、商业趋势研究，短期预测、竞争产品研究、长期预测、价格研究和新产品测试，以及各种专项调研。调研部门的工作主要侧重于特定问题的解决，即针对某一特定问题正式收集原始数据，加以分析、研究，写出报告。

（四）市场营销分析系统

市场营销分析系统可以由营销决策支持系统（decision support system，DSS）来完成。营销决策支持系统由科学的统计步骤和统计模型及软件程序构成。该系统的作用是利用科学的技术、技巧、软件来分析营销信息，从中得出更为精确的研究结果，以帮助营销决策者更好地进行营销决策。

营销决策支持系统是营销管理人员进行决策时能够获得并处理信息的、交互的、灵活的计算机化的信息系统。它通过软件和硬件支持，协调数据收集，利用统计工具和模型库，结合企业内部和外部的有关信息帮助管理人员做出市场营销评价。营销决策支持系统大体上包括统计工具库、模型库和优化程序，如图 4－3 所示。

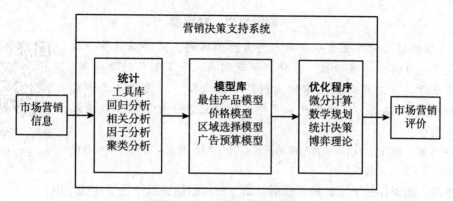

图 4－3　营销决策支持系统

三、大数据与数据挖掘

大数据（big data），是指规模巨大、复杂多样的数据集合，需要使用分布式系统进行管理或处理。大数据具有以下特点：（1）数据规模大：从数百 TB 到 PB 甚至更多。（2）数据传输速度快，包括实时传递的数据。（3）多样性：包括结构化、非结构化和半结构化的数据，如文字、图像和 GPS 信号。（4）可变性：来自手机应用、网站服务和社交网络成百上千的新数据源，实时更新。互联网和移动技术的逐渐成熟带来了巨量数据，然而，除非数据能够被恰当地处理、分析和解读，否则数据并非越多越好。

一些企业利用数据挖掘技术来利用大数据。数据挖掘是通过分析每个数据，从大量数据中寻找其规律的技术，主要有数据准备、规律寻找和规律表示三个步骤。数据准备是从相关的数据源中选取所需的数据并整合成用于数据挖掘的数据集；规律寻找是用某种方法将数据集所含的规律找出来；规律表示是尽可能以用户可理解的方式（如可视化）将找出的规律表示出来。数据挖掘的任务有关联分析、聚类分析、分类分析、异常分析、特异群组分析和演变分析等。英国超市巨头 Tesco 利用每月收集的 15 亿条数据来分析、制定价格进行促销；美国厨房用具零售商 Williams Sonoma 利用客户数据来为其定制商品目录。亚马逊报告称其推荐引擎（"You may also like"，意为"你也可能喜欢"）为其带来了 30% 多的销量。在产品制造方面，通用电气在硅谷组建了一支开发者团队，利用大数据分析来提高销售喷气发动机、发电机、机车和 CT 扫描仪的效率。商用飞行器的效率即使只提升 1%，也能为通用公司的航空公司客户节省 20 亿美元。

任务二 掌握营销调研的流程

营销情境 4 – 2

"奇思妙想"精品屋

"奇思妙想"精品屋是以年轻人为目标顾客群,主要经销各种精致的发卡、首饰、布绒娃娃、挂件、干花制品、手工制作的项链等。大学毕业后的王玉在郑州大学附近找到一家店面,加盟开办了一家"奇思妙想"精品店。但该店开业半年多,营业额一直不高,只能勉强维持生存。

音频:营销情境
4 – 2 分析提要

资料来源:杨海清. 市场调查与市场预测实训〔M〕. 北京:中国劳动社会保障出版社,2008.(有修改)。

思考:如果你是王玉的调研顾问,请分析诊断销售额一直低迷的原因。

营销经理通常需要针对特定问题或市场机会开展正式的营销研究,如市场调研、产品偏好测试、地区销量预测或者广告效果评估。营销调研人员的职责就是提供营销洞察以帮助营销经理制定决策。营销洞察(marketing insight)能够为企业提供诊断信息,如为什么要观察营销活动的效果,如何观察营销活动的效果,所观察的结果对于营销人员的意义等。

获得营销洞察对于营销成功至关重要。为了提升 30 亿美元市值的潘婷头发护理品牌,宝洁公司采用心理学的情绪量表、高分辨率的脑电波研究法和其他方法对女性关于头发的感觉进行了调查研究。最终,宝洁调整了潘婷产品的配方,重新设计了包装,缩减了产品线,并对广告活动进行了微调。

一、营销调研的定义

美国营销协会把营销调研(marketing research)定义为,通过信息把市场营销人员同消费者、顾客和公众连接起来的功能。这些信息用于发现和定义市场机会和问题,促成、完善和评估潜在的营销活动,监测营销绩效,改善对营销过程的理解。营销调研能够明确发现问题所需的信息,设计搜集信息的方法,管理和实施数据收集过程,分析结果和传播研究发现及其启示。

大多数企业都通过多种信息源对行业、竞争者、受众和渠道战略进行研究。它们通常将营销调研预算定为企业销售额的 1% ~ 2%,其中大部分用于外部企业。营销调研公司有三类:(1)综合服务调研公司,例如尼尔森(Nielsen),这类公司收集并出售消费者信息和商业信息;(2)定制化营销调研公司,这类公司根据客户需求设计研究项目、实施研究过程并报告结果;(3)专业性营销调研公司,这类公司提供某些特定服务,如现场访谈。

相关链接： 世界著名的营销调研公司

1. Nielsen 尼尔森公司：1923 年成立于美国，全球领先的市场研究、资讯和分析服务的提供商，提供市场动态、消费者行为、传统和新兴媒体监测及分析。

2. IPSOS 益索普：1975 年成立于法国巴黎，独立的由专业研究顾问人员管理的全球性上市公司，拥有深度洞察市场的能力和丰富的全行业服务经验。

3. Gallup 盖洛普：1935 年成立于美国，提供商业和管理调查、研究、咨询和培训的全套服务，在全球 25 个国家设有独资或控股的分支机构，其战略咨询、领导力提升和全球分析三大核心领域享有较高声誉。

4. GFK 捷孚凯：1934 年成立于德国，全球颇具影响力的市场调研公司，专注于耐用消费品调查、消费者调查、媒体调查及医疗市场调查等，是领先的耐用消费品调查公司。

5. Kantar 凯度：1992 年成立于英国伦敦，英国 WPP 集团旗下，全球极具影响力的市场研究集团，领先的数据、洞察和咨询公司，通过旗下众多专业品牌及遍布全球的员工向全球 100 多个国家的客户提供全面的调研和咨询服务。

6. 央视索福瑞 CSM：1997 年成立于中国，央视市场研究（CTR）与 Kantar Media 集团共同建立的中外合作企业，是中国国内极具影响力的广播电视受众研究机构，致力于专业的电视收视和广播收听市场研究，拥有庞大的广播电视受众调查网络。

资料来源：李桂华，卢宏亮. 组织间营销［M］. 北京：清华大学出版社，2013.

二、营销调研的类型

（一）探索性调研

探索性调研是在正式调查开展之前进行的初步的、具有试探性的非正式调研。探索性调研的目的在于发现问题的端倪。如果市场调研人员对所要研究的问题尚无足够的了解，不能有效推进调研项目的进展时，就有必要开展探索性调研。通常，探索性调研所选择的样本规模较小，且并不强调其代表性；获取的信息资料主要是反映事物本质的定性信息；调查结果应被视为进一步调研的基础。探索性调查一般采用简便易行的调查方法，如二手资料调查、经验调查、焦点小组访谈等。

（二）描述性调研

描述性调研是对所研究问题的特征和功能进行如实记录的调查。描述性调研的前提是调查人员事先对所研究问题已经有了清晰的认识。通常，描述性调研需要回答"谁""是什么""怎么样"等问题，其结果说明所研究问题的表面特征，不涉及所研究问题的本质及内在影响因素。描述性调研一般以有代表性的大样本为基础，通过完整的调查计划、精确的问卷设计以及对调研过程的有效控制来对所研究的问题做尽可能准确的描述。通常，描述性调研的结果可以用统计表或统计图来表示。

（三）因果性调研

因果性调研是指为了确定有关事物的因果联系而进行的调研。因果性调研是在描述性调研的基础上进一步研究产生某种结果的内在原因，是对事物的更深入认识。一般将能够引起其他市场变量发生变化的变量称为自变量；而那些随着其他变量的变化而发生变化的变量称为因变量。

三、营销调研的流程

为了更好地利用全部可得资源和实践信息，优秀的营销人员会遵循规范的营销调研流程。如图4-4所示，营销调研分为六个步骤，我们将通过实例情境对每一步骤进行详细介绍。假设美国航空公司正研究长途航班中为头等舱乘客开发新服务的构思，头等舱客户主要是商务人士，他们的高价机票支付了大部分运费。美国航空的新服务构思包括：（1）提供超高速无线网络（Wi-Fi）服务；（2）提供124个频道的高分辨率卫星有线电视；（3）提供包含250张CD碟片的音响系统，每个乘客都可以创建个性化播放列表。营销调研经理需要调查头等舱客户如何评价这些服务，尤其是超高速Wi-Fi服务，以及他们愿意为这些服务额外支付多少费用。

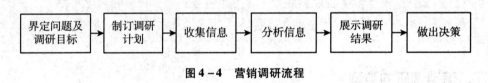

图4-4　营销调研流程

（一）界定问题及调研目标

营销经理界定调研问题时应当格外谨慎，既不能过于宽泛，也不能过于狭窄。在美国航空公司的案例中，调研人员和营销经理将问题界定为："提供超高速Wi-Fi服务能否提升乘客对于美国航空公司的偏好并产生足够利润，以优于公司可能在其他方面的投资？"他们据此确定了如下5个调研目标：（1）哪些头等舱乘客对超高速Wi-Fi服务最为响应？（2）在不同的价格水平下多少乘客有可能会使用这一服务？（3）有多少乘客会因这一新服务而选择美国航空公司？（4）这项服务将为美国航空公司的品牌形象增加多少长期声誉？（5）与提供电源插座等其他服务相比，超高速Wi-Fi服务对于头等舱乘客来说重要性有多大？

并非所有的调研内容都能够如此明确。有些调研是探索性（exploratory）的，目的在于识别问题并提出可能的解决方法；有些调研是描述性（descriptive）的，旨在量化需求数量，例如有多少头等舱客户会以25美元的价格购买超高速Wi-Fi服务；有些研究是因果性（casual）的，目的在于检测因果关系。

（二）制订调研计划

为了设计调研计划，营销经理需要确定数据来源、调研方法、调研工具、抽样计划和接触方法。

1. 数据来源。调研人员可以收集二手数据、一手数据，或者两者都收集。二手数据（secondary data），是指为了其他目的而收集的数据或已经存在的数据。一手数据（primary data），是指为特定目的或项目所收集的新数据。研究人员通常先检验二手数据的有效性，如果所需数据不存在、过时、不准确、不完整或不可靠，研究人员就需要收集一手数据。

2. 调研方法。营销人员可以通过五种主要方法收集一手数据：观察法、焦点小组访谈法、调查法、行为数据分析法和实验法。

（1）观察法。调研人员可以通过无打扰的观察（如顾客购物或使用商品时）或者在咖啡厅、酒吧进行非正式的访谈来收集原始数据。人类学调研方法（ethnography research）使用人类学和其他社会科学学科的概念和工具，对人们如何生活和工作给出了深入的文化性解释。美国航空公司的调研人员可以在头等舱休息室闲逛，或者飞行时坐在头等舱乘客旁边，以倾听乘客对不同航空公司的看法。

（2）焦点小组访谈法。焦点小组（focus group）是由调研人员根据人口统计特征、心理特征及其他因素所选择的 6 ~ 10 位有偿参与者组成，由一位专业主持人引导这些参与者就不同主题进行深入讨论。在美国航空公司的调研中，主持人可以用一个宽泛的问题来开启访谈，如"您对乘坐头等舱旅行有什么样的感受？"然后问题可以转为：乘客对不同航空公司、现有服务、推荐服务，尤其是超高速 Wi-Fi 服务的看法。

（3）调查法。企业通过调查法了解消费者的知识、信仰、偏好和满意度，测量各种情况在总人口中所占比重。沃尔玛、Petco 和 Staples 等超市的收银机收据上，印有填写问卷的邀请，填问卷就有机会赢得奖品。美国航空公司可以单独设计调查问卷，或者以较低的成本在包含多家公司的综合问卷中增加相关问题。公司也可以向消费者调查小组提出问题，让调研人员对某购物中心的人进行调查，或者在顾客服务电话的最后增加调查请求。

（4）行为数据分析法。商店的扫描数据、目录购买记录和顾客数据库中都会留下顾客的购买行为记录。实际购买行为反映了消费者偏好，通常比他们对市场调研人员的陈述更为可靠。美国航空公司可以分析机票购买记录和顾客网上行为数据。

（5）实验法。最具科学效度的研究方法是实验法（experimental research），实验设计通过排除所有可能影响实验结果的因素，发现存在的因果关系。美国航空公司可以选择一条国际航线提供超高速 Wi-Fi 服务，并且在第一、第二周分别售价 25 美元和 15 美元。如果这两周头等舱乘客数量几乎相等，并且与其他时期没有不同，那么航空公司就可以认为使用 Wi-Fi 服务的乘客数量的显著变化与定价相关。

3. 调研工具。调研人员在收集一手数据时，可以采用三种主要的调研工具：调查问卷、定性测量和技术设备。调查问卷（questionnaire）由针对被调查者的一组问题组成，因其灵活性而成为目前最常用的收集一手数据的工具。问题的形式、措辞和顺序都能影响问卷的填答效果，因此问卷的测试和调整必不可少。封闭式问题（closed-end questions）列出所有可能的答案供选择，填答结果易于解读并制表。开放式问题（open-end questions）允许被调查人用自己的话来回答问题。这种问题在探索性调研中特别有用，能帮助调研人员理解人们的思考方式。

有些营销人员更倾向于用定性方法来评估消费者的观点，因为他们觉得消费者的行为并不总是和他们对调查问题的回答一致。定性调研技术（qualitative research techniques）是一种相对间接的非结构化测量方法，仅受限于营销调研人员的创造力，允许有多种可能的答案。定性测量在探索消费者感知时，是尤为有用的第一步，因为被调查者可能相对不那么戒备，在调研过程中展示更多真实的自我。

技术设备也同样用于营销调研。例如，电流测定仪能够测量消费者看到特定广告或图片时产生的兴趣或者情感。速示器可以一定的曝光间隔，可能是几分之一秒也可能是几秒，向被试者播放一段广告。在每次播放之后，可以要求被调查者描述他们回想起的所有事物，从而进行相关调查。科技的发展使得营销人员能够通过皮肤传感器、脑电波扫描仪和人体扫描仪来获取消费者反应信息。例如，生物识别追踪手腕传感器通过测量和传导皮肤的状态，来记录人体出汗量、体温等变化。可视化科学技术的发展可以用于消费者眼睛和面部研究。

4. 抽样计划。确定研究方法和研究工具之后，营销调研人员需要根据如下三方面设计抽样计划：

（1）抽样对象：调研哪些人？在美国航空公司的调查中，抽样对象应该是头等舱商务乘客，还是头等舱度假乘客，或者二者兼有？是否应该包括年龄小于 18 岁的旅行者？确定了抽样对象之后，营销调研人员必须设计抽样框架，以便目标总体中每个人都有均等或者已知的机会被抽中。

（2）样本容量：应调查多少人？样本量越大，结果越可靠，但也没有必要为了获得更加可靠的结果而抽取全部目标对象。如果抽样过程可信，样本量即使低于总体的 1% 也能提供良好的可信度。

（3）抽样过程：如何选择被调查对象？采用概率抽样可以计算抽样误差，构建置信区间，从而使样本更具有代表性。

接触方式。到这一步，营销调研人员需要决定如何与被试者接触：邮寄调查问卷、电话访问、人员访问或在线访问。各项接触方式的优点和缺点如表 4 - 1 所示。

表 4 - 1　　　　　　　　　　　各种接触方式的优缺点

接触方式	优点	缺点
邮寄问卷	能够接触到不愿面谈或者其回应可能受到访问人员误导或歪曲的受访者	响应率通常很低，回收速度慢
电话访问	快速收集信息；当受访者对问题不了解时，访问人员可直接说明；响应率通常高于邮寄问卷	访问的内容必须简短且不能过多涉及个人问题。由于消费者对电话营销人员的反感增加，因此电话访问变得更加困难
人员访问	人员访问是最全面的接触方式，访问人员能够问更多问题，并记录对受访者的观察，如衣着或身体语言	最昂贵的接触方式，会受访问员偏差的影响，需要更多规划和监控
在线访问	成本低、速度快、形式多样。受访者有更加诚实和深思熟虑的倾向。企业可以采用的方式包括在线发布调查问卷；组织消费者调研小组或虚拟焦点座谈小组；提供聊天室或博客；分析点击流数据；发送文本信息等	小样本且存在统计偏差。在线访问会遇到技术问题和稳定性差等问题。在线消费者调研小组的流失率较高

（三）收集信息

数据信息阶段通常是营销调研中最昂贵且最容易出错的阶段。可能存在一些受访者不在家、不在线，或者其他不可接触的情况，需要再度访问或者用其他样本替换。其他被访者也可能拒绝配合，或者给出具有偏差、不真实的回答。

（四）分析信息

数据收集之后，调研流程的下一步是汇总数据并制定综合测量方法以得出结论。调研人员计算主要变量的均值与离差，通过使用一些高级统计技术和决策模型，试图找到额外的发现。他们还会对不同的假设和理论进行检验，应用灵敏度分析来检验假设和结论的正确性。

（五）展示调研结果

现在，调研人员需要展示调研结果。调研人员需要越来越多地承担咨询的职责，把数据和信息转换成见解和建议。他们也在思考使调研结果更易于理解和令人信服的方法。在美国航空公司的例子中，管理层了解到，当 Wi-Fi 服务售价 25 美元时，每 10 位头等舱乘客中有 5 位会购买；当售价 15 美元时，有 6 位乘客会购买。因此，定价 15 美元时的收益（90 美元 = 6 × 15 美元）比定价 25 美元的收益（125 美元 = 5 × 25 美元）少。假设同一航班每年飞行 365 天，则美国航空公司每年的收益为 45 625 美元 = 125 美元 × 365）。如果这项服务在每架飞机上耗资 90 000 美元，则需要两年收回成本。提供超高速 Wi-Fi 服务还能加强美国航空公司作为创新承运人的形象，助其赢取新乘客，提升在顾客中的声誉。

（六）做出决策

负责调研的美国航空公司经理需要权衡以上调研结果。如果对这一结论的信心不足，可能决定不引进新的 Wi-Fi 服务。如果他们之前就倾向于实施这一项目，则调研结论可以支持其决策，他们甚至可能决定对这个问题进行更深入的调研。最终决策由营销经理决定，调研让他们对这个问题更具洞察力。

任务三　了解市场需求预测

营销情境 4 - 3

嘉士伯中国的需求预测

啤酒行业具有保质期短、运输成本高、不易搬运等特点，这对供应链造成了极大的挑战。临近保质期的啤酒因为口感原因，常常会滞销，甚至过期报废。因此，供应链必须对市场变化做出及时、有效的响应，才能避免库存积压。

过去，嘉士伯中国的需求预测主要以人力手动汇总大量的 Excel 表格，不仅操作烦琐，而且由于缺少科学的预测方法，往往仰仗于有

音频：营销情境
4 - 3 分析提要

经验的销售员的判断，一旦人员出现流动，预测质量就变得不稳定，也使得计划难以实现。

于是，嘉士伯中国在 2013 年决定打造以市场驱动的需求计划管理平台，引入 SFS 销售预测系统。借助科学、智能的预测模型，SFS 销售预测系统会根据历史销售量，以及季节性、趋势性的分析建议，再结合其他会影响销量的参数，例如事件活动、新品上市等影响因素，为销售人员自动提供滚动的预测建议值。

"系统会基于 AI 技术自主学习，把不断加入的新数据与预测数据进行比对，调校模型参数，重新滚动测算未来的销量。运行越久、积累越多，模型就会变得越聪明、越准确。遇上销售人员的流动也不怕，因为系统已经把过去的知识和经验转换为企业的资产。"该系统提供方联合通商科技资深总监解释道。

此外，该系统还能为嘉士伯中国提供 18 个月的中长期滚动预测，让高层能更好地开展宏观经营决策，提前做好产能布局、并购等战略规划。

如今，借助 SFS 销售预测系统，嘉士伯中国建立了一个标准化的预测提报流程。各地分公司的销售人员在统一的平台上填报预测值以及预测依据，形成自下而上提报市场信息，从上而下分解目标的协同预测流程机制，从销售端规范化整个流程，让销售人员更有系统性地去做预测。

总部在召开 S&OP 会议时，能一目了然地在平台上看到各地分公司和新并购的事业部的预测情况，以及经销商库存、促销信息等可视化数据，需求计划人员能够有据可循，有理有据地开展分析和讨论。通过汇集前端销售和后端供应链的智慧，真正达成预测共识。最终的预测值能够向下层层分解落实，指导采购备货、财务预算，拉动后端生产计划，实现跨部门协同，极大地提升市场响应速度。

目前，嘉士伯中国的市场响应节奏由 30 天缩短为 7 天，平均预测精准度由 70% 提升至 85% 以上。更重要的是，嘉士伯中国在中国建立了 ONE S&OP 体系，即用一组共同信任的需求计划来拉动后端的采购、库存规划、生产安排、物流等，避免了各部门扯皮、博弈，以及决策不透明的风险。

S&OP 是供应链领域耳熟能详的概念，但实施却是一个世界性的难题。嘉士伯中国的成功，对于啤酒行业乃至快消品供应链模式都有极大的可借鉴意义。

资料来源：刘博瑞. 精益成本管理在 H 啤酒公司的应用研究 [D]. 重庆：重庆工商大学，2022.

思考： 结合案例谈谈中长期滚动预测的意义。

一、了解需求的相关概念

（一）市场需求

估计市场需求是评估营销机会的重要步骤。某个产品的市场需求是指一定的顾客在一定的地理区域、一定的时间、一定的营销方案下购买的总量。

1. 市场营销力量与市场需求。

市场需求对产品价格、产品改进、促销和分销都表现出某种程度的弹性。因此，预测市场需求必须掌握产品价格、产品特征以及市场营销预算等的假设。我们可用市场营销力量

（marketing efforts）来描述企业所有刺激市场需求的活动，其影响力可分为四个层次：（1）市场营销支出水平。即所有花费在市场营销上的支出。（2）市场营销组合。即在特定期间内企业所用市场营销工具的类型与数量。（3）市场营销配置。即企业市场营销力量在不同顾客群体及销售区域的配置。（4）市场营销效率。即企业运用市场营销资金的效率。

2. **市场反应函数。**

认识市场需求概念的关键在于市场需求不是一个固定的数值，而是一个函数。因此，市场需求也被称为市场需求函数或市场反应函数，如图4-5所示。在图4-5中，横轴表示在一定时间内的行业营销费用，纵轴表示受营销费用影响的市场需求的大小，曲线表示行业营销费用与市场需求之间估计的对应关系。可以想象，即使没有任何需求刺激，不开展任何营销活动，市场对某种产品的需求仍会存在，我们把这种情形下的销售额称为基本销售量（亦称市场最小量）。随着行业市场营销费用增加，市场需求一般亦随之增加，且先以逐渐增加的比率增加，然后以逐渐降低的比率增加。在市场营销费用超过一定数量后，即使市场营销费用进一步增加，但市场需求却不再随之增长，一般把市场需求的最高界限称为市场潜量。

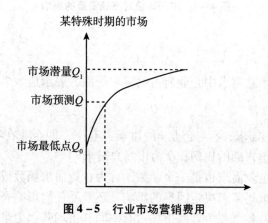

图4-5 行业市场营销费用

市场最小量与市场潜量之间的距离表示需求的市场营销灵敏度，即表示行业市场营销对市场需求的影响力。市场有可扩张的和不可扩张的市场之分。可扩张的市场，如服装市场、家用电器市场等，其需求规模受市场营销费用水平的影响很大。不可扩张市场，如食盐市场等，几乎不受市场营销水平影响，其需求不会因营销费用增长而大幅度增长。需要指出的是，市场需求函数并不是随时间变化而变化的需求曲线，即它并不直接反映时间与市场需求的关系。市场需求曲线只表示当前市场营销力量与当前需求的关系。

（二）市场预测与市场潜量

行业市场营销费用可以有不同的水平，但是在一定的营销环境下，考虑到企业资源及发展目标，行业营销的费用水平又都必须是有计划的。同计划的营销费用相对应的市场需求就称为市场预测。这就是说，市场预测表示在一定的营销环境和营销费用下估计的市场需求。

市场预测是估计的市场需求，但它不是最大的市场需求。最大的市场需求是指对应于最高营销费用的市场需求。这时，进一步扩大营销力量，不会刺激产生更大的需求。市场潜量是指在一定的营销环境条件下，当行业营销费用逐渐增高时，市场需求达到的极限值。这里，有必要强调"在一定的营销环境下"这个限定语的作用。我们知道，营销环境变化深刻地影响着市场需求的规模、结构以及时间等，也深刻地影响着市场潜量。例如，对于某种产品来说，市场潜量在经济繁荣时期就比在萧条时期要高。这种关系可以表示成图 4－6 所示的情形。企业一般无法改变市场需求曲线的位置，因为这是由营销环境决定的，企业只能根据营销费用水平，确定市场预测在函数上的位置。

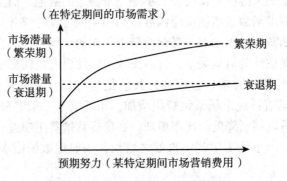

图 4－6　市场环境对市场潜量的影响

（三）企业需求

企业需求就是在市场总需求中企业所占的需求份额，表示成数学公式为：

$$Q_i = S_i Q$$

式中，Q_i 为企业 i 的需求；S_i 为企业 i 的市场占有率，即企业在特定时间内，在特定市场上某产品销售额占总销售额的比例；Q 为市场总需求。

同市场需求一样，企业需求也是一个函数，称为企业需求函数或销售反应函数。根据上式可以看出，它不仅受市场需求决定因素的影响，还要受任何影响企业市场占有率因素的影响。市场营销理论认为，各个竞争者的市场占有率同其市场营销力量成正比。

（四）企业预测与企业潜量

与计划水平的市场营销力量相对应的一定水平的销售额，称为企业销售预测。因此，企业销售预测就是根据企业确定的市场营销计划和假定的市场营销环境确定的企业销售额的估计水平。

企业潜量是当企业的市场营销力量相对于竞争者不断增加时，企业需求所达到的极限。很明显，企业需求的绝对极限是市场潜量。如果企业的市场占有率为 100%，即企业成为独占者时，企业潜量就等于市场潜量。但这只是一种极端状况。在大多数情况下，企业销售量小于市场潜量。这是因为每家企业都有自己的忠诚购买者，他们一般不会转而购买其他企业的产品。

二、市场需求预测方法

企业从事市场需求预测，一般要经过 3 个阶段，即环境预测、行业预测和企业销售预测。环境预测就是分析通货膨胀、失业、利率、消费者支出和储蓄、企业投资、政府开支、净出口以及其他一些重要因素，最后做出对国民生产总值的预测。以环境预测为基础，结合其他环境特征进行行业销售预测。最后，根据对企业未来市场占有率的估计，预测企业销售额。

（一）市场需求预测的基础

由于产品种类不同，情报资料来源、可靠性和类型的多样性，加上预测目标不同，因而有许多不同的预测方法。但实际上预测的情报基础只有以下 3 种：

1. 人们所说的，是指购买者及其亲友、推销人员、企业以外的专家的意见。在此基础上的预测方法有购买者意向调查法、销售人员综合意见法和专家意见法。

2. 人们要做的，建立在"人们要做的"基础上的预测方法是市场试验法，即把产品投入市场进行试验，观察销售情况及消费者对产品的反应。

3. 人们已做的，建立在"人们已做的"基础上的方法，是用数理统计等工具分析反映过去销售情况和购买行为的数据，包括两种方法，即时间序列分析法和统计需求分析法。

（二）市场需求预测的主要方法

1. 定性预测法。

（1）购买者意向调查法。市场总是由潜在购买者构成的，预测就是预估在给定条件下潜在购买者的可能行为，即要调查购买者。这种调查的结果是比较准确可靠的，因为只有购买者自己才知道将来会购买什么和购买多少。

在满足以下 3 个条件的情况下，购买者意向调查法比较有效：①购买者的购买意向是明确清晰的。②这种意向会转化为顾客购买行动。③购买者愿意把其意向告诉调查者。

对于耐用消费品，如汽车、房屋、家具、家用电器等的购买者，调查者一般要定期进行抽样调查。另外还要调查消费者目前和未来个人财力情况以及他对未来经济发展的看法。对于产业用品，企业可以自行从事顾客购买意向调查。通过统计抽样选取一定数量的潜在购买者，访问这些购买者的有关部门负责人，通过访问获得的资料以及其他补充资料，企业便可以对其产品的市场需求作出估计。

尽管这样费时费钱，但企业可从中间接地获得某些好处。首先，通过这些访问，企业分析人员可以了解到在公开出版资料没有的情况下考虑各种问题的新途径。其次，可以树立或巩固企业关心购买者需要的形象。最后，在进行总市场需求的预测过程中，也可以同时获得各行业、各地区的市场需求估计值。

用购买者意向调查法预测产业用品的未来需要，其准确性比用在消费品方面要高。因为消费者的购买动机或计划常因某些因素（如竞争者的市场营销活动等）的变化而变化，如果完全根据消费动机作预测，准确性往往不是很高。一般说来，用这种方法预测非耐用消费品需要的可靠性较低；用在耐用消费品方面稍高；用在产业用品方面则更高。

（2）销售人员综合意见法。在不能直接与顾客见面时，企业可以通过听取销售人员的意见估计市场需求。销售人员综合意见法的主要优点是：

①销售人员经常接近购买者，对购买者意向有较全面深刻的了解，比其他人有更充分的知识和更敏锐的洞察力，尤其是对受技术发展变化影响较大的产品。

②由于销售人员参与企业预测，因而他们对上级下达的销售配额有较大的信心完成。

③通过这种方法，也可以获得按产品、区域、顾客或销售人员划分的各种销售预测。一般情况下，销售人员所做的需求预测必须经过进一步修正才能利用，这是因为：a. 销售人员的判断总会有某些偏差，受其最近销售成败的影响，他们的判断可能会过于乐观或过于悲观，即常常走极端。b. 销售人员可能对经济发展形势或企业的营销总体规划不了解。c. 为使其下一年度的销售大大超过配额指标，以获得升迁或奖励的机会，销售人员可能会故意压低其预测数字。d. 销售人员也可能对这种预测没有足够的知识、能力或兴趣。尽管有这些不足之处，但是这种方法仍为人们所利用。因为各销售人员过高或过低的预测可能会相互抵消，这样使总预测值仍比较理想。有时，有些销售人员预测的偏差可以预先识别并及时得到修正。

（3）专家意见法。企业也可以利用诸如经销商、分销商、供应商及其他一些专家的意见进行预测。由于这种方法是以专家为索取信息的对象，用这种方法进行预测的准确性，主要取决于专家的专业知识和与此相关的科学知识基础，以及专家对市场变化情况的洞悉程度，因此依靠的专家必须具备较高的水平。

利用专家意见有多种方式。如组织一个专家小组进行某项预测，这些专家提出各自的估计，然后交换意见，最后经过综合，提出小组的预测。这种方式的缺点是，小组成员容易屈从于某个权威或者大多数人的意见（即使这些意见并不正确），不愿提出不同的看法；或者虽认识到自己的意见错了，但碍于情面不愿意当众承认。

现在应用较普遍的方法是德尔菲法。其基本过程是，先由各个专家针对所预测事物的未来发展趋势独立提出自己的估计和假设，经企业分析人员（调查主持者）审查、修改、提出意见，再发回到各位专家手中，这时专家们根据综合的预测结果，参考他人意见修改自己的预测，即开始下一轮估计。如此往复，直到各专家对未来的预测基本一致为止。

专家意见法的主要优点：①预测过程迅速，成本较低。②在预测过程中，各种不同的观点都可以表达并加以调和。③如果缺乏基本的数据，可以运用这种方法加以弥补。

另外，专家意见法也存在着一些缺点：①专家意见未必能反映客观现实；责任较为分散，估计值的权数相同。②一般仅适用于总额预测，而用于区域、顾客群、产品大类等的预测时，可靠性较差。

2. 定量预测方法。运用定量预测方法，一般需要大量的统计资料和先进的计算手段。定量预测方法大致可分为两大类，即时间序列预测方法和因果分析预测方法。

（1）时间序列预测方法。时间序列是指将某种经济统计指标的数值，按时间先后顺序排列所形成的序列。例如，按月份或年份排列的产品销售量。时间序列预测法，就是通过编制和分析时间序列，根据时间序列所反映的发展过程、方向和趋势，加以外推或延伸来预测下一时间可能达到的水平。产品销售的时间序列预测，可以分成四个组成部分：①趋势。它是人口、资本积累、技术发展等方面共同作用的结果。利用过去有关的销售资料，描绘销售曲线，就可以看出某种趋势。②周期。企业销售额往往呈现出某种波状运动，因为企业销售一般都受到宏观经济活动的影响，而这些宏观经济活动总呈现出某种周期性波动的特点。周期因素在中期预测中尤其重要。③季节。指一年内销售量变动的形式。"季节"这个词在这里可以指任何小时、月份或季度周期发生的销售量变动形式。这个组成部分一般与气候条件、假日、贸易习惯等有关。季节形式为预测短期销售提供了基础。④不确定事件。包括自然灾害、战争恐慌、一时的社会流行风尚和其他一些干扰因素，这些因素一般无法预测，属不正常因素，应当从过去的数据中剔除这些因素的影响，考察较为正常的销售活动。时间序列预测就是要把过去的销售序列 Y 分解成为趋势（T）、周期（C）、季节（S）和不确定因素（E）等组成部分，通过对未来这几个因素的综合考虑，进行销售预测。这些因素可以构成线性模型 $Y = T + C + S + E$；也可构成乘数模型 $Y = T \times C \times S \times E$；还可以是混合模型 $Y = T \times (C + S + E)$。

这种方法的根据是：①过去的统计数据之间存在着一定的关系，而且这种关系利用统计方法可以揭示出来；②过去的销售状况对未来的销售趋势有决定性影响，销售额只是时间的函数。

（2）因果分析预测法。时间序列分析把过去和未来的销售都看作是时间的函数，即仅随时间的推移而变化，不受其他任何现实因素的影响。然而，任何产品的销售都要受到很多现实因素的影响。因果分析预测法是以事物之间的相互联系、相互依存关系为根据的预测方法。它是在定性研究的基础上，确定出影响预测对象（因变量）的主要因素（自变量），从而根据这些变量的观测值建立回归方程，并由自变量的变化来推测因变量的变化。因果分析法的主要工具是回归分析技术，因此，又称其为回归分析预测方法。

在利用这种方法预测时，首先要确定事物之间相关性的强弱，相关性越强，预测精度越高；反之，预测精度就较差。同时还要研究事物之间的相互依存关系是否稳定，如果不稳定，或在预测期内发生显著变化，则利用历史资料建立的回归模型就会失败。

运用回归方程进行分析预测的方法主要有三种：①一元回归预测。即分析一个自变量与因变量之间的相关关系，利用一元回归方程进行预测。②多元回归预测。即分析因变量与若干个自变量之间的相关关系，运用多元回归方程从若干个自变量的变化去预测因变量的变化。③自回归预测。即用因变量的滞后值作为自变量，建立回归方程进行预测。如根据消费者目前的食品消费水平，可以预测下一期的食品消费水平。

案例分析：东北财经大学本科生选课意向及满意度调查

一、背景说明

学分制是以学分为课程教学量的计量单位，以取得必要的最低学分作为学生毕业和获得学位的标准，允许学生有一定选择课程和选择修业年限自由的教学管理制度。学分制最早起源于德国的选课制，并在美国得到发展与完善。随着我国经济体制的转型，曾为计划经济时期培养过众多人才的学年制越来越不能适应社会的发展，学分制取代学年制已成为我国高校教学管理改革的普遍发展趋势。

文本：分析
思路

学生是学分制的实施对象，他们对高校学分制实行情况的满意程度以及对实施效果的评价最具有发言权。为了解高校本科生的选课标准、选择授课教师的意向以及学生对学分制教学管理制度的满意程度，2009 年 7 月东北财经大学教务处立项资助了校级教学研究重点项目"东北财经大学本科生选课意向及满意度情况调查研究"，项目组通过问卷调查方式，以东北财经大学在校本科生为调查对象，对学分制下本科生对课程设置和教师授课情况的满意程度，以及选择课程和授课教师时的决策标准等进行了调查与分析。

以下为该教学研究项目的调查问卷和调查设计方案。

二、东北财经大学本科生选课意向及满意度情况调查问卷

问卷编号：　　　访问员：　　　访问时间：　　　成绩备注：高中低

您好！我是东北财经大学统计学院的学生，我们正在进行关于选课意向及满意度情况的调查，您的看法与建议对我们的研究非常重要，对您所提供的信息我们将保密，衷心感谢您的参与和支持！

【填写说明】请根据题目要求，将所选选项的题号或评价的分数写在相应的横线上。

（一）选择课程及授课教师的标准

A1 您在选课时，主要考虑的因素有哪些（请从下面的备选项中选择填写，并按重要程度从大到小依次排列，最多选5项）：

A1-1 选择公共基础选修课时：（1）____ （2）____ （3）____ （4）____ （5）____

A1-2 选择学科基础选修课时：（1）____ （2）____ （3）____ （4）____ （5）____

A1-3 选择专业选修课时：　　　（1）____ （2）____ （3）____ （4）____ （5）____

1. 兴趣爱好　　　　2. 个人知识体系规划　　3. 相关课程基础

4. 培养方案要求　　5. 上课时间　　　　　　6. 教室设施条件

7. 考试形式（如闭卷考试、论文等）　　　　8. 是否有实践机会

9. 授课教师的口碑　10. 是否容易拿高分　　　11. 是否容易通过考试

12. 作业量的多少　13. 其他（请详细注明）_____

A2 您选择授课教师时，主要考虑的因素有（请按重要程度从大到小依次排列，最多选5项）：

（1）____ （2）____ （3）____ （4）____ （5）____

1. 授课形式（如多媒体教学等）　　　　　2. 授课内容

3. 授课技巧　　　　4. 沟通方式　　　　5. 专业知识与科研能力

6. 人品师德　　　　7. 工作热情　　　　8. 职称、社会地位

9. 外形气质　　　　10. 是否容易让学生通过考试

11. 考试时是否容易给高分　12. 其他（请详细注明）_____

（二）学分制实施情况的满意程度

请您对表格中各项内容的满意情况进行评价，采用五分制，非常满意5分、比较满意4分、一般3分、比较不满意2分、非常不满意1分。

B1 请您对我校课程总体设置的满意程度进行评价（见表4-2）。

表4-2　　　　　　　　　　　　课程总体设置的满意程度评价

序号	评价项目	分数	序号	评价项目	分数
1	总体满意度		6	课程内容的前沿性	
2	培养方案所涵盖课程种类的科学性		7	课程安排的合理性	
3	培养方案中各学期课程安排的合理性		8	选修课种类的广度	
4	选修课与必修课学分比例的合理性		9	必修课授课教师的可选择性	
5	毕业前应修学分总数的合理性		10	选修课授课教师的可选择性	

B2 请您对我校课程内容分项构成的满意程度进行评价（见表4-3）。

表4-3　　　　　　　　　　　课程内容分项构成的满意程度评价

序号	评价项目	分数	序号	评价项目	分数
1	专业必修课		7	外语能力模块课	
2	其他基础必修课		8	艺术健康教育模块课	
3	专业选修课		9	创业教育模块课	
4	其他基础选修课		10	体育类课程	
5	人文素质模块课		11	校际交流课（没上过可不填）	
6	科学素质模块课		12	辅修、双学位课程（没上过可不填）	

B3 请您对我校授课教师的满意程度进行评价（见表4-4）。

表4-4　　　　　　　　　　　　授课教师的满意程度评价

序号	评价项目	分数	序号	评价项目	分数
1	总体满意度		7	责任心	
2	人品师德		8	专业知识	
3	授课方式		9	科研能力	
4	授课技巧		10	课堂气氛	
5	授课内容		11	课外辅导	
6	工作热情		12	与实践相结合	

B4 请您对我校教务管理制度的满意程度进行评价（见表4-5）。

表4-5　　　　　　　　　　　教务管理制度的满意程度评价

序号	评价项目	分数	序号	评价项目	分数
1	补考制度的完善程度与合理性		4	网上补退选过程的合理性	
2	重修制度的完善程度与合理性		5	网上选课的公平程度	
3	免修、免考制度的完善程度与合理性		6	网上选课的效率	

B5 请您对我校教师网上综合评议制度实施情况进行评价（见表4-6）。

表4-6　　　　　　　　　　教师网上综合评议制度实施情况评价

序号	评价项目	分数	序号	评价项目	分数
1	综合评议内容的科学性		4	学生评议结果的公正性	
2	评议时间安排的合理性		5	学生评议结果的客观性	
3	学生填写评议时的认真程度		6	学生评议结果对提高教师教学质量的作用	

（三）对学分制制度的看法

C1 请问您对弹性学制（达到规定学分可以提前或推迟毕业）的看法。（单选）

1. 非常认同　　2. 比较认同　　3. 中立　　4. 比较不认同　　5. 非常不认同

C2 您会因弹性学制而尽早修满学分以提前毕业吗？（单选）

1. 会　　　　　　　　　2. 不会　　　　　　　　　3. 没想过

C3 为更好地完善我校本科学分制，您认为我校教学管理部门还应在哪些方面有所改进？

（四）个人基本情况（见表4-7）

表4-7　　　　　　　　　　　　　个人基本情况

D1 性别	D2 年级	D3 户籍	D4 消费水平在同年级同学中所处水平			D5 所在学院
1. 男	1. 2007级	1. 城市	1. 高	2. 中	3. 中等	
2. 女	2. 2008级	2. 农村	4. 中低	5. 低		
	3. 2009级					

感谢您的配合！

三、东北财经大学本科生选课意向及满意度情况调查方案

（一）调查目的

学分制是以学分为课程教学量的计量单位，以取得必要的最低学分作为学生毕业和获得学位的标准，允许学生有一定选择课程和选择修业年限自由的教学管理制度。学分制体现了"以学生为主体，尊重个性差异，注重个性发展"的现代教育理念。

本项目通过问卷调查方式，以东北财经大学在校本科生为调查对象，综合采用抽样技术、满意度分析、描述统计、相关分析、对应分析、列联表分析等多种统计分析技术，对学分制下我校本科生对课程设置和教师授课情况的满意程度，以及选择课程和授课教师时的决策标准等进行调查与分析，以期能为我校教学管理部门在设计与安排选修课程、考核和评价教师教学工作量及教学效果、制定适应学分制的教学管理制度、优化学校教学管理环境等方面提供参考，并最终为我校建立和完善有利于学生个性化发展的学分制教学管理运行机制，调动学生自主学习积极性、培养高层次应用型和能力型人才提供参考依据。

（二）调查对象及抽样方法

1. 调查对象。本项调查以东北财经大学在校本科生为调查对象，由调查员进行问卷面访调查。

2. 抽样方法。

（1）基本思路。由于本项目调查对象年级和专业人数分布的差异较大，因此采取分层随机抽样，同时考虑样本的院系覆盖率、性别配额和年级配额，直接将问卷发放到在校本科学生手中。

（2）样本框的确定。本次调查的调查对象为东北财经大学在校本科生。由于实施阶段多数大四学生正忙于毕业实习或研究生入学考试面试等，致使在校的大四学生较少，不能满足调查研究对于配额的要求，因此调查样本限定于在校的大学一年级、二年级和三年级学生。另外，由于调查内容涉及学生选课标准等问题，而我校国际商学院和萨里国际学院所开设课程多为直接置入，几乎不涉及学生自主选课问题，因此样本框中将这两个学院排除在外。

（3）样本量的分配。综合考虑东北财经大学在校学生人数的规模以及开展研究的需要，对我校除萨里国际学院、国际商学院之外的 17 个院系以及行为金融班进行抽样，各院系按大一、大二、大三总人数的 7.5% 等比例抽样，共抽取样本 460 人。

另外，根据我校作为财经类院校学生总体人数性别比例的特点，院系内部按照"男：女 =1：2"进行配额抽样；在年级配额上，因考虑到我校学生一年级第一学期的课程全部由教学部门统一筹划置入，大一学生对选课制度的了解可能还不够深入，相比之下，大三学生有着多个学期的选课经验，所以调查方案中适当调高了大三学生的人数比例，调低了大二、大一学生的样本人数比例。最终抽样人数按"大一：大二：大三 = 2：3：5"进行配额抽样。各院系实际抽取的样本人数如表 4 - 8 所示。

表 4 - 8　　　　　　　　　　各教学单位样本量分配情况汇总　　　　　　　　　单位：人

教学单位	大一（2009 级）	大二（2008 级）	大三（2007 级）	总计
富虹经济学院	2	3	5	10
数学与数量经济学院	2	4	6	12
国际贸易经济学院	5	7	13	25
财政税务学院	6	9	15	30
金融学院	8	13	21	42
法学院	3	5	8	16
新闻传播学院	3	5	8	16
国际商务外语学院	6	10	16	32
统计学院	2	6	8	16
信息工程学院	6	8	14	28
投资工程管理学院	5	7	12	24
工商管理学院	10	15	25	50
会计学院	18	27	45	90
旅游与酒店管理学院	4	6	10	20
公共管理学院	3	6	9	18
人文学院	2	3	5	10
电子商务学院	3	5	8	16
行为金融班	0	0	5	5
总计	88	139	233	460

（三）调查内容

调查问卷将包含七个方面的内容。第一部分内容调查了解本科生选修课程类别及选择授课教师的标准，其中包括专业选修课的选择标准、其他选修课的选择标准和选择授课教师的标准。第二部分内容调查了解本科生对课程设置及授课教师的满意情况，其中包括学生对课程设置的满意情况、学生对授课教师的满意情况。第三部分内容调查了解本科生对课程设置及授课教师的意见和建议，其中包括学生对课程设置、学分安排，授课教师安排、课程时间安排、选课系统实施效率等方面的意见和建议。第四部分内容调查了解学生对学校网上选课制度管理措施的认可程度，其中包括学生对选课指导方面的满意程度、对教务管理水平和效率的认可程度。第五部分的内容调查了解学生对网上综合评议教师课堂教学质量方法的认可程度。第六部分内容调查了解学生对学分制管理模式的认同情况。第七部分内容了解学分制实施过程中存在的问题，其中包括课程设置中存在的问题、教师授课中存在的问题、考试环节中存在的问题。

（四）方案执行进度

本次调查的实施过程共分为四个阶段，各阶段的任务安排及职责分配如下：

1. 调查问卷及调查方案设计阶段（2010 年 3 月 25 ~ 31 日）。

（1）调查问卷设计组人员构成（名单略）。

（2）调查方案设计组人员构成（名单略）。

2. 面访调查实施阶段（2010 年 4 月 1 ~ 8 日）。

面访实施阶段人员构成（名单略）。

3. 数据录入、汇总及整理阶段（2010 年 4 月 9 ~ 12 日）。

数据录入工作由各调查员自行完成，使用统一的 Epi Data 程序录入，然后交由数据整理组完成数据的审核及整理工作。

数据审核及整理组人员构成（名单略）。

4. 调查分析报告撰写阶段（2010 年 4 月 13 ~ 19 日）。

在 2010 年 4 月 20 日前，提交《东北财经大学本科生选课意向及满意度调查研究分析报告》。

调查分析报告撰写人员构成（名单略）。

资料来源：蒋平. 市场调查——学习指导与习题 [M]. 上海：世纪出版集团，2013.

思考题

1. 营销调研有哪几种类型？案例中的调研属于哪类调研？为什么？

2. 请你拟定一份调查问卷，调查你所在大学学生对食堂餐饮服务的满意度。

情境讨论和能力训练

训练主题：市场调研

训练目的：

1. 了解市场调研的程序、掌握收集市场信息的方法。

2. 培养学生灵活运用市场调研的方法进行市场调研的能力。

训练内容：对当地主要洋快餐与本土快餐连锁店进行调查，了解它们各自的发展过程、经营特色以及市场份额，分析消费者选择洋快餐与本土快餐的主要动机，对洋快餐与本土快餐的优劣势进行比较，就如何扬长避短、改善经营提供建议。

训练方案：

1. 将班级成员进行分组，每组4~6人。

2. 各组推选组长，进行明确分工，制订调查方案，设计调查表和问卷，规定调查时间，讨论并明确调查方法及注意事项，根据训练目的和内容到店调查。

3. 组长主持审核、汇总调查资料，写出调研报告。

4. 各小组就各自的调研过程和调研报告进行班级汇报。

本项目思考题

1. 营销信息系统包括哪几个方面？

2. 营销调研流程包括哪些环节？

3. 比较下列两组概念：市场需求和企业需求，市场预测与市场潜量。

4. 定性预测方法有哪几种？

5. 回归分析预测包括哪几种形式？

项目五

领悟市场竞争战略

听故事悟原理
（戴姆拉本茨
股份有限公
司的产生）

课程思政
（提高国际竞争
中的话语权）

项目五课件

■ 目标描述

知识目标：

1. 首先要学会识别竞争对手，然后对竞争者进行最基本的分析；

2. 学会善用企业竞争优势，取长补短，掌握平衡性竞争的情况。

技能目标：

1. 掌握识别竞争者的主要方法；

2. 熟悉竞争战略的基本类型；

3. 熟练分析企业自身竞争优势，解释企业竞争性营销战略的原则；

4. 感悟合作和竞争的关系和管理。

■ 工作任务导图（见图 5 –1）

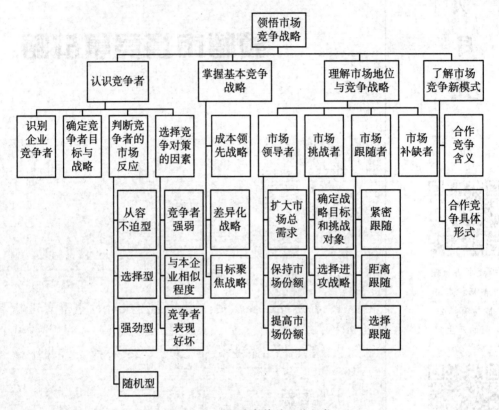

图 5 – 1　市场竞争战略工作任务

■ 重要概念

　　竞争者　成本领先　差异化　目标集聚　竞争与合作战略　市场主导者　市场跟随者
市场扩大化　市场多元化　市场挑战者　补缺基点　市场补缺者

任务一 认识竞争者

营销情境 5−1

柯达：没有及时发现竞争者——无胶卷

音频：
营销情境 5−1
分析提要

柯达，曾是个令人肃然起敬的品牌，曾几何时全球几代人对其耳熟能详。一个多世纪以来，人们依靠柯达的产品捕捉令人难忘的"柯达瞬间"——记录和分享个人或家庭的重大事件。柯达的技术还支持着好莱坞电影产业的发展。1972 年，歌手保罗·西蒙（Paul Simon）甚至推出了一首热门单曲《柯达彩色胶片》（Kodachrome），歌词描写柯达产品与人们生活之间密切的情感联系。

然而今天，柯达已经宣告破产，根据美国《破产法》第十一章的相关规定进行重组。曾经是蓝筹股中佼佼者的柯达，如今股价一落千丈沦为垃圾股；它一度垄断了所处的行业，占据 85% 的相机市场和 90% 的胶卷市场，如今却不得不在所有的市场中挣扎求生；一度日进斗金，却在破产前的最后 4 年中，每月亏损 4 300 万美元；全球雇员曾经超过 10 万人，如今公司主要是美国员工，人数已经缩减到不足 1 万人。

为什么这样一个传奇品牌会陨落得如此之快？柯达是在市场营销和竞争上短视的牺牲品，也就是说，它只关注少数的现有产品和竞争者，而忽略了顾客需求的变化以及新兴的市场动态。迫使柯达破产的不是那些竞争性的胶卷厂商，而是柯达没有及时关注的竞争者——根本不用胶卷的数码摄像技术和相机。一直以来，柯达都致力于生产最好的胶卷，但在快速发展的数字世界，顾客不再需要胶卷。因为顽固地坚持其优势产品，柯达的数字化转型远远落后于对手。

1880 年，乔治·伊斯曼（George Eastman）基于干板摄影技术创立了柯达公司，并于 1888 年推出了使用玻璃片记录图像的柯达相机。为了扩大市场，伊斯曼随后开发出胶卷和具有创新意义的柯达微型布朗尼（Brownie）胶卷相机。他用 1 美元的低廉价格出售相机，但从胶卷和冲印照片所需的化学产品及相纸的销售中获取巨大利润。尽管柯达为从医疗保健到出版等多种行业开发了创新的成像技术，但在整个 20 世纪期间，相机和胶卷仍然是公司主要的收入来源。

有趣的是，柯达公司的工程师早在 1975 年就发明了世界上第一台数码相机，虽然这台相机足有烤面包机大小，仅可以记录粗糙的黑白图像。可惜的是，柯达公司并没有意识到数码摄像技术背后潜藏着的巨大商机，而是担心数码技术的推广和应用会损害自己宝贵的胶卷生意，公司因此搁置了数码相机的研制。当时的管理者根本无法想象没有胶卷的世界。柯达因此固守胶卷市场，将自己所有的创新和竞争重点都集中在生产更好的胶卷和比其他胶卷制造商更具创新性上。当柯达公司终于认识到自己的错误时，为时已晚。

柯达公司被自己对于胶卷的执着和偏爱蒙蔽了双眼，没能注意到与拍摄和分享图像相关的新竞争趋势。柯达的公司文化沉湎于以往辉煌的历史。"它是一个被历史绊住脚步的公司,"一位分析人士这样说道,"那段铸就了无数辉煌、赚取了大量财富的历史如此重要,以至于成了它的负担。"

到20世纪90年代末柯达最终推出便携数码相机的时候,市场已经被索尼、佳能和其他十余家相机厂商占领。紧接着,随着越来越多的人用手机和其他移动设备拍照,并即时通过短信、电子邮件和线上照片共享网络分享,市场上很快又涌现一批全新类别的竞争者。作为数码竞争中的落伍者,柯达几乎成为一个缅怀过去的名字,在一群几十年前根本不存在的新时代数码竞争者面前一败涂地。

曾经创造辉煌的柯达一路走来,恰恰被成功迷住了双眼,逐渐背离了创立者乔治·伊斯曼"为客户定义需要,因竞争创造动力"的初衷。根据一名传记作者所言,伊斯曼的遗产并非胶卷,而是创新。"乔治·伊斯曼从不沉湎于过往。他总是向前看,努力做比自己以往做过的更好的事,即使他自己就是当时市场中最出色的人。"如果柯达公司保留了伊斯曼的哲学,那么它很可能在数码科技时代也是市场领导者,我们仍然能够用柯达数码相机或智能手机抓拍"柯达瞬间",并在柯达公司运营的网站和图片分享社交网络上分享。

如果柯达从破产中重新走出来,凭借其品牌的知名度,这些想象中的事情似乎仍有可能发生。但事实上这种可能性不大。在破产计划中,柯达声明将会停止生产数码相机(并不再生产其著名的柯达彩色胶卷),而是计划将其品牌特许给其他厂商制造相机。公司几乎所有的收益均来源于组织客户。因此,根据柯达的命运,著名的"柯达瞬间"注定已经成为历史。

资料来源:刘倩译(原作者:Quentin Hardy). 柯达还没死心 正在寻找胶卷之外的活路(原标题:AT KODAK, CLINGING TO A FUTURE BEYOND FILM)[N]. 纽约时报(2015-03-26). https://www.jiemian.com/article/252127.html;丁兆威. 柯达破产带给我们的启示[J]. 中国公共安全, 2012(03):1.

思考:柯达破产的症结在哪里?

一、识别企业的竞争者

企业在开展市场营销活动的进程中,仅仅了解顾客是远远不够的,还必须了解竞争者。只有知彼(竞争者)知己,才能取得竞争优势,在商战中获胜。

竞争者一般是指那些与本企业提供的产品或服务相类似,并且所服务的目标顾客也相似的其他企业。例如,收购IBM全球PC业务的联想公司把戴尔公司看作主要竞争者,可口可乐公司把百事可乐公司视为主要竞争者。识别竞争者看起来简单,其实并不尽然。企业的现实竞争者和潜在竞争者的范围很广。从现代市场经济实践看,一个企业很可能被潜在竞争者,而不是当前的主要竞争者吃掉。通常可从产业和市场两个方面来识别企业的竞争者。

(一)产业竞争观念

从产业方面来看,提供同一类产品或可相互替代产品的企业,构成一种产业,如汽车产业、医药产业等。如果一种产品价格上涨，就会引起另一种替代产品的需求增加。例如，咖啡涨价会促使消费者转而购买茶叶或其他软饮料，因为它们是可相互替代的产品，尽管它们的自然形态不同。企业要想在整个产业中处于有利地位，就必须全面了解本产业的竞争模式，以便确定自己的竞争者。

（二）市场竞争观念

从市场方面来看，竞争者是那些满足相同市场需要或服务于同一目标市场的企业。例如，从产业观点来看，某打字机制造商以其他同行业的公司为竞争者；但从市场观点来看，顾客需要的是"书写能力"，这种需要也可以通过铅笔、钢笔、电子计算机来满足，因而生产这些产品的公司均可成为该打字机制造商的竞争者。从市场角度分析竞争者，可使企业拓宽眼界，看清自己的现实竞争者和潜在竞争者，从而有利于企业制定长期的发展规划。

识别竞争者的关键是，从产业和市场两方面将产品细分和市场细分结合起来，综合考虑。

相关链接： **行业结构分析模型**

分析行业与市场的关系可以利用如图 5-2 所示的结构模型来进行。分析以对行业的需求与供给等基本条件，即以市场供需情况的了解为基础。这些基本条件将影响行业结构的情况，行业结构又会进一步影响行业行为，如产品开发、定价和广告战略等，而行业行为又最终决定了行业绩效。例如生产与分配效率、技术进步、盈利性和就业。

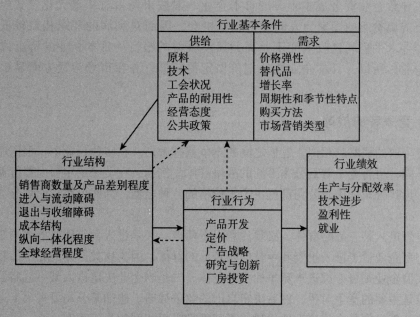

图 5-2 行业结构分析模型

资料来源：杨勇，束军意等. 市场营销：理论、案例与实训［M］. 北京：中国人民大学出版社，2011.

二、确定竞争者的目标与战略

在确定了谁是竞争者之后，企业还要进一步研究每个竞争者在市场上追求的目标和实施的战略以及每个竞争者行为的内在动力。可以假设，所有竞争者努力追求的都是利润的最大化，并据此采取行动。但是，各个企业对短期利润或长期利润的侧重有所不同。有些企业追求的是"满意"的利润而不是"最高"的利润，只要达到既定的利润目标就满意了，即使其他战略能赢得更多的利润，企业也不予考虑。

（一）竞争者的目标

每个竞争者都有侧重点不同的目标组合，如获利能力、市场占有率、现金流量、技术领先和服务领先等。企业要了解每个竞争者的重点目标是什么，这样才能对不同的竞争行为作出适当的反应。例如，一个以低成本领先为主要目标的竞争者，对其他企业在降低成本方面的技术创新的反应，要比对增加广告预算的反应强烈得多。企业还必须注意监视和分析竞争者的行为，如果发现竞争者开拓了一个新的子市场，那么，这可能是一个市场营销机会；或者发觉竞争者正试图打入属于自己的子市场，那么，应抢先下手，予以回击。

竞争者目标的差异会影响其经营模式。美国企业一般都以追求短期利润最大化模式来经营，因为其当期业绩是由股东评价的。如果短期利润下降，股东就可能失去信心、抛售股票，导致企业资金成本上升。日本企业一般按市场占有率最大化模式经营。它们需要在一个资源贫乏的国家为人们提供就业机会，因而对利润的要求相对较低，大部分资金来源于寻求平稳利息收入而不是高额风险收益的银行。日本企业的资金成本要远远低于美国企业，所以，日本企业能够把价格定得较低，并在市场渗透方面显示出更大的耐心。

（二）竞争者的战略

各企业采取的战略越相似，它们之间的竞争就越激烈。在多数行业中，根据所采取的主要战略的不同，可将竞争者划分为不同的战略群体。例如，在美国的主要电器行业中，通用电气公司、惠普公司和施乐公司都提供中等价格的各种电器，因此可将它们划分为同一战略群体。

企业要想进入某一战略群体，必须注意以下两点：一是进入各个战略群体的难易程度不同。一般小型企业适于进入投资和声誉门槛较低的群体，因为这类群体的竞争性较弱；而实力雄厚的大型企业则可考虑进入竞争性强的群体。二是当企业决定进入某一战略群体时，首先要明确谁是主要的竞争对手，然后决定自己的竞争战略。假如某公司要进入上述电器公司的战略群体，就必须具有战略上的优势，否则很难吸引相同的目标顾客。

除在同一战略群体内存在激烈竞争外，在不同战略群体之间也存在竞争。因为：第一，不同战略群体可能具有相同的目标顾客；第二，顾客可能分不清不同战略群体的产品差异，如分不清高档产品与中档产品；第三，属于某个战略群体的企业可能改变战略，进入另一个战略群体，如提供中档产品的企业可能转产高档产品。

（三）竞争者的优势及劣势

企业需要估计竞争者的优势及劣势，了解竞争者执行各种既定战略的情报，以及其是否达到了预期目标。

为此，企业需要收集过去几年中关于竞争者的资料，如销售额、市场占有率、利润率、投资收益、现金流量、发展战略等。但这不是一件容易的事，有时要通过间接的方式取得，如通过二手资料、别人的介绍等。企业可以对中间商和顾客进行调查，如以问卷调查形式请顾客给本企业和竞争者的产品在一些重要方面分别打分，通过分数了解竞争者的优势和劣势，还可用来比较自己和竞争者在竞争地位上的优劣。

在寻找竞争者劣势时，要注意发现竞争者对市场或对它们自身判断上的错误。例如，有些竞争者自以为它们的产品各方面都是一流的，而实际上并非如此；有些错误观念，如误认为顾客偏爱产品线较全的企业、人员促销是唯一重要的促销方式、顾客认为价格比服务更重要等，都会导致采用错误的战略。如果发现竞争者的主要经营思想有某种不符合实际的错误观念，企业就可利用对手的这一劣势，出其不意，攻其不备。

三、判断竞争者的市场反应

竞争者的目标、战略、优势和劣势决定了它对降价、促销、推出新产品等市场竞争战略的反应。此外，每个竞争者都有一定的经营哲学和指导思想。因此，为了准确估计竞争者的反应及可能采取的行动，营销管理者还要深入了解竞争者的思想和信念。当企业采取某些挑战性的措施和行动之后，不同的竞争者会有不同的反应。

（一）从容不迫型竞争者

一些竞争者反应不强烈，行动迟缓，其原因可能是认为顾客忠实于自己的产品；也可能是重视不够，没有发现对手的新措施；还可能是缺乏资金，无法作出相应的反应。

（二）选择型竞争者

一些竞争者可能会在某些方面反应强烈，如对降价竞销总是强烈反击，但对其他方面（如增加广告预算、加强促销活动等）却不予理会，因为它们认为这对自己威胁不大。

（三）强劲型竞争者

一些竞争者对任何方面的进攻都会作出迅速而强烈的反应，如美国的宝洁公司就是一个强劲的竞争者，一旦受到挑战就会立即发起猛烈的全面反击。因此，同行企业都避免与它直接交锋。

（四）随机型竞争者

有些企业的反应模式令人难以捉摸，它们在特定场合可能采取行动，也可能不采取行动，并且无法预料它们将会采取什么行动。

四、选择竞争对策时应考虑的因素

在明确了谁是主要竞争者并分析了竞争者的优势、劣势和反应模式之后，企业就要决定自己的对策：进攻谁，回避谁。可根据以下几种情况作出决定。

（一）竞争者的强弱

多数企业认为应以较弱的竞争者为进攻目标，因为这可以节省时间和资源，事半功倍，但是获利较少；反之，有些企业认为即使强者也总会有劣势，应以较强的竞争者为进攻目标，这样可以提高自己的竞争能力并且获利较大。

（二）竞争者与本企业的相似程度

多数企业主张与相近似的竞争者展开竞争，但同时又认为应避免摧毁相近似的竞争者，因为其结果很可能对自己不利。例如，美国博士伦眼镜公司 20 世纪 70 年代末在与其他生产隐形眼镜公司的竞争中大获全胜，导致竞争者完全失败而竞相将企业卖给竞争力更强的大公司，结果使博士伦公司面对更强大的竞争者，处境更困难。

（三）竞争者表现的好坏

有时竞争者的存在对企业是必要的和有益的，具有战略意义。竞争者可能有助于增加市场总需求，可分担市场开发和产品开发的成本，并有助于使新技术合法化；竞争者为吸引力较小的子市场提供产品，可导致产品差异性的增加；竞争者的存在有助于加强企业同政府管理者或同职工的谈判力量。但是，企业不能把所有的竞争者都看成是有益的。因为每个行业中的竞争者都有表现良好和极具破坏性这两种类型。表现良好的竞争者按行业规则经营，按合理的成本定价，有利于行业的稳定和健康发展；它们激励其他企业降低成本或增加产品差异性；它们接受合理的市场占有率与利润水平。而具有破坏性的竞争者则不遵守行业规则，它们常常不顾一切地冒险，或用不正当手段（如贿赂买方采购人员等）扩大市场占有率等，扰乱了行业的秩序和均衡。

从以上分析可以看出，每个行业竞争者的表现都有好坏之分。那些表现好的企业试图组成一个只有好的竞争者加盟的行业。它们通过谨慎颁发许可证、选择相互关系（攻击或结盟）及其他手段，试图使本行业竞争者的市场营销活动限于协调和合理的范围之内，遵守行业规则，凭各自的努力扩大市场占有率，保持彼此在营销因素组合上有一定的差异性，减少直接的恶性冲突。

企业在进行市场分析之后，还必须明确自己在同行业竞争中所处的位置，进而结合自己的目标、资源和环境，以及在目标市场上的地位等来制定市场竞争战略。市场营销理论根据企业在市场上的竞争地位把企业分为四种类型：市场主导者、市场挑战者、市场跟随者和市场补缺者。

任务二 掌握基本竞争战略

营销情境 5-2

特斯拉的竞争战略

任何型号的特斯拉汽车都不便宜，而且必须等上一段时间才可以到货。但它绝对是技术创新的电动汽车之一。特斯拉 S 型车只需 3 秒不到的时间就能从 0 提速为 60mph，这一车速快到离奇，因而被称为"荒诞模式"。它还有许多创新特征，例如可缩进式门把手，17 英寸触摸屏，可以与录音棚相媲美的音响系统，以及众多安全特征。最重要的是，完全不需要换为燃油驱动，因为根本就没有油箱。特斯拉 X 型跨界休旅车甚至装上了猎鹰翅膀式的车门。

音频：营销情境
5-2 分析提要

对希望领先汽车潮流的人而言，特斯拉的卓越产品能够激发他们的想象力。因此，售价 35 000 美元、性能尚不完全可靠的特斯拉 3 型发布后数天之内，在预订需要 1 000 美元定金，并且一年甚至更长时间内还不大可能供货的情况下，蜂拥而至的 40 万份订单让特斯拉应接不暇。汽车研究所 Edwards 这样总结说："特斯拉之所以成功，不是因为它生产电动车，而是因为它创造了一款碰巧有着创新性电力传动系统的运动汽车。它是顾客钟爱的车。"

资料来源：[美] 菲利普·科特勒，[美] 加里·阿姆斯特朗. 市场营销：原理与实践（第 17 版）[M]. 北京：中国人民大学出版社，2020.

思考： 特斯拉的竞争战略更倾向于哪种类型？为什么？

一、成本领先战略

成本领先战略主要依靠追求规模经济、专有技术和优惠的原材料等因素，以低于竞争对手或低于行业平均水平的成本提供产品和服务，来获得较高的利润和较大的市场份额。成本领先战略要求企业建立达到有效规模的生产设施，在经验基础上全力以赴降低成本，抓紧成本与管理费用的控制，最大限度地减少研发、服务、推销、广告等方面的成本费用。尽管质量、服务以及其他方面也不容忽视，但贯穿这一战略的主题是使企业的成本低于竞争对手。成本领先战略在 20 世纪 70 年代由于经验曲线概念的流行而得到普遍的应用。例如，莱克航空公司（Laker Airways）就是使用成本领先战略的一个例子。该公司成立于 1977 年，专门提供设施简陋、价格低廉的伦敦至纽约航班，这种成本领先战略使得公司取得了显著的成功。但是在 1979 年，公司开始增加新的航班并且提供高档服务，这一举动模糊了莱克公司在公众心目中的形象，使得竞争者乘虚而入，结果导致莱克公司在 1982 年不得不宣告破产。

（一）成本领先战略的优势及潜在风险

1. 成本领先战略的优势。即便处于竞争激烈的市场环境中，处于低成本地位的企业仍可获得高于行业平均水平的收益。成本优势可以使企业在与竞争对手的争斗中受到保护，低成本意味着当别的企业在竞争过程中已失去利润时，这个企业仍然可以获取利润。低成本地位有利于企业在强大的买方压力中保护自己，考虑到需要有多种选择及降低购买风险的要求，购买方最多只能将价格压到居于其次的竞争对手的水平。低成本也有利于企业抵御来自供应商的威胁，它使企业应对供应商产品涨价具有较高的灵活性。导致低成本地位的各种因素通常也以规模经济或成本优势的形式产生障碍，提高了进入壁垒，削弱了新进入者的竞争力。最后，低成本企业可以采取降低价格的办法保持、维护现有消费者，提高消费者使用替代品的转换成本，降低替代品对企业的冲击，为企业赢得反应时间。因此，成本领先战略可以使企业在面临五种竞争势力的威胁时处于相对主动的地位，有效地保护企业。

2. 成本领先战略的潜在风险。实施成本领先战略时，为了占据较高的市场份额，通常会产生高昂的购买先进设备的前期投资和初始亏损。而一旦出现具有破坏性的变革技术并在生产中得以应用，则会使企业成本方面的高效率优势不复存在，前期高额投资的收益率急剧下降，同时给竞争对手造成了以更低成本进入市场的机会。因此，采用成本领先战略的企业必须对这种潜在风险加以注意，加强对企业外部环境，尤其是技术环境方面的认识和了解，降低因技术发展而可能产生的投资风险。还有，有些低成本企业将注意力过多放在成本上，忽视了客户需求的变化，在产品技术开发方面投入不足，难以生产出符合消费需求的产品，无法使顾客满意，这对企业发展非常不利。如果低成本企业的产品被认为与其对手不能相比或不被顾客接受，低成本企业为了增加销售量而被迫削价以至于采用远低于竞争者的价格，将抵消掉其理想的成本地位所带来的收益，甚至会在激烈的市场竞争中被淘汰出局。成本领先战略有一定的适用范围，当产品的市场需求具有较高的价格弹性，产生差异化的途径很少，价格构成市场竞争的主要因素，而且购买转换成本较低时，企业可以考虑这一战略。

（二）成本领先战略的实现途径

1. 实现规模经济。根据经济学原理，在超过一定规模之前，产量越大，单位平均成本越低。因而，实现成本领先，通常应选择那些同质化程度高、技术成熟、标准化的产品规模化生产。

2. 做好供应商营销。所谓供应商营销，就是与上游供应商如原材料、能源、零配件等厂家建立起良好的协作关系，以便获得廉价、稳定的上游资源，并在一定程度上影响和控制供应商，对竞争者建立起资源性壁垒。企业在获取供应成本优势的同时应与供应商建立互动互利、平等的长期战略合作伙伴关系。

3. 塑造企业成本文化。一般来说，追求成本领先的企业应着力塑造注重细节、精打细算、讲究节俭、严格管理、以成本为中心的企业文化。企业在关注外部成本的同时，也要重视内部成本；不仅应把握好战略性成本，也要控制好作业成本；更要兼顾短期成本与长期成本。

4. 生产技术创新。降低成本最有效的办法是生产技术创新。一场技术革新和革命会大幅度降低成本，生产组织效率的提高也会带来成本的降低。如福特汽车公司通过传送带实现了流水线生产方式而大幅度降低了汽车生产成本，实现了让汽车进入千家万户的梦想。

二、差异化战略

差异化是指企业就消费者广泛重视的某些方面在行业内独树一帜，使企业产品、服务或形象与众不同，以一种独特的定位满足客户的需求。企业往往因其产品独特性而获得溢价的报酬。实现差异化可以有许多方式，如产品特色、性能质量、产品价格、可维修性、产品设计、品牌形象等。理想的情况是企业在产品、服务、人员、营销渠道和形象等几个方面都实现差异化，以便企业享有品牌溢价能力所带来的厚利。应当强调的是，差异化战略并不意味着企业可以忽略成本，只是此时成本不是企业的首要战略目标。

（一）差异化战略的优势及潜在风险

1. 差异化战略的优势。差异化战略利用顾客对产品特色的偏爱和忠诚，降低了产品价格的敏感性，从而使企业可以避开价格竞争，在相关领域获得持续经营优势，使利润增加却不必追求低成本。顾客的偏爱和忠诚构成了较高的进入壁垒，竞争对手要战胜这种"独特性"需付出很大的代价。产品差异给企业带来较高的边际收益，企业可以用来应对供方威胁；顾客缺乏选择余地使其价格敏感度下降；差异化也缓解了来自买方的压力。最后，因采取差异化战略而赢得顾客忠诚的企业，在面对替代品威胁时，其所处地位比其他竞争对手更为有利。

2. 差异化战略的潜在风险。实现产品差异有时会与争取占领更大的市场份额相矛盾，它往往要求企业对于这一战略的排他性有思想准备，即这一战略通常与提高市场份额两者不可兼顾。较为普遍的情况是，企业实现产品差异化意味着以高成本为代价，譬如广泛的研究、高质量的材料和周到的顾客服务等，因此实行差异化战略的企业的产品价格一般高于行业平均价格水平。但是，并非所有顾客都愿意或有能力支付企业因其独特性所要求的较高价格，从而导致目标市场较为狭窄，无形中扩展了竞争对手的市场空间和价格优势。这是企业采取差异化战略时需要特别注意的问题。

（二）差异化战略的实现途径

竞争性差异化是指企业创造一系列有意义的差异，以使本企业的产品或服务等与竞争者的产品和服务相区别的行为。它一般包括产品差异化、服务差异化、人员差异化、营销渠道差异化和形象差异化。

1. 产品差异化。产品差异化主要体现在以下几方面。（1）形式。考虑到人们的审美观及实际需要，许多产品在形式上是有差异的，包括产品的尺寸、形状或者实体结构。实践表明，人们偏爱流线型外观包装的饮料，而旅行者更喜欢携带小瓶装矿泉水。（2）性能质量。大多数产品都处于以下四种性能水平之中：低、平均、高和超级。性能质量是指产品主要特点在运用中的水平。研究发现，在产品质量和投资回报之间存在很高的正相关性。（3）耐用性。耐用性是衡量一个产品在自然或在重压条件下的预期使用寿命的指标。购买者一般愿意为产品的耐用性支付溢价。不过，技术更新较快的产品不在此列。（4）设计。在快速变化的市场中，仅有价格和技术是不够的。设计能成为企业竞争的突破口。设计是从顾客要求出发，影响一个产品外观和性能的全部特征的组合。随着竞争日趋激烈，设计将能提供一种最有效的方法使公司的产品和服务差异化。

事实上，企业在选择产品差异化的时候往往并不拘泥于一种形式，而是根据产品特征和消费者市场需求等因素综合运用。

2. 服务差异化。当产品差异化已不明显时，企业可以通过服务差异化来增加产品价值。（1）物流。指如何将产品和服务送达顾客手中。无论是线上还是线下服务，物流的准时性、速度和对产品的保护程度等都是顾客所关注的因素。（2）客户咨询。指卖方向买方无偿或有偿地提供有关资料、信息系统和建议等服务。（3）维修保养。指建立服务计划以帮助购买企业产品的顾客正常运作。许多软件公司设立的客户在线支持系统就是很好的例子。（4）其他服务。企业还可以选择其他途径为顾客提供各种服务以增加价值，如客户培训、产品更新担保等。

3. 人员差异化。雇用及培训优秀的员工可使企业获得明显的竞争优势。优秀的员工具备以下几个特征。（1）礼貌。员工对顾客态度友善，充满敬意并细心周到。（2）诚实可靠。员工能自始至终提供准确、可靠的服务并值得信任。（3）沟通能力强，反应迅速。员工能够很好地理解顾客，并对顾客的要求和问题作出迅速反应。

相关链接： **企业的市场营销技巧**

- 了解你的顾客如何经营他们的业务；
- 展示你的物品和服务怎样适合顾客的业务；
- 确认你的销售会马上获益；
- 了解顾客如何采购，使你的销售工作与他们的采购过程相适应；
- 在销售过程中，应同顾客一方中参与采购决策的每个人进行接触；
- 同每个决策者就其最关心的信息进行交流；
- 成为你的顾客愿意与你建立关系的人或公司；
- 确保你所做的每件事情都与你所选定产品的质量、服务、价格和性能相一致；
- 了解竞争对手的优势和劣势；
- 努力发挥自身的优势；
- 训练你的工作人员，使他们了解公司以及客户各方面的业务情况；
- 掌握一个既符合你又符合顾客要求的分销系统；
- 为你已有的产品开辟新的市场及新的用途；
- 用客户服务强化你的产品；
- 心中明确牢记你的目标。

资料来源：［美］菲利普·科特勒，［美］加里·阿姆斯特朗. 市场营销：原理与实践（第17版）［M］. 北京：中国人民大学出版社，2020.

---

4. 营销渠道差异化。企业可以通过营销渠道的差异化水平提高其竞争力。在营销渠道差异化过程中尤其要注意渠道的覆盖面、专业化和绩效。

5. 形象差异化。消费者往往因为企业或品牌形象的不同而作出不同的购买决策，形象能形成不同的"个性"，便于消费者识别。例如，企业可以借助便于识别的各种标志或各种公关活动来塑造企业个性和形象。

三、目标集聚战略

目标集聚战略（又称聚焦战略）是指企业在详细分析外部环境和内部条件的基础上，针对某个特定的顾客群、产业内一种或一组细分市场开展生产经营活动，充分发挥企业资源效力，为这个市场的消费者提供量体裁衣式的服务，赢得竞争优势。目标集聚战略有两种形式：一种是企业寻求目标市场上的成本领先优势，称为成本集聚战略；另一种是企业寻求目标市场上的差异化优势，称为差异化集聚战略。虽然成本领先与差异化战略都是要在行业范围内实现其目标，集聚战略的整体却是围绕着为行业内某一特定目标服务而建立的，并以这一目标为中心。

实施目标集聚战略，企业能够划分并控制一定的产品势力范围。在此范围内其他竞争者不易与其竞争，所以市场占有率比较稳定。通过目标市场的战略优化，企业围绕一个特定的目标进行密集型的生产经营活动，可以更好地了解不断变化的市场需求，能够比竞争对手提供更为有效的产品和服务，提供更高的顾客价值和更好的顾客满意度，从而获得那些以更广泛市场为经营目标的企业所不具备的竞争优势。尽管从整个市场的角度看，集聚战略未必能使企业取得低成本和差异优势，但它的确能使企业在其细分的目标市场中获得一种或两种优势地位。这一战略尤其有利于中小企业利用较小的市场空隙谋求生存和发展，使之能够以小博大，在小市场做成大生意。

企业在实施目标集聚战略时，常常需要放弃规模较大的目标市场，否则竞争对手可以从企业目标市场中划分出更细的市场，并以此为目标市场来实施集聚战略，使企业在该市场的竞争优势丧失殆尽。倘若企业所集聚的细分市场非常具有吸引力，以致多数竞争对手蜂拥而入瓜分这一市场的利润，则会使企业付出很高的代价，甚至导致企业集聚战略的失败。而细分市场之间差异性的减弱，会降低该目标市场的进入壁垒，从而削弱目标集聚企业的竞争优势，使之不得不面对更为激烈的竞争。

三种基本竞争战略都是可供选择的、抗衡竞争作用力的可行方案。这些方案的选取必须基于行业特点、企业的能力、限制条件及竞争状况。成功地贯彻每一类基本战略都意味着投入不同的资源、力量、组织安排以及管理风格，只有选择适合本企业的最佳战略才能成功。

任务三 理解市场地位与竞争战略

营销情境 5 –3

宝洁公司的市场占有率

在一次性尿布和婴儿护理产品的研发上投入大量资源，致力于生产"零渗漏、超级干爽、超级舒适，就像内裤一般妥帖"的极品尿布。在其全球 5 家婴儿护理中心，宝洁的研究人员不断突破科学与时尚的局限，保持超越挑战者的技术优势。宝洁的婴儿护理部门如今拥有 5 000 多个已经获得批准和正待批准的专利。例如，2010 年，宝洁推出最干爽帮宝适（Dry Max Pampers），这一产品也许是尿布领域 25 年来最大的创新——比以往的产品薄了 20%，却具有两倍的吸水能力。最近，它推出了帮宝适超级护理短裤，一种可以像穿短裤那样一拉而就的全方位弹性尿布。下一步的尿布创新：植入传感器的智能尿布，可以通过智能应用程序提醒父母他们的宝贝尿湿了，甚至告诉父母穿着尿布的宝宝是否生病了。除了推进技术领先，宝洁还运用其营销吸引顾客互动，说服他们宝洁的尿布才最适合他们的宝宝。总之，多亏了坚持不懈地创新和品牌建设，宝洁在美国保有 42.9% 并不断增长的市场份额，挑战者金佰利只有 37%。在巨大的中国市场，宝洁有 42% 的份额，金佰利只有 11%。

音频：营销情境
5-3 分析提要

资料来源：［美］菲利普·科特勒，［美］加里·阿姆斯特朗. 市场营销：原理与实践（第 17 版）［M］. 北京：中国人民大学出版社，2020.

思考： 宝洁帮宝适可以采取哪些措施保护自己的市场地位？

一、市场主导者战略

市场主导者是指在相关产品的市场上占有率最高的企业。一般说来，大多数行业都有一家企业被认为是市场主导者，它在价格变动、新产品开发、分销网络和促销力量等方面处于支配地位，为同业者所公认。它是市场竞争的先导者，也是其他企业挑战、效仿或回避的对象。如美国汽车市场的通用汽车、电脑软件市场的微软、软饮料市场的可口可乐以及快餐市场的达当劳等，中国家电市场的海尔集团、电脑市场的联想集团等。这种主导者几乎各行各业都有，它们的地位是在竞争中自然形成的，但不是固定不变的。市场主导者所具备的优势包括消费者对品牌忠诚度高；营销渠道稳固高效；营销经验丰富等。

相关链接： **品牌的力量**

斯科特·戴维斯（Scott Davis）指出：

● 72% 的顾客说，为了喜欢的品牌，他们愿意支付比最具竞争力的品牌多 20% 的价钱，50% 的顾客愿意多支付 25%，而 40% 的顾客愿意多支付的价钱高达 30%。

● 25% 的顾客表明，如果他们打算购买自己所钟爱的品牌，加价多少并不重要。

● 大约 70% 的顾客愿意根据品牌来做购买决定，而有 50% 的顾客则完全受品牌驱使。

● 如今，顾客间的互相推荐几乎影响着他们 30% 的购买行为。因此，如果一名顾客对你的品牌有良好的印象，就可以影响到其他人是否决定购买你的产品。

● 超过 50% 的顾客相信，知名品牌推出的新产品要比其他不知名品牌推出的新产品更容易获得成功，而且他们也更愿意尝试其首选品牌推出的新产品，因为在他们的内心中已经对首选品牌有了认可。

戴维斯还指出，拥有一个强有力的品牌，可以：

- 从价格上获取额外的收入。
- 推出比竞争对手价格更低的新产品。
- 更早地收回开发成本。
- 减少获得新顾客的成本。
- 提高单位顾客收益率。
- 对分销渠道施加更多的控制。
- 更容易获得与其他品牌合作及行使许可权的机会。
- 满足更多目标群体的需要。

资料来源：[美] 斯科特·戴维斯. 品牌资产管理赢得客户忠诚度与利润的有效途径 [M]. 北京：中国财政经济出版社，2006.

市场主导者如果没有获得法定的垄断地位，必然会面临众多竞争者的无情挑战。因此，必须保持高度的警惕并采取适当的战略，否则就很可能丧失领先地位而降到第二或第三位。市场主导者为了维护自己的优势，保住自己的领先地位，通常可采取三种战略：扩大市场需求总量；保持市场占有率；提高市场占有率。

（一）扩大市场需求总量

当一种产品的市场需求总量扩大时，受益最大的是处于领先地位的企业，因而扩大市场需求总量的动力最强。一般说来，市场主导者可从三个方面扩大市场需求量。（1）发现新用户。每种产品都有吸引新用户、增加用户数量的潜力，因为有些消费者可能对某种产品还不甚了解，或认为产品定价不合理、产品性能有缺陷等。一个生产者可从三个方面（市场渗透、市场开发和地理扩展）找到新的用户。如香水企业可设法说服原来不用香水的女性使用香水（市场渗透战略）；说服男士使用香水（市场开发战略）；向其他国家推销香水（地理扩展战略）。（2）开辟新用途。为产品开辟新的用途，可扩大需求量并使产品经久不衰。例如，汪氏蜜蜂园的蜂四宝膏在具有口服延缓衰老的用途之外，还开辟了外用作为面膜美容护肤的用途。（3）增加使用量。促进用户增加使用量是扩大需求的重要手段。例如，很多生产牙膏的企业将牙膏管口的直径扩大，使消费者在每次挤出同样浓度膏体的情况下增加了使用量。

（二）保持市场占有率

处于市场领先地位的企业，必须时刻防备竞争者的挑战，保卫自己的市场阵地。例如，可口可乐公司要防备百事可乐公司；伊利集团要提防蒙牛集团；国美电器要警惕苏宁电器；麦当劳要小心肯德基，等等。这些挑战者都是很有实力的，主导者稍不注意就可能被取而代之。因此，市场主导者任何时候都不能满足于现状，必须在产品创新、服务创新、分销渠道的优化和成本降低等方面，真正处于该行业的领先地位，时刻做好防御工作。有时，主导者应该在巩固自身优势的同时，针对对手的弱点主动出击，军事上有一条原则："进攻是最好的防御。"具体来看，有七种防御战略可供市场主导者选择。

1. 阵地防御。阵地防御就是在现有阵地周围建立防线。这是一种静态的防御，是防御的基本形式，但不能作为唯一的形式。如果将所有力量都投入这种防御，最后很可能导致失败，重演"马其诺防线"的悲剧。对企业来说，单纯采用消极的静态防御，只保卫自己目前的市场和产品，是一种"营销近视症"。

2. 侧翼防御。侧翼防御是指市场主导者除保卫自己的阵地外，还应建立某些辅助性的基地作为防御阵地，或必要时作为反攻基地。特别是注意保卫自己较弱的侧翼，防止对手乘虚而入。

3. 以攻为守。这是一种"先发制人"的防御，即在竞争者尚未进攻之前，先主动攻击它。这种战略主张预防胜于治疗，事半功倍。具体做法是：当竞争者的市场占有率达到某一危险的高度时，就对它发动攻击；或者是对市场上的所有竞争者全面攻击，使人人自危。

4. 以静制动。企业如果对自己的技术水平、品牌声誉和营销能力有充分信心，自信足以承受某些攻击，也可以沉着应战，以静制动，不轻易发动反攻。

5. 反击防御。当市场主导者遭到对手发动降价或促销攻势，或改进产品、占领市场阵地等进攻时，不能只是被动应战，而应主动反攻入侵者的主要市场阵地。可实行正面反攻、侧翼反攻，或发动钳形攻势以切断进攻者的后路。当市场主导者在其本土遭到攻击时，一种很有效的方法是进攻攻击者的主要领地，以迫使其撤回部分力量守卫本土。

6. 运动防御。这种战略的目的是，不仅防御目前的阵地，还要扩展到新的市场阵地，作为未来防御和进攻的中心。市场扩展可通过两种方式实现。（1）市场扩大化。指企业将其注意力从目前的产品转到有关该产品的基本需要上，并全面研究与开发有关该产品需要的科学技术。例如，把"石油"公司变成"能源"公司就意味着市场范围扩大了，不限于经营一种能源——石油，而是要覆盖整个能源市场。但是市场扩大化必须有一个适当的限度，否则会犯"营销远视症"，忽略了当前核心能力的培育和巩固。（2）市场多元化。即向无关的其他市场扩展，实行多元化经营。例如，2003年我国五粮液集团、春兰集团、波导集团等与汽车行业毫无关联的企业纷纷宣布进入汽车制造领域。

7. 收缩防御。在所有市场阵地上展开全面防御有时会力不从心、得不偿失，在这种情况下，最好是实行战略收缩——收缩防御，即放弃某些疲软的市场阵地，把力量集中到主要的市场阵地上去。

（三）提高市场占有率

市场主导者设法提高市场占有率，也是增加收益、保持领先地位的一个重要途径。美国的一项研究表明，市场占有率是与投资收益率有关的最重要的变量之一。市场占有率越高，投资收益率也越高。市场占有率高于40%的企业其平均投资收益率相当于市场占有率低于10%者的3倍［见图5-3（a）］。因此，许多企业都致力于提高市场占有率，以取得第一或第二位的市场支配地位，否则便撤出该市场。

但是，也有些研究者对上述观点提出不同意见。对某些行业的研究发现，除了市场主导者以外，有些市场占有率低的企业，依靠物美价廉和专业化经营，也能获得很高的收益，只有那些规模不大不小的企业收益最低，因为它们既不能获得规模经济效益，也不能获得专业化竞争的优势。另一项研究显示，各企业的销售利润率与销售额的关系呈V形曲线［见图5-3（b）］，即收益率的增长不仅取决于市场占有率的提高，还取决于为提高市场占有率所采取的市场营销策略。为提高市场占有率所付出的代价，有时会高于所获得的收益。因此，企业提高市场占有率时应考虑一些相关的因素，如引起反垄断行为的可能性、为提高市场占有率所付出的成本和争夺市场占有率时所采用的市场营销组合策略。

总之，市场主导者必须善于扩大市场需求总量，保持自己的市场阵地，防御挑战者的进攻，并在保证收益增加的前提下，提高市场占有率。只有这样，才能持久地保持市场领先地位。

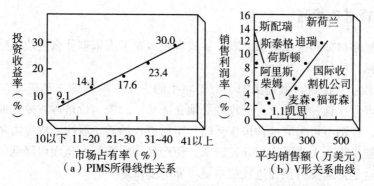

图 5-3　市场占有率和投资收益率之间的关系

二、市场挑战者战略

市场挑战者和市场跟随者是指那些在市场上处于次要地位（第二、第三甚至更低地位）的企业。如美国汽车市场上的福特公司、软饮料市场上的百事可乐公司，等等。这些处于次要地位的企业可采取两种战略：一是争取市场领先地位，向比自己强大的竞争者发起挑战，即市场挑战者；二是安于次要地位，在共处的状态下求得尽可能多的收益，即市场跟随者。每个处于市场次要地位的企业，都要根据自己的实力和环境提供的机会与风险，决定自己的竞争战略是挑战还是跟随。市场挑战者如果要向市场主导者和其他竞争者挑战，首先必须确定自己的战略目标和挑战对象，然后还要选择适当的进攻战略。

（一）确定战略目标和挑战对象

战略目标同进攻对象密切相关，对不同的对象有不同的目标和战略。一般说来，挑战者可从下列三种情况中进行选择。

1. 攻击市场主导者。这种进攻方式风险很大，然而吸引力也很大。挑战者需仔细调查研究市场主导者的弱点和失误：有哪些未满足的需要，有哪些令顾客不满意的地方，以及市场领导者内部存在哪些劣势或不足。主导者的弱点和失误，就可作为自己进攻的突破口。此外，市场挑战者还可以开发出超越市场主导者的新产品，以更好的产品来夺取市场的领先地位。

2. 攻击与自己实力相当者。挑战者对那些与自己势均力敌的企业，可选择其中经营不善发生亏损者作为进攻对象，设法夺取它们的市场阵地。

3. 攻击地方性小企业。对一些地方性小企业中经营不善、财务困难者，可夺取它们的顾客，甚至这些小企业本身。例如，青岛啤酒集团公司能成长到目前的规模，就是靠夺取一些地方啤酒企业的顾客而达到的。

总之，战略目标决定于进攻对象，如果以主导者为进攻对象，其目标可能是夺取某些市场；如果以小企业为对象，其目标可能是将它们逐出市场。但无论在何种情况下，如果要发动攻势，进行挑战，就必须遵守一条军事上的原则：每一项军事行动都必须指向一个明确的、肯定的和可能达到的目标。

（二）选择进攻战略

在确定了战略目标和进攻对象之后，挑战者还需要考虑采取什么进攻战略。这里，有五种战略可供选择。

1. 正面进攻。正面进攻就是集中全力向对手的主要市场阵地发动进攻，即进攻对手的强项而不是弱点。在这种情况下，进攻者必须在产品、广告、价格等主要方面大大超过对手才有可能成功，否则不可采取这种进攻战略。正面进攻的胜负取决于双方力量的对比。正面进攻的一种措施是投入大量研究与开发经费，使产品成本降低，从而以降低价格的手段向对手发动进攻，这是持续实行正面进攻战略最可靠的基础之一。

2. 侧翼进攻。侧翼进攻就是集中优势力量攻击对手的弱点。有时可采取"声东击西"战略，佯攻正面，实际攻击侧面或背面。这又可分为两种情况：一种是地理性的侧翼进攻，即在全国或世界寻找对手力量薄弱的地区，在这些地区发动进攻；另一种是细分性侧翼进攻，即寻找领先企业尚未为之服务的子市场，在这些小市场上迅速填补空缺。侧翼进攻符合现代营销观念——发现需要并设法满足它。侧翼进攻也是一种最有效和最经济的战略形式，比正面进攻有更多的成功机会。

3. 包围进攻。包围进攻是一种全方位、大规模的进攻战略，挑战者拥有优于对手的资源，并确信围堵计划的完成足以打垮对手时，可采用这种战略。

4. 迂回进攻。这是一种最间接的进攻战略，完全避开对手的现有阵地而迂回进攻。具体办法有三种：（1）发展无关的产品，实行产品多元化。（2）以现有产品进入新地区的市场，实行市场多元化。（3）发展新技术、新产品，取代现有产品。

5. 游击进攻。这是主要适用于规模较小、力量较弱企业的一种战略。游击进攻的目的在于以小型的、间断性的进攻干扰对手的士气，以占据稳固而持久的立足点。但是，如果要想打倒对手，光靠游击战不可能达到目的，还需要发动更强大的攻势。上述市场挑战者的进攻战略是多样的，一个挑战者不可能同时运用所有这些战略，但也很难单靠某一种战略取得成功。通常是设计出一套战略组合即整体战略，借以改善自己的市场地位。

三、市场跟随者战略

（一）市场跟随与模仿

产品模仿有时像产品创新一样有利。因为一种新产品的开发者要花费大量投资才能取得成功，并获得市场领先地位，而其他企业（市场跟随者）从事仿造或改良这种产品，虽然不能取代市场主导者，但因不需大量投资，也可获得很高的利润，其盈利率甚至可超过全行业的平均水平。快速模仿要求企业密切关注市场发展，同时还要求企业全体员工的团结奋进，针对领先进入者的产品研发改进技术等。研究发现，日本模仿者的跟进速度和效率都很高。日本企业渐进改善战略的灵活性和专有技术的迅速扩散都起到了促进作用。

（二）市场跟随者的特点

市场跟随者与挑战者不同，它不是向市场主导者发动进攻并图谋取而代之，而是跟随在主导者之后自觉地维持共处局面。这种"自觉共处"状态在资本密集且产品同质的行业（如钢铁、化工等）中是很普遍的现象。但是，这不等于说市场跟随者就无视战略的应用。每个市场跟随者都必须懂得如何保持现有顾客，并争取一定数量的新顾客；必须设法给自己的目标市场带来某些特有的利益，如渠道、服务、融资等；还必须尽力降低成本并保持较高的产品质量和服务质量。

（三）市场跟随者战略

市场跟随者不是被动的单纯追随主导者，它必须找到一条不致引起报复性竞争的发展道路。以下是三种可供选择的跟随战略。（1）紧密跟随。这种战略是在各个子市场和营销组合方面，尽可能仿效主导者。这种跟随者有时好像是挑战者，但只要它不从根本上侵犯主导者的地位，就不会发生直接冲突，有些甚至被看成是靠拾取主导者的残余市场谋生的寄生者。（2）距离跟随。这种跟随者是在主要方面（如目标市场、产品创新、价格水平和分销渠道等方面）追随主导者，但仍设法与主导者保持一定差异。这种跟随者可通过兼并小企业而使自己发展壮大。（3）选择跟随。这种跟随者在某些方面紧跟主导者，而在另一些方面又自行其是。也就是说，它不是盲目跟随，而是择优跟随，在跟随的同时还发挥自己的独创性，但不进行直接的竞争。这类跟随者中有些可能会发展成为挑战者。

四、市场补缺者战略

在现代市场经济条件下，每个行业几乎都有些小企业，它们专注市场上被大企业忽略的细小部分，在大企业的夹缝中求得生存和发展。这种有利的市场位置在西方被称为补缺基点（niche）。

（一）市场补缺者的含义

1. 市场补缺者的含义。所谓市场补缺者，是指精心服务于市场上被大企业忽略的某些细小部分，而不与这些主要的企业竞争，只是通过专业化经营来占据有利市场位置的企业。这种市场位置（补缺基点）不仅对于小企业有意义，对某些大企业中的较小部分也有意义，它们也常设法寻找一个或几个既安全又有利的补缺基点。

2. 补缺基点的特征。一个良好的补缺基点应具有以下特征：（1）有足够的市场潜量和购买力。（2）利润有增长的潜力。（3）对主要竞争者不具有吸引力。（4）企业具备占有此补缺基点所必要的资源和能力。（5）企业既有的信誉足以对抗竞争者。

（二）市场补缺者战略

1. 补缺基点的选择。选择市场补缺基点时，多重补缺基点比单一补缺基点更能减少风险，增加保险系数。因此，企业通常选择两个或两个以上的补缺基点，以确保企业的生存和发展。

2. 专业化市场营销。一个企业如何取得补缺基点呢？取得补缺基点的主要战略是专业化市场营销。具体来讲，就是在市场、顾客、产品或渠道等方面实行专业化。下面是几种可供选择的专业化方法：（1）最终用户专业化。专门致力于为某类最终用户服务，如计算机行业有些小企业专门针对某一类用户（如诊疗所、银行等）进行市场营销。（2）垂直层面专业化。专门致力于分销渠道中的某些层面，如制铝厂可专门生产铝锭、铝制品或铝质零部件。（3）顾客规模专业化。专门为某一种规模（大、中、小）的客户服务，如有些小企业专门为那些被大企业忽略的小客户服务。（4）特定顾客专业化。只为一个或几个主要客户服务。（5）地理区域专业化。专为国内外某一地区或地点服务。（6）产品或产品线专业化。只生产一大类产品，如美国的绿箭公司专门生产口香糖，现已发展成为一家世界著名的跨国公司。（7）客户订单专业化。专门按客户订单生产预订的产品。（8）质量和价格专业化。专门生产经营某种质量和价格的产品，如专门生产高质高价产品或低质低价产品。（9）服务项目专业化。专门提供一种或几种其他企业没有的服务项目，如英国的米德兰德银行专门提供电话银行服务，所有标准的银行业务都通过24小时电话完成。（10）分销渠道专业化。专门服务于某一类分销渠道，如专门生产适于超市销售的产品，或专门为航空公司的旅客提供食品。

（三）市场补缺者的任务

市场补缺者要完成三个任务：（1）创造补缺市场。市场补缺者要积极适应特定的市场环境和市场需要，努力开发专业化程度很高的新产品，从而创造出更多需要这种专业化产品的市场需求者。（2）扩大补缺市场。市场补缺者在开发出特定的专业化产品，赢得在特定市场的竞争优势之后，还要进一步提高产品组合的深度，努力增加新的产品项目，以迎合更多具有特殊需要的市场购买者的偏好，提高市场忠诚度和市场占有率。（3）保护补缺市场。市场补缺者还要注意竞争者的动向，如果有新的竞争者闻声而至，仿制企业产品，争夺市场阵地，市场补缺者必须及时采取相应对策，未雨绸缪，防患于未然，全力以赴保住在特定市场的领先地位。

相关链接： **营销与创新**

美国著名的企业管理学家彼得·德鲁克（Peter Drucker）说过，任何企业都具有两个，也仅有两个基本的功能：市场营销与创新。产品创新是营销创新的核心。市场需求的不断变化，以及新技术、新材料、新工艺的广泛应用，必然使任何一种产品的寿命周期缩短。因此，企业必须进行产品开发与产品创新。创新是企业发展的前提，是企业在市场竞争中取胜的法宝。

资料来源：[美] 彼得·德鲁克. 德鲁克管理思想精要 [M]. 李维安译. 北京：机械工业出版社，2011.

任务四　了解市场竞争新模式——合作竞争

营销情境 5 - 4

Microsoft 和 Intel 的"世纪联盟"

Microsoft（微软）公司和 Intel（英特尔）公司组成的 Wintel 联盟被誉为"世纪联盟"。它们分别生产个人电脑的软硬件，在个人电脑市场形成唇齿相依的关系，Intel 公司不断开发出新的芯片为 Microsoft 公司的新产品提供平台，促进了其发展、创新和销售；Microsoft 公司新产品的问世，更加充分体现了 Intel 处理器的优势。它们之间形成了良性的正反馈。它们相互促进，制定了个人电脑产业的行业标准，推动了计算机事业的发展，使电脑由实验室走入生活，由贵族产品变为普通的办公和家庭用品，它们的合作彻底改变了个人对电脑的需求。

音频：
营销情境 5 - 4
分析提要

资料来源：桂萍. 高科技企业战略联盟的理论研究与实证分析［D］. 武汉：武汉理工大学，2003.

思考： Wintel 联盟体现了何种竞争模式？请详细说明。

一、合作竞争的含义

合作竞争，就是使拥有不同优势的企业在竞争的同时也注重彼此之间的合作，通过优势互补，共同创造一块更大的蛋糕，营造更持久有力的竞争优势，同时实现"双赢"或"多赢"。当然，从竞争到合作，同样是优胜劣汰的过程，因为谁能在竞争中通过最佳方式获得最佳合作伙伴，从而最大限度地增强自己的竞争力，谁才是市场最后的胜利者。

传统意义上的竞争，往往是争抢同一块蛋糕，这种你死我活的输赢之争，不仅使企业外部竞争环境恶化，而且使企业错失许多良机。如今在网络经济时代，经济一体化的发展和全球竞争的加剧，使得企业很难仅靠自身的力量抗击来自全球范围内规模、实力不等的竞争者。同时，现代社会科技飞速发展，信息传播加快，产品的寿命周期不断缩短，顾客的需求日趋个性化、多样化，企业也将很难仅依靠自身的力量来维持长久的竞争优势。因而必须与其他企业紧密合作，使不同企业间的资本、人才、技术以及信息资源得以有效、灵活地组合，以充分利用市场机会，通过互赢策略在合作竞争中创造更大的利润空间。

可以说，时代的发展，已使单枪匹马的孤胆英雄成为历史。竞争已不再是单个企业之间的较量，以合作竞争取代个体对抗将是时代发展的重要趋势。

二、合作竞争的具体形式

世界范围内企业间合作竞争的运作模式多种多样，最主要的有以下几种。

（一）同行业企业间的联合

20 世纪 70 年代，欧洲四家飞机制造公司为了与雄踞世界之首的美国波音、麦道两大飞机制造公司相抗衡，由原先的彼此间竞争走向联合，组建欧洲空中客车公司，在德国生产机身，英国生产机翼，西班牙生产尾翼，最后在法国组装，把欧洲各国飞机制造业务的优势统一整合起来，形成了一股强大的攻势。至 20 世纪 90 年代初期，其规模已超过美国麦道公司，成为紧随波音的世界第二大飞机制造商，动摇了美国飞机制造业的世界霸主地位。为了维护美国飞机制造业的霸主地位，美国的波音、麦道两大公司于 1997 年实现了联合，以对付欧洲空中客车公司。

（二）合作生产

合作生产就是合作企业间根据优势互补、共同发展的原则，相互利用对方的优势资源共同组织生产经营活动，以扩大规模，增加收入，提高效益。

（三）与上下游企业合作

在互赢思维模式下，企业可以与下游的分销商、经销商或上游的供应商紧密合作，结成命运共同体。由于分销商贴近而且控制着消费终端市场，分销商的积极合作与努力，不仅可以为企业开拓广阔的市场，而且可以帮助企业实现与市场（顾客）零距离的愿望。他们会积极地宣传、推销合作伙伴的产品，及时地做好售后服务工作，主动积极地收集市场需求信息和用户反馈意见，以便合作伙伴能快速及时地抓住商机。例如，宝洁公司就投资 1 亿元人民币用于分销商电脑系统建设和车辆购置，以使分销商管理和覆盖方式实现初级现代化。除此之外，还建立了多部门工作组向分销商提供有关财务、人事、法律、信息技术、储运等方面的专业指导，以全面提高分销商的管理水平和运作效率，从而提高分销商的竞争力。

企业与供应商紧密合作，不仅可以使企业的供应链关系得以稳定，而且可以为企业节省大量的市场交易成本（采购成本）和管理、协调成本。更为重要的是，达成战略性共识和协作的合作伙伴还可以一同考虑如何缩短生产周期、降低生产成本和改进产品质量等问题，并齐心协力地去设法加以解决。

（四）虚拟经营

虚拟经营是指企业在组织上突破有形的界限，虽有生产、营销、设计、人事、财务等功能，但企业内部没有完整地执行这些功能的组织。就是说，企业在有限的资源下，为取得竞争中最大的优势，仅保留企业中最关键的功能，而将其他的功能虚拟化——通过各种方式借助外力进行整合弥补，其目的是在竞争中最大效率地利用企业有限的资源。

虚拟经营在国外早已十分普遍，像耐克等运动鞋生产厂家根本就没有自己的工厂，其产品却畅销全球；飞利浦（电器）公司及一些服装生产商也在相当程度上采取这种方式，它们创造了品牌，却没有生产线。这些企业将其生产部分虚拟化，自己则专注于设计、营销的规划，它们把设计好的样品和图纸交给劳动力成本较低的新兴国家的签约厂商，最后验收产品，贴上自己的商标。凭借此做法，使得企业不同产品的生产调整成本很低，可以很快地反映市场上的变化，从而创造出高弹性的竞争优势。

还有越来越多的企业开始借助外部的人力资源以弥补自身智力资源的不足。著名的惠普公司常年聘请许多来自不同领域的技术、管理专家组成公司的高级智力团,参加企业的发展筹划,并帮助企业解决生产经营过程中的具体问题,从而发挥了企业内外人才优势互补和集成的作用。

(五) 策略联盟

策略联盟是指几家公司拥有不同的关键资源,而彼此的市场有某种程度的区隔,为了彼此的利益进行策略联盟,可以交换彼此的资源,以创造竞争优势。具体的做法有技术策略联盟、销售联盟、研究与开发(R&D)联盟等。

我国的 TCL 集团曾是国内最大的电话机生产商,于 1993 年进入家电领域,以其在通信业创下的品牌及销售网络与有生产优势的香港长城公司结成策略联盟,只用了 3 年多的时间,在中国彩电业市场占有率便仅次于两大行业巨头——长虹和康佳,居于第三位。2002年,海尔与日本某企业达成协议,相互利用对方的营销渠道在各自国内销售对方的产品,这样做也为海尔进一步拓展日本市场创造了条件。

案例分析:3Q 之战

腾讯 QQ 和奇虎 360 是当时国内最大的两个客户端软件。

腾讯以 QQ 为基础,向各个方面发展。以其强大的市场占有率,强大的客户群体,几乎人手一号的资源,不断发展吞噬着互联网各个领域。

奇虎 360 是以安全闻名的企业。其 360 安全卫士永久免费的策略,使得以很短的时间,占有了绝大多数安全市场份额,也成为继腾讯之后第二大客户端软件。

文本:分析
思路

根据官方数据,截至 2012 年,腾讯即时通信服务的活跃账户数达6.125 亿。凭借庞大的用户规模和天然的客户端资源,腾讯也逐步将业务延伸到互联网的诸多领域,网络游戏、新闻门户、电子商务、电子邮件、影音、播放等,均抢下较大的市场优势,让人不得不感叹腾讯的扩张力之大。

360 公司于 2006 年 7 月推出主打互联网安全的“360 安全卫士”软件,不到一年即成为国内最大的安全软件。据官方数据,其用户数量已经超过 3 亿,覆盖了 75% 以上的中国互联网用户,成为国内第二大桌面客户端软件。以该客户端为基础,360 延伸出免费杀毒软件、浏览器等产品,均获得了成功。

双方为了各自的利益,展开了前所未有的互联网之战。

第一阶段:

2010 年,腾讯推出 QQ 医生 1.0 Beta 版本,此后很长一段时间内只作为查杀盗号木马的小工具。随后 QQ 医生 3.2 推出,界面及功能酷似 360,同时宣布赠送诺顿防病毒软件半年试用。之后 QQ 医生利用春节期间强行推广。

敏感的 360 很快意识到 QQ 医生的威胁,一些正在休假的员工被紧急召回以应对这起突发事件。360 快速反应,加上 QQ 医生本身产品并不成熟就匆忙上阵,很多用户陆续卸载QQ 医生,其市场份额也快速降至 10% 以下。360 成为此次交锋的胜利者。

第二阶段：

2010年5月31日，腾讯悄然将QQ医生悄然升级至4.0版并更名为"QQ电脑管家"。新版软件将QQ医生和QQ软件管理合二为一，增加了云查杀木马、清理插件等功能，涵盖了360安全卫士所有主流功能，用户体验与360极其类似，腾讯这招让360和金山措手不及。

周鸿祎在微博上扔出40多条消息，自爆360与金山的多年积怨，金山随即强烈回应。两家公司随后互诉对方，口水战诉讼战不止。就在这时，腾讯的出手让360措手不及。周鸿祎在接受专访时，建议腾讯应该加大投入解决QQ内部安全问题。

第三阶段：

2010年中秋节期间，"QQ软件管理"和"QQ医生"自动升级为"QQ电脑管家"，涵盖了云查杀木马、系统漏洞修补、安全防护，系统维护和软件管理等功能，而这也是360安全卫士的主流功能。而凭借着QQ庞大的用户基础，QQ电脑管家将直接威胁360在安全领域的生存地位。

2010年9月22日，网上陆续有网友反映，自己的桌面上突然多出了"QQ电脑管家"的图标，而且会在开机时自动启动。这是QQ继2010年春节强制安装QQ医生后的第二次大规模强制安装。凭借着QQ庞大的用户基础，QQ电脑管家将直接威胁360在安全领域的生存地位。

2010年9月27日，360发布直接针对QQ的"隐私保护器"工具，宣称其能实时监测曝光QQ的行为，并提示用户"某聊天软件"在未经用户许可的情况下偷窥用户个人隐私文件和数据。引起了网民对于QQ客户端的担忧和恐慌。

第四阶段：

2010年10月14日，针对360隐私保护器曝光QQ偷窥用户隐私事件，腾讯正式宣布起诉360不正当竞争，要求奇虎及其关联公司停止侵权、公开道歉并作出赔偿。法院已受理此案。

针对腾讯起诉，360随即回应三点，表示将提起反诉。在回应中，360称"各界对腾讯提出的质疑，腾讯一直回避窥探用户隐私，这时候起诉360，除了打击报复外，不排除是为了转移视线，回避外界质疑"。

第五阶段：

2010年10月27日，腾讯刊登了《反对360不正当竞争及加强行业自律的联合声明》。声明由腾讯、金山、百度、可牛等公司联合发布。要求主管机构对360不正当的商业竞争行为进行坚决制止，对360恶意对用户进行恫吓、欺骗的行为进行彻底调查。

2010年10月29日，360公司推出一款名为"360扣扣保镖"的安全工具。360称该工具全面保护QQ用户的安全，包括阻止QQ查看用户隐私文件、防止木马盗取QQ以及给QQ加速，过滤广告等功能。72小时内下载量突破2 000万，并且不断迅速增加。腾讯对此作出强烈说明，称360扣扣保镖是"外挂"行为。

第六阶段：

2010年11月3日傍晚6点，腾讯公开信宣称，将在装有360软件的电脑上停止运行QQ软件，倡导必须卸载360软件才可登录QQ，这是360与腾讯一系列争执中，腾讯方面迄今为止最激烈的行动。此举引发了业界震动，网友愤怒，业内认为，腾讯这招是逼迫用户作出二选一的选择。据 360CEO 周鸿祎称，被迫卸载 360 软件的用户达到 6 000 万。

第七阶段：

副总裁刘峻证实，工信部通信保障局和公安部已经介入此事，11 月 4 日分别找到两家公司问询。

2010 年 11 月 5 日上午，工信部、互联网协会等部门开会讨论此事的应对方案。政府部门已经介入，用行政命令的方式要求双方不再纷争。知情人称，360 方面也在此形势下宣布召回"扣扣保镖"软件。两家公司不得再发布煽动此事的新闻和讯息。

第八阶段：

奇虎 360 于 2010 年 11 月 10 日宣布 QQ 和 360 已经恢复兼容，并在官方网站发布名为《QQ 和 360 已经恢复兼容感谢有您》的公告，感谢广大用户对 360 软件的支持，公布了有关部门的联系方式，提醒用户若发现二者软件出现冲突可向相关部门举报。

第九阶段：

2010 年 11 月 11 日下午，新浪公司与 MSN 中国召开新闻发布会联合宣布，新浪与 MSN 中国完成战略合作协议签署，正式达成战略合作伙伴关系。根据合作协议，新浪与 MSN 将在诸多领域开展全方位战略合作，涵盖微博、博客、即时通信、资讯内容、无线等方面。

资料来源：吴晓波. 腾讯传 1998—2016 中国互联网公司进化论 ［M］. 杭州：浙江大学出版社，2017.

讨论问题：

1. 造成 3Q 激烈竞争的原因是什么？

2. 你认为 3Q 的竞争方式是否正确，为什么？

3. 你认为 3Q 之战对其他企业有何启示？

情境讨论和能力训练

训练主题：营销之竞争与合作

训练目的：了解如何对竞争者进行分析。

训练方案：

表 5-1 是一份良性竞争对手评估表。表 5-1 中左边是需要评估的项目，请你选择一家企业的一位竞争对手，按你对其了解在右边栏目里为其打分。7 分表示完全符合；1 分表示完全不符合。按照从完全符合到完全不符合 7 个等级打分。请你将评估分数加总，看是否超过 60 分。若超过，那么该竞争对手可以被视为良性竞争者。同时，为你的每一项评分给出充分的支持理由，并由此完成一份分析报告。

表 5-1　　　　　　　　　　　　　　良性竞争对手评估

评估项目	评估分数
（1）遵守行业规则	
（2）能够实事求是地看待行业和自身状况	
（3）具有明显的弱点而且有自知之明	
（4）能按照成本进行合理的定价	

续表

评估项目	评估分数
（5）局限于自己的细分市场而无扩张野心	
（6）没有和你的市场重合的细分市场	
（7）具有和你的企业可协调的目标	
（8）致力于提高自身产品的差异化	
（9）不喜欢采用降低产品价格的方法来占领市场	
（10）满足现有的市场地位和利润水平	
（11）有适度的退出壁垒	
（12）对研发和生产的再投入没有保持足量现金	
（13）有一定的信誉、资源和能力	
（14）仅有短期目标	
（15）讨厌风险	

本项目思考题

1. 竞争者对企业营销行为的反应有哪几种类型？企业应该对这些不同类型的竞争者采取什么样的行动？

2. 作为市场主导者应该通过哪些途径来扩大市场需求总量？

3. 什么是市场跟随者？它具有什么样的特点？

4. 什么是市场补缺者？它怎样进行专业化市场营销？

5. 竞争和合作战略的优势体现在哪几个方面？

项目六

领悟目标营销战略

听故事悟原理
（海底捞的定位）

课程思政
（借势而为
借力而为）

项目六课件

■ 目标描述

知识目标：

1. 掌握目标市场营销的重要作用；

2. 掌握如何进行市场细分；

3. 掌握企业如何确定目标市场以及市场定位。

技能目标：

1. 通过模拟情境训练，掌握目标市场营销战略的具体内容；

2. 通过课堂模拟训练，了解和掌握市场细分的概念与操作；

3. 通过思维能力训练，了解和掌握如何确定目标市场；

4. 通过实战训练，了解和掌握如何进行市场定位。

■ 工作任务导图（见图6-1）

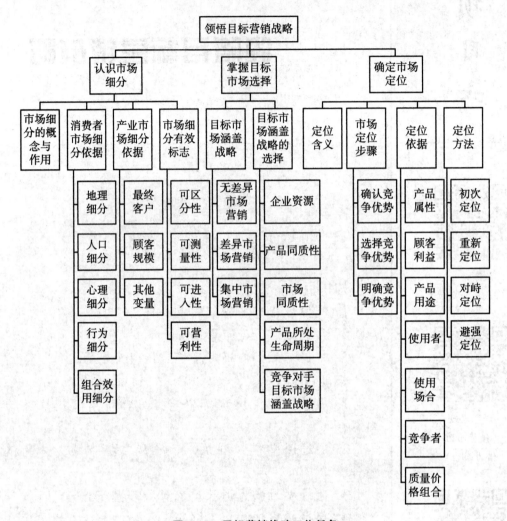

图6-1 目标营销战略工作任务

■ 重要概念

地理细分　组合效用细分　人口细分　心理细分　生活方式细分　行为细分　目标市场
无差异市场营销　差异市场营销　集中市场营销　市场定位　初次定位　重新定位　对峙定位　避强定位

任务一　认识市场细分

营销情境 6 - 1

伊利"细分有道"

作为中国奶业的市场领先者，伊利深谙市场细分之道。仅仅是酸奶这条产品线，伊利就针对不同的细分市场推出了适合不同消费者群的产品。七大酸奶系列产品中，几乎所有的系列都考虑了年龄因素，这可以从各个系列产品的目标客户群中体现。除"基础酸奶系列"外，其他六大系列酸奶的目标客户群中均有较明确的年龄说明。"果粒酸奶系列"下的"恋恋风情果粒酸牛奶"产品将年轻白领女性作为主要消费人群；"乳酸菌饮料系列"下的"小妙酸乳"产品目标客户

音频：营销情境
6 - 1 分析提要

群很明确，是追求健康、时尚的 15～24 岁的年轻女性；"QQ 星儿童优酪乳酸牛奶"产品，则把 4～9 岁的儿童锁定为该产品主要的食用者；"益生菌酸奶系列"下的"活悦 LGG 六联杯酸牛奶"产品的目标消费人群是 25～40 岁的白领；"餐饮酸奶系列"，顾名思义，主要用于人们的日常餐饮，似乎不需要更具体的细分，但旗下的"伊然系列（木糖醇）"产品仍然考虑了年龄因素，将 25～45 岁的消费者定义为它的核心客户群；"优品嘉人优酪乳酸牛奶"是伊利公司为都市白领女性专门推出的产品，产品的主要目标消费人群为 23～35 岁的女性。

任何一个企业的资源、人力、物力、资金都是有限的。通过细分市场，选择合适自己的目标市场，企业可以集中人、财、物及其他资源，去竞争局部市场上的优势，然后再占领自己的目标市场。市场细分要依据一定的细分变量来进行。不论是消费者市场还是产业市场，开展市场细分工作都要依据一定的细分变量，而且市场细分必须满足一定的条件才是有效的。

资料来源：纪宝成，吕一林. 市场营销学教程（第五版）［M］. 北京：中国人民大学出版社，2012：108.

思考： 伊利通过市场细分带来的投资逻辑和竞争优势，有哪些？

市场细分是目标市场营销活动过程一个重要的基础步骤，对于企业正确制定营销战略目标和正确制定营销策略都具有十分重要的意义。任何企业的产品都不可能为市场上的全体顾客服务，而只能满足一部分顾客的相关需求，所以为了解决市场需求无限性与企业资源有限性之间的矛盾，企业首先必须进行市场细分。

一、市场细分的概念与作用

市场细分是美国市场营销学家温德尔·斯盛（Wendell R. Smith）于 1956 年在美国《市场营销杂志》上首先提出来的一个概念。所谓市场细分，就是指企业通过市场调研，根据

市场需求的多样性和异质性，依据一定的标准，把整体市场即全部顾客和潜在顾客划分为若干个子市场的市场分类过程。每一个子市场就是一个细分市场，一个细分市场内的顾客具有相同或相似的需求特征，而不同的子市场之间却表现为明显的需求差异。显然，市场细分的客观基础是有差异的顾客需求。有效的市场细分对于企业具有十分重要的作用：

（一）有利于企业分析、挖掘和发现新的最好的市场机会

市场机会就是尚未得到满足的市场需求。在市场细分的基础上，企业可以深入了解各细分市场需求的差异性，并根据对每个细分市场潜在需求的分析，研究购买者的满足程度及该市场的竞争状况。通过比较，发现有利于企业的营销机会，以便运用自身的有利条件，通过产品开发将潜在的顾客需求转化为现实的市场需求，从而迅速占领市场并取得优势地位。

（二）有利于企业集中资源，提高效益，增强企业的竞争能力

企业可以根据细分市场的特点，结合企业资源条件，充分发挥企业优势，集中使用人、财、物为目标市场服务，将有限的经济资源用于能产生最大效益的地方，占领某一细分市场或几个细分市场，从而增强企业在目标市场上的竞争能力。

（三）有利于企业制定和调整营销组合策略

通过市场细分，能使企业比较容易地认识和掌握顾客需要的特点及其对不同营销措施反映的差异，从而针对不同细分市场的特点，改进现有的产品与服务的规格、种类、质量特性等，甚至去开发新的产品和服务，制定具体、完善、有效的营销策略。

二、消费者市场细分的依据

消费者市场的细分变量主要有地理变量、人口变量、心理变量和行为变量等，企业可以利用这些变量进行消费者市场细分，也可以运用组合效用进行更综合的考虑。

（一）地理细分

所谓地理细分，就是企业按照消费者所在的地理位置以及其他地理变量（包括位于城市还是农村、气候条件、交通运输状况等）来细分消费者市场。

地理细分的主要理论根据是：处在不同地理位置的消费者对企业的产品各有不同的需要和偏好，他们对企业所采取的市场营销策略以及企业的产品价格、分销渠道、广告宣传等市场营销措施各有不同的反应。市场潜量和成本费用会因市场位置不同而有所不同，企业应选择那些本企业能最好地为之服务的、收益较高的地理市场为目标市场。

（二）人口细分

所谓人口细分，就是企业按照人口统计变量（包括年龄、性别、收入、职业、教育水平、家庭规模、家庭生命周期阶段、宗教、种族、国籍等）来细分消费者市场。人口统计变量一直是细分消费者市场的重要变量，这主要是因为人口统计变量比其他变量更容易测量。

某些行业的企业通常用某一个人口统计变量来细分市场。例如，服装、化妆品、理发等行业的企业长期以来一直按照性别细分市场；汽车、旅游等行业的企业长期以来一直按照收入来细分市场。许多公司通常采取"多变量细分"。例如，去屑洗发水的男女细分。2007年4月，联合利华高调宣布推出全国首款"男女区分"去屑洗发水——清扬，并成为国内首款专为男士设计的洗发水品牌。如果说，这是去屑洗发水市场第一波有高度的细分，那么此后的"中药去屑"及"女性去屑"就是第二波了。明星代言品牌的消息一直受到业界关注，而某天后所代言的正是霸王集团正式推出市场的"中药去屑"品牌——追风。"中草药养发"为霸王打开了一片蓝海。业内人士分析，考虑到产品线的拉长可能对主力产品的形象产生冲击，因此霸王采用多品牌营销策略，进一步细分中药洗护市场。霸王集团总裁万玉华也告诉记者，霸王集团的定位是把霸王创建成中药家庭及个人护理产品的国际领军企业，继续细分中药养发是必然趋势，"非中药去屑市场竞争惨烈，而中药去屑却是一片蓝海"。而另一边，联合利华又高调推出清扬丝柔系列。这次清扬称其细分的点在于"改变目前去屑型产品和滋养型产品分裂的局面，填补了女性去屑洗发水这一市场空缺"。业内人士分析指出，新清扬丝柔系列选择在此时高调上市，是联合利华2009年中国战略推进的重要一步。

（三）心理细分

所谓心理细分，就是按照消费者的生活方式、个性等心理变量来细分消费者市场。消费者的欲望、需要和购买行为不仅受人口变量影响，而且受心理变量影响，所以还要进行心理细分。

1. 生活方式细分。来自不同的亚文化圈、社会阶层或具有不同职业的人可能各有不同的生活方式。生活方式不同的消费者对商品有不同的需要；消费者的生活方式一旦发生变化，就会产生新的需要。这就是说，生活方式是影响消费者欲望和需要的一个重要因素。在现代市场营销实践中，有越来越多的企业按照消费者的不同生活方式来细分消费者市场，并据此设计不同的产品和安排市场营销组合。

2. 个性细分。企业还可以按照消费者不同的个性来细分消费者市场。这些企业通过广告宣传，试图赋予其产品与某些消费者个性相似的品牌个性，树立品牌形象。

（四）行为细分

所谓行为细分，就是企业按照消费者购买或使用某种产品的时机、消费者所追求的利益、使用者情况、消费者对某种产品的使用率、消费者对品牌的忠诚度、消费者待购阶段和消费者对产品的态度等行为变量来细分消费者市场。

1. 时机细分。在现代营销实践中，许多企业往往通过时机细分，试图扩大消费者使用本企业产品的范围。

2. 利益细分。消费者往往因为各有不同的购买动机、追求不同的利益而购买不同的产品和品牌。以购买牙膏为例，有些消费者购买防蛀牙膏，主要是为了防治龋齿；有些消费者购买草本牙膏，主要是为了防治口腔溃疡、牙周炎。正因为这样，企业还要按照消费者购买商品时所追求的不同利益来细分消费者市场。企业可根据自己的条件，权衡利弊，选择其中一个追求某种利益的消费者群为目标市场，设计和生产出适合目标市场需要的产品，并且通过适当的广告媒体和广告词，把这种产品的信息传达给追求这种利益的消费者群。实践证明，利益是一种非常重要的行为变量。

3. 使用者细分。许多商品的市场都可以按照使用者情况，如非使用者、曾经使用者、潜在使用者、初次使用者和经常使用者等来细分。资金雄厚、市场占有率高的大公司，一般都对潜在使用者这类消费者群发生兴趣，它们着重吸引潜在使用者，以扩大市场阵地；中小企业资金薄弱，往往更注重吸引经常使用者。当然，企业对潜在使用者和经常使用者要酌情运用不同市场营销组合，采取不同的市场营销措施。

4. 使用率细分。许多商品的市场还可以按照消费者对某种产品的使用率，如少量使用者、中量使用者、大量使用者来细分。这种细分又叫作数量细分。大量使用者往往在实际和潜在购买者总数中所占比重不大，但他们所消费的商品数量在商品消费总量中所占比重却很大。研究表明，某种产品的大量使用者往往有某些共同的人格、心理特征和广告媒体习惯。企业掌握了相关市场信息，就可据以合理定价、撰写适当的广告词和选择适当的广告媒体。

5. 忠诚度细分。企业还可以按照消费者对品牌的忠诚度来细分消费者市场。所谓品牌忠诚，是指由于价格、质量等诸多因素的引力，使消费者对某一品牌的产品情有独钟，形成偏爱并长期购买这一品牌产品的行为。品牌忠诚度的高低，可用顾客重复购买次数、购买挑选时间和对价格的敏感程度等标准进行衡量。按照消费者对品牌的忠诚度这种行为变量，可以把所有的消费者细分为坚定品牌忠诚者、有限品牌忠诚者、游移忠诚者和非忠诚者四类不同的消费者群。每一个市场都包含不同程度的上述四种类型的消费者群。坚定品牌忠诚者人数多、比重大的市场叫作品牌忠诚市场。显然，某些企业要想进入这种市场是困难的。即使已进入，要想提高市场占有率也不容易。企业通过分析研究上述四种类型的消费者群，可以发现问题，以便采取适当措施，改进市场营销工作。

6. 待购阶段细分。任何时候，人们都处于购买某种产品的不同阶段。在某种产品的潜在市场上，有些消费者根本不知道有这种产品，有些消费者知道有这种产品，有些消费者已得到信息，有些消费者已产生兴趣，有些消费者正考虑购买，有些消费者已决定购买。企业之所以要按照消费者待购阶段来细分消费者市场，是因为企业对处在不同待购阶段的消费者，必须酌情运用适当的市场营销组合，采取适当的市场营销方案，才能促进销售，提高经营效益。

7. 态度细分。企业还要按照消费者对产品的态度来细分消费者市场。消费者对某种产品的态度有五种：热爱、肯定、不感兴趣、否定和敌意。企业对持不同态度的消费者群，应分别采取不同的市场营销对策。例如，对那些不感兴趣的消费者，企业要找出他们不感兴趣的原因，并通过适当的营销策略，使他们转变为感兴趣的消费者。

（五）组合效用细分

除了上述四种细分依据，还可以采用目前国际流行的更为综合的方法进行市场细分，即运用组合效用进行细分。组合效用测量的是某个特征水平上的消费者偏好，然后与多特征评价联合在一起，测量对总体选择的偏好。组合分析根据消费者在决策中所显示的特征权重来确定他们的偏好。一般在个体水平上对这些权重或效用进行评价。细分使得那些具有相似的偏好模式以及对特定的产品特征有相似权重的顾客，与其他具有不同模型的顾客群区分开来。为了根据组合效用完成市场细分，首先必须在顾客个体水平上确定效用分数。然后，把那些具有相似看法的个体归为一类。一般采用聚类分析的方法。

三、产业市场细分的依据

细分产业市场的变量，除了与消费者市场细分变量相同的变量（如利益、使用者、使用率、忠诚度、待购阶段、态度等），还有最终用户、顾客规模等常用的变量。

（一）最终用户

在产业市场上，不同的最终用户对同一种产业用品的市场营销组合往往有不同的要求。例如，电脑制造商采购产品时最重视的是产品质量、性能和服务，价格并不是考虑的最主要因素；飞机轮胎必须达到的安全标准比农用拖拉机轮胎必须达到的安全标准高得多等。因此，企业对不同的最终用户要相应地运用不同的市场营销组合，采取不同的市场营销手段，以投其所好，促进销售。

（二）顾客规模

顾客规模也是细分产业市场的一个重要变量。许多公司建立适当的制度来分别与大顾客和小顾客打交道。例如，一家办公室用具制造商按照顾客规模将其顾客细分为两类顾客群：一类是大客户，由该公司的全国客户经理负责联系；另一类是小客户，由推销人员负责联系。

（三）其他变量

许多公司实际上不是用一个变量，而是用几个变量，甚至是一系列变量来细分产业市场。

四、市场细分的有效标志

从企业市场营销的角度看，并不是所有的子市场都有意义。有效的市场细分，必须使细分后的市场具备如下条件。

（一）可区分性

指在不同的子市场之间，在概念上可清楚地加以区分。例如女性化妆品市场可依据年龄层次和肌肤的类型等变量加以区分。

（二）可测量性

即细分后的子市场的大小及其购买力的数据资料应能够加以测量和推算，否则，将不能作为制定市场营销方案的依据。例如在我国电冰箱市场上，在重视产品质量的情况下，有多少人更注重价格，有多少人更重视耗电量，有多少人更注重外观，或兼顾几个方面。

（三）可进入性

即企业细分后的子市场应能够借助营销努力达到进入的目的，企业的营销组合策略等能够在该市场上发挥作用。例如，通过适当的营销渠道，产品可以进入所选中的目标市场；通过适当的媒体可以将产品信息传达到目标市场，并使有兴趣的消费者通过适当的方式购买到产品等。

（四）可营利性

即细分后的市场有足够的需求潜量且有一定的发展潜力，其规模足以使企业有利可图。这是因为消费者的数量与企业利润密切相关。

相关链接：　　　　　　　　**市场细分的一般过程**

- 选择细分变量（称为基本变量）；
- 选择数据分析方法；
- 应用方法识别细分市场；
- 利用基本变量和其他变量描述所有的细分市场；
- 选择目标细分市场；
- 为每个目标细分市场制定营销组合。

资料来源：［美］詹姆斯·H. 迈尔斯. 市场细分与定位［M］. 北京：电子工业出版社，2005.

任务二　掌握目标市场选择

营销情境 6－2

川菜、湘菜期待辣味分级

食客都知道，不吃辣，就可能无福享用到世上一半的美食佳肴，但喜欢吃辣的人，却又常因找不准适合自己的辣度而备受困扰——辣过头，会忙着找冰水猛灌，不够辣又嫌不过瘾，这都是因为辣椒类调味品没有标明辣度引来的麻烦，如果能像酒类标明酒精度数一样，明确标出辛辣程度等级，那该多好！

音频：
营销情境 6－2
分析提要

第 97 届全国糖酒商品交易会（以下简称"糖酒会"）上，重庆火锅、小面等以"辣"为特色的商家集体亮相，受到全国客商追捧。展会上，德庄集团今年则首次将火锅底料辣度明确标示出来，提出了"李氏辣度"概念，将火锅底料分为 12 度、36 度、45 度、52 度、65 度五种辣度，度数越高，口感越辣。据称，川渝两地的人群中，大部分能承受的辣度为 45 度。"以前火锅底料都只有微辣、中辣、特辣等，表述太模糊，现在有了明确划分，更方便顾客分辨、购买。"来自河南的客商许先生说。

过去市场上出售的果汁因为纯度不同，售价屡有争议，后来清楚地标明原汁比例后，消费者有所选择，问题就解决了。有鉴于此，为了让广大的消费者吃得更安全，辣度也应该明示。但许多餐饮从业人员对此表示怀疑。"每个人对辣度接受程度并不一样，即使标识出多少辣度，消费者又怎能知道实际辣到什么地步？它不像酒类酒精度标识，能够马上让消费者明白酒精浓度。"经营川菜多年的王先生认为。不过，部分辣椒调味品从业者却有不同看法，对不喝酒或初饮者而言，酒精度多少一样没什么概念，接触久了，培养喝酒前先看标志的习惯之后，自然能感觉到酒精度标示的意义。如果辣椒酱甚至辣味食品都能标示辣度，对于消费者应该有积极的意义。

实际上，在国外有些地区的产品已标明辣度，供消费者参考。标明辣度使用的单位是史高维尔单位（Scoville Units）。辣椒会辣，是因为其中含有辣椒素（capsaicin）。早在 1912 年，药师 Wibur Scoville 就发明了测量辣椒素含量多少的方法，也就是辣椒用水稀释到多少倍，才能使舌尖感受不到辣味。需要越多的水稀释的辣椒，代表它辣得越够劲儿，目前标明辣度的单位即以此命名。

资料来源：杨艺. 分不清微辣与特辣？火锅有了辣度划分 [N]. 重庆日报，2017 – 11 – 12.

思考：辣味的细分怎样体现营销价值？

一、目标市场涵盖战略

企业在决定为哪些子市场服务，即确定其目标市场涵盖战略时，有三种选择。

1. 无差异市场营销。无差异市场营销是指企业在市场细分之后，不考虑各子市场的特性，而只注重子市场的共性，决定只推出单一产品，运用单一的市场营销组合，力求满足尽可能多的顾客的需求。这种战略的优点是产品的品种、规格、款式简单统一，有利于标准化及大规模生产，有利于降低生产、存货、运输、研发、促销等成本费用。其主要缺点是单一产品要以同样的方式广泛销售并让所有购买者都满意是不可能的。特别是当同行业中有几家企业都实行无差异市场营销时，在较大的子市场中的竞争将会日益激烈，而在较小的子市场中的需求却得不到满足。由于较大的子市场内的竞争异常激烈，因而往往是子市场越大，利润越小。这种追求最大子市场的倾向叫作"多数谬误"。充分认识这一谬误的严重性，能够促使企业增强进入较小子市场的兴趣（见图 6 – 2）。

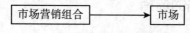

图 6 – 2　无差异市场的营销

例如可口可乐的案例，国际上运用无差异性市场策略最成功的是可口可乐公司。它在世界各地都用这种牌子，用相同的策略。可口可乐公司从 1886 年创立以来，一直采用无差异性市场策略，生产一种口味、一种配方、一种包装的产品满足世界 156 个国家和地区的需求，称作"世界性的清凉饮料"。1985 年，可口可乐公司宣布了要改变配方的决定，不料成千上万个电话打到公司，对公司改变可口可乐的配方表示不满和反对。该公司不得不继续大批量生产传统配方的可口可乐。

2. 差异市场营销。差异市场营销是指企业决定同时为几个子市场服务，设计不同的产品，并在渠道、促销和定价方面都加以相应的改变，以适应各个子市场的需要（见图 6 – 3）。企业的产品种类如果同时在几个子市场都占有优势，就会提高消费者对企业的信任感，进而提高重复购买率；而且，通过多样化的渠道和产品线进行销售，通常会使总销售额增加。差异市场营销的主要缺点是会使企业的生产成本和市场营销费用（如产品改进成本、生产成本、管理费用、存货成本、促销成本等）增加。有些企业曾实行超细分战略，即许多市场被过度地细分，导致产品价格不断上涨，影响产销数量和利润。于是，一种被称为反市场细分的战略应运而生。反细分战略并不反对市场细分，而是将多个过于狭小的子市场组合起来，以便能以较低的价格去满足这一市场的需求。

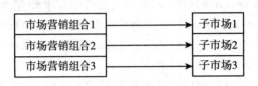

图 6 - 3　差异市场的营销

3. 集中市场营销。集中市场营销是指企业集中所有力量，以一个或少数几个性质相似的子市场作为目标市场，试图在较少的子市场上实现较大的市场占有率（见图 6 - 4）。实行集中市场营销的企业，一般是资源有限的中小企业，或是初次进入新市场的大企业。由于服务对象比较集中，对一个或几个特定子市场有较深的了解，而且在生产和市场营销方面实行专业化，可以比较容易地在这一特定市场取得有利地位。因此，如果子市场选择得当，企业可以获得较高的投资收益率。但是，实行集中市场营销有较大的风险，因为目标市场范围比较狭窄，一旦市场情况突变、竞争加剧或消费偏好改变，企业可能陷入困境。

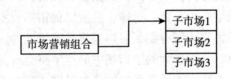

图 6 - 4　集中市场的营销

二、目标市场涵盖战略的选择

上述三种目标市场涵盖战略各有利弊，企业在选择时需考虑五方面的因素，即企业资源、产品同质性、市场同质性、产品所处的生命周期阶段、竞争对手的目标市场涵盖战略等。

（一）企业资源

如果企业资源雄厚，可以考虑实行差异市场营销；否则，最好实行无差异市场营销或集中市场营销。

（二）产品同质性

产品同质性是指产品在性能、特点等方面差异性的大小。对于同质产品或需求上共性较大的产品，一般宜实行无差异市场营销；反之，对于异质产品，则应实行差异市场营销或集中市场营销。

（三）市场同质性

如果市场上所有顾客在同一时期偏好相似，购买的数量相似，并且对市场营销刺激的反应相似，则可视为同质市场，宜实行无差异市场营销；反之，如果市场需求的差异较大，则为异质市场，宜采用差异市场营销或集中市场营销。

（四）产品所处的生命周期阶段

处在导入期和成长期的新产品，市场营销的重点是启发和巩固消费者的偏好，最好实行无差异市场营销或针对某一特定子市场实行集中市场营销。当产品进入成熟期后，市场竞争激烈，消费者需求日益多样化，可改用差异市场营销战略以开拓新市场，满足新需求，延长产品生命周期。

（五）竞争对手的目标市场涵盖战略

一般说来，企业的目标市场涵盖战略应与竞争者有所区别，反其道而行之。如果强大的竞争对手实行的是无差异市场营销，则企业应实行集中市场营销或更深一层的差异市场营销；如果企业面临的是较弱的竞争者，必要时可采取与之相同的战略，凭借实力击败竞争对手。

任务三　确定市场定位

营销情境 6–3

红米的"初来乍到"

2013 年 8 月 12 日小米手机子品牌"红米"手机首次发布，仅仅上线 90 秒 10 万台就告售罄，上线 11 天就有 745 万人次预约购买。事实上，仅 2013 年上半年小米就售出了 702 万台手机，含税营业收入达到 132.7 亿元。据彭博社报道，在竞争激烈的中国智能手机市场，2013 年第二季度，这个没有任何硬件制造背景的公司 5% 的手机市场份额已经超过苹果 iPhone4.8% 的市场份额。

音频：营销情境 6–3 分析提要

小米手机一直定位于为用户提供高性价比的智能手机，这一定位也深受中国市场用户的喜爱。小米公司创始人、董事长雷军说，小米之所以能在短短 3 年时间高速成长，关键在于首创了"互联网手机品牌"这一模式——用互联网模式研发、营销、销售，颠覆了手机行业的传统做法。与多数国内外主流手机厂商不同，小米公司只做技术含量、附加值高的研发和市场，占领微笑曲线的两端。

除了网络运营商的定制机外，小米手机只通过电子商务平台销售，最大限度地省去传统销售在物流和中间商等环节以实现低价。更重要的是，小米不打算只靠硬件领域的"摩尔定律"挣钱。miui 手机操作系统提供了应用商店、游戏中心、云服务、安全软件、音乐、视频、读书、浏览器等多个模块的服务，客户享受这些服务的同时，也将根据各自需求进行消费，能在如此激烈的市场竞争中突围，小米的定位、盈利模式、关键资源能力等商业模式要素起到了至关重要的作用。

资料来源：余荣华. 上半年卖 702 万台 小米手机市场份额超苹果 iPhone ［EB/OL］. 人民网，http：1/he. people. com. cn/n/2013/0822/ⅽ192235 - 19366573. html，2013 - 08 - 22.

思考：红米手机的定位为其赢得了哪些竞争优势？

随着市场经济的发展，在同一市场上有许多同种产品出现。企业为了使自己生产或销售的产品获得稳定的销路，要从各方面赋予产品一定的特色，树立产品鲜明的市场形象，以求在顾客心目中形成稳定的认知和特殊的偏爱，这就是市场定位。

一、市场定位的含义

市场定位是指企业针对潜在顾客的心理进行营销设计，创立产品、品牌或企业在目标顾客心目中的某种形象或个性特征，保留深刻的印象和独特的位置，从而取得竞争优势。市场定位的实质是取得目标市场的竞争优势，确定产品在顾客心目中的适当位置并留下深刻的印象，以吸引更多的顾客。因此，市场定位是市场营销战略体系中的重要组成部分，它对于树立企业及产品的鲜明特色，满足顾客的需求，从而提高企业的市场竞争力具有重要的意义。

二、市场定位的步骤

市场定位的关键是企业要设法在自己的产品中找出比竞争者更具有竞争优势的特性。竞争优势一般有两种基本类型：一是价格竞争优势，即在同样的条件下制定比竞争者更低的价格，这就要求企业采取一切措施，力求降低单位成本。二是偏好竞争优势，即能提供确定的特色来满足顾客的特定偏好，这就要求企业努力在产品特色上下功夫。因此，企业市场定位的全过程可以通过以下三大步骤来完成，即确认本企业的竞争优势，准确地选择相对竞争优势，明确显示独特的竞争优势。

（一） 确认本企业的竞争优势

这一步骤的中心任务是回答以下三大问题：一是竞争对手的产品定位如何；二是目标市场上足够数量的顾客欲望满足程度如何以及还需要什么；三是针对竞争者的市场定位和潜在顾客真正需要的利益要求企业应该和能够做什么。要回答这三个问题，企业市场营销人员必须通过一切调研手段，系统地设计、搜索、分析并报告有关上述问题的资料和研究结果。通过回答上述三个问题，企业就可从中确定自己的竞争优势。

（二） 准确地选择相对竞争优势

相对竞争优势表明了企业能够胜过竞争者的现实和潜在能力。准确地选择相对竞争优势是一个企业各方面实力与竞争者的实力相比较的过程。通常的方法是分析、比较企业与竞争者在下列七个方面的优势与劣势，来准确地选择相对竞争优势。（1）经营管理方面。主要考察领导能力、决策水平、计划能力、组织能力以及个人应变的经验等指标。（2）技术开发方面。主要分析技术资源（如专利、技术诀窍等）、技术手段、技术人员能力和资金来源是否充足等指标。（3）采购方面。主要分析采购方法、存储及运输系统、供应商合作以及采购人员能力等指标。（4）生产方面。主要分析生产能力、技术装备、生产过程控制以及员工素质等指标。（5）市场营销方面。主要分析销售能力、分销网络、市场研究、服务与销售战略、广告、资金来源等是否充足以及市场营销人员的能力等指标。（6）财务方面。主要考察长期资金和短期资金的来源及资金成本、支付能力、现金流量以及财务制度等指标。（7）产品方面。主要考察可利用的特色、价格、质量、支付条件、包装、服务、市场占有率、信誉等指标。

（三）明确显示独特的竞争优势

这一步骤的主要任务是企业要通过一系列宣传促销活动，将其独特的竞争优势准确传达给潜在顾客，并在顾客心目中留下深刻印象。为此，企业首先应使目标顾客了解、知道、熟悉、认同、喜欢和偏爱本企业的市场定位，在顾客心目中建立与该定位相一致的形象。其次，通过一切措施努力强化市场形象，保持与目标顾客的沟通，稳定目标顾客的态度，加深目标顾客的感情来稳固企业的市场地位。最后，应注意目标顾客对其市场定位理解出现的偏差或由于企业市场定位宣传上的失误而造成的目标顾客的模糊、混乱和误会，及时纠正与市场定位不一致的现象。

三、市场定位的依据

在营销实践中，企业可以根据产品的属性、利益、价格、质量、用途、使用者、使用场合、竞争者等多种因素或其组合进行市场定位。具体来讲，市场定位的主要依据包括如下方面。

（一）产品属性定位

即在重要属性上，确定本产品在消费者心目中相对于竞争品而言的地位。通过了解当前消费者如何看待公司的产品或品牌，企业可以寻求改变它未来在消费者心目中的地位。如某啤酒企业根据自身产品在消费者心目中"清新"的形象，推出苦味适度的啤酒，用来满足那些喜欢淡啤酒的消费者的需求。

深入理解消费者是产品有效定位的关键所在。在确定产品定位和顾客偏好的过程中，公司可以从消费者那里获得产品的重要属性、自有品牌的市场位置、其他品牌的市场位置。利用这些资料，可以建立感知图，这是一种从两个维度描述产品或品牌在消费者心目中地位的方法。这种方法能够很好地区分与竞争品牌相比的竞争优势，合理采取营销行动。

（二）顾客利益定位

即根据产品带给消费者的某项特殊利益定位。如一些连锁超市强调"天天平价"，吸引了很多精于算计的顾客。

（三）产品用途定位

即根据产品的某项用途定位。如广告词为"怕上火喝王老吉"的王老吉凉茶，把自己定位于消暑降火的功能饮料。

（四）使用者定位

即针对不同的产品使用者进行定位，从而把产品引导给某一特定顾客群。例如有的企业将性质温和的婴儿洗发液推荐给留长发的天天洗头的年轻人。

（五）使用场合定位

即一些产品可以用多种不同的使用场合进行定位。如小苏打可以作为冰箱除味剂，也可以作为调味汁和卤肉的配料，不同的企业可以据此进行不同的定位。

（六）竞争者定位

即以某知名度较高的竞争者为参考点来定位，在消费者心目中占据明确的位置。如七喜饮料的广告语"七喜非可乐"在一定程度上强化了七喜在消费者心目中的形象。

相关链接：	**七喜，非可乐**

"非可乐"（uncola）定位法通过把产品与已经占据预期客户大脑的东西联系到一起，把"七喜"确定为可以替代可乐的一种饮料（可乐类阶梯可以看作是这样分的：第一层是可口可乐；第二层是百事可乐；第三层就是七喜）。

资料来源：［美］里斯等．定位：头脑争夺战［M］．北京：中国财政经济出版社，2002.

（七）质量价格组合定位

如海尔家电产品定位于高价格、高品质；华联超市定位于"天天平价，绝无假货"。

四、市场定位的方法

（一）初次定位

初次定位是指新成立的企业初入市场，企业新产品投入市场，或产品进入新市场时，企业必须从零开始，运用所有的市场营销组合，使产品特色符合所选择的目标市场。但是，企业要进入目标市场时，往往是竞争者的产品已在市场露面或形成了一定的市场格局。这时，企业就应认真研究竞争对手的同一种产品在目标市场上的位置，从而确定本企业产品的有利位置。

（二）重新定位

重新定位是指企业变动产品特色，改变目标顾客对其原有的印象，使目标顾客对其产品新形象有一个重新的认识过程。市场重新定位对于企业适应市场环境、调整市场营销战略是必不可少的。企业产品在市场上的定位即使很恰当，但在出现下列情况时也需考虑重新定位：第一，竞争者推出的市场定位于本企业产品的附近，侵占了本企业品牌的部分市场，使本企业品牌的市场占有率有所下降；第二，消费者偏好发生变化，从喜爱本企业某品牌转移到喜爱竞争对手的某品牌。

企业在重新定位前，尚需考虑两个主要因素：一是企业将自己的品牌定位从一个子市场转移到另一个子市场时的全部费用；二是企业将自己的品牌定在新位置上的收入有多少，而收入多少又取决于该子市场上的购买者和竞争者情况，以及在该子市场上销售价格能定多高等。

（三）对峙定位

对峙定位是指企业选择靠近现有竞争者或与现有竞争者重合的市场位置，争夺同样的顾客，彼此在产品、价格、分销及促销等各个方面差别不大。

（四）避强定位

避强定位是指企业回避与目标市场上的竞争者直接对抗，将自身的位置确定于市场"空白点"，开发并销售目前市场上还没有的某种特色产品，开拓新的市场领域。

例如宝洁公司的 USP 定位，作为"USP（unique selling proposition）"定位策略追随者的宝洁公司，长期且有效地坚持贯彻着这个策略。以洗衣粉为例，宝洁相继推出了汰渍（Tide）、快乐（Chear）、波尔德（Bold）、德莱夫特（Drett）、象牙雪（Ivory Snow）、伊拉（Era）等 9 种品牌，每个品牌都有它独特的 USP。汰渍是"去污彻底"；快乐是"洗深并保护颜色"；波尔德是"使衣物柔软"；德莱夫特是"适于洗涤婴儿衣物"；象牙雪是"去污快"；伊拉则声称"去油漆等顽污"。

再以洗发水为例，宝洁公司在中国市场上推出的"海飞丝"，其海蓝色的包装，首先让人联想到蔚蓝色的大海，带来清新凉爽的视觉效果，"头屑去无踪，秀发更干净"的广告语，更进一步在消费者心目中树立起"海飞丝"去头屑的信念；"飘柔"，从品牌名字上就让人明白了该产品使头发柔顺的特性，草绿色的包装给人以青春美的感受，"含丝质润发素，洗发护发一次完成，令头发飘逸柔顺"的广告语，再配以少女甩动如丝般头发的画面，更深化了消费者对"飘柔"飘逸柔顺效果的印象；"潘婷"，以瑞士生命研究院的维他命原B5 为诉求点，用了杏黄色的包装，首先给人以营养丰富的视觉效果；"沙宣"则特别强调的是专业护理。

案例分析：贝因美婴儿奶粉：STP 策略营销巧占市场

在中国，婴幼儿食品产业一直是潜力无穷的朝阳产业。国内外厂商着力开发奶粉等哺乳期食品，使这片市场空前繁荣。

一、市场细分

1. 在高端婴儿奶粉市场，以惠氏、美赞臣为首的外资品牌，凭借专业药厂制造优势，主要采用医务推广为主（核心为"游说医生"+"医务讲座"+"一对一数据库营销"），专业杂志及电视媒体为辅的营销模式，以大城市为中心辐射周边地区，销量连年攀升。

文本：分析
思路

2. 在中高端婴儿奶粉市场，以多美滋、力多精为首的外资品牌，凭借多年的奶粉行业运作经验，斩获颇丰，特别是多美滋采用强医务推广及强广告拉动的推广模式，以华东为据点拓展全国市场，在富饶的上海、浙江、江苏等省份，其第一品牌的地位不可动摇。

3. 在中低端婴儿奶粉市场，以三鹿、伊利、完达山为首的本土奶业品牌，凭借低成本奶源等资源优势不甘示弱，采用消费品公司最常用的央视广告推广为主、终端导购为辅的推广模式，在中国广袤的农村及中小城市的销量占据明显的优势地位。

4. 在低端市场，各种杂牌奶粉采用利润驱动型的通路模式（即利用出厂价到零售价之间的巨大利润，促使经销商及零售商为了获取更高利润而主动向顾客推荐购买的方式）横行于消费能力低下的贫困农村地区。

二、目标群体的精确锁定

经谨慎的分析抉择，贝因美锁定了具有以下特征的顾客群体。（1）年龄：22~35 岁，有 0~3 岁小孩的年轻妈妈。（2）家庭月收入：中等及以上（2 000 元/月以上）。（3）母亲学历：高中为主，初中为辅，再次为大专生。（4）职业：普通工人和个体工商户为主，专业技术人员次之，而将办公室白领及政府公务员视为非主力购买群体。（5）地理位置：中小城市及大城市郊县，重点乡镇为主，城市中心区为辅。（6）心理及行为特征：喜欢看婴幼儿专业杂志，晚上喜欢言情类电视剧，育儿知识来源于杂志或书籍、长辈及医生，相信专家但不崇洋媚外，希望宝宝幸福快乐，自己向往有个性的生活。

三、产品及品牌定位

1. 产品定位。国产高档精品奶粉是一个巨大的市场空缺，高档婴儿奶粉一直是外资品牌的天下。"贝因美——您的育婴专家""宝贝因你而健康美丽"，品牌联想丰富（如婴儿的、爱心的、温馨的、美好的等）。"贝因美——您的育婴专家"是贝因美十年如一日的品牌口号，进一步体现"专业的、有知识的、安全的、权威的"等品牌内涵。

2. 品牌定位——婴儿专用奶粉。"中国宝宝第二餐"——这是贝因美的广告口号。顾客既相信专家，也相信专业。贝因美只生产婴儿奶粉系列，所以有理由推出"贝因美——婴儿专用奶粉"的品牌定位。

市场是无情的，但市场的机会无时不在。贝因美公司通过 STP 目标营销策略的贯彻与实施，使其婴儿奶粉上市后销量一路攀升，市场地位日益提高。贝因美如今已然成为浙江国产高档婴儿奶粉数一数二的品牌。

资料来源：罗建幸等. 贝因美婴儿奶粉 ——差异化营销巧占市场［J］. 销售与市场，2004（09）：60－62.

讨论问题：

1. 贝因美是怎样细分市场的？
2. 贝因美的目标市场选择与市场定位有何特色？
3. 你认为贝因美的 STP 战略有没有需要改进的地方？对此你有何建议？

情境讨论和能力训练

训练主题：目标市场营销：我的地盘我做主

训练目的：实际体验与认知、操作目标市场营销战略的分析与制定。

训练方案：

1. 人员：3~5 人组成一个小组，以小组为单位训练。

2. 时间：与项目六教学时间同步。

3. 方式：结合你所在城市，分组做一次市场调研，调研该市一级商圈的经营状况，对照上海商业形成的互补型商圈（参见下文商圈资料），谈谈它的经营特色和市场定位的特点。

资料：在越来越激烈的市场竞争中，上海的商业正逐步形成多个经营互补型的商圈。在上海的徐家汇路口，东方商厦、太平洋百货、第六百货三家大商厦隔路相望。此前，三家商厦也曾摆出拼个你死我活的架势，但很快认识到恶性竞争只会带来三败俱伤。于是各家商场主要在突出自己的经营特色上下功夫：东方商厦主要针对中高收入顾客，突出商品档次，向精品店方向发展；太平洋百货则成为流行时尚的窗口，主要吸引以女青年为主的青年消费者；第六百货则以实惠诱人，坚持以薄利多销、便民利民为经营方向。例如彩电，东方商厦主要经营大屏幕进口彩电；第六百货则主要经营国产彩电；太平洋百货则基本不经营彩电。

这三家商厦此后销售额不但没滑坡，而且都在增长，在上海市单位面积中销售和利润名列前茅，徐家汇也成为上海新的中心商业区。目前，这三家商场成立了"徐家汇地区商场老总联谊会"，定期研究分析市场形势，合理划分各自经营范围，共同发展。第六百货还出资修建一条空中走廊，把本店和太平洋百货连接起来。

位于南京路上的中百一店、华联商厦、新世界是上海商界三大巨头，由于它们各自经营范围有别，利益冲突不大，能做到联手繁荣南京路，为中华商业第一街的繁荣作出了贡献。

上海各商圈因地理位置不同，在整体经营上也有差异，如金三角商圈，主要吸引外资机构、高收入白领阶层；南京路上的商圈则针对国内旅游购物者，以大众化名品为主。

本项目思考题

1. 组合效用细分具有哪些特点？
2. 衡量消费者品牌忠诚度高低的标准是什么？
3. 企业市场细分依据的特点是什么？
4. 怎样的市场细分才是有效的？
5. 企业在制定目标市场涵盖战略时应该考虑哪些因素？

项目七

听故事悟原理
（情感化的
产品设计）

课程思政
（中国制造）

项目七课件

制定产品策略

■ 目标描述

知识目标：

1. 了解产品整体概念和传统产品概念的差别，认识该概念的意义所在；

2. 理解产品生命周期各阶段特点及其对应可行的营销策略；

3. 体会服务的特点，服务质量管理的主要方法；

4. 理解网络产品的层次及特点。

技能目标：

1. 掌握分析和评价产品组合策略的方法，以及如何对产品组合进行调整；

2. 掌握识别竞争者的主要方法；

3. 熟悉企业在品牌战略中需要考虑的因素，以及在何种情况下适合进行品牌扩展和实施多品牌策略。

■ 工作任务导图（见图7-1）

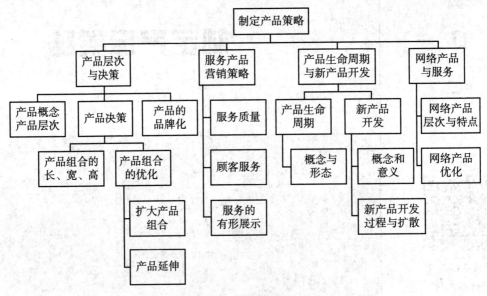

图7-1 制定产品策略工作任务

■ 重要概念

产品整体概念 产品组合 产品组合宽度 产品组合长度 产品组合深度 产品组合关联度 产品品牌 品牌资产 服务 新产品开发 产品生命周期 网络产品

任务一　认识产品层次

营销情境 7-1

蜂蜜的故事品牌

蜂蜜的故事（bees story）品牌的决策者深入理解包装的功能作用，他认为包装是"商品的脸面"，它在零售环节取代了售货员而成为无声的推销员。过去，蜂蜜往往是装在罐子中的，很多人在食用蜂蜜的时候会感到不便，往往会将黏稠的蜂蜜洒在罐子外面，同时外出携带大罐的蜂蜜也十分不便。将蜂蜜包装在一个一个的独立小包装袋中，既解决了罐装蜂蜜不易取用的问题，而且使蜂蜜的外出携带变得十分便捷。这种更新包装的策略使蜂蜜的故事品牌在同类

音频：营销情境
7-1 分析提要

产品中独树一帜，获得了较高的附加价值。一般说来，商品的内在质量是市场竞争能力的基础，而如果优质的产品没有优质的包装相匹配，在市场上就会削弱竞争能力，降低"身价"。零售品牌中，得益于包装的例子还有许多，如苏州的檀香扇在香港市场上的售价原为65元，由于改用成本5元的锦盒包装，售价提高到165元，且销量大增；驰名中外的贵州茅台酒，仅在瓶颈上系了一根红绸带，在欧美市场售价就提高5美元。

在现代经济生活中，"包装"一词被人们越来越广泛地运用，它既可用来指盛装商品的容器，也可指把产品装入包装物中的行为，还可指对产品的包装物进行设计的管理活动。作为整体产品的组成部分，包装的意义已经远远超越了作为容器保护商品的作用，而逐步成为树立企业形象、扩大商品销售的重要因素之一。其功能包括：（1）保护产品，在流通过程中遭受各种可能的损害。（2）提供便利，既便于卖方对产品的运输、储存和管理，也便于消费者对产品的识别、购买、携带和使用，便于整个交易活动。（3）促进销售，经过包装美化以后，产品区别于同类竞争商品，引起消费者对产品的注意和喜爱，促成更多的购买行为。（4）包装能够提高产品的附加值，顾客因此而愿意支付的价格远远高于包装的附加成本，从而大幅度提高企业的利润水平。

然而，近年来商品过度包装的现象从线下实体蔓延到线上，线上售卖产品的商家希望通过包装，让消费者感受到"仪式感"，将产品包装层层包裹：防尘袋、纸袋、小卡片、充气袋、纸箱塑料外包装，用信封装起来的退换货卡片……蜂蜜的故事品牌电商渠道获得的消费者反馈中，就有不少消费者提及品牌的过度包装问题，认为"一定程度上，这些包装很好地保护了产品，但大多时候，产品包装带来了商品过度包装"。消费者认为"蜂蜜的故事品牌包装容器过大，与内装小罐装商品不协调""预留空间过大，包装费用占商品总价值比例过高"……超出商品销售基本需求的包装被认为是过度包装，是一种功能与价值过剩的产品包装状态，从量上看，表现为包装体积过大和虚泡，如所用材料过多，体积过大，装饰奢华；从质上看，表现为

包装性能扭曲或有欺诈之嫌，如保护、传达、方便、装饰功能过剩。在今天电商时代，更需要被重视。否则，消费者拆包裹的过程中，感受到的不是"仪式感"，而是满满的过度消费的负重感。

资料来源：杨勇，陈建萍. 市场营销：理论、案例与实训（第四版）[M]. 北京：中国人民大学出版社，2019.

思考：蜂蜜的故事（bees story）品牌最终取得成功在产品的哪个层次上下了功夫？观察市场上过度包装的现象，考虑过度包装的危害性。

一、产品的整体概念

所谓产品，是指能够提供给市场的用于满足人们某种欲望和需要的任何事物，包括实物、服务、场所、组织、思想、主意等。产品整体概念包含核心产品、有形产品和附加产品三个层次（见图 7 - 2）。

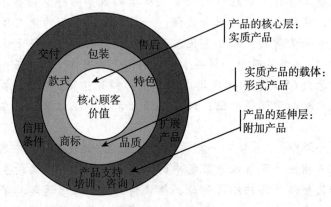

图 7 - 2　产品层次

（一）核心产品

核心产品又叫实质产品，是指消费者购买某种产品时所追求的利益，是顾客真正要买的东西，是产品概念中最主要的部分。消费者购买某种产品，并不是为了占有或获得产品本身，而是为了获得能满足某种需要的效用或利益。

（二）有形产品

有形产品是指核心产品的载体，即向市场提供的实体和服务可识别的形象表现。如果有形产品是实体物品，则它在市场上通常表现为产品质量水平、外观特色、式样、品牌名称和包装等。产品的基本效用必须通过某些具体的形式才能得以实现。营销者应首先着眼于顾客购买产品时所追求的利益，以求更完美地满足顾客需要，从这一点出发再去寻求利益得以实现的形式，进行产品设计。

（三）附加产品

附加产品是指顾客购买有形产品时所获得的全部附加服务和利益，包括提供信贷、免费送货、保险、安装、售后服务等。附加产品的概念源于对市场需要的深入认识。因为购买者的目的是满足某种需要，因而他们希望得到与满足该项需要有关的一切。新的竞争不是发生在各个公司的工厂生产什么产品方面，而是发生在其产品能提供何种附加利益方面如包装、服务、广告、顾客咨询、融资、送货、仓储及具有其他价值的形式（见图7-2）。

二、产品组合的宽度、长度、深度和关联度

在企业的市场营销组合策略中，产品策略是企业市场营销活动的主要内容，是整个市场营销组合策略的基础。因此，科学地制定企业的产品策略，不断地开发新产品，努力提高产品质量，优化产品组合，增强产品的竞争力，对于企业做好市场营销工作具有极其重要的意义。

所谓产品组合，是指某一企业所生产或销售的全部产品大类、产品项目的组合。产品大类（又称产品线）是指产品类别中具有密切关系（或经由同种商业网点销售，或同属于一个价格幅度）的一组产品。产品项目（又称产品品种）是指某一品牌或产品大类内由尺码、价格、外观及其他属性来区别的具体产品。

产品组合有一定的宽度、长度、深度和关联度。所谓产品组合的宽度，是指一个企业拥有多少个产品大类，也即所拥有的产品线个数（产品线）。企业增加产品组合的宽度，即增加产品大类，扩大经营范围，甚至跨行业经营，实行多角化经营，可以充分发挥企业的特长，使企业尤其是大企业的资源、技术得到充分利用，提高经营效益。此外，实行多角化经营还可以减少风险。

企业增加产品组合的长度和深度，是指产品组合中包含的产品项目总数，即每种产品有多少花色、品种、规格（长×宽）。增加产品项目，增加产品的花色、式样、规格可以迎合广大消费者的不同需要和爱好，以吸引更多顾客。企业增加产品组合的关联度，则可以提高企业在某一地区、某一行业的市场地位，充分发挥企业的技术、生产和销售能力。所谓产品组合的关联度，是指一个企业的各个产品大类在最终使用、生产条件、分销渠道等方面的密切相关程度。在市场营销战略上具有重要意义（见表7-1）。

表7-1　　　　　　　　联合利华（中国）公司产品线的宽度和长度

	产品组合宽度		
	个人护理	食品	家庭日化
产品组合长度	多芬	和路雪	奥妙
	清扬	立顿	金纺
	旁氏	家乐	中华
	力士		Bluair
	夏士莲		阳光
	舒耐		
	凡士林		
	丝道绮		

资料来源：https://www.unilever.com.cn.

三、产品组合的优化和调整

企业在调整和优化产品组合时，根据不同的情况，可选择如下策略：

（一）扩大产品组合

扩大产品组合包括拓展产品组合的宽度和增强产品组合的深度。前者是在原产品组合中增加一个或几个产品大类，扩大产品经营范围；后者是在原有产品大类中增加新的产品项目。当企业预测现有产品大类的销售额和利润额，在未来一段时间有可能下降时，就应考虑在现行产品组合中增加新的产品大类，或加强其中有发展潜力的产品大类；当企业打算增加产品特色，或为更多的子市场提供产品时，则可选择在原有产品大类内增加新的产品项目。一般地，扩大产品组合，可使企业充分地利用人、财、物资源，分散风险，增强市场应变能力和竞争能力。

相关链接： **产品组合的防御机制**

当市场繁荣时，较长、较宽的产品组合会为企业带来较多的盈利机会。但当市场不景气或原料、能源供应紧张时，缩减产品反而可能使总利润上升。这是因为从产品组合中剔除了那些获利很少甚至亏损的产品大类或产品项目，使企业可集中力量发展获利多的产品大类和产品项目。通常情况下，企业的产品大类有不断延伸的趋势，其原因主要有：生产能力过剩迫使产品大类经理开发新的产品项目；经销商和销售人员要求增加产品项目，以满足顾客的需要；产品大类经理为了追求更高的销售额和利润而增加产品项目。但是，随着产品大类的延伸，设计、工程、仓储、运输、促销等生产和营销费用也随之增加，最终将会减少企业的利润。在这种情况下，需要对产品大类的发展进行相应的遏制，必要时废除那些得不偿失的产品大类或产品项目，使产品组合缩减，提高经济效益。

（二）产品延伸

产品延伸的主要方式。产品延伸策略是指全部或部分地改变公司原有产品的市场定位，具体做法有向下延伸、向上延伸和双向延伸三种。

1. 向下延伸。指企业原来生产高档产品，后来决定增加低档产品。企业采取这种策略的主要原因是：（1）企业发现其高档产品的销售增长缓慢，因此不得不将其产品大类向下延伸。（2）企业的高档产品受到激烈的竞争，必须用侵入低档产品市场的方式来反击竞争者。（3）企业当初进入高档产品市场是为了建立其质量形象，然后再向下延伸。（4）企业增加低档产品是为了填补空隙，不让竞争者有机可乘。

企业在采取向下延伸策略时，可能会遇到如下风险：（1）企业原来生产高档产品，后来增加低档产品，有可能使名牌产品的形象受到损害，所以，低档产品最好用新的品牌，不要用原先高档产品的品牌。（2）企业原来生产高档产品，后来增加低档产品，有可能会迫使生产低档产品的企业，导致其向高档产品市场发起反攻。（3）企业的经销商可能不愿意经营低档产品，因为经营低档产品所得利润较少。

2. 向上延伸。指企业原来生产低档产品，后来决定增加高档产品。主要理由是：（1）高档产品畅销，销售增长较快，利润率高。（2）企业估计高档产品市场上的竞争者较弱，容易被击败。（3）企业想使自己成为产品种类齐全的企业。

采取向上延伸策略也要承担一定风险：（1）可能引起生产高档产品的竞争者进入低档产品市场，进行反攻。（2）未来的顾客可能不相信企业能生产高档产品。（3）企业的销售代理商和经销商可能没有能力经营高档产品。

3. 双向延伸。即原定位于中档产品市场的企业掌握了市场优势以后，决定向产品大类的上下两个方向延伸，一方面增加高档产品；另一方面增加低档产品，扩大市场阵地。

（三）产品延伸的优劣

1. 一般来说，产品延伸有下列好处：

（1）满足更多的消费者需求。伴随市场调研技术的日益完善，营销人员能够细分出更小的子市场，进而把复杂的市场细分过程变成立竿见影的促销活动。在这种情况下，往往是产品大类延伸得越长，机会越多，利润就越大。

（2）迎合顾客求异求变的心理。随着市场竞争的加剧，企业越来越难要求消费者对某一品牌绝对忠诚，越来越多的消费者在转换品牌，尝试他们未曾使用过的产品。产品延伸就通过提供同一个品牌下的一系列不同商品来尽量满足顾客这种求异心理。企业希望这种延伸成为一条既满足消费者愿望，又保持他们对本企业品牌忠诚的两全之策。

（3）减少开发新产品的风险。产品延伸所需要的时间和成本比创造新产品更容易控制。在美国，产品延伸所需的成本与费用仅仅是推出一个成功的新产品成本与费用的1/6。

（4）适应不同价格层次的需求。无论产品大类中原有产品的质量如何，企业往往都会宣传其延伸产品质量如何好，并据此为延伸产品制定高于原有产品的价格。在销售量增长缓慢的市场上，营销者可以通过提高价格来增加单位产品的利润。当然也有一些延伸产品的价格低于原有产品。

2. 产品延伸的风险。正是由于产品延伸具有上述优越性，许多企业对此很感兴趣。然而，产品延伸也会带来如下负面作用：

（1）品牌忠诚度降低。品牌忠诚是对某种品牌的产品重复购买的行为。过去很长一段时间里，许多知名老品牌拥有两三代的顾客。当企业增加产品品种时，就要冒打破顾客原来的购买方式和使用习惯的风险，这种风险往往会降低品牌忠诚度，并使消费者重新考虑购买决定。此外，尽管产品延伸使得某一品牌能满足消费者的各种需要，但它也起到促使消费者追求新变化的作用，从而导致品牌转换。

（2）产品项目的角色难以区分。产品延伸可能会导致过度细分。同一产品大类上各项目的角色混乱，每个产品项目所针对的子市场过小以致难以区分，或各子市场之间的特征交叉太多。企业应该能够用一句话说明某一项目在产品大类上的角色。同样，消费者应该能够对哪个产品项目适合自己的需要做出迅速反应。如果做不到这一点，消费者和零售商就会感觉混乱。

（3）产品延伸引起成本增加。产品延伸会引起一系列的成本增加，由此产生的市场研究、产品包装、投产的费用是比较明显的，也便于掌握。但下列因素可能被忽略：频繁的产品大类变动使生产的复杂程度提高；研究和开发人员将精力集中于真正的新产品开发；产品品种越多，营销投入就越大。

四、产品的品牌化

产品的品牌化是一个涉及建立企业战略思维结构以及帮助消费者建立起对产品或服务认知的过程。这个过程帮助消费者明确自己的决策，同时为公司创造价值，将品牌资产的影响力辅助产品和服务。

（一）品牌的概念及整体含义

1. 品牌的概念。品牌是一种名称、术语、标记、符号或设计，或是它们的组合，其目的是借以辨认某个销售者，或某群销售者的产品及服务，并使之与竞争对手的产品和服务区别开。我们把这些品牌的名称、术语、标记、符号或设计，或它们的组合称为品牌元素。

2. 品牌的整体含义。品牌实质上代表着卖者对交付给买者的产品特征、利益和服务的一贯性的承诺。最佳品牌就是质量的保证，但品牌还是一个更复杂的象征，品牌的整体含义可分为六个层次：

（1）属性。品牌首先使人们想到某种属性。例如汽车业的奔驰品牌意味着昂贵、工艺精湛、功率大、高贵、转卖价值高、速度快，等等。公司可以采用一种或几种属性为汽车做广告，多年来奔驰汽车的广告一直强调它是"世界上工艺最佳的汽车"。

（2）利益。品牌不仅意味着一整套属性，还意味着利益。顾客买的不是属性，而是利益属性需要转化为功能性或情感性的利益。耐久的属性体现了功能性的利益，"多年内无须再买一辆新车。"昂贵的属性体现了情感性利益，"这辆车让我感觉到自己很重要，并受人尊重。"制作精良的属性既体现了功能性利益又体现了情感性利益，"一旦出事故，我很安全。"

（3）价值。品牌也说明一些生产者价值。因此，奔驰汽车代表着高绩效、安全及声望等，品牌的营销人员必须分辨出对这些价值感兴趣的消费者群体。

（4）文化。品牌也可能代表着一种文化。奔驰汽车代表着德国文化：组织严密、高效率和高质量。

（5）个性。品牌也反映一定的个性。如果品牌是一个人、动物或物体的名字，会使人想到什么呢？奔驰品牌可能会让人想到严谨的老板、凶猛的狮子或庄严的建筑。

（6）用户。品牌暗示着购买或使用产品的消费者类型。如果我们看到一位 20 多岁的秘书开着一辆奔驰车时会感到很吃惊，我们更愿意看到开车的是一位 50 多岁的高级经理。

所有这些都说明品牌是一个复杂的符号。如果公司只把品牌当成一个名字，那就错过了品牌化的要点。品牌化的挑战在于制定一整套品牌含义。当品牌具备这六个方面时，称为深度品牌；否则只是一个肤浅品牌。

了解了六个层次的品牌含义后，营销人员必须决定品牌特性的深度层次。企业常犯的错误是只注重品牌属性，但是购买者更重视品牌利益而不是属性；而且竞争者很容易模仿这些属性。另外，现有属性会变得没有价值，品牌与特定属性联系得太紧密反而会伤害品牌。

但是，只强调品牌的一项或几项利益也是有风险的。假如奔驰汽车只强调其性能优良，那么竞争者可能推出性能更优秀的汽车；或者顾客可能认为性能优良的重要性比其他利益要差一些，此时奔驰汽车就需要调整到一种新的利益定位。

品牌最持久的含义是其价值、文化和个性。它们构成了品牌的实质。奔驰品牌代表着高技术、杰出表现和成功，等等。奔驰公司必须在其品牌策略中反映出这些东西，如果奔驰公司以"奔驰"为名推出一种廉价小汽车，那将是一个错误，因为这将会严重削弱奔驰公司多年来苦心经营的奔驰品牌价值和个性。

（二）品牌的作用

产品为何要品牌化运作？随着中国消费市场的不断发展，我们会发现身边的传统企业都在逐渐地将自己的产品往品牌化的方向去发展。品牌化的发展路线基本成为当下的一种趋势。主要原因在于品牌化的作用（见表 7 - 2）。

表 7 - 2　　　　　　　　　　　　　品牌化的作用

品牌对消费者的重要性	品牌对公司的重要性	品牌对产品的作用
1. 指明了产品的来源或生产商。 2. 简化购买决策：从内在和外在两方面降低了顾客搜索产品的成本和风险（质量一致）。 3. 象征产品特质或属性：帮助消费者对他们可能不了解的方面形成合理的期望	1. 使处理产品或追查公司更加简便。 2. 有助于建立和组织库存及会计记录。 3. 使公司能够对其产品的独特性能或其独到之处进行法律保护。 4. 为确保竞争优势提供有力手段。 5. 为企业的需求提供预期性和安全性，形成进入壁垒，使竞争者难以进入市场	1. 提升产品溢价，有助于稳定产品的价格，减少价格弹性。 2. 区分产品归属，通过产品划分消费人群，为公司获得更好的营销反馈。 3. 发行社交货币，传递情感价值。 4. 有助于新产品开发，节约新产品市场投入成本

（三）品牌资产

品牌资产是这样一种资产：它能够为企业和顾客提供超出产品或服务本身利益的价值；同时品牌资产又是与某一特定的品牌元素紧密联系的；品牌文字、图形如做改变，附属于品牌之上的财产将会部分或全部丧失。

1. 品牌资产的含义。品牌资产给企业带来的附加利益，归根结底来源于品牌对消费者的吸引力和感召力。所以，品牌资产实质上反映的是品牌与顾客（包括潜在顾客）之间的某种关系，或者说是一种承诺。这种顾客关系不是一种短期的关系（例如偶尔一次购买，并且没留下什么印象），而是一种长期的动态的关系。那些有助于增加消费者购买信心的记忆、体验和印象，以及在此基础上形成的看法与偏好，都是构成品牌资产的重要组成部分。品牌作为资产概念、金融概念，引起了当代企业的高度重视。

相关链接：　　　　　　　　　海底捞的"商誉"

2015～2019 年，海底捞门店数仅用 5 年时间，就从 146 家增至 768 家，门店数 5 年增长 4 倍。与其他无法规模化的竞品火锅生意不同，海底捞著名的服务体系让海底捞成为强势品牌：许多购物中心为了吸引品牌入驻，愿意降低租金来吸引海底捞，这就构成了业绩的正向循环，低租金占比的海底捞拿到了更高的市场份额，从而进一步以压倒性优势来"吃"掉其他火锅的份额。这正是品牌商誉带来的优势，商誉是指社会和市场对品牌赞誉性的态度和倾向。从前，企业认为只有有形资产才是有价值的，而现在越来越多企业将品牌带来的无形资产视为最重要的资产。商誉能体现品牌的财务和营销结果。

资料来源：泓缘馆（搜狐号）. 相同的利润，相同的增速，为何两家公司估值相差 5 倍？投资者必须明白的受限制盈余［EB/OL］. https：//www. sohu. com/a/284010224_763427. 2018－12－24.

2. 品牌资产的构成。品牌资产是一个系统概念，品牌名称和品牌标识物是品牌资产的物质载体，品牌知名度、品牌美誉度、品牌联想和品牌忠诚度是品牌资产的有机构成，为消费者和企业提供附加利益是品牌资产的实质内容。

（1）品牌知名度。品牌知名度是指某品牌被公众知晓、了解的程度，它表明品牌为多少或多大比例的消费者所知晓，反映的是顾客关系的广度。品牌知名度是评价品牌社会影响大小的指标。品牌知名度的大小是相对而言的，名牌就是知名度相对较高的品牌。品牌知名度一般分为四个层次：无知名度（unaware of brand）、提示知名度（aided awareness）、未提示知名度（unaided awareness）和顶端知名度（top of mind）。从品牌管理的角度，一般考虑后三个方面。它们呈金字塔形，层次越高越难实现。①无知名度。指消费者对品牌没有任何印象，原因可能是消费者从未接触过该品牌，或者是该品牌没有任何特色，容易让消费者遗忘。消费者一般不会主动购买此品牌的产品。②提示知名度。指消费者在经过提示或某种暗示后，可想起某一品牌，能够说出自己曾经听说过的品牌名称。例如，当问某人电风扇中有哪些品牌时，他可能说不出什么品牌，但经提示"美的"后给出肯定的回答，那么，"美的"就具有一种提示知名度。这个层次是传播活动的第一个目标，它在顾客购买商品选择品牌时具有十分重要的地位。③未提示知名度。指消费者在不需要任何提示的情况下能够想起某种品牌，即能正确区别先前所见或听到的品牌。对某类产品来说，具有未提示知名度的往往不是一个品牌，而是一串品牌。例如，对于彩电品牌，你可能说出长虹、海尔、创维、康佳、TCL、松下、飞利浦等很多品牌。虽然有的品牌没有被第一个想到，但也非常重要。④顶端知名度。指消费者在没有任何提示的情况下，所想到或说出的某类产品的第一个品牌。例如，有些消费者说到家电便想到"海尔"；说到碳酸饮料，"可口可乐"是其首选。在每一个产品领域，都有某一个具有顶端知名度的品牌，它们是市场领导者，或者说是强势品牌（strong brand）。调研显示，顶端品牌往往也是消费者在商店指定购买的品牌。产品经理的任务之一就是让本企业的品牌进入金字塔的第二、第三层，最好具有顶端知名度。

（2）品牌知名度的资产价值。品牌知名度的资产价值体现在以下几方面：

①有助于人们产生品牌联想。名称就像是人脑海中的一个特殊文件夹，里面可以装有

与之相关的事实和情感。因此，没有对品牌的认知，这些事实和情感就缺少了依托，在消费者做出购买决策时，这些信息就无法被消费者"提取"。当以品牌名称为基础的品牌认知建立起来之后，余下工作的开展就方便多了，只要将一些新的信息与品牌建立联系即可。例如，"娃哈哈"是一个知名度很高的品牌，提起它，人们就联想到快乐、健康的孩子。

②使人们由熟悉而引发好感。消费者总是喜欢买自己熟悉的品牌，就像人们总是喜欢跟自己熟悉的人打交道。熟悉意味着拉近距离，意味着减少不安全感，人们也只会对熟悉的产品产生好感和忠诚。

③暗示某种承诺。知名度可以作为企业的存在、实力、表现及其产品特点的信号。这些因素对于耐用品购买者和大宗的工业品购买者来说都非常重要。因为人们会做这样的推论：名扬天下必然有其道理。这些推测使得品牌知名度发挥了向消费者暗示某种承诺的效果。相反，如果一种品牌在推出之前完全不做广告，不为人所知，人们会怀疑在其背后是否有一个实力强大的企业在支撑它。

④成为选购的对象。决定购买某类商品后，人们往往先挑选一些候选品牌，这个被消费者考虑的备选品牌集合一般只含有三四个品牌。因而，品牌能否进入这个候选的品牌集合，其知名度可能是至关重要的因素。知名度高的品牌，往往更容易被认为是好产品，因为有很多人选择它，这样它就更有可能被单个消费者当作可资信赖的选择对象。而且，消费者在购买产品时，一般倾向于在他熟悉的品牌范围内选择。品牌知名度越高，越容易进入消费者的选择域。对于经常购买的日常消费品，品牌知名度的作用更是至关重要，因为品牌购买决策往往是在去商店之前就做出了。

⑤弱化竞争品牌的影响。消费者对信息的吸纳，一般要经过"过滤"这个环节，只有那些对消费者有用的、新鲜的、有特殊意义的信息，才有可能进入消费者的"长时记忆"被存储起来。品牌知名度越高，意味着消费者对该品牌的印象越深刻，竞争品牌进入消费者"印象领域"的难度越大。

（3）品牌美誉度。品牌美誉度是指某品牌获得公众信任、支持和赞许的程度。如果说品牌知名度是一个量的指标，那么品牌美誉度就是一个质的指标，它反映某品牌社会影响的好坏。品牌美誉度的资产价值体现在口碑效应上，即通过人们的口头称赞，一传十，十传百，引发源源不断的销售。口碑效应就越明显，品牌的资产价值也就越高。

品牌美誉度的测量。类似于品牌的知名度，考察品牌美誉度也应分为公众美誉度、社会美誉度和行业美誉度三方面研究。因为行业内部影响因素比较复杂，所以行业美誉度只作为参考，应重点对公众美誉度和社会美誉度进行考察。

①公众美誉度的测量。品牌的公众美誉度也可以用简单测量法和复合测量法来考察。

②社会美誉度的测量。品牌的社会美誉度可以通过大众传播媒体对某品牌报道的性质来考察，它以正面积极报道占总报道量的比重来表示。例如，某品牌被大众传播媒体报道的次数为 255 次，其中 197 次为正面积极的报道，那么，该品牌的社会美誉度为 $197 \div 255 \times 100\% = 77.25\%$。

（4）品牌忠诚度。在现实生活中，可以发现一种有趣的购买现象，那就是相当一部分消费者在品牌选择上呈现高度的一致性，即在某一段时间甚至很长时间内重复选择一个或少数几个品牌，很少将其选择范围扩大到其他品牌。这种消费者在一段时间甚至很长时间内重复选择某一品牌，并形成重复购买的倾向，称为品牌忠诚。品牌忠诚度是顾客对品牌感情的量度，反映出一个顾客转向另一个品牌的可能程度，是企业重要的竞争优势。

品牌忠诚度的资产价值。研究发现，吸引一个新消费者的花费是保持一个已有消费者的 4～6 倍；从品牌忠诚者身上获得的利润是品牌非忠诚者的 9 倍之多。所以，品牌忠诚度是一项战略性资产，如果对它进行恰当的经营开发，就会给企业创造更多的价值。①降低营销成本。留住老顾客比争取新顾客的成本小得多，因此拥有一批品牌忠诚的顾客降低了企业的营销成本。②增强渠道谈判力。对品牌强烈的忠诚会保证品牌有优先的陈列空间，因为商店知道消费者会把这些品牌列入他们的购货清单。这会在无形中对商店的进货决策产生控制作用。在企业推出新的产品规格、种类或品牌延伸的产品时，这种作用尤为重要。③吸引新顾客。品牌忠诚度还代表着一个使用者可以成为一个活广告，帮助其他消费者树立购买信心。在购买行为具有风险性时，这种作用极为明显。④减缓竞争威胁。品牌如果拥有一批忠诚的购买者，则该品牌抵御竞争产品攻击的能力会大大增强，因为忠诚的消费者一般对所选择的品牌有一种眷恋感，他们很难发生品牌转换。这就给竞争对手造成很大的市场进入阻力，削弱竞争者的利润潜力。品牌忠诚还为企业争取到了对竞争作出反应的时间，或者说是喘息的余地。如果竞争者开发了一种卓越的产品，就会逼迫企业对产品进行改进，而品牌忠诚的存在就给企业争取到了对产品进行改良的缓冲时间，以开发出更卓越的产品对抗竞争者。

（5）品牌联想。品牌联想是一种重要的心理现象和心理活动。事物之间的不同联系反映在人脑中，就会形成心理现象的联系。品牌联想就是消费者想到某一品牌时能记起的与品牌相连的信息，如产品特点、使用场合、品牌个性等。品牌联想大致可分为三个层次：品牌属性联想、品牌利益联想、品牌态度。

①品牌属性联想。品牌属性联想是指对于产品或服务特色的联想，例如消费者认为产品和服务是什么。根据与产品或服务的关联程度，我们可把属性分为与产品有关的属性和与产品无关的属性。与产品有关的属性联想是指产品的物理构成或服务要求，它们决定着产品性能的本质和等级。与产品无关的特性并不直接影响产品性能，但它可能影响购买或消费过程，例如产品颜色和包装；产品的制造厂家或国家；产品出售场所；哪些人认同该品牌等。

②品牌利益联想。品牌利益联想是指消费者感知的某一品牌产品或服务属性能给他带来的价值和意义。品牌利益联想又可分为产品功能利益联想、产品象征利益联想和体验利益联想。功能利益是指产品或服务内在固有的可以提供给消费者的利益，这种利益一般与产品相关属性匹配，是消费者购买该产品最基本的动机，例如购买冰箱，就是为防止食物腐烂、速冻食品。象征利益是指产品或服务能提供给消费者的相对外在的利益，它一般与产品无关属性匹配，尤其是与使用者状况相匹配。这种象征性的利益满足消费者的社交需要、自尊需要等一些比较高层次的需要。体验利益（experiential benefits）是指消费者消费产品或服务后的感受，它既与产品相关属性相匹配，又与产品无关属性相匹配，这些利益能使消费者获得感官愉悦或者某种刺激。

③品牌态度。品牌态度是最高层次也是最抽象的品牌联想。它是指消费者对品牌的总体评价和选择。品牌态度通常建立在品牌属性和品牌利益上。例如，消费者对旅馆的态度建立在它的位置、客房、外观设计、服务质量、娱乐设施、食品质量、安全性和收费上。品牌态

度有几个幅度，从厌恶到喜欢就有几个层次。值得一提的是，品牌态度是难以改变的。

品牌联想的资产价值。品牌联想具有丰富的价值。美好、积极的品牌联想意味着品牌的被接受、认可、喜爱、有竞争力与成功。总体来说，品牌联想的价值包括以下几个方面：①帮助处理信息。品牌联想引发个人传播（individual communication），亦即自身传播。消费者在头脑中汇集了大量的信息，这可以帮助消费者总结出一系列的事实情况和数据，好比为消费者创造出一个袖珍信息库。此外，品牌联想还能影响到消费者对具体事实的解释和对信息的回忆。②提供购买理由。许多品牌联想都涉及产品特征，直接与消费者利益有关，从而能提供一个特别的理由促使消费者购买或使用这一品牌。一些联想通过在品牌中表现出信誉和自信而影响消费者的购买决策。③促进品牌延伸。品牌所具有的联想可以用于其他产品，因为它们可以共享同一种联想。例如，本田公司在小型发动机制造方面颇具经验，这种联想有利于它从摩托车产品延伸到摩托艇等产品上。④产生差异化。品牌联想也可以为产品的差异化提供重要的基础。有区别的联想可能会成为关键的竞争优势，它为竞争者制造了一道无法逾越的障碍。品牌名称、定位、广告等沟通手段都可以创造差异化联想。

任务二　掌握服务营销策略

服务的有形展示

星巴克的咖啡豆是最好的吗？星巴克的空间是最舒服的吗？服务员是最周到的吗？价格是最优惠的吗？答案一定不是的，一定有比星巴克更好喝的咖啡，一定有比它更舒适的环境，一定有比它更周到的服务，那么为什么它最成功？

音频：
营销情境 7 - 2
分析提要

顾客看不到服务，但是能看到服务工具、设备、员工、信息资料、其他顾客、价目表等，所有这些有形物都是看不见的服务的线索。因为顾客要在做出购买决定前，知道自己应买什么，想清楚值不值得买、为什么买，所以他们一般会对有关服务的线索格外注意。星巴克品牌理解自己的产品包含了有形和无形，在咖啡产品同质化程度高的今天，更应该注意围绕产品的服务层面，顾客必须在无法真正见到服务的条件下理解和感受，而上文中提到的有形线索都传递了一些信息，它们形成对品牌独特的感知，可分为三种因素类型：实体环境、信息沟通和价格。

进入中国的二十余年来，品牌在消费者心智中有效完成了基于"第三空间"的定位呈现，成为大众认可的舒适商务休闲场所。星巴克的环境隐含着各种美学特性、社会特性和系统特性等。企业环境设计的任务，关系到各个局部和整体所表达出的整体印象。图 7 - 3 所示为星巴克品牌相关服务的有形展示。

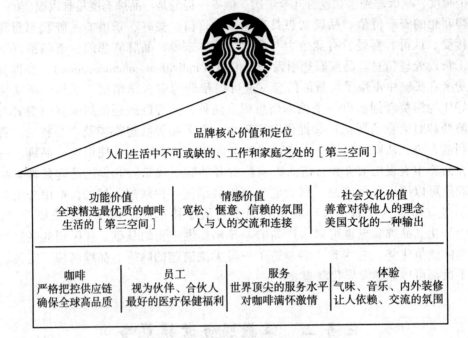

图 7-3 星巴克品牌相关服务的有形展示

资料来源：朱金生，张梅霞. 国际市场营销学（第二版）［M］. 南京：南京大学出版社，2019.

思考：学习完下面内容，观察附近的星巴克门店，试着区分星巴克的有形产品和服务产品分别有哪些？品牌是如何有效展示无形产品的？

一、服务质量

（一）服务质量的定义

服务产品的质量水平并不完全由企业决定，而是同顾客的感受有很大关系，即使被企业认为是符合高标准的服务，也可能不为顾客所喜爱和接受。因此，可以认为服务质量是一个主观范畴，它取决于顾客对服务的预期质量同其实际感受的服务水平（即体验质量）的对比。通常顾客主要是从技术和职能两个层面来感知服务质量，从而服务质量也就包括技术质量和职能质量两项内容。（1）技术质量是指服务过程的产出，即顾客从服务过程中所得到的东西。对于这一层面的服务质量，顾客容易感知，也便于评价。（2）职能质量是指服务推广的过程中顾客所感受到的服务人员在履行职责时的行为、态度、穿着、仪表等给顾客带来的利益和享受。显然，职能质量难以被顾客客观评价，它更多地取决于顾客的主观感受。

（二）服务质量的测定

由于服务产品具有无形性和差异性等特点，顾客的满意度受到各种无形因素的制约，企业市场营销人员将难以把握顾客对服务产品质量的感知。因此，服务产品的质量不像有形产品的质量那样容易测定，很难用固定的标准来衡量服务质量的高低。

贝利（Leonard L. Berry）、帕拉苏拉曼（A. Parasuraman）、泽斯梅尔（Valarie A. Zeitha-mal）等提出的服务质量模型（SERVQUAL Model）基本上解决了服务质量测量这一难题。他们通过对信用卡、零售银行、证券经纪、产品维修与保护四个服务行业的考察和比较研究，认为顾客在评价服务质量时主要从10个标准进行考虑，即可感知性、可靠性、反应性、胜任能力、友爱、可信性、安全性、易于接触、易于沟通以及对消费者的理解程度等。在进一步的研究中，上述10个标准被归纳为5个，其中可感知性、可靠性和反应性保留不变，而把胜任能力、友爱、可信性和安全性概括为保证性，把易于接触、易于沟通以及对消费者的理解程度概括为移情性。

1. 可感知性。可感知性是指服务产品的"有形部分"，如各种设施、设备以及服务人员的外表等。由于服务产品的本质是一种行为过程而不是某种实物，具有无形的特性，所以，顾客只能借助这些有形的、可视的部分来把握服务的实质。服务的可感知性从两个方面影响顾客对服务质量的认识，一方面，它们提供了有关服务质量本身的有形线索；另一方面，它们又直接影响到顾客对服务质量的感知。

2. 可靠性。可靠性是指企业准确无误地完成所承诺的服务。可靠性实际上是要求企业避免在服务过程中出现差错。

3. 反应性。反应性是指企业随时准备为顾客提供快捷、有效的服务。服务传递的效率从一个侧面反映了企业的服务质量。

4. 保证性。保证性是指服务人员的友好态度与胜任能力，它能增强顾客对企业服务质量的信心和安全感。当顾客同一位友好且善且知识丰富的服务人员打交道时，他会认为自己找对了企业，从而获得信心和安全感。友好态度和胜任能力二者不可或缺。服务人员缺乏友善的态度自然会让顾客感到不快，而如果他们的专业知识太少也会令顾客失望。

5. 移情性。移情性不仅是服务人员的友好态度问题，而且是指企业要真诚地关心顾客，了解他们的实际需要，甚至是私人方面的特殊要求，并予以满足，使整个服务过程富有"人情味"。

根据上述5个标准，贝利等学者建立了服务质量模型来测量企业的服务质量。主要是通过问卷调查、顾客打分（七点量表）的方式进行。该项问卷包括两个相互对应的部分，一部分用来测量顾客对企业服务的期望，另一部分则测量顾客对服务质量的感受，每一部分都包含上述5个标准。在问卷中，每一个标准都具体化为四五个问题，由被访者回答。显然，对于某个问题，顾客从期望的角度和从实际感受的角度所给分数往往不同，二者之间的差异就是在该方面企业服务质量的分数，即Servqual分数：

$$Servqual 分数 = 实际感受分数 - 期望分数$$

推而广之，评估整个企业服务质量水平实际上就是计算平均Servqual分数。假定有n个顾客参与问卷调查，根据上面的公式，单个顾客的Servqual分数就是其对所有问题的Servqual分数加总再除以问题数目，然后，把n个顾客的Servqual分数加在一起除以n就是企业平均的Servqual分数。

二、服务质量与顾客服务

顾客服务是一项极其复杂的工作，要求面面俱到，严格管理。任何一个环节上的小小纰漏都可能使企业的整个经营付出惨重代价，甚至被淘汰出局。顾客服务由制造业向服务业的扩展，正是一个其复杂性和重要性不断提高的过程。以前，像航空公司、银行、邮局等服务机构主要强调操作，对市场的了解十分有限，也很少通过市场调查来衡量顾客的满意度。如今，顾客服务已成为服务业经营中制胜的法宝，服务形式日新月异，变化无穷。

服务企业的行为按照是否与顾客直接接触，分为前台活动与后台活动两种。顾客服务的基本要求是尽量扩大前台活动的范围和比例，使顾客接触到更多职责相关而又相互独立的服务人员，这样既能提高顾客的满意度，又便于企业进行追踪调查。

（一）顾客服务与顾客期望

顾客期望在顾客对企业服务的判断中起关键作用。顾客将所要的或所期望的东西与认为正在得到的东西进行比较，以此对服务质量进行评估。为了在服务质量方面取得信誉，企业必须按照顾客所期望的水平或超出这一水平为顾客提供服务。顾客是服务质量的唯一判定者。期望与感觉之间的不一致是顾客进行服务质量评估的决定性因素，这一点已被广泛接受。然而，期望这个词作为一个比较的标准，通常代表两种不同的意思：顾客相信将会在服务中发生什么（预测）和顾客想要在服务中发生什么（愿望）。

1. 管理顾客的期望。企业可以通过对所做承诺进行管理，可靠地执行所承诺的服务并与顾客进行有效的沟通来对期望进行有效的管理。（1）保证承诺反映现实。明确的服务承诺和暗示的服务承诺都完全处在企业的控制中，对这些承诺进行管理是一种直接可靠的管理期望的方法。企业应该将精力集中在基本服务项目上，并用明确的描述（如广告和人员推销）和暗示的方法（如服务设施的外观、服务价格）为哪些服务提供反映客观现实的说明。（2）重视服务可靠性。可靠的服务有助于减少服务重现的需要，从而限制顾客的期望。（3）与顾客有效沟通。经常与顾客进行沟通，理解他们的期望和所关心的事情，对他们所接受的服务进行说明，或者只是简单地对达成交易的顾客表示感谢等，会鼓励顾客的容忍，因此可以成为一种管理期望的有效方式。

2. 超越顾客期望。受到管理的期望为超越顾客的期望提供了坚实的基础，企业可利用服务传送和服务重现所提供的机会来超越顾客的期望。（1）妥善传送服务。在服务传送过程中，顾客亲身经历了企业提供的服务技能和服务态度，有助于保持更低的期望和更大的容忍，从而使超出这些期望成为可能。（2）关注服务重现。企业可利用重现来使顾客感到惊奇并通过特别的服务超出他们的期望。在处理这些服务问题时，过程尤其重要。虽然在服务重现期间顾客对结果和过程的期望都会比平时更高一些，但过程提供了更大的超出期望的机会。

一般来说，顾客对服务的期望存在满意和渴望这两个水平，所以对潜在的服务质量的评价也应该有两个方面：感觉到的服务与满意的服务之间的差距，以及感觉到的服务与渴望的服务之间的差距。我们将前者称为服务合格度，将后者称为服务优秀度，并对它们进行如下定义：

$$服务合格度（MSA）= 感觉到的服务 - 满意的服务$$
$$服务优秀度（MSS）= 感觉到的服务 - 渴望的服务$$

一个企业的 MSA 和 MSS 的分数将会从服务质量角度确定它在竞争中的位置。根据顾客的感觉和期望的相对水平，企业可能在经营服务上处于竞争劣势或者成为顾客的首选目标。

三、服务的有形展示

从构成因素的角度对有形展示进行划分，可分为三种因素类型：实体环境、信息沟通和价格。

（一）实体环境

实体环境可分成三大类：周围因素、设计因素、社会因素。有形展示中的实体环境除了周围因素以及设计因素，还有社会因素。社会因素包括服务员工的外表、行为、态度、谈吐及处理顾客要求的反应等，它们对企业服务质量乃至整个市场营销过程的影响都不容忽视。

（二）信息沟通

信息沟通是另一种服务展示形式，这些沟通信息来自企业本身以及其他引人注意的地方。从赞扬性的评论到广告，从顾客口头传播到企业标识，这些不同形式的信息沟通都传递了有关服务的线索。有效的信息沟通有助于强化企业的市场营销战略。

（三）价格

营销经理对定价有特殊的兴趣，因为价格是市场营销组合中唯一能产生收入的因素，而其他因素会引致成本增加。但是，无论如何，价格之所以重要还有另一个原因，即顾客把价格看作有关产品的一个线索。价格能培养顾客对产品的信任，同样也能降低这种信任。在服务行业，正确的定价特别重要，因为服务是无形的，而价格是对服务水平和服务质量的可见性展示。

任务三　开展产品生命周期与新产品开发

营销情境 7 - 3

会讲故事的香水

香水是为数不多的从情绪价值走向功能价值的品类，这就要求品牌能够感受用户所想，为用户创造幸福感。在中国，香水正处在品类成熟期的阶段，香水品牌的故事营销就是在品牌塑造时，采用故事的形式注入情感。其中营销的重点在于"情感"，将情感融入产品，融入品牌中，让客户感受到产品、品牌的内涵。

音频：
营销情境 7 - 3
分析提要

香水市场有一个神秘的品牌，叫作观夏。品牌不在天猫、京东等电商平台上开店，仅靠私域和线下门店就实现年销售过亿元。尽管该品牌的产品定价远高于同类品牌，但即便这样，固定在周四上架的产品，4 分钟内便能售罄，实现微信订购数达百万级、忠实用户十万＋，复购率超 60%。

把握中国人记忆中的情意结，做好原创东方植物香，是观夏初衷。立足东方。观夏在产品上新的推文里，并不是直接描述香味是怎么好闻，而更多是在书写和香味有关的东方记忆和故事。能有效抓住人的共同记忆，让嗅觉与特定记忆相连，唤醒私人记忆。如产品「颐和金桂」是梦中院里的桂花树开得正好，而你搬着小板凳坐在石桌旁边，等着母亲亲酿的甜桂花米酒。「观夏·福开森路」还原"上海法租界路旁，枝头绽放的白玉兰清香"讲述了一段关于上海老弄堂里外婆与外孙女的乡愁故事。环境中的观赏元素与独特气味，不经意地浮现在眼前，优美的意象还会带来美好联想，直观地让用户了解到产品想要表达的风味，明确购买理由。

资料来源：胡百精. 公共传播与社会治理［M］. 北京：中国人民大学出版社，2020.

思考：

1. 用于表述"品类"的产品生命周期有什么特点？
2. 观夏进入中国市场时，香水处在什么生命周期阶段？有什么特点？
3. 品牌新产品开发中企业需要考虑什么样的因素？

一、产品生命周期

（一）产品生命周期的概念

人们经过对市场活动的长期观察，逐步认识到，一种产品在市场上的销售情况和获利能力并不是固定不变的，而是随着时间的推移不断发生变化。这种变化过程与生物的生命历程一样，也要经历诞生、成长、成熟和衰老的过程。产品生命周期（product life circle, PLC）就是指产品从进入市场开始到被市场淘汰为止的全过程。这一过程可用一条曲线来表示，称为产品生命周期曲线（见图7-4）。根据该曲线的特点，产品生命周期可分为投入期、成长期、成熟期和衰退期四个阶段。

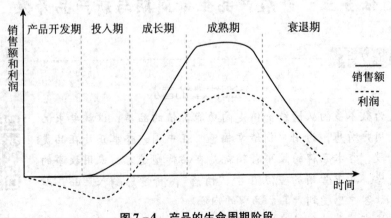

图7-4 产品的生命周期阶段

1. 投入期。又叫发生期、介绍期，是新产品投入市场的初期。由于新产品刚投放市场，市场对新产品不了解，需求量很少，所以这一阶段销售量很少。同时，由于生产、技术方面的原因，生产规模也相对较小，产品质量有可能不稳定，使生产成本较高；加上企业要通过加大投入进行广告宣传，以及铺设销售渠道网络等，导致企业在这一阶段可能亏损。

2. 成长期。又叫发展期。如果新产品可以成功度过投入期，便进入了成长期。成长期是产品销售量（额）和利润迅速增长的阶段。在这一阶段，越来越多的消费者开始熟悉并接受新产品。同时，由于产量扩大并形成规模，企业单位生产成本和销售成本都在下降，利润大幅增长。进入成长期，特别是在成长期后期，由于看到新产品市场迅速扩展并有利可图，越来越多竞争者也开始加入进来。

3. 成熟期。又叫饱和期、稳定期。进入这一阶段，产品绝对销售量达到最大。但由于市场需求趋于饱和，销售的增长速度趋于缓慢并开始下降。在这一阶段，产品生产已经是标准化生产。同时，竞争者利用各种手段争夺消费者，竞争不断激化，降价成为企业非常普遍的选择。由于企业在必须降低价格的同时，还要增加促销等费用，导致企业利润不断下降。

4. 衰退期。经过成熟期后，产品很快进入衰退期。这时，由于新产品或替代产品的不断出现，产品已经逐渐被人遗忘，产品的市场需求不断变小，产品的销售量（额）以及利润迅速下降，产品也将因此逐渐退出市场。

值得注意的是，产品生命周期中的产品是一个泛指的概念，具体包括产品的种类、品种和具体品牌，三者的生命周期大不相同。产品种类（品类）的生命周期最长，如自行车产品的成熟阶段可以无限期地持续。其次为产品品种，品种用于描述产品形式，能够更准确地反映具体的产品生命周期。如电视机产品电子管—晶体管—集成电路—超大规模集成电路，每种形式均有完整的生命周期。周期最短的是具体品牌的产品。例如，糖果是一种产品种类，糖果中的口香糖是其中的一个品种，而"××牌口香糖"则是具体品牌的产品。三者中，"糖果"的周期最长，而"××牌口香糖"周期最短。在实际经营中，应用产品生命周期理论分析产品种类的情况较少，更多的是分析产品品种或具体品牌。

相关链接： **产品生命周期与产品的使用寿命**

产品生命周期与产品的使用寿命是两个截然不同的概念。产品使用寿命是指产品实体的消耗磨损，它是具体的、有形的变化，受消费过程中使用的时间、强度、维护保养以及自然力作用的影响。产品生命周期是指产品的市场寿命，它是从产品的市场销售额和利润的变化来进行分析判断的，反映的是产品的销售情况及获利能力在时间上的变化规律，它受国民经济、科学技术、市场竞争、政治法律、供求状况、顾客喜好等多方面因素的影响。

（二）产品生命周期的其他形态

在现实经济生活中，并不是所有产品的生命历程都完全符合这种理论形态，即销售趋向呈正态分布曲线，各阶段的周期间隔基本相同。如有些产品上市伊始就迅速成长，可能跳过销售额缓慢增加的引入阶段；另一些产品又可能持续缓慢增长，由引入期直接进入成熟期；还有些产品经过成熟期以后，不是进入衰退期，而是再次进入迅速增长期等。其中两种常见的产品生命周期形态如图 7 – 5 所示。

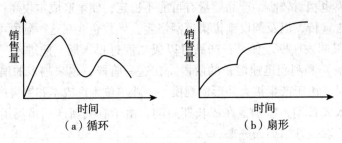

图7-5　两种常见的产品生命周期形态

1. 产品生命周期的循环形态。当一种产品进入衰退期，销售量出现大幅下滑时，企业为了延长产品的寿命，引入新技术增添产品特色，或者加大营销力度，采用更具吸引力的营销手段，以吸引、维护原有顾客继续使用，使产品进入一个新的循环周期 [通常规模和持续期都低于第一周期，如图7-5（a）所示]。此形态常常可以说明一些药品、饮料等的销售。

2. 产品生命周期的扇形形态。图7-5（b）显示了另一种常见的产品生命周期形态——扇形，它基于产品新的特征、用途或用户的不断发现，使得产品的销售量不断呈波浪式上升。例如，尼龙的销售就显示了扇形特征，因为许多新的用途——降落伞、袜子、衬衫、地毯，一个接一个地被发现。

3. 产品生命周期的风格形态。风格型（见图7-6）是人们活动的某一领域中所出现的一种主要的和独特的表现方式，例如，衣着（正式、休闲、奇装异服）。一种风格一旦成型，会延续很长时间，在此期间时而风行，时而衰落。由于人们对风格兴趣的反复，使之生命周期呈现出循环形态。时尚型是在既定领域里被广为接受的一种风格。时尚型产品的发展要经过四个阶段：导入阶段、模仿阶段、风行阶段和衰退阶段。由于时尚一般不能满足广泛的需求，因而生命力较弱。真正的营销赢家是那些较早地认识时尚并能把它们应用到产品中，使其发挥持久力量的人。热潮型产品是那些迅速进入公众视线的时尚，它们被狂热采用，很快地达到高峰然后迅速衰退。一度风行我国的"呼啦圈"就属此类产品。

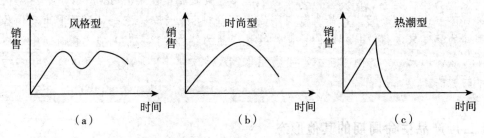

图7-6　风格型、时尚型和热潮型产品生命周期

（三）产品生命周期各阶段特征及营销策略

由于产品在不同阶段具有不同特点，所以企业必须由此确定不同的营销目标，并设计不同的营销对策。表7-3说明了产品寿命周期不同阶段企业的营销目标与对策。

表7-3 产品生命周期不同阶段的特点及营销对策

产品寿命周期		投入期	成长期	成熟期	衰退期
特点	销售额	低	迅速增加	达到高峰	减少
	成本（单位顾客）	高	平均	低	低
	利润	基本亏损	迅速增加	高	减少
	顾客	创新采用者	早期采用者	早期大众和晚期大众	落后采用者
	竞争者	极少	逐渐增加	逐渐减少	减少
营销目标		迅速让市场接受产品，增加销量	最大限度地占有市场份额	稳定市场份额，获取最大利润	减少支出，榨取最后收益
营销对策	产品	提供基本产品	提供产品的扩展品、服务及保证	实现产品品牌和式样的多样化	逐步淘汰衰退产品
	价格	成本加成定价	市场渗透价格	可以与竞争者抗衡或战胜竞争者的价格	降价
	渠道	选择性分销	密集型分销	更密集广泛的分销	有选择地减少无利的分销网点
	促销	加强促销吸引试用	适当减少促销	增加促销鼓励品牌转换	将促销降到最低水平

1. 投入期的营销对策。产品在投入期的营销对策应该以帮助企业迅速度过这一阶段为基本目的。在这一阶段，企业可以综合地考虑自己的产品、价格、渠道及促销策略。通常，企业可以先为市场提供一种基本产品，通过特定的渠道向高收入顾客促销，使市场尽快出现第一批购买者。站在价格与促销策略制定的角度，将价格、促销分成高低两个不同水平时，企业可以有四种不同选择。

（1）快速撇脂。采用这种对策，企业可以高价格及高强度的促销手段迅速推出新产品，以求迅速打开市场，尽快扩大产品的市场销量，取得较高的市场份额。这种对策主要适用于知名度不高，但确有特点从而市场潜在规模大的新产品。这种产品面对的顾客具有较高的购买能力，且愿意按价购买。另外，由于面对竞争者的潜在威胁，企业必须迅速建立顾客的品牌偏好。（2）缓慢撇脂。采用这种对策，可以使企业用高价格及少量的促销手段推出新产品，以求用尽可能多的支出获得尽可能大的收益。这种对策通常适用于市场规模小、已经有一定知名度的新产品；同时，企业面对的顾客愿意支付高价，以及企业潜在的竞争威胁还不大。（3）快速渗透。采用这种对策，可以使企业用低价格及大量的促销手段推出新产品，以求迅速占领市场，取得较大的市场份额。这种对策通常适用于市场规模大、顾客对新产品不太了解的情况；同时，企业面对的顾客对价格十分敏感，而市场潜在的竞争威胁也非常严重。企业希望通过取得高的市场占有率拥有大的销售规模，并以规模的扩大和生产经验的积累而大幅降低产品的成本。（4）缓慢渗透。采用这种对策，可以使企业用低价格及少量的促销手段推出新产品，以求通过低价提升产品销量，通过少量促销节省成本。这种对策通常适用于市场规模很大、已经有一定知名度的新产品；同时，企业面对的顾客对价格敏感，企业潜在的竞争威胁还不大。

2. 成长期的营销对策。进入成长期，企业的营销对策以维持其市场增长，并拥有尽可能大的市场份额为主要目的。企业采取的主要营销对策有：（1）不断完善产品质量，增加产品的新功能、款式及特色，并保证产品品质不下降。（2）积极寻找新的市场部分，并尽可能多地迅速进入新的细分市场。（3）企业通过各种促销沟通手段，有效地对目标顾客建立有利于自己的品牌偏好。（4）如果需要，企业可以适当地降低价格吸引对价格敏感的购买者。在成长期后期，企业应慎重扩大生产规模及新增投资。

3. 成熟期的营销对策。成熟期具有"销售量大、时间长"的显著特征，即进入成熟期产品销售将达到最大规模，且在整个产品寿命周期中经历的时间最长。因此，企业在成熟期的基本营销对策应该以保持高的产品销售水平并尽可能延长这一时期为主要目的。对成熟期的产品，只能采取主动出击的策略，使成熟期延长，或使产品生命周期出现再循环。为此，可以采取以下三种策略：（1）调整市场。这种策略不是要调整产品本身，而是发现产品的新用途或改变推销及促销方式等，使产品销售量得以扩大。（2）调整产品。这种策略是通过产品自身的调整来满足顾客的不同需求，吸引有不同需求的顾客。整体产品概念的任何一个层次的调整都可视为产品再推出。（3）调整营销组合。即通过对产品、定价、渠道、促销四个市场营销组合因素加以综合调整，刺激销售量的回升。例如，在提高产品质量、改变产品性能、增加产品规格品种的同时，通过特价、早期购买折扣、补贴运费、延期付款等方法来降价让利；拓展分销渠道，广设分销网点，调整广告媒体组合，变换广告时间和频率，增加人员推销，强化公共关系等，多管齐下，进行市场渗透，扩大企业及产品的影响，争取更多的顾客。

4. 衰退期的营销对策。在成熟期，产品的销售量从缓慢增加达到顶峰后，会发展为缓慢下降。一般情况下，如果销售量的下降速度开始加快，利润水平很低，就可以认为这种产品已进入生命周期的衰退期。衰退期的主要特点是：产品销售量急剧下降；企业从这种产品中获得的利润很低，甚至为零；大量的竞争者退出市场；消费者的消费习惯已发生改变等。面对处于衰退期的产品，企业需要进行认真的研究分析，决定采取什么策略，在什么时间退出市场。通常有以下几种策略可供选择：

（1）继续策略。继续沿用过去的策略，仍按照原来的子市场，使用相同的分销渠道、定价及促销方式，直到这种产品完全退出市场。（2）集中策略。把企业能力和资源集中在最有利的子市场和分销渠道上，从中获取利润。这样有利于缩短产品退出市场的时间，同时又能为企业创造更多的利润。（3）收缩策略。大幅度降低促销力度，尽量降低促销费用，以增加目前的利润。这样可能导致产品在市场上的衰退加速，但也能从忠实于这种产品的顾客中得到利润。（4）放弃策略。对于衰退比较迅速的产品，应该当机立断，放弃经营。可以采取完全放弃的形式，如把产品完全转移出去或立即停止生产，或采取逐步放弃的方式，使其所占用的资源逐步转向其他产品。

二、新产品开发

(一)新产品开发的必要性

在 21 世纪科技日新月异、市场瞬息万变的环境下，产品的生命周期日趋缩短，新产品层出不穷，消费者也比以往更加乐于接受、使用新产品。因此，开发新产品对企业而言，是应对各种挑战与搅局，维护企业生存与实现可持续发展的重要保证，是企业市场营销战略的重要组成部分。企业之所以要大力开发新产品，主要有以下原因：

1. 产品寿命周期理论要求企业不断开发新产品。产品寿命周期理论为我们提供了一个重要启示：在当代科技迅猛发展、消费需求不断变化以及市场竞争日益激烈的情况下，企业赖以生存和发展的关键在于不断创新，不断创造新产品和改进旧产品是企业永葆青春的唯一途径。企业同产品一样，也存在着寿命周期。如果企业不开发新产品，则当老产品走向衰弱时，企业也就走到了寿命周期的终点；相反，企业能不断开发新产品，就可以在原有产品退出市场舞台时，利用新产品占领市场，使企业在任何时期都有不同的产品处于产品寿命周期的各个阶段，从而保证企业盈利的稳定增长。

2. 消费者需求的不断变化要求企业不断开发新产品。随着生产的发展和人们生活水平的提高，消费需求也发生了很大变化。消费结构的变化加快，消费选择更加多样化，一方面给企业带来了威胁，使之不得不淘汰难以适应消费类需求的老产品；另一方面也给企业提供了开发新产品、适应市场变化的机会。

3. 科技的发展推动企业不断开发新产品。科学技术的发展导致许多高科技新型产品的出现，加快了产品更新换代的速度。如光导纤维的出现，对电信、互联网络等信息处理设备的更新换代起到了巨大的推动作用。科技的进步有利于企业淘汰老的产品，研发生产出性能更优越的产品，进而把新产品推向市场。

4. 竞争的加剧迫使企业不断开发新产品。在市场竞争日趋激烈的今天，企业要想在市场上保持优势，必须不断创新、开发新产品。企业所要保持和获取的竞争优势主要体现在产品的不断创新上。现代市场上竞争日益激烈，企业要想在市场上保持竞争优势，只有不断创新、开发新产品，才能在市场上占据领先地位，增强企业的活力。另外，企业定期推出新产品，可以提高企业在市场上的信誉和知名度，可促进新产品的市场销售。

(二)新产品的概念

所谓新产品，是指与旧产品相比，具有新功能、新结构和新用途，能在某方面满足顾客新需求的产品。大体包括以下三类：（1）全新产品。全新产品是指应用新原理、新技术、新材料和新结构等研制成功的前所未有的新产品。这类产品的问世往往源于科学技术在某个方面所产生的重大突破，它们的普及使用将极大地改善人们的生活。不过，它要求消费者必须进行相关知识的学习，彻底改变原有消费模式。颠覆性的全新产品的推出十分困难，绝大多数企业难以做到。（2）换代产品。这种新产品是指在原有产品的基础上，全部采用或部分采用新技术、新材料、新结构制造出来的产品。与原有产品相比，换代产品往往在产品外观、性能或者功能等方面有较大改进，可以为顾客带来新的利益。一般而言，这种产品要求顾客对原有消费模式有所改变。换代产品出现后，将逐渐取代老产品并导致其被市场淘汰。不过，多数情况下，由于顾客需求不同，往往是几代产品在市场上并存。（3）改良产品。改良产品是指在原有产品基础上适当加以改进，使得产品在质量、性能、结构、造型等方面有所改善。这类新产品与原有产品差别不大，改进的难度不高，顾客购买改进产品后，可以按原来的方式使用。

（三）新产品开发战略选择及开发过程

创造和开发新产品不是容易的事，其风险大，失败率高，加上主观和客观上的诸多原因，使新产品创造和开发过程中有许多困难。要降低新产品开发中的风险，使创造和开发工作顺利、成功，就必须运用创新理论，坚持科学的程序。新产品开发的基本程序一般需要八个阶段，如图 7 - 7 所示。

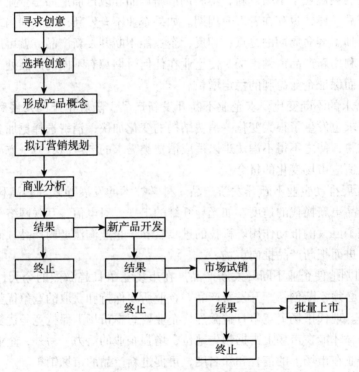

图 7 - 7　新产品开发的基本程序

1. 寻求创意。即寻求新产品创意。新产品开发的过程是从寻求创意开始的，所谓新产品创意，就是开发新产品的设想。寻求新产品创意主要途径有：（1）顾客。顾客的需求意见是新产品创意的第一源泉。例如，洗衣机的发明来源于顾客想摆脱洗衣服这一繁重家务劳动的设想。（2）先进的科研成果。新产品的构思应是创造性思维与现实相结合的产物，而先进的科研成果正体现了创造性思维与现实的结合。所以，先进的科研成果是新产品开发创意的来源之一。（3）竞争对手。企业通过研究竞争对手的产品，也可形成新的产品创意。（4）营销中介。企业还可通过中间商、销售代表等营销过程中的关系来获得创意。（5）企业相关人员。企业营销人员可以通过对市场营销环境因素的分析，提供新产品创意；管理人员可以站在企业发展的角度，提供新产品创意。

2. 选择创意。企业收集到的新产品创意还需要一个筛选的过程。企业在创意的基础上，根据新产品开发的目标和具有的实际开发能力，从众多的新产品创意中选出符合企业长远利益的创意。筛选创意需要有创新精神。筛选过程中要防止两个错误：一是"误取"；二是"误舍"。新产品的创意要求能满足顾客的需求；具有竞争力；能适应未来发展的需要；使企业回收投资并获得需要的利润。新产品创意评价表提供了一种评价新产品创意的技术性方法（见表7-4）。

表 7-4　　　　　　　　　　　　　某新产品创意评价

产品成功必要因素	权重(A)	企业能力水平（B）											评分
		0	0.1	0.2	0.3	0.4	0.5	0.6	0.7	0.8	0.9	1.0	0.160
企业声誉	0.20									☆			0.180
营销能力	0.20										☆		0.140
研发能力	0.20							☆					0.090
人力资源	0.15					☆							0.070
财务能力	0.10							☆					0.050
销售地点	0.10				☆								0.045
采购供应	0.05										☆		0.735
总计	1.00												0.160

注：评分总计在 0~0.40 为差；0.41~0.75 为良好；0.76~1.00 为好；0.70 为最低接受标准。

3. 形成产品概念。一项新产品的创意通过筛选后，还需要进一步具体化和继续研究，使其发展成产品概念。产品概念是使用简洁、清晰的消费术语（文字、图像及模型等）对已成型的新产品构思的概括表达。产品概念确定后，企业必须对产品概念进行测试，了解顾客反应，从中创造性地选择最佳的产品概念。

4. 拟订营销规划。（1）一项新产品能否成功，与企业所进行的市场营销分析、规划有着极大的关系。营销规划一般包括以下三个部分：预计目标市场的规模、结构和行为；确定产品的定位和销售量；预计产品的市场份额和短期利润率。（2）预计产品的价格、分配策略和促销预算。（3）预计产品的长期销售量和投资收益率，以及不同时期的营销组合。

5. 商业分析。选出最佳产品概念和拟订了初步的营销规划以后，企业就进入商业分析阶段，即对已基本定型的新产品概念的经济效益进行事先分析论证。商业分析的重点是分析产品预计的成本、需求量、盈利水平及投资回收期等，使企业对投资的合理性作出判断，判断新产品是否有发展前途。

6. 新产品开发。新产品开发就是制作新产品样品并进行试用，设计产品商标、品牌、设计产品包装及其他内容的过程。在这一过程中，企业要进一步检查新产品存在的问题和判断产品概念在技术和商业上的可行性，以决定是否继续试制或及时加以创造性改造。新产品研制出来以后，需要通过严格的功能测试及消费者测试。

7. 市场试销。新产品研制工作结束后，企业可制造少量正式产品，并投入市场进行试销，以了解用户的使用情况、对价格的反映情况、使用人员对购买决策的影响以及市场潜力的大小等。在试销过程中，企业根据对新产品销售潜力的了解，可以选择和改进市场经营的方法，创造性地选择出最佳的营销组合策略，并正式投产。新产品试销或经部分顾客试用成功后，企业应根据试销试用中积累的足够多的资料和信息，进一步提高产品的功能和质量，对产品的整体设计再做创造性的修改。通常，在试销过程中，企业应及时调整新产品开发战略。

8. 批量上市。新产品试销成功后，就可以正式批量生产，全面推向市场，即完成新产品的商业化。在商业化过程中，企业要同时注意以下几个问题：（1）退出时间。即新产品的上市时机选择。企业可以有三种选择，即领先进入、同步进入和滞后进入。（2）推出地区。即新产品的上市地点选择。企业可以决定将新产品推向单一地区还是几个不同地区、全国市场还是国际市场。（3）目标市场。即确定新产品的目标顾客。通常企业应该选择最具购买潜力的潜在顾客群作为自己的目标顾客。

（四）新产品的上市及扩散

所谓新产品的扩散，是指新产品上市以后随着时间的流逝，被越来越多的购买者所采用的过程。新产品的扩散过程与新产品的采用过程有很大区别。前者需要从宏观即整个产品寿命周期角度，研究新产品如何在整个市场上传播并被市场所采用的过程；后者需要从微观角度研究购买者由接受新产品到成为重复购买者的各个心理阶段。不同购买者采用新产品的过程所花费的时间长短是不一样的。为此，可将新产品的采用者分为五种类型：创新采用者、早期采用者、早期大众、晚期大众和落后采用者，如图 7-8 所示。

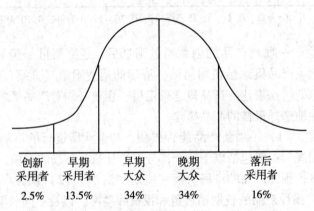

创新采用者	早期采用者	早期大众	晚期大众	落后采用者
2.5%	13.5%	34%	34%	16%

图 7-8　新产品采用者的五种模型（巴斯扩展模型）

1. 创新采用者。创新采用者即时尚的带头人，占全部采用者的 2.5%。这些人对新事物极为敏感，其收入、社会地位和受教育程度也较高，并富有冒险精神，信息灵通。新产品都是少数创新采用者率先使用的。

2. 早期采用者。早期采用者占全部采用者的 13.5%。这类用户虽然不及创新采用者那么敢于冒风险，但他们往往是某个领域里的舆论领袖，是新产品从首次投放市场阶段到成长阶段最重要的推动力，对后来的采用者影响很大。由于他们对新产品的扩散有着决定性的作用，所以在成长期寻找到合适的早期采用者并进行有针对性的营销是特别重要的。

3. 早期大众。这类采用者采用新产品的时间较平均采用的时间要早，占总采用者人数的 34%。其舆论领袖表现出较强的追随性，往往是赶时髦者。由于早期大众与晚期大众占总采用者人数的大多数，研究他们的消费心理和购买习惯，对于加速新产品的扩散，获取最大的市场份额具有重要意义。

4. 晚期大众。这类采用者采用新产品的时间较平均采用时间晚，占总采用者人数的 34%。其主要特征是多疑。他们对新事物持怀疑态度，从不主动采用或接受新产品，在大多数人都采用了新产品，并确定该产品值得购买后才决定采用。晚期大众是五类采用者营销中的一个难点，营销人员应针对其特点多下功夫，用多种手段与方法打消其顾虑，关键在于增强他们的购买信心。

5. 落后采用者。他们是新产品的最后采用者，在完全被别人使用证明采用新产品没有任何风险时才会使用该产品，占总采用者人数的 16%。这类人群思想保守，拘泥于传统的生活习惯与消费模式，不愿意接受新事物，其社会地位和收入水平一般较低，所以，他们在产品进入成熟期后期甚至进入衰退期时才购买。

任务四 了解网络产品与服务

营销情境 7–4

习惯养成类产品 Google

新习惯在用户的生活中生根发芽，就必须增加它的出现频率。在伦敦大学学院开展的一项近期研究中，研究人员观察了被试者培养牙线使用习惯的整个过程。结果显示，新习惯出现的频率越高，稳定性就越强。与使用牙线一样，如果用户频繁地接触某个产品，尤其是在较短的时间内，那么他形成新的行为习惯的可能性就会加大。

音频：营销情境 7–4 分析提要

Google 搜索引擎就是一个很典型的例子。它表明，一旦用户开始频繁地使用某项服务，那就一定会将这项服务纳入自己固定的行为习惯中。如果你对 Google 影响用户习惯的能力心存怀疑，那就不妨试用一下 Bing（必应搜索）。在对这两个都提供匿名搜索服务的平台进行效能比较时，我们会发现它们没什么两样。尽管在天才设计者的努力下，Google 的演算系统运行速度要快一些，但是因此节约下来的时间也许没有人能察觉得到。这并不是说毫秒无关紧要，只是这样微小的时间差异不可能成为钩住用户的诱饵。

既然如此，那为什么没有更多的 Google 用户转而投向 Bing 的怀抱呢？这就是习惯的力量，是习惯让 Google 拥有了如此众多的忠实用户。在他们已经熟悉 Google 操作界面的情况下，转而使用 Bing 只会增加他们的认知负担。虽然 Bing 在很多方面都与 Google 类似，但是即使一个微小的像素设置差异都可能迫使用户适应新的访问方式。

资料来源：尼尔·埃亚尔，瑞安·胡佛. 上瘾［M］. 北京：中信出版社，2017：64–68.

思考： 一百年前产品比拼的是产能，五十年前产品比拼的是渠道和销售能力。可今天这个时代，产品销售比拼的是什么呢？

一、网络营销的特征

网络营销是利用互联网作为营销活动的一种手段，通常是以互联网为手段开展的营销活动。

（一）交互性特点

网络上很多是通过一对一的形式进行互动，大量观众的特征面临一个重大的突破。购买者可以浏览网页，通过网页来提交或发送电子邮件，企业和客户可以用于在线会议，这些特定的网络功能，使企业在很短的时间内与客户进行沟通，可以根据客户定制好的具体要求及建议，及时地做出相应的反馈。

（二）广泛性特点

目前，在世界各地都促进了互联网的发展，网络提供了一个集中的生产者和消费者对市场真正意义上的发展。网络信息是相当于大海一样宽阔，但也证明他们的商业数字广告媒体，受众选择范围宽。一个站点的信息承载量大大超过了转移印花的信息，没有时间、地域的限制。从这个角度来看，无论是大型企业或企业，或者是个人，都能够通过互联网来得到一定的商机。网络电商平台有别于实体经济，没有售货员的宣传叫卖，消费者也无法亲自触摸、打开包装观看产品。因此网络营销产品只能通过产品包装结构、颜色、图案符号、文案等信息给消费者带来视觉刺激和情感的交流。网络营销打破了产品地域的限制和保护，导致了更多的同类产品进入同一平台相互争夺目标客户，也进一步压缩了产品在消费者视觉停留的时间。

（三）经济性特点

在传统的营销模式方面，企业在中间环节和渠道，大量的人力和物力资源浪费，企业通过利用互联网进行交易的中间环节，渠道已成为多余的网络营销，释放时间和网络广告的效果可以做到精确统计，大大降低企业的成本，提高全球范围内的交易效率，实现资源的优化配置。

（四）针对性特点

在网络里，很多企业都有自己的潜在客户，这些客户不是被动地接受没有任何价值的信息，而是会选择自己非常感兴趣的相关内容进行观看，以及积极讨论他们感兴趣的话题。

二、网络产品的定义及层次

网络产品是指企业在网络营销过程中为满足网络消费者的某种欲望和需要而提供给他们的企业网站、相关资讯、企业生产的产品与服务的总和。

那么如何对网络产品进行层次区分呢？我们可以从企业的网络营销过程来思考。

开展网络营销的企业，必然有实体的产品（或服务），而实体产品（或服务）的展示必然要附加相关的资讯，这些实体产品（或服务）和资讯都要借助网站平台来实现。因此，网络产品是基于网站平台的实体产品和资讯产品的总和。其中，实体产品或服务是企业进行网络营销的基础，资讯产品衍生于实体产品，网站产品则是承载以上两者的平台。

这里所界定的实体产品既包含了有形的产品，又包含了无形的服务，是开展网络营销的企业所期望在互联网上销售的没有进行信息延伸的企业的原始产品。包括硬体商品（hard goods）、软体商品（soft goods）和在线服务（on-line service）。

资讯产品是指在网络营销过程中，为满足顾客的需要，以网络为渠道提供的一切信息的总和，它或是对网络实体产品的信息化包装和延伸的数字产品，或是一种纯粹的信息提供。它不仅包含产品的多媒体广告、相关行业信息、产品的附加增值信息，还包括内容产品、信息资讯服务、客户或网络消费者相互交流的信息等。

通过平台网站呈现的产品，是企业为推广整体的企业形象和发布产品信息而开发的满足网络消费者全方位消费需求的产品，它既包括了实体产品又包括了资讯产品，是两者有机组合的产物。随着智能手机和电脑的普及、网络的全覆盖，以及天猫、淘宝、京东、抖音、快手、美团等众多电商平台的推广网络营销迅速崛起，以天猫为例，2009~2019年，"双十一"营业额从 0.5 亿元增加到 2 684 亿元，年均同比增长率均在 25% 以上。2020 年受疫情影响实体经济出现前所未有的萎靡，但是网络营销却逆势而上，仅"双十一"一天天猫营业额就高达 4 982 亿元。著名的杜邦定律指明，大约有 63% 的消费者是根据商品包装来决定是否购买商品。在网络营销模式下，商品的积聚、对消费者有效刺激减少等因素，都导致产品竞争的加剧。

相关链接：

不同消费者群体的主观感受会影响到产品的客观属性。因此，消费者群体的聚合无疑是市场细化的有效途径，并通过网络将这种聚合以信息化的形式展现出来。不同使用体验、不同理念、不同型号都会层层筛选出精确的消费群体，同时也让网络产品的营销设计更具适用意义。

通过网络的互动，原本的信息不对称将被削弱，消费者更能知道自己的标准从而通过网络进行诉求。例如，产品将越来越倾向于个性化，由于消费者的刺激，产品设计无论是外形、技术还是适用性，都将通过创新来进行市场的抢滩。

三、网络产品的特点

（一）网络产品交互

网络产品交互式设计的关注点是通过包装的形态结构、消费者的行为参与等进行信息的传递和情感的交流，网络营销模式下众多产品如潮水般涌现在消费者面前，产品包装作为连接商品和消费者最直接、最有效的纽带，所传递信息和情感的顺畅性也直接影响着消费者对产品的认知和评价。包装作为商品营销最为重要的环节之一，既是产品的形象代表，又是商品向客户自我推销的外在形式，成为刺激消费者产生购买欲望并达成购买行为的先决条件。其中的重点是让消费者感受到参与感的存在。要在充分了解消费者心理需求、消费习惯的基础上，设计网络产品传达信息的营销策略，最终形成能够刺激消费者产生购买决策的"利销"设计。

（二）产品的可信息化

产品主要分为无形产品以及有形产品，其中无形产品又分为纯信息产品和服务。而在网络上，无论怎样的产品都以信息的形式展现出来，让消费者对产品的了解多了一道屏障。然而，这并没有对网络营销的发展造成障碍，而是让产品的信息越来越丰富和透明。通过这样的信息呈现，产品的设计也逐渐形成了更多的评估参数，从而市场也将越来越精确。

（三）产品设计的类别化

通过网络，产品的信息会越来越完整。通过产品信息的丰富，产品设计所触及的方面也会因此越来越细化。因此，这里的产品设计不仅包括品牌和个性设计，同时还包括通用设计、安全中介设计、网页界面设计、定价设计、物流设计等方面。而在网络商品形态中，产品又分为搜索性产品（如服装、日用品、汽车等）、信誉性产品和体验性产品（如课程、音乐、小说、游戏）等。通过这样的分类，产品设计才具有准确的属性，从而减少概念模糊的设计成本，提高营销效率。

（四）产品和消费者信息的双向性

在网络媒介中，产品设计的信息将越来越丰富和多元，从而促进搜索引擎的精确化和专业化。通过搜索引擎，消费者能够直接搜索到自己想要的产品，并通过网络的交互界面，消费者也可以发表自己对产品的反馈。企业不再单纯通过对市场的调查报告以及统计来分析市场的取向，而是通过消费者在网络上的反馈来对设计进行改良，从而提高了设计的效率和准确性。

（五）网络平台的多元化

消费者对产品设计的了解并不仅仅限于搜索这么简单，随着信息的丰富，关于产品设计的相关信息也呈现出多元化的趋势。其中不仅带有比较性质的网站（大众点评网），SNS 式的社交形式网站（微博），也有聚类型网站（知乎、豆瓣），有社交 App 小红书，短视频平台（抖音快手）等，都让产品设计的相关信息以不同形式被消费者所接收、反馈、传播。因此对于消费者来讲，网络的蓬勃发展让他们能够对产品进行充分了解和比较，而产品的相关信息无疑也越来越透明化。

相关链接： **网络产品的交互创新**

产品通过网络展示过程中的交互呈现，如直播销售或网页信息画面；也可以说是消费者打开包装的仪式感；还可以是使用产品过程中将产品进行不同形式的组合等。如图 7-9 所示则是消费者在打开产品包装过程中感到良好的交互体验和情感交流。试想消费者收到产品后，通过自己动手进行拉扯，看着拉面逐渐变长，把本来成品过程中的拉面制作最后一步交给消费者来完成。这样的拉面是通过自己"手工制作"的产品特性，强化了拉面品牌的绿色安全。无形中"参与"到制作过程中的行为也提升了小肥猪对产品好感度，消解了网络产品"看不见摸不着"的缺憾。

图7-9　拉面包装设计

资料来源：https：//www.xiaohongshu.com/explore/633ad19e000000001d01ba2d.

四、网络产品的优化

虽然企业可以通过网络省去一部分市场调查的成本，但也无疑带来了产品设计的快速更迭。从短期来看，这可能给企业以及相关的产品设计造成压力，但从宏观层面来看，这也是整个产品设计的分水岭。通过网络的互动，原本的信息不对称将被削弱，消费者更能知道自己的标准，从而通过网络进行诉求。例如，产品将越来越倾向于个性化，由于消费者的刺激，产品设计无论是外形、技术还是适用性，都将通过创新来进行市场的抢滩。因此，产品设计将通过畅通无阻的互联网展开。网络产品与网络营销的互动形式、产品设计和网络影响的互动框架大致如以上所言，那么两者之间的互动形式又是什么呢？现阶段大致有三种形式，即产品个性化、产品订购化、产品自主化。

（一）产品的个性化

在网络背景下，消费者不需要在被动的环境中接受企业提供的产品或者服务，根据网络的自主性，消费者可以主动地在网上搜索自己想要的产品。同时由于网络良好的交互功能，消费者在没有找到理想商品的情况下，会在网络上了解相关的需求（如样式、颜色、材质、功能等）。正如产品设计的面向趋势一样，网络营销的必然即为产品的个性设计。

（二）订购式的产品

当然，网络营销的终极目的就是更为贴近消费者的口味。但在"众口难调"的今天，该如何避重就轻呢？这样的疑问，其实让企业逐渐返璞归真，成了真正的"作坊"式企业。例如戴尔公司，他们通过网络和电话的途径，为消费者提供订购服务，来完成电脑硬件的模块化组合。这种设计形式，提高了消费者对产品的满意程度，同时也减少了企业的成本，带来更大的利润。

这类以消费者意愿为准的设计方式当然需要更多的启动成本。因此，这样的互动框架，往往运用在一些实力较强的企业中。在订购过程中，企业需要从产品的开发设计到售后设计形成一条龙模式。换言之，企业需要具备更具灵活性、配合更精良的团队才能够实现这样的互动框架。

（三）自助模块化的产品设计

如上所述，产品的模块化设计成为企业开发更贴合消费者取向的途径。通过将产品进行模块化设计，消费者能够自主对产品进行组合，以完成自身对商品需求的最大化。从技术上来讲，计算机将这些模块的数据进行储存，并转入客服中心，进行数据的挖掘和分类，实现直观的产品生产数据。例如耐克公司，他们通过网络媒介将运动鞋的设计进行模块化处理，从而满足客户对商品的需求。

在此过程中，设计师需要具备设计模块产品的专业技术，从而引导消费者来重新组合，实现需求。所谓专业技术，并不是设计师主观对产品设计风格的拿捏，而是需要对市场进行周密的调查，从而抓取准确的信息，最后转化为产品设计的创造理念。

（四）安全性包装策略

为了将商品完好无损地送至消费者手中，厂家需要能够保障产品安全的包装。根据调查显示，90%的消费者在收到快递时，会根据产品包装是否破损来初步判定产品质量好坏。但是随着网络营销的发展，"暴力运输"问题层出不穷，为了保证商品经过长途跋涉安全地运抵到消费者的手中，在产品包装设计环节应根据商品特性，选择合理的结构和材质进行包装形态的优化，并专门设计统一的物流箱。这样在运输过程中不仅起到了对品牌/产品形象的传播效果，还缓冲了暴力运输造成的冲击力和压力，最大程度上保证包装的完整和产品的安全。

案例分析：精彩纷呈的文创产品

清华大学文化经济研究院近日发布的《新文创消费趋势报告》也显示，围绕历史、文化 IP 进行文创开发正呈现出井喷态势，不少热门产品的销售额呈几何级数增长。天眼查数据显示，我国现有 67.2 万余家文创相关企业，近 6 000 家博物馆。据不完全统计，仅故宫博物院就申请了 384 个文字商标，其对外投资企业共申请了 660 个文字商标，如角楼咖啡、故宫雪糕等一系列文创产品。

文本：分析思路

根据"天猫新文创 2.0 计划"，未来 3 年，让全球博物馆的"镇馆之宝"都上天猫，并与 1 万个品牌进行跨界合作。目前，平台是最火的文创品牌——故宫文创，在我国可以说是几乎无人不知，无人不晓。

千百年来，作为皇宫的故宫，在人们的心目中一直是庄严肃穆、充满神秘色彩的存在。它是封建王朝的中枢所在地，是皇权的象征，有着至高无上的地位，故宫文创打破了这种束缚，从故宫国风胶带、千里江山图，到紫禁太平有象书签、脊兽钥匙扣等，各种独特的故宫文创扎根于中华五千年历史的脉络，在设计出更多带有"故宫文化"元素的文创产品，起到了一个文化传播的作用。

文创产品将历史文化元素融合进了普通商品之中，为随处可见的平凡日常，增添了几分具有文化旨趣的温情意味，进而拉动了人们的选择与购买。近30%的博物馆文创产品价格在49元以内，22%的产品价格分布于50～99元这一区间。数据显示，87.5%的消费者曾为自己购买文创产品；57.7%的消费者曾购买文创产品赠送给他人。

产品设计和创意层面，已有多款设计独特甚至"丑萌"的博物馆文创成为网红产品，例如三星堆博物馆川蜀麻将摆件；河南博物院、陕西省博物馆的另类"考古"系列盲盒等。"丑萌"背后是各大博物馆开拓创新的互联网思维，以轻松、搞怪、"不太严肃正经"的方式成为文物文创的"一股清流"。"丑萌"可爱的模样可以让人放松心情，非常符合节奏紧张、工作压力普遍较大的消费者需求。

资料来源：https://baijiahao.baidu.com/s? id = 1641924323444761814&wfr = spider&for = pc.

讨论问题：

1. 故宫文创的天猫旗舰店中，找到销量最好的文创产品，并从产品的三个层次剖析文创品类。

2. 试着描绘故宫文创中天猫旗舰店的产品组合。

3. 运用二手资料法观察总结我国新文创环境的趋势。

情境讨论和能力训练

训练主题：新产品策划方案

训练目的：通过实际操作制定新产品上市计划的过程，对新产品开发战略有更深的体验与认知。

训练方案：

1. 人员：3～5人组成一个小组，以小组为单位训练。

2. 时间：与第七章教学时间同步。

3. 方式：选择感兴趣的快消品类品牌，观察近半年内上市的新品，试着做出新产品上市策划方案。

内容提示：

（1）上市新产品定位。通过产品整体规划与定位分析，确定新产品的目标市场与市场定位，以及新产品的性能、质量水平、价格档次、品牌名称与品牌定位，明确上市新产品与老产品的关系，及其在企业产品组合中的地位，以确保上市推广策略的有效性，确保新产品和企业整体产品推广相协调。

（2）新产品上市目标。根据产品整体规划制定新产品上市的目标，是新产品上市首先要明确的任务，也是新产品上市策略制定与活动策划的依据，决定了资源配置、预算、推广两动的力度与强度。新产品上市目标具体包括总体目标、上市期间的目标、新产品试用率和接受度指标。

（3）新产品上市时间。新产品上市时间的选择须综合考虑：是根据研发、生产时间还是市场需求与销售季节决定上市时间；是在销售旺季上市还是淡季入市；是否选择在特定节日上市；是抢在竞争者前上市还是跟随其后上市。这由企业的研发、生产与销售能力，整体市场与产品推广的时间节奏，市场竞争形势，消费者需求的程度等多种因素决定。

（4）新产品上市区域。新产品上市区域的策划需明确以下问题：是按先本地再外地最终推向全国的顺序，还是根据各地人口规模、消费能力和品牌影响力，按城市大、中、小分期分批在全国上市？这需要根据企业的实力、销售和生产能力等因素综合考虑。

（5）新产品上市通路。策划需思考新产品上市的通路形式，分销商的类型、数量和标准，销售通路建设的进度、质量和数量，这些都要依据上市新产品的定位、区域选择及上市时间安排进行系统化设计。一般而言，改进型新产品、系列型新产品和降低成本型新产品可按照原来的销售渠道进行销售；但是全新产品和重新定位新产品须进行上市通路和销售渠道的重新规划和设计。

（6）新产品上市价格。新产品上市价格方面应明确以下内容，上市新产品的零售价，零售商、批发商的进货价，一批、二批价格及销售政策。上市价格的市场竞争力、是否符合产品组合的价格结构等。这些都需对新产品上市目标、新产品定位、竞品价格、目标消费者的需求水平和价格接受能力、分销商盈利目标等有系统考量。

（7）新产品上市促销计划。包含了广告、在产品导入期、广告的对象、诉求、媒体和创意的内容。投放的力度通过广告形成利于产品上市的消费者认知；公关活动能够配合新产品上市的必要性，能否提升美誉度。一般而言，全新产品上市需要在公关层面形成有利的舆论氛围。各种销售促进活动是新产品上市期间不可少的，有利于启动市场，产品渗透市场。最后，尤其要考虑促销成本和预算，在广告、销售促进活动、公关活动中的分配。

本项目思考题

1. 怎样理解产品整体概念？整体上产品包含哪几个层面的内容？
2. 什么是产品组合？评价产品组合的关键因素是什么？
3. 产品品牌化的作用。
4. 品牌资产包含哪些内容？
5. 怎样划分产品生命周期的不同阶段？每一个阶段分别具有什么特点？
6. 什么是服务产品？它具有什么特点？

项目八

制定定价策略

听故事悟原理
（顾客价值定价）

课程思政
（制定价格的
道德意识与
法律意识）

项目八课件

■ 目标描述

知识目标：

1. 认识到企业产品定价策略的重要性，学会对影响产品定价的因素进行分析；

2. 学习产品定价流程，掌握产品定价的主要方法；

3. 掌握并选择合适的定价策略，同时掌握新产品定价相关理论知识；

4. 掌握价格调整相关理论知识。

技能目标：

1. 掌握产品定价的主要方法；

2. 熟悉产品定价的基本程序；

3. 熟练分析影响产品定价的因素，把握产品定价的原则，制定企业产品定价营销策略；

4. 熟悉新产品定价规则，应对不同环境变化采取的价格调整策略。

■ 工作任务导图（见图 8 -1）

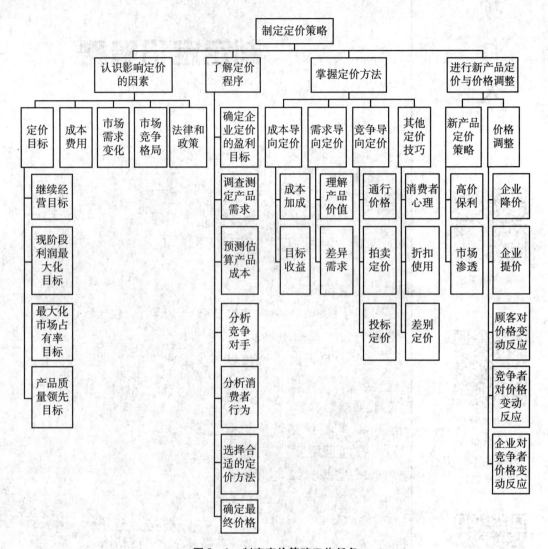

图 8 -1　制定定价策略工作任务

■ 重要概念

产品定价　定价的目标　成本费用　市场需求　市场竞争格局　法律与政策　盈利目标
产品需求　产品成本　消费者行为　定价方法　成本导向定价法　需求导向定价法　竞争导
向定价法　高价保利定价策略　市场渗透定价策略

任务一 认识影响定价的因素

营销情境 8-1

气温火速升温，空调也拉开销售旺季的序幕

近日，新京报贝壳财经记者走访苏宁易购、国美电器等线下门店看到，美的、海尔、格力等仍是主力品牌，各家主推 3 000~4 000 元机型。北京消费季叠加各平台等促销补贴，当前产品优惠 500~1 200 元。不过，在销售人员看来，此次促销活动过后，5 月下旬开始，空调产品进入销售旺季，售价肯定上涨。

音频：
营销情境 8-1
分析提要

"现在还是延续'五一'活动的价格，'五一'与上年同期持平，因为今年气温回升慢，往年这时候已经是销售旺季了。6 月以后，估计就要涨价了，现在正好有节能补贴，价格非常实惠。"苏宁易购大望路店的美的空调销售人员介绍。

相比之下，格力已经调整了部分产品售价，两个多月以来至少调价两次。格力空调销售人员向新京报贝壳财经记者表示，"部分产品价格与'五一'期间相比每台涨了 200 元，有些产品与 3·15 期间相比已经涨了 500 元，这波活动结束后还会涨。"

"去年疫情，一台空调 1 999 元销量都有限，今年老能效产品都在降价，库存差不多清完了。"海尔空调销售人员表示，现在价格与"五一"持平，但 5 月活动结束后，估计会涨 100~200 元，一般挂机涨 100 元，好一点的型号涨 200 元左右。

线下促销大战仍在继续，入夏前夕各大空调品牌也加大了线上优惠力度。新京报贝壳财经记者注意到，天猫格力官方旗舰店内销量排名前三的机型优惠 200~300 元，其中最畅销的格力云佳大 1.5 匹一级能效挂机，原价 3 199 元，活动价 2 899 元。

此外，记者在美的空调天猫官方旗舰店看到，销量排名前三的机型优惠 100~300 元，销量位居首位的美的风锦大 1.5 匹一级能效挂机，原价 2 799 元，活动价 2 599 元。

资料来源：仲梓源. 电子商务主持案例教程［M］. 北京：中国广播影视出版社，2020.

思考： 为什么夏季购买空调比其他季节贵？影响空调定价的主要因素是什么？

一、定价目标因素

定价的目标是指企业为实现相应目标来制定及实施产品价格。现今任何企业制定相关产品的价格，都必须考虑企业的目标市场战略及市场定位战略，定价目标必须在整体营销战略目标的指导下被确定，而不能相互冲突。如企业通过市场调研与分析，决定为高收入者设计与生产高档产品，预期的目标市场与定位就决定了产品的高定价。由于外部环境的变化与企业自身优劣势的差别，不同企业可能有不同的定价目标，同一企业在不同时期也可能有不同的定价目标，企业应当权衡各个目标的依据及利弊，谨慎加以选择。一般而言，企业常见的

定价目标主要包括继续经营目标、现阶段利润最大化目标、最大化市场占有率目标、产品质量领先目标。

（一）继续经营目标

企业以收入能弥补其经营成本、保证正常生产经营为目的来制定价格，这种定价目标是通过放弃企业的利润来保证企业的持续经营。当企业产能过剩或面临激烈竞争，这时企业如何生存往往成为经营者首先考虑的问题。为确保企业继续经营与销售存货，企业经营者常常制定较低的价格，并希望通过产品需求弹性来获得销量与利润。许多企业管理者还通过大规模的价格折扣来保持销售的畅通，只要产品的边际贡献大于零，企业的生存便得以维持。一般来说，只有社会产品大量过剩、竞争过于激烈等一些特殊情况下，企业才会选择这一定价目标。经营目标还常常被大多数非营利性组织采用，他们在提供服务及产品时所收取的费用往往只要能维持组织的正常运转就行了。举例 7 - ELEVEN 便利店，我们知道零售店及零售业态的成败与价格高低没有必然联系，7 - ELEVEN 的使命宗旨是以"善变"求"万便"，它的成功有三点：时间便利、服务便利、商品力强。7 - ELEVEN 的店铺一般在 80 ~ 100 平方米，却有 2 700 ~ 3 000 个品种，其中每年要更换 70% 的商品以满足消费者需求的变化。大部分时候你总能在 7 - ELEVEN 找到你想要的商品，这也是消费者光顾便利店的一个原因。7 - ELEVEN 毛利较高的部分是食品类，其中快餐类食品有的毛利又高于一般食品，这也是最畅销的商品，定价不会很高，有独特性，顾客忠诚度较高。

（二）现阶段利润最大化目标

有些企业希望制定能使现阶段利润最大化的价格，管理者通过估计需求与成本，并据此选择一种价格，使之能产生最大的现阶段利润、现金流量或投资收益率。特别是企业的产品在市场上有较强的竞争力时，企业总是希望制定一个能使现阶段利润最大化的价格，如不少企业在新产品上市时采取"撇脂"定价就是遵循这一定价目标。应当注意的是，追求最大利润并不必然导致高价，根据产品需求弹性的不同，对需求富有弹性的产品适当降低价格反而会增加产品的销售量，从而引起收入与利润的增加。早些年美图手机 M6 预售价在 3 000 ~ 3 500 元，V4S 预售价为 4 000 ~ 5 000 元，当时这个价格接近 iPhone 定价，美图手机主打女性自拍美颜手机，虽然产销量不高，但采用高定价的美图手机可以实现现阶段较高的利润。

（三）最大化市场占有率目标

市场占有率的大小体现出一个企业经营实力与竞争能力的高低，许多企业将扩大市场占有率、提高竞争能力作为企业的长远目标之一。产品低价格是实现最大化市场占有率这一目标的重要手段，因为低价格容易吸引顾客购买，而大量购买产生的规模经济效应可能导致生产产品的单位成本降低，这使得企业在制定低价格的同时扩大了市场份额又不会过多地缩减预期利润。但是要实现这一目标必须具备以下条件：一是产品的需求价格弹性较高，产品低价能刺激消费者的需求迅速增长；二是该产业具有较强的规模经济效应，生产与分销的单位成本会随着生产规模的扩大与生产经验的积累而下降。生产彩电的长虹集团是实施低价政策的成功企业，通过降低产品的价格获得更大的市场份额，同时在生产规模扩大的基础上使单位产品的成本得到降低，正是这种良性循环推动了长虹集团的发展与壮大。蜜雪冰城，一家"草根"起步的茶饮店，"让全球每个人享受高质平价的美味"，这句话被蜜雪冰城写进了品牌故事里，极低的客单价是蜜雪冰城一直以来坚持的定价策略。一支冰淇淋仅 2 元，一杯柠檬水 4 元，单人消费基本保持在 10 元左右，而同在行业中拥有较大知名度的茶饮品牌喜茶与奈雪的茶，单杯售价高达 30 元左右。凭借着价格与供应链优势，利用互联网进行营销，在激烈的市场竞争中拥有一席之地。

（四）产品质量领先目标

如果企业主要考虑创造良好的营销形象与产品形象，或者市场上存在数量较多的关心产品质量胜于关心产品价格的顾客，可以考虑采用产品质量领先的目标，并在生产与市场营销过程中始终贯彻产品质量最优化的指导思想，这就要求用高价格来弥补产品高质量与研究开发的高成本。如早期很火的保温杯品牌膳魔师，作为保温容器的始祖，全世界第一个真正的不锈钢真空保温瓶就是它设计并生产出来的，膳魔师的历史几乎就是保温瓶的历史，产品的保温效果极佳，实测倒入开水 8 小时还能有 70 度，产品轻便、使用感好，同时质量过硬，耐摔耐用，所以将质量领先作为目标进行定价，虽然价格对比竞品贵几倍，但仍然有很多消费者为之埋单。

二、成本费用因素

产品的价格主要由成本、税金与利润构成，因此产品的最低价格取决于生产这种产品的成本费用。从长远看，任何产品的销售价格都必须高于成本费用，才能以销售收入来抵偿生产成本与经营费用，否则就无法持续经营。因此，企业在制定价格时必须了解一些重要的成本概念并对其加以估算，熟练掌握成本因素往往是定价策略获得成功的重要保证。

> **相关链接：** 　　　　　　　　　　　**成本的种类**
>
> 　　固定成本及单位固定成本。固定成本是指成本总量不随企业产品产量变化的成本费用，如企业的资产折旧、长期贷款利息、产品设计费用、企业管理费用等。单位固定成本等于固定成本除以产量，所以它的数值往往与产量成反比。正是这一原因使得批量生产方式可以降低单位固定成本，从而降低产品的单位成本，形成规模经济效应。
>
> 　　变动成本及单位变动成本。变动成本是指随产品产量的变化而相应发生变化的成本，如原材料成本、计件工资、各种直接消耗的生产作业物资等。变动成本往往是产品的直接成本。单位变动成本等于总变动成本除以产量，如果总变动成本与产销量成正比，单位变动成本在一定范围内会是一个常量。
>
> 　　边际成本。边际成本是指企业生产中每增加或减少 1 个单位产量所导致的成本变动数额。这一成本概念在制定产品价格策略时非常有用，由于生产者所关心的是找到一个能获得最大利润的产量，故对产量变动所发生的新增成本比平均成本更为重视。

使用成本。消费者在使用产品时也会产生相应的费用，如驾驶汽车需要支付汽油费，使用空调需要支付电费等。在产品使用过程中产生的这一类费用被称为使用成本。一般而言，消费者在购买商品时常常会考虑到使用时产生的费用，使用成本已经成为影响商品价格与需求的重要因素。

资料来源：张德荣，鲍焰. 财务管理学（第二版）[M]. 南京：南京大学出版社，2021.

我们认为总成本费用是指在一定时期内应由企业某种产品承担的所有生产成本及期间费用的总和。企业的总成本等于固定成本与变动成本之和，当产量等于零时，总成本等于固定成本。企业对某一产品制定价格后取得的收入只有大于该产品的总成本费用，该企业才能得以长期经营下去。

三、市场需求变化因素

市场需求对企业产品的定价有着重要的影响，不同企业生产的不同产品在投放市场时，面临的一个共同问题是需要关注价格对消费者需求的影响。经济学原理告诉我们，如果其他因素保持不变，消费者对某一商品需求量的变化与这一商品价格变化的方向相反，即商品的价格下跌，需求量就上升；而商品的价格上涨时，需求量就相应下降。价格的变动率导致的需求变动率称为需求的价格弹性，它反映需求对价格变化的敏感程度。如果需求的价格弹性大于1，就是需求量变动的百分比大于价格变动的百分比，降价可以增加销售收入；当需求的价格弹性小于1，提高价格可以增加销售收入。

2020年疫情暴发之后，口罩成了紧俏货，口罩大幅涨价，最高涨幅高达28倍，市场上甚至出现了850元/袋的天价口罩。而口罩涨价的原因是多方面的，其中最为重要的是口罩价格上涨与短期内口罩供求、生产厂家的生产成本、商家囤积居奇、串通涨价及哄抬物价有关。但随着国家政策的鼓励、企业生产线的新增以及原材料供应逐步稳定，口罩市场供需将会逐步平衡，口罩价格会有回落。如今口罩的价格已经恢复到正常水平。

四、市场竞争格局因素

企业定价的"自由程度"，首先取决于市场竞争格局。处于不同类型市场的企业，在定价时所考虑的因素总是不同的，每一种类型市场的性质都直接影响该市场中企业的定价决策。例如在完全竞争的条件下，买卖双方都只是"价格的接受者"，没有哪个购买者或销售者有能力影响现行的市场价格，价格完全由供求关系决定。在此情况下，企业制定的价格不可能高于或低于市场价格，只能按现行市场价格来出售商品，企业无须去进行市场分析与营销调研，不必在定价策略上花费过多精力，而某些市场中的销售者已经具备了较高的垄断能力，使得市场的进入障碍很高，新的竞争者很难进入这一市场。处在这一市场中的厂商一般为了维持现有的市场份额及利润，通常都有一个相对稳定的价格政策，不会轻易对价格进行调整。

相关链接： 市场的分类

完全竞争市场，这一市场由众多进行同质商品交易的购买者与销售者构成，各个企业买卖的数量相差不大，且只占市场商品总量的一部分，买卖的商品都是同质的，如农产品等市场。

垄断竞争市场，这是一种介于完全竞争与纯粹垄断之间的市场条件，市场上存在众多的销售者，但他们的商品或多或少都有一定的差异，如质量、外观、功能、包装、品牌等。正是因为差异性的存在，使得消费者愿意以不同的价格购买不同企业的商品。

寡头竞争市场，是指一个行业中几家企业生产与销售的产品占此市场销售量的绝大部分，价格实际上由它们共同控制。

完全垄断市场，这一类市场中只有一个销售者，产品或服务完全被一家企业所独占。除某些由国家政府特许的独占企业外，还包括一些对某产品有专利权或独家原料开采权的企业。

资料来源：黄洪民. 现代市场营销学［M］. 青岛：青岛出版社，2002；王高玲. 垄断竞争市场结构下网络信息商品价格的形成机制与定价策略［J］. 情报科学，2011（02）：504－508.

五、法律与政策因素

企业制定价格还必须考虑政府有关政策、法令的规定。为了维护经济持续，或为了其他目的，政府可能通过立法或者其他途径对企业的价格策略进行约束与限制，这种约束与限制主要体现在价格构成、价格种类、价格变化、价格水平与价格管理等方面。在我国，规范企业定价行为的法律与相关法规有《价格法》《反不正当竞争法》《制止牟取暴利的暂行规定》《价格违法行为行政处罚规定》《关于制止低价倾销行为的规定》等。企业在日常经营与定价过程中应密切注意货币政策、财政政策，贸易政策、法律与行政调控体系对市场流通与价格的管制措施，既要遵守国家法律与政策，又要善于利用这些法律与政策来保护企业的合法利益。

相关链接：

《价格法》：为了规范价格行为，发挥价格合理配置资源的作用，稳定市场价格总水平，保护消费者与经营者的合法权益，促进社会主义市场经济健康发展，制定本法。

《反不正当竞争法》：为了促进社会主义市场经济健康发展，鼓励与保护公平竞争，制止不正当竞争行为，保护经营者与消费者的合法权益，制定本法。

《制止牟取暴利的暂行规定》：为了维护社会主义市场经济秩序，制止牟取暴利，保护消费者的合法权益，制定本规定。

《价格违法行为行政处罚规定》：为了依法惩处价格违法行为，维护正常的价格秩序，保护消费者与经营者的合法权益，根据《价格法》的有关规定，制定本规定。

《关于制止低价倾销行为的规定》：为制止低价倾销行为，支持与促进公开、公平、合法的市场价格竞争，维护国家利益，保护消费者与经营者的合法权益，根据《价格法》，制定本规定。

资料来源：陈锦华.关于《中华人民共和国价格法（草案）》的说明——1997年8月25日在第八届全国人民代表大会常务委员会第二十七次会议上.中华人民共和国全国人民代表大会常务委员会公报，1997（07）：790－793.

任务二 了解定价程序

营销情境 8 - 2

牙膏的功能与定价

不知道大家发现没有，越来越贵的除了雪糕，还有摆在日用品货架上的牙膏。以前5元一支的牙膏基本不见了踪影，大部分都是10~20元的价格区间，几十元的牙膏也不少见。为什么牙膏会越来越贵？便宜的牙膏都去了哪里？走进商超、便利店，常见的黑人、佳洁士、冷酸灵等品牌的牙膏单支售价多在15元以上，有的更是超过了20元，甚至有部分牙膏品牌，其单价都几乎在百元以上（以110克计算）。

音频：
营销情境 8 - 2
分析提要

根据发改委数据，2015~2021年中国牙膏价格一直保持上升走势，截至2021年7月，我国牙膏价格为10.75元/盒（120克左右）。现在15元以上的牙膏已经占据了35%的市场份额。牙膏价格的上涨，离不开年轻消费群体消费观念的升级。从外观视觉到使用体验的新奇感，这届年轻人对于新鲜事物的接受度越来越高，追求好玩有趣"颜价比"成为年轻人消费的主要观点。

因此，品牌为了迎合市场需求，在基础清洁功能之外，深度洞察产品在使用形态、外观视觉与嗅觉体验等各方面，在产品中加入了其他创新元素。例如五颜六色的膏体，各种食用级香料，青蒿素、紫荆花、芜琼花等各种植物中草药成分，益生菌、海盐、绿茶等这些可食用材质，甚至还有诸如国际香氛大师调香等概念。相较于过去，一支牙膏已经不单单是日用品，它的形象在这么多高端原材料、概念的加持下更加丰满，有了立体化的功能链条。

除了上述原因外，越来越贵的售价也是很多品牌抬高产品身价的策略之一。

尽管牙膏品牌、名称越来越多，选择范围越来越大，但其实牙膏制作的基本原料没有太大区别，大多由摩擦剂、润湿剂、增稠剂、甜味剂、表面活性剂与香料等成分构成，其中摩擦剂占比在40%~50%，而功效型牙膏则是在这些原料的基础上增加了美白、防止牙龈出血等功效。

资料来源：张迎燕，陶铭芳，胡洁娇.客户关系管理（第二版）[M].南京：南京大学出版社，2021.

思考： 为什么牙膏会越来越贵？牙膏企业是如何定价的？

定价问题首先出现在企业对产品的定价上，它关系产品能否顺利地进入市场，能否站稳脚跟，能否获得较大的经济利益。企业在为产品定价时需要考虑以下几个方面的因素：（1）确定企业定价的盈利目标；（2）调查测定产品需求；（3）预测估算产品成本；（4）分析竞争对手；（5）分析消费者行为；（6）选择合适的定价方法；（7）确定最终价格。

一、确定企业定价的盈利目标

企业定价的盈利目标是企业定价的指导思想，它直接决定企业定价的方法与策略。一般来说，企业通过定价有以下几个方面的盈利目标可供选择。

第一，现阶段利润最大化，经济学家给出的利润最大化是企业的边际收益 MR 等于边际成本 MC。当企业生产的产品数量 Q 使边际收益与边际成本相等时就实现了利润最大化。但利润最大化往往只是企业经营的一个原则，不同行业的不同企业在运用这个原理时也会有所不同。有的企业会追求利润率最大化，有的企业会追求利润量最大化；有的企业更偏重短期利润最大化，有的企业会为了长期利润的最大化而放弃眼前的短期利益。这些不同的目标既取决于企业自己的目标，尤其是企业决策者的偏好，也取决于企业所处的市场环境。当然，在不同的利润目标前提下，产品的价格制定标准也略有不同。

第二，最大化市场占有率，在市场对产品价格显现敏感（即产品的需求弹性大于 1）的情况下，企业会采取低价策略，吸引消费者，迅速占领市场，减少实际的与潜在的市场竞争，以谋取长期的稳定利润（见图 8 - 2）。追求高的销售增长率可以帮助企业的产品迅速由投入期过渡到成长期，确立产品在市场竞争中的有利地位。这时，伴随着高的销售增长率，企业的产品销售额也会不断扩大，在产品生产效率提高之后，产品的单位成本就会降低，企业的长期利润也就越大。

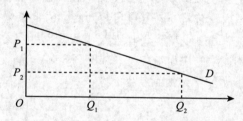

图 8 - 2　价格敏感型产品价格与需求量的关系

第三，销售收入最大化，实践经验也使得企业明白销售收入的最大化可能会导致长期利润的最大化与市场占有率的增长。因此，会有许多企业选择销售收入最大化定价目标来制定产品的价格。

第四，维持生存定价，当市场环境变得恶劣，企业面临产量过剩、竞争加剧、需求变化时，维持企业自身的生存能力会比追求利润最大化、销售增长率最大化、销售收入最大化更加现实与重要。此时，企业在制定定价策略时会充分考虑如何弥补企业的经营成本，而不盲目提高产品的销售价格来追求利润（见图 8 - 3）。其中，TR 为总收益线；TC 为总成本线；FC 为固定成本线。

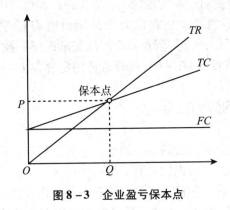

图 8 – 3　企业盈亏保本点

二、调查测定产品需求

在讨论确定企业定价的盈利目标时发现，根据各种不同的盈利目标采用的定价原则是不完全相同的，但是几乎所有的定价方法都涉及产品的需求函数（量），而企业产品的不同价格对应于产品的不同需求水平，可见确定产品需求对产品的定价是相当重要的。

测定产品需求主要包括两个方面：一是通过市场调查，了解产品的市场总体需求量；二是分析需求的价格弹性，即产品价格的变动对市场需求量的影响。不同产品的价格变动会对市场需求量产生不同的反应，即弹性各不相同。

相关链接：　　　　　　　　　　**需求函数**

按照经济学理论，销售收入的最大化只受到产品的需求函数 D（见图 8 – 4）的影响。但因为需求函数的不同，价格变动对销售收入的影响也不完全一样。对于需求弹性小于 1 的产品只有提价销售才可以增加销售收入［见图 8 – 4（a）］；而对于需求弹性大于 1 的产品则只有降价销售才能增加销售收入［见图 8 – 4（b）］。所以，企业可以根据产品的需求函数寻求销售收入最大化的产品价格。

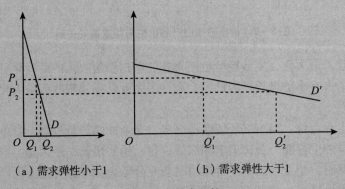

（a）需求弹性小于1　　　　　　（b）需求弹性大于1

图 8 – 4　需求函数

资料来源：熊国钺，元明顺，吴泗宗. 市场营销学（第 5 版）［M］. 北京：清华大学出版社，2017.

三、预测估算产品成本

成本是产品定价的基础，也是产品价格的底线。产品成本可以分为两类：一类是固定成本；一类是可变成本。固定成本指一般不随产量或销售量多少而变动的相对固定的成本，如房租、办公费用、设备折旧费等；可变成本则指随产量或销售量的变动而发生变化的成本，如原材料、能源消耗等。总成本是指在一定生产水平之下的固定成本与可变成本的总和。

四、分析竞争对手

价格变动不仅会影响市场需求，同样也会影响市场供给。因此，除了掌握产品需求与成本的情况，企业还必须了解市场供给的情况，即了解企业的竞争对手。最基本地反映供给变动的指标是"供给弹性"，即供给量对价格变动的反应敏感程度。

当然除了价格之外，影响供给的还包括其他市场环境的变化、竞争对手的经营状况、品牌、商誉与服务等非价格因素。企业在充分掌握了竞争对手的产品与价格情况后，就可以将竞争对手的产品价格作为自己产品的定价基础。但也应该考虑到，当自己的产品价格公之于众之后，竞争对手的产品价格也将会随之而动，企业应该有相应的对策及时做出反应。

五、分析消费者行为

消费者行为，尤其是心理行为，是影响企业定价的一个重要因素。无论哪一类消费者，在消费过程中，必然会产生种种复杂的心理活动，并支配消费者的消费过程。因此，企业制定商品价格时，不仅应迎合不同消费者的心理，还应促使或改变消费者行为，使其向有利于自己营销的方向转化。同时，要主动积极地考虑消费者的长远利益与社会整体利益。

根据消费者消费心理的不同，一般将消费者分为三种类型。①冲动与情感型。这类消费者的购买由其情绪波动所支配，购买具有冲动性、即景性与不稳定性。这类消费者对商品价格不是十分重视，主要注重商品的花色、式样等。因此，企业对于适销对路的商品，定价可略高，且可视市场即时状况调高价格。②理智与经济型。这类消费者购买商品时往往分析评价，并喜欢货比几家再购，对价格比较慎重。③习惯型。这类消费者对零售商或品牌等产生了信任或偏爱。因此，企业定价可略高。但应注意，价格过高会导致消费者购买的转移。

相关链接：

安静的小狗的定价

美国沃尔弗林公司生产的一种松软猪皮鞋，名为"安静的小狗"。这种鞋定价多少合适呢？他们打算定价在 5 美元上下，却不知道消费者是否认可。

于是，就先进行试销。先把 100 双鞋无偿交给 100 位顾客试穿。待 8 周之后，公司派人登门收鞋，如有人想留下，就交 5 美元。后来，多数顾客都留下了鞋子。得到这个消息，公司马上把价格定在 7.5 美元一双，并开始大张旗鼓地生产，这次销售获得了极大的成功。

有时候，只有"明白"了顾客"认可"的标准之后，你的定价才会更贴近市场，你的产品才会真正地成功。

资料来源：王晓磊. 试销定价 [EB/OL]. https：//baijiahao. baidu. com/s？id=1669004923928269677&wfr=spider&for=pc.

六、选择合适的定价方法

在确定企业定价的盈利目标、测定产品需求与预测估算产品成本、分析竞争对手之后，企业可以着手选择适合企业定价目标的具体定价方法。在以上讨论中，我们更多地从经济学理论的角度探讨一些定量的价格确定方法，但是，企业实际面临的市场环境要远比现在讨论的复杂得多。所以，在实际操作的产品定价过程中，以上方法仅是企业采取定价策略的理论基础，更多的是一些定性（或偏向于定性）的定价方法。根据实践经验，企业定价有三大类：第一类是以成本为基础，加上一定的毛利定价；第二类是以市场需求价格为基础来确定价格，使实际出售的商品价格能与消费者的收入相吻合；第三类是以竞争者价格为基础，根据应对竞争或避免竞争的具体要求来制定价格。但是从目前越来越普遍的网络营销来看，企业借助互联网进行销售，虽然销售渠道有了更大的扩展，但产品价格信息也更为透明，更方便消费者搜索查询。有调查显示，消费者选择网上购物，一方面是因为网上购物比较方便，另一方面是因为从网上可以获取更多的产品信息，从而以最优惠的价格购买商品。所以，如何选择定价方法，以及如何综合运用显得尤为重要。

七、确定最终价格

通过一定的定价方法得出基本价格后，再根据市场与需求的具体情况，采取相应的价格策略，对基本价格进行调整，制定出最终价格。但是值得注意的是，企业在最终公布、实行价格之前还应该考虑一些相关的因素：一是其他营销组合要素对价格的影响，如产品推广的广告成本、根据市场变化推出的降价促销等营销活动等；二是产品销售的相关人员对价格的看法，如企业内部的营销人员、企业外部的渠道商与消费者等对最终价格是否认同等。这些因素也将影响到产品是否能顺利进入市场并在竞争中站稳脚跟。由此可见，最终价格在推出之前还有许多问题值得思考。

任务三 掌握定价方法

水的定价方法

我们知道人体70%的成分是水，所以我们传统会认为，水的质量决定生命的质量。喝水这件普通的小事，通过这么多年的商家教育，现在俨然已经孕育了万亿市场，围绕"水"的各种商业现象不断涌现。按照水源的不同，我国的瓶装水一般分为天然矿泉水与包装饮用水两种，包装饮用水中又包含饮用纯净水、饮用天然水与其他饮用水。品牌定位由低到高排列分别是其他饮用水、纯净水与天然水、天然矿泉水。其他饮用水中以矿物质水为主，例如1元/瓶的康师傅、冰露等，这些主要是将矿物质人工添加到水中。虽然我们习惯将无色无味的饮用水统称为矿泉水，但不是所有的瓶装水都能被称为"矿泉水"。天然矿泉水属于国家矿产资源，来源、矿物质含量都有明确规定。天然矿泉水是从地下深处自然涌出

音频：
营销情境8－3
分析提要

或经钻井采集，含有一定量的矿物质、微量元素或其他成分，在一定区域未受污染，并采取预防措施避免污染的水。

现以一瓶市面普遍售卖的矿泉水为例分析成本。

瓶子、瓶盖、喷码、胶带等材料成本占比11.3%（约0.17元），水成本占比0.67%（约0.01元），运营与营销成本占比14.7%（约0.22元），以上成本合计约0.4元。

归属矿泉水厂家的利润占比为13.3%（约0.2元）。接下来是经销商成本，占比26.7%（约0.4元），终端成本33.3%（约0.5元）。也就是说，生产方投入0.4元，其中不到0.01元的部分是水的成本，0.6元卖给经销商，经销商以0.6元成本进货，1元卖给零售店，零售店1元进货后再以1.5元卖给消费者。

具体细节可能有出入，例如时代变迁带来终端渠道的变革，例如不同生产厂家成本、利润分配规划不一样，但有一点是肯定的：一瓶水里最贵的部分不是水。

资料来源：术康君（搜狐号）. 如何科学地为一瓶矿泉水定价［EB/OL］. https：//www. sohu. com/a/243055370_241726，2018－07－24.

思考： 我们常喝的矿泉水是如何定价的？你认知的定价方法有哪些？

一、成本导向定价

成本是企业生产与销售产品或提供劳务所耗费的各项费用之和，它是构成价格的基本因素。以成本为基础加上一定的利润与应纳税金来制定价格的方法称为成本导向定价法。

（一）成本加成定价

成本加成定价法是指在产品单位成本的基础上，加上一定比例的预期利润来制定产品的销售价格的定价方法。具体包括完全成本加成法、变动成本加成法、标准成本加成法。由于利润的多少是按一定的比例确定的，习惯上称为"几成"，加成幅度通常用百分比来表示。

相关链接：	成本加成定价

计算公式为：

$$单位产品价格 = 单位产品成本 \times (1 + 加成率)$$

其中，加成率为预期利润占产品成本的百分比。

例如：某家具厂生产某种衣柜的单位成本是 4 000 元，加成率是 20%，则该衣柜的销售价格为 4 000 × （1 + 20%）= 4 800 （元）。

资料来源：［美］Philip Kotler, Gary Armstrong. 市场营销原理（第七版）［M］. 北京：清华大学出版社，2000.

如何确定附加于成本基础上的加成百分比，是成本加成定价法的核心问题。不同的产品应根据其不同的性质、特点、行业情况、流通环节与市场环境等制定不同的加成比例，并且所确定的加成数除了能提供所需的利润外，均还需包含一部分成本项目。成本加成定价法是传统而久远的定价方法，在机器大工业时代之前就已开始应用，目前仍为许多小企业与零售行业采用。其主要优点是：（1）简单易行、灵活可控；（2）对补偿企业成本有直接的效果；（3）参与价格竞争，如果同行业普遍采用，并倾向于采用相同的加成率，可以有效地减少价格竞争或发生价格战；（4）买卖双方都感觉比较公平。但是，这种方法也有其不足之处：第一，卖方导向定价，企业以自己的产品成本为定价的主要依据，以卖方利益为出发点，忽视了市场需求；第二，没有考虑市场竞争因素，不能对竞争作出灵敏的反应；第三，加成率是个估计值，缺乏科学性。

相关链接：　　　　　　　　　　**森元二郎的咖啡**

在国外有一家咖啡店，是一个叫森元二郎的人经营的。这家店曾经创造了一个世界之最，因为它把店内的一杯咖啡卖到了 5 000 日元（相当于人民币 400 多元）。消息传开以后，许多人都无法相信，觉得这就是一个吸引人的噱头，根本没有一个咖啡能值这么多钱。

可事实上，这杯咖啡的成本的确有那么高：它装咖啡的杯子是由法国制造的，然后空运过来，非常名贵，一个咖啡杯就将近 4 000 日元；咖啡师的水平也非常高，所以他的工资也很高，这就导致这个咖啡的人工成本也很高；再加上这个咖啡用料非常独特，所以原材料费用也很高；除此之外，这家店的装潢也非常好，服务生都穿着古装。因为这些成本，让咖啡的价格水涨船高。

当这家店开张后许多人出于好奇，从世界各地来到这儿。而这些好奇的顾客来到这儿后，一般都会对这家店留下很深刻的印象，所以下次有机会还会再来一次。此外，从咖啡店出去的顾客还会与亲朋好友介绍这家神奇的咖啡店。所以这家店的顾客每天都有许多的人流量。这时候就有人会问，5 000 日元一杯咖啡，普通人如果经常喝，很快就破产了，但其实这就是这家店为什么会吸引人的原因。这杯 5 000 日元的咖啡，只是一个卖点，店里面其实还有许多价格便宜、味道不错的同行咖啡以及饮料，而这些其实就是这些店赚钱的来源。

资料来源：曹旭平，黄湘萌，汪浩，王剑华. 市场营销学［M］. 北京：人民邮电出版社，2017.

（二）目标收益定价

目标收益定价法又称投资收益率定价法，它是在企业投资总额的基础上，按照目标收益率计算价格的定价方法。在目标收益定价思想的指导下，企业试图确定出一个能为其带来所追求的投资收益率的价格。

相关链接： 目标收益定价

基本定价步骤如下。

1. 确定目标收益率。

计算公式为：

$$目标收益率 = （1/投资回收期）×100\%$$

如果把投资收益率（ROI）作为目标收益率指标，则投资收益率为利润与投资额的比值，计算公式为：投资收益率 = 利润/投资额

2. 确定单位产品目标利润额。

计算公式为：

$$单位产品目标利润额 = （投资总额×目标收益率）/预期销售量$$

3. 计算单位产品价格。

计算公式为：

$$单位产品价格 = 单位产品成本 + 单位产品目标利润$$

例如，投资建设某医疗设备厂，总投资额为 2 000 万元，投资回收期为 4 年，固定成本为 1 000 万元，每台仪器的变动成本为 3 000 元。当企业销售量达到 1 000 台时，按目标收益率定价法计算每台仪器的售价。

分析：

目标收益率 = （1/4）×100% = 25%

每台仪器的目标利润额 = （20 000 000×25%）/1 000 = 5 000（元）

每台仪器价格 = 10 000 000/1 000 + 3 000 + 5 000 = 18 000（元）

计算结果说明，该企业每台仪器售价为 18 000 元时，才能获得 25% 的收益率。

资料来源：熊国钺，元明顺，吴泗宗. 市场营销学（第 5 版）[M]. 北京：清华大学出版社，2017.

企业在运用目标收益定价法时，对销量的估计与对预期利润的确定非常关键，应考虑多方面的影响因素，也常需借助盈亏平衡分析工具，掌握不同水平上成本与利润的变化情况，力求准确。如果对销售量估计不准，又忽视了市场需求与市场竞争因素，就无法保证销售量的实现，那么投资回收期与目标收益将无法实现。

目标收益定价法适用于需求稳定、供不应求、需求价格弹性较小的产品以及一些公用事业、劳务工程项目等。在科学预测的基础上，这是一种比较有效的定价方法。

二、需求导向定价

需求导向定价法是企业依据消费者对商品价值的理解与需求强度来定价。包括理解产品价值定价法与差异需求定价法。

（一）理解产品价值定价法

理解产品价值定价法是指企业根据购买者对产品或服务的理解价值来制定价格。理解价值包括顾客对产品性能的印象、交付渠道、质量担保、客户支持、供应商声誉等诸多软属性与特征。这种定价法是伴随现代营销观念而产生的一种新型定价方法。有关研究表明，随着时代的发展，顾客对产品价值的感知已经成为购买决策中的关键因素。在选购产品时，顾客将理解价值作为一种权衡标准，它涉及产品或服务的感知利益与感知品质，以及获得与使用产品的感知成本或付出。现在，越来越多的企业在制定价格时考虑顾客对产品或服务的理解价值，它们已经明白定价的关键不是卖方的成本而是买方对价值的理解程度。一些优秀的企业致力于向顾客提供尽可能高的价值。

相关链接： **理解产品价值定价法**

运用理解产品价值定价法一般应通过如下步骤：

1. 判断顾客的理解价值。准确地把握顾客对产品价值的感知是定价的关键与难点。如果过高地估计顾客的理解价值，将价格定得过高，就会影响销量；如果过低地估计顾客对产品的理解价值，定价可能低于应有的水平，会使企业收入减少。因此，企业必须通过广泛的市场调研与分析，获得顾客对有关产品价值感知的准确资料。

2. 对顾客价值定位并概念化。根据对顾客的理解价值的了解，营销者应将产品或服务的属性与特性进行有针对性的定位并概念化，转化为顾客能够感知到的利益。

3. 把顾客的理解价值量化。即计算理解价值，通过对顾客进行价值细分、分析与预测估算，估计出不同细分市场所提供的经济价值。

4. 进行有效的促销，将顾客的理解价值传达给目标市场。

5. 把已经量化的理解价值结合其他因素，制定出产品的市场价格。理解价值定价法的关键在于要提供比竞争对手更独特的产品价值并向潜在顾客证明这一点，因此企业也需要充分了解顾客的购买决策制定过程以及其中可能产生重要影响的因素。

资料来源：杨剑英，张亮明．市场营销学（第四版）[M]．南京：南京大学出版社，2018.

（二）差异需求定价法

差异需求定价法是指根据消费者不同的购买力水平、不同的需求欲望。不同的审美偏好、对同种产品或服务的不同需求强度等，制定不同的价格与收费方法。价格间的差异以消费者需求差异为基础，其主要形式有消费者差别定价法、产品式样差别定价法、地理位置差别定价法、时间差别定价法等。

按差异需求定价法制定的价格，并不与产品成本与质量的差异程度成比例，而是以消费者需求的差异为标准。一般应具有以下条件：（1）市场能够根据需求强度的不同加以细分，而且需求差异较为明显；（2）细分后的市场之间无法相互流通，即低价市场的消费者不可能向高价市场的消费者转手倒卖产品或服务；（3）在高价市场中用低价竞争的可能性不大，企业能够垄断所经营的产品或服务；（4）市场细分后所增加的管理费用应小于实行需求差异定价所得到的额外收入；（5）不会因价格差异而引起消费者的反感。

　　　　　　　　　　　　特价海鲜

　　早些年，林青峰从香港到广州，投资 200 多万港币在花园酒店附近。兴建了第一家南海渔村海鲜酒家，但生意平平。林先生的南海渔村开张很不顺利，头三个月就亏了 50 多万港币。一天。他在西濠二马路看到两家时装店，一家生意兴旺，另一家却相当平淡。什么原因呢？他走进生意兴旺的那家店一看，原来里面除了高档货外还有几款特价服装。他受到了启发，于是就创出了"海鲜美食周"的点子。每天有一款海鲜是特价的，售价远远低于同行的价格。当时基围虾的市场价格为 250 克 38 元，他们降 20 元，售价 18 元。不出所料，这一招果然成功，很多食客就冲着那一款特价海鲜走进南海渔村大门。降低价格他们原来是准备亏本的，但由于吃的人多，每月销出 4 000 公斤基围虾，结果他们不但没亏，反而还赚了钱。自此以后，门庭若市，生意络绎不绝。

　　资料来源：王祖远. 价格战的五个经典故事 ［J］. 市场研究，2009（05）：38 – 39.

三、竞争导向定价法

（一）行情价格定价法

　　行情价格定价法，是指企业参照主要竞争者的价格（或本行业的平均价格水平）来定价。在某些垄断性较强的行业内，所有的企业都倾向于收取相同的价格。行情价格定价法应用非常普遍，当难以估计成本或竞争者的反应不明确时，这是维持市价的好方法，也是行业集体长期博弈与合作的结果。通行价格定价法简便易行，不需要对成本与需求进行详细的分析，还能避免行业内的价格战。它反映了行业的公平报酬水平，易于被买方接受。它的缺点是容易形成行业中的垄断行为，而且当市场领导者率先发动价格变动时，使用此种方法的中小企业很难应对。

（二）拍卖定价法

　　拍卖定价法应用十分普遍，其中比较常见的有英国式拍卖与荷兰式拍卖。

　　英国式拍卖。英国式拍卖是最普通的一种拍卖方式，其形式是：在拍卖过程中，拍卖标的物的竞价按照竞价阶梯由低至高依次递增，当到达拍卖截止时间时，出价最高者成为竞买的赢家（即由竞买人变成买受人）。拍卖前，卖家可设定保留价，当最高竞价低于保留价时，卖家有权不出售此拍卖品。当然，卖家亦可设定无保留价，当到达拍卖截止时间时，最高竞价者成为买受人。

　　荷兰式拍卖。荷兰式拍卖是一种特殊的拍卖形式，亦称"减价拍卖"，是指拍卖标的物的竞价由高到低依次逆减，直到第一个竞买人应价达到或超过底价时击槌成交的一种拍卖。荷兰式拍卖有两个显著特点：一是价格随着一定的时间间隔，按照事先确定的降价阶梯由高到低递减；二是所有买受人（即买到物品的人）都以最后的竞价（即所有买受人中的最低出价）成交。最后一位加价的竞买人购买成功。实际上，大多情况下，荷兰式拍卖是增价与减价拍卖混合进行的，所以也称为"混合拍卖"。对于那些品质可能变化、容易腐烂的，或者品质良莠不齐的物品，如水果、蔬菜、鱼类、鲜花、烟草等，采用这种方式特别合适。

资料来源：杨兴丽. 一口价网上英式拍卖的研究［D］. 北京：北京邮电大学，2008.

（三）投标定价法

投标定价法是指买方通过引导卖方之间的竞争以取得同类产品最低价格的定价方法。每个供应商只能报出一个价格，而且不能知道其他人的报价。它普遍应用于政府与公用事业的大宗采购，建筑工程项目、大型工业设备的招标采购。招投标过程一般是买主公开招标，公布所要购买的标的物及相关要求，并密封递价（也称标的），卖方则投标竞争。

在参加投标时，企业往往面对一种颇为矛盾的选择：如果报价低，容易中标得到合同，但所得利润很少；如果报价高，预期利润高，但得到合同的概率又很小。因此，投标竞价的关键是估计中标的可能性。这不仅需要精确预测估算企业的成本费用，又要考虑企业的需要，还要预测竞争者可能的报价。

四、其他定价技巧

（一）针对消费者心理的定价技巧

1. 低价定价法。便宜无好货，好货不便宜，这是千百年的经验之谈，你要做的事就是消除这种成见。这种策略则先将产品的价格定得尽可能低一些，使新产品迅速被消费者所接受，优先在市场取得领先地位。由于利润过低，能有效地排斥竞争对手，使自己长期占领市场。这是一种长久的战略，适合于一些资金雄厚的大企业。对于一个生产企业来说，将产品的价格定得很低，先打开销路，把市场占下来，然后再扩大生产，降低生产成本。对于商业企业来说，尽可能压低商品的销售价格，虽然单个商品的销售利润比较少，但销售额增加了，总的商业利润会更多。在应用低价格方法时应注意：高档商品慎用；对追求高消费的消费者慎用。

2. 安全定价法。价值10元的东西，以20元卖出，表面上是赚了，却可能赔掉了一个顾客。对于一般商品来说，价格定得过高，不利于打开市场；价格定得太低，则可能出现亏损。因此，最稳妥可靠的是将商品的价格定得比较适中，消费者有能力购买，推销商也便于推销。安全定价通常是由成本加正常利润构成的。例如，一条牛仔裤的成本是80元，根据服装行业的一般利润水平，期待每条牛仔裤能获20元的利润，那么，这条牛仔裤的安全价格为100元，安全定价，价格适合，牛仔裤的销量上涨。当然在实际操作中，如果企业商品名气不大，即使安全定价也不安全。追求名牌、高消费的消费者觉得你的产品档次太低，讲究实惠价廉的消费者又嫌你的价格偏高，两头不讨好。

3. 尾数非零定价法。差之毫厘，失之千里，这种把商品零售价格的末尾尾数非零的做法，销售专家们称之为"尾数非零价格"。这是一种极能激发消费者购买欲望的价格。这种策略的出发点是认为消费者在心理上总是存在零头价格比整数价格低的感觉。有一年夏天，一家日用杂品店进了一批货，以每件 10 元的价格销售，可购买者并不踊跃。无奈商店只好决定降价，但考虑到进货成本，只降了 0.2 元，价格变成 9.8 元。想不到就是这 0.2 元之差竟使局面陡变，买者络绎不绝，货物很快销售一空。售货员欣喜之余，慨叹一声，只差 0.2 元呀。实践证明，"非整数价格法"确实能够激发出消费者良好的心理呼应，获得明显的经营效果。因为非整数价格虽与整数价格相近，但它给予消费者的心理信息是不一样的。现各大电商平台的商品定价大多数采用此定价方法，例如某空调定价为 1 999 元；某品牌手机定价为 5 699 元；某生鲜平台蔬菜定价为 1.99 元；某外卖面条价格为 12.99 元等。

4. 单位分割法。没有什么东西能比顾客对价格更敏感的了，因为价格即代表他兜里的金钱，要让顾客感受到你只从他兜里掏了很少一部分，而非一大把。价格分割是一种心理策略，卖方定价时，采用这种技巧，能造成买方心理上的价格便宜感。价格分割包括下面两种形式：第一，用较小的单位报价。例如，茶叶每公斤 1 000 元报成每 50 克 50 元；大米 10 公斤为 100 元报成每公斤 10 元等。巴黎地铁的广告是："只需付 30 法郎，就有 200 万旅客能看到您的广告。"第二，用较小单位商品的价格进行比较。例如，"每天少抽一支烟，每日就可订一份报纸。""使用这种电冰箱平均每天 0.2 元电费，只够吃一根冰棍！"

5. 统一价格法。英国有一家小店，起初生意萧条很不景气。一天，店主灵机一动，想出一招：只要顾客出 1 个英镑，便可在店内任选一件商品（店内商品都是同一价格的）。这可谓抓住了人们的好奇心理。尽管一些商品的价格略高于市价，但仍招徕了大批顾客，销售额比附近几家百货公司都高。在国外，比较流行的统一价格法还有分柜同价销售，例如，有的小商店开 1 元钱商品专柜、10 元钱商品专柜，而一些大商店则开设了 100 元、500 元、1 000 元商品专柜。讨价还价是一件挺烦人的事，一口价干脆简单。目前国内已兴起很多这样的店，例如线下小商品店铺形式的 2 元店、10 元店等，还有大润发商超的 10 元统一价、20 元统一价等，该策略或招数只在一定程度上管用，但关键还是要货真价实。

6. 整数定价法。美国的一位汽车制造商曾宣称，要为世界上最富有的人制造一种大型高级豪华轿车。这种车有 6 个轮子，长度相当于两辆卡迪拉克高级轿车，车内有酒吧间与洗澡间，价格定为 100 万美元。为什么一定要定个 100 万美元的整数价呢？这是因为高档豪华的超级商品的购买者，一般都有显示其身份、地位、富有、大度的心理欲求，100 万美元的豪华轿车，正迎合了购买者的这种心理。对于高档商品、耐用商品等宜采用整数定价策略，给顾客一种"一分钱一分货"的感觉，以树立商品的形象。也有一些计量商品或服务采用整数定价，例如通信话费、充值金额、食用盐、饮用水等。

7. 数字定价法。"8"与"发"虽毫不相干但宁可信其是，不可信其无。满足消费者的心理需求总是对的。据市场调查发现，在生意兴隆的商场、超级市场中商品定价时所用的数字，按其使用的频率排序，先后依次是 5、8、0、3、6、9、2、4、7、1。这种现象不是偶然出现的，究其根源是顾客消费心理的作用。带有弧形线条的数字，如 5、8、0、3、6 等似乎不带有刺激感，易为顾客接受；而不带有弧形线条的数字，如 1、7、4 等比较而言就不大受欢迎。所以，在商场、超级市场商品销售价格中，8、5 等数字最常出现，而 1、4、7 则出现次数少得多。在价格的数字应用上，很多人喜欢 8 这个数字，并认为它会给自己带来发财的好运；4 字被人忌讳；6 字，因中国老百姓有六六大顺的说法，6 字比较受欢迎。

8. 习惯法。许多商品在市场上流通已经形成了一个人所共知的基本价格，这一类商品一般不应轻易涨价。在我国，火柴每盒 2 分，这个习惯价一直稳定了 20 多年。1984 年湖南省的火柴涨至每盒 3 分，一段时间，当地消费者宁愿买 2 分一盒的小盒旅行火柴，也不愿买本省的火柴。但是，如果商品的生产成本过高，又不能涨价该怎么办呢？其实可以采取一些灵活变通的办法。如可以用廉价原材料替代原来较贵的原材料；也可以减少用料，减轻分量，如将冰棒做得小一点，将火柴少装几根。当然，习惯价格也不是完全不可变的，随着市场经济的发展，习惯也在慢慢发生改变，消费观念也在升级。

（二）折扣使用技巧

1. 现金折扣，又称付款期限折扣，是鼓励消费者在规定期限内早日付款，而按原价格给予一定折扣的价格削减方式。同时，交易条件应包括折扣期限、折扣率、付清全部货款时间等规定。企业在特定的时间内给购买企业产品的顾客给予现金回扣，以清理存货，减少积压。对于在规定期限内从经销商那儿购买产品的客户，制造商有时会为他们提供现金回扣，把回扣直接交给客户。例如，售楼部会告诉购房者付全款可以享受 95 折，交 2 万元订金可抵 5 万元购房款；"双十一"某商品预售存 100 元抵 200 元等。这种做法，主要是为了鼓励顾客按期或提前支付款项，提高企业的收款率，加快企业的资金周转，减少公司的收款成本，预防坏账。

2. 季节折扣，又称季节差价，是公司对在淡季购买产品或服务的顾客的一种让利行为。主要适用于具有明显淡旺季的商品。季节折扣在蔬菜、水果、旅游等季节性使用的日常生活品，节日商品，以及旅游、运输等服务性行业中，应用较多。这种折扣倾向于沿着渠道转换仓储功能，或者跨年度的清仓处理。实行季节折扣，有利于鼓励消费者早期进货或在商业淡季进货，更重要的是平衡了生产商在产品淡旺季的生产差额，使其总体生产保持平稳。实行季节折扣，对刺激生产，调节供求，扩大商品流通，促进第三产业的发展有很重要的推动作用。例如某面包店晚上 8 点后面包六折销售；春季某服装店的冬装二折销售等。

3. 数量折扣，是用来鼓励顾客大量购买的让价行为，销售商根据顾客购买数量与金额总数的差异而给予其不同的价格折扣。数量折扣可以使卖主获得较多消费者，或者把部分仓储功能转换给消费者，或者减少运输成本、销售费用。

相关链接：　　　　　　　　　　　**数量折扣**

数量折扣分为非累计数量折扣与累计数量折扣两种形式。

1. 非累计数量折扣，是根据消费者一次性购买数量或金额的多少，按相应的价格折扣或加成率结算货款。目的在于鼓励买方加大每份订货单的数量或金额，便于卖方进行大批量销售，从而减少组织进货、订货、发货、开票、收款等各项手续费用与管理费用，加速资金周转。这种做法是针对一次性大批量购买者而采取让价的行为。例如商家经常推出的买三送一，五件免邮费，满 200 减 30 等活动。

2. 累计数量折扣，是根据消费者在一定时期内累计规模数量或金额的多少，按相应的价格折扣或加成率结算货款，适用于长期性的交易活动。目的在于稳住顾客，并与其建立长期的商业关系，便于经营者进行销售预测，减少经营风险。会员卡是常见的累计数量折扣方式之一，当消费到一定的金额会员级别就会提升，例如持银卡消费九五折、金卡九折、白金卡八折等。其运用成功的关键在于合理确定给予折扣的起点、折扣档次与每个档次的折扣率。

资料来源：［美］Philip Kotler, Gary Armstrong. 市场营销原理（第七版）［M］. 北京：清华大学出版社，2000.

4. 运费折让。企业的产品，不仅销售给当地顾客，而且同时也有外地的消费市场。而销售给外地时，就需要把产品从产地运到顾客所在地，此时就需要一定的运输费用。运费折让是当购买者承担产品部分或全部的运输费用时，生产商在价位上给予其的一种让利行为。当产品需要销往较远地区或国际市场时，产品的运输成本很高，此时如果购买者有自己的采购部门与运输设备，愿意自行解决运输问题时，那么销售商就可以在价格上进行折让，来弥补对方的运输费用。

5. 促销折让。一些超市与百货商店将某几种产品的价格定得特别低，以招徕顾客前来购买正常价格的产品。这种方式在节假日运用得比较多，商家为了提高销售额，做出一系列的促销让价，也可以看成是上述五种方式的综合运用。在"双十一"期间，很多商家就通过各种方式进行让利来增加销售额。

（三）差别定价技巧

1. 特高价法。独一无二的产品才能卖出独一无二的价格。特高价法即在新商品开始投放市场时，把价格定得大大高于成本，使企业在短期内能获得大量盈利，以后再根据市场形势的变化来调整价格。某地有一商店进了少量中高档女外套，进价 580 元一件。该商店的经营者见这种外套用料、做工都很好，色彩、款式也很新颖，在本地市场上还没有出现过，于是定出 1 280 元一件的高价，居然很快就销售完了。如果你推出的产品很受欢迎，而市场上只你一家，就可卖出较高的价格。不过这种形势一般不会持续太久。畅销的东西，别人也可群起而仿之。因此，要保持较高售价，就必须不断推出独特的产品。

2. 分级法。先有价格，后有商品，记住看顾客的钱袋定价。法籍华裔企业家林昌横生财有道，在制定产品销售价格时，总是考虑顾客的购买能力。例如，他生产的皮带，就是根据法国人的高、中、低收入定价的。低档货适合低收入者的需要，定在 50 法郎左右，用料是普通牛羊皮，这部分人较多，就多生产些。高档货适合高收入者的需要，定在 500～800 法郎范围内，用料贵重，但是这部分人较少，就少生产些。有些独家经营的贵重商品，定价不封顶，因为对有些人来说，只要是他喜欢的，价格再高他也会购买的。中档货就定在 200～300 法郎。商品价格是否合理，关键要看顾客能否接受。只要顾客能接受，价格再高也可以。

3. 消费者定价法。自古以来，总是卖主开价，买主还价。能否倒过来，先由买主开价呢？例如，餐馆的饭菜价格，从来都是由店主决定的，顾客只能按菜谱点菜，按价计款。但在美国的匹兹堡市却有一家"米利奥家庭餐馆"，在餐馆的菜单上，只有菜名，没有菜价。顾客根据自己对饭菜的满意程度付款，无论多少，餐馆都无异议，如顾客不满意，可以分文不付。但事实上，因为餐馆的菜品质量优秀，口味满足大众，绝大多数顾客都能合理付款，甚至多付款。

任务四　进行新产品定价与价格调整

苹果新品定价

2022 年 9 月 8 日凌晨，苹果秋季发布会举行，iPhone 14 系列、Apple Watch Series 8 以及新一代 AirPods Pro 正式亮相。值得一提的是，苹果在 iPhone 14 系列产品中带来了多项创新。例如，从屏幕到摄像头大跃升；刘海屏变成了"药丸"屏，并且首次引入"灵动岛"交互，将硬件形态巧妙地与操作系统融为一体；新增了卫星通信救援功能、车祸自动检测求救等功能。

音频：营销情境
8-4 分析提要

同时，苹果第一次推出了针对专业运动人士的高端手表 Apple Watch Ultra，价格达到 6 299 元。Apple Watch Ultra 采用航空级钛金属打造，全新操作按钮以高对比度的国际橙色呈现，采用全新的 49 毫米设计，比之前的 Apple Watch 型号更大。它的前盖则采用了纯平的屏幕设计，正面与侧边有一个棱角过渡。

发布会后，中国 iPhone 14 系列价格公布，采取全新的阶梯定价策略，整体售价有所上浮。其中，128GB 入门版未涨价，价格为 5 999 元，iPhone 14 的 256GB 价格为 6 899 元，iPhone 14 的 512GB 价格为 8 699 元，iPhone 14 Pro 的 256GB、512GB 以及 1TB 版本分别涨价 100 元、300 元、500 元，发售价格分别为 8 899 元、10 699 元、12 499 元。

资料来源：岳权利（责任编辑）. iPhone 14 四大更新，比 13 香吗？2022 苹果秋季新品亮点全评析！[EB/OL]. http://tech. hexun. com/2022-09-08/206730184. html, 2022-09-08.

思考： 苹果公司新品发布是如何定价的？定价依据是什么？

一、新产品定价

新产品定价是企业定价策略中的一个重要内容，它关系到新产品能否顺利进入市场，并为占领市场打下良好的基础。根据新产品的特点与市场环境，企业有两种新产品的定价策略可以选择。

（一）高价保利定价策略

高价保利定价策略是指在产品初上市时，把价格定得很高，以攫取最大利润。这种定价策略瞄准市场上有较高支付能力的消费阶层，将现有市场上可获取的高额利润拿到手。美国杜邦公司推出的每种新开发的化工产品，均先用高价销售，直到竞争对手也提供相同的产品后，才将价格降低。

高价保利定价策略的优点是：利用高支付能力消费者的求新求异心理，以较高的价格刺激消费，可以提高产品身份，创造优质名牌的形象；可以在短期内获得较大的利润，回收资金较快。其不足是高价不利于市场开拓,不利于占领与稳定市场,容易导致新产品开发的失败;高价容易引来竞争者的涌入,加速市场的行业竞争,仿制品、替代品迅速出现,迫使价格下跌;价格远远高于价值,在某种程度上损害了消费者的利益,容易招致公众的反对与消费者的抵制,诱发公共关系问题。

采用市场高价保利定价策略,需要具备以下的条件:(1)市场有足够的购买者,他们的需求缺乏弹性,即使把价格定得很高,市场需求也不会大量减少;(2)小批量生产使单位成本增加,但不至于抵销高价所带来的收益;(3)在高定价的情况下,仍然独家经营,尚未吸引竞争者;(4)高价应与优质产品的形象相适应,即产品在上市前应该体现高档优质产品的形象。

(二)市场渗透定价策略

这是与高价保利定价策略相反的一种定价策略,为低价策略。即在新产品上市之初,企业将产品价格定得相对较低,以吸引顾客,提高市场占有率。这种定价策略有两点好处:第一,低价可以使新产品尽快为市场所接受,并借助大量销售来降低成本,获得长期稳定的市场地位;第二,微利可以阻止竞争对手的进入,有利于控制市场。值得注意的是,采用此种定价策略,企业的投资回收期较长,见效慢,风险大,一旦渗透失利,企业有可能一败涂地。采用渗透定价策略,应具备如下的条件:(1)产品的市场规模较大,存在潜在的竞争者;(2)产品的需求价格弹性较大,顾客对此类产品的价格敏感度较高;(3)具有较陡峭的行业经验曲线,大批量生产能显著降低成本;(4)低价能够有效地阻止或延缓竞争对手过早加入竞争。

相关链接:　　　　　　　　**大块巧克力糖片的定价**

日本有两家最大的糖果公司,以前制造的巧克力糖块,全部以儿童为销售对象。森永制果公司为开拓新的市场,制出一种"高王冠"的大块巧克力糖片,定价为70日元,向成年人推销。随后,明治制果公司也以"阿尔法巧克力"为牌名,制出两种大块巧克力糖片,一种每块定价为60日元,另一种每块定价为40日元。明治公司又采取了十分巧妙的销售策略,分别针对不同年龄层次的顾客。制定不同价格与质量标准的巧克力,同时开拓三个市场:以每块40日元的巧克力向十二三岁的初中生推销;以每块60日元的巧克力向十七八岁的高中生推销;以每盒100日元,精致包装、便于馈赠的盒装巧克力向成年人推销。这样,明治制果公司就在市场竞争中占了上风。

资料来源:王祖远. 价格战的五个经典故事 [J]. 市场研究,2009(05):38-39.

二、价格调整

当市场环境及企业内部因素在不断发生变化时,企业需要对已制定的产品价格进行必要的调整与改变,这种调整与改变可能是企业为达到某一经营目标而主动进行的,也可能是迫于经营环境的压力而被动采取的。由于价格的调整可能影响到企业乃至行业的命运,因此在营销管理过程中,企业必须对价格的变动时机、条件、消费者对新价格的接受程度、竞争者对价格的反应等进行分析，才能保证价格变动达到预期的营销目标。

相关链接： **上调麦当劳套餐"随心配1+1"价格**

新京报讯（记者王萍）近日有网友在微博等平台表示，麦当劳套餐"随心配1+1"出现价格上调，从原来的12.9元调整至13.9元。1月5日，麦当劳中国方面回复新京报记者称，由于各项成本持续受疫情影响，自2023年1月4日起，麦当劳堂食与麦乐送的部分单品与套餐的价格有所调整。

"为什么涨价？"新京报记者在新浪微博等平台上注意到，有网友发布微博讨论麦当劳"随心配1+1"涨价的情况。所谓的麦当劳"随心配1+1"，即从"红区"与"白区"中各选一款，组合成超值套餐，其中包含了汉堡、甜品等经典麦当劳产品。"随心配1+1+13.9"是指从上述红区任意一款指定产品搭配上述白区任意一款指定产品，为13.9元。红区中产品包含"双层黑椒牛肉堡、双层吉士汉堡、酥酥多笋卷、绝代双椒香骨鸡、麦香鸡、薯条（小）、麦乐鸡（5块）、那么大鸡排（1份）"，白区中产品包含"奇巧巧克力风味三角派（1块）、派（香芋/菠萝，1块）、迷你新地（草莓/朱古力，1杯）、汽水（中可口可乐/中无糖可口可乐/中雪碧，1杯）、英式热奶茶（1杯）、锡兰红茶（1杯）"。

还有消费者发现，麦当劳其他套餐也出现0.6~1元提价。

针对此次价格微调，麦当劳中国方面表示，由于各项成本持续受疫情影响，自2023年1月4日起，麦当劳堂食与麦乐送的部分单品与套餐的价格有所调整，已明码实价在各点餐渠道展示。

新京报记者还发现，2022年12月，肯德基也对旗下多款产品进行了调价，包括多款早餐套餐、薯条、汉堡均有0.5~2元不同程度的提价。1月5日，新京报记者向百胜中国方面求证，截至发稿未得到相关回复。

可见，麦当劳公司套餐"随心配1+1"涨价原因有成本上升，产品升级，同行业竞争对手的涨价应对等。企业价格调整的意图有两点：一是获得更高利润；二是获得更好市场份额。

资料来源：王琳（责任编辑）. 麦当劳"随心配1+1"贵了1元？麦当劳中国回应涨价：成本增长 [EB/OL]. 新京报, https://baijiahao. baidu. com/s? id = 1754173938707194101&wfr = spider&for = pc. 2023 – 01 – 05.

（一）企业降价

降低价格是企业在经营过程中经常采取的竞争方式与营销手段，下列原因可能会使企业考虑降低已有的产品价格：

1. 生产能力过剩，行业内形成供大于求的状况。当行业内生产能力过剩时，企业无论采取增加销售力量、改进产品或者其他可供选择的措施，都很难将产品完全销售出去。为了消除库存积压，加快回收对生产设备的投资，企业经常会通过降低产品价格来刺激消费者的需求，扩大销售额。

2. 应对价格战，保持市场份额。很多企业降低产品价格并不是出于自愿，当竞争对手发动价格战时，企业在许多情况下将不得不应战；另一种情况就是企业事先估计竞争对手将会发动价格战，为了抢占市场先机，先于竞争对手降低价格，阻击竞争者的市场竞争行为。

3. 企业拥有成本优势。企业在经营过程中因为规模经济、经验成本曲线或拥有某项新技术而使生产成本低于其他竞争者，常常会通过降价的方式来控制市场或提高市场占有率，从而扩大生产规模与增加销售量，提高企业的收益。

4. 行业性的衰退或产品进入衰退期。当企业产品进入衰退期时，市场需求迅速减少，竞争变得更加激烈，企业为了维持销售量或加快生产设备的折旧，往往降价销售现有产品，迅速有序地把资金、设备与营销力量转移到其他产品与市场上去。

相关链接： 　　　　　　　　　　**大降价**

　　20世纪70年代的香港，"大降价"的彩旗挂满城市街头，"七折""八折"的标签比比皆是，但被招引来的顾客却很少破费，市场很不景气。可是，开业不久、专营领带的金利来有限公司，在董事长曾宪梓的谋划下，竟反其道而行，提价出售领带。对此，同行们言论纷纷，皆笑其不识时务。但是，曾先生却认为，领带的降价，只是受香港经济不景气的影响。由于香港人普遍穿西装、系领带，还很追求名牌，所以领带市场的需求仍然很大。此时采取"反向调价"的做法，不仅有市场，还会因此举引人注目，有助于扬名创牌。结果，提了价的金利来领带，不仅销路大畅，还从此创出了国际市场上的名牌产品。

　　资料来源：王祖远. 价格战的五个经典故事（商战故事）　[J]. 现代营销（经营版），2009（04）：13.

企业经营过程中最常见的降价方式是让利降价，即企业通过削减自己的预期利润来直接调低产品的价格。由于企业向市场提供的产品在质量与功能等方面没有任何变化，因此能够吸引消费者的大量购买。由于直接让利降价可能引发行业内的价格战，造成与竞争对手两败俱伤的局面，企业在通常情况下更愿意通过间接手段的方式来降低产品的价格。

相关链接： 　　　　　　**常用的间接降价的方式**

　　1. 实行价格折扣。如原来购买10件产品给予5%的数量折扣，现在给予10%的折扣；或者购买同类产品金额达到200元给予15元的津贴。

　　2. 心理降价。企业对新推出的产品先制定较高的价格，通过一段时间，消费者对产品与价格熟悉以后，再降价到市场可以接受的水平，从而使产品能够很快打开销路。

　　3. 增加产品的价值。企业采用"加量不加价"的方式提高产品的价值或增加服务的内容，如在包装物内增加产品数量、提供免费送货的服务、延长售后服务时间等。

　　资料来源：蒂姆·史密斯，周庭锐等. 定价策略 [M]. 北京：中国人民大学出版社，2015.

（二）企业提价

通常情况下，通过提价能够提高销售收入来增加企业的利润，虽然价格上涨会引起消费者、经销商的不满，但除了出于增加利润的目的外，企业常常在一些非利润因素的影响下被迫提高产品的价格，其原因主要有以下几个方面。

1. 生产成本增加。导致成本提高的原因很多，如通货膨胀、原材料价格上涨、企业经营不善、生产方式的改变等。如果成本增加的原因来自企业内部，如管理水平低下、技术落后等，不能构成企业提价的理由。当面临行业性成本提高时，企业被迫通过提高产品价格来转移原材料价格上涨带来的损失。

2. 产品供不应求。在这种情况下，企业通过提高产品的价格，可以减轻市场供给的压力，同时还能使企业得到更多的回流资金与利润，为企业进一步扩大生产做好准备。

3. 市场领先者发动提价。市场领先者无论什么原因采取提价，实行市场跟随策略的中小企业都会随后跟进，以配合价格领袖的行为。

相关链接： **提价策略**

企业提高产品价格的策略主要有单步提价策略、分步提价策略与隐形提价策略。

1. 单步提价策略是指企业一次就把产品价格提高到企业欲涨价的价格水平，具体包括推迟报价、自动调整条款与挂牌提价三种方式。实行单步提价策略能迅速抵消不利的环境对企业造成的影响，有利于企业保护自己现有的销售渠道，但也会削弱企业产品的市场竞争力。

2. 分步提价是指企业在一段时间内分几次提价，将企业的产品价格从原来的价格提高到企业所希望达到的水平。分步提价策略可以在一定程度上保持价格变动企业不改变产品名义价格，通过减少价格折扣、减少产品数量、取消附加服务等方式的主动性，避免企业利润的直接分享者提出增加分享利润的要求。

3. 隐形提价策略。企业实施隐形提价策略容易为顾客所接受，对产品的市场竞争力不会有太大的影响，避免失去过多的用户，但对于价格非常敏感的顾客而言，隐形提价是一种"欺骗"行为，会降低企业的声誉与顾客的忠诚度。

资料来源：蒂姆·史密斯，周庭锐，等. 定价策略 [M]. 北京：中国人民大学出版社，2015.

（三）顾客对价格变动的反应

产品价格的调整会直接涉及顾客的利益，顾客对企业产品价格变动的反应，会直接影响价格变动的目的能否实现。顾客对于企业某种产品的降价可能有以下的理解：这种产品将会被新型产品所代替；这种产品有缺陷，销售状况不乐观；这家企业的财务有困难，销售不畅；价格还会进一步下跌，可以持币待购。产品的价格上涨往往会使销售受阻，但也可能对顾客的购买行为产生积极影响，顾客可能这样理解提价：这种产品很紧俏，价格可能继续上涨；提价意味着产品质量的提高。不同的顾客对价格的变动反应也是不同的。一般来说，顾客对经常购买的产品的价格比较敏感，而对于那些价格低、不经常购买的产品价格不太注意。此外，顾客也非常注重产品购买、使用与维修的总费用，如果企业能够让顾客确定产品的总费用是最低的，在制定产品价格时即使比竞争对手的价格高，也能将产品顺利地销售出去，取得更多的利润。

（四）竞争者对价格变动的反应

企业在考虑改变产品价格时，不仅要考虑顾客的反应，还要考虑竞争对手的反应，推断他们对本企业的行动会如何应对。当存在几个竞争者时，企业必须预测每位竞争者可能的反应，如果所有竞争者的行为比较相似，就可以从中选取一个典型的竞争对手加以分析。

企业如何去估计竞争者可能的反应呢？了解竞争者反应的途径一般包括内部情报与统计分析两种，在获取相关资料的基础上，企业可以对竞争者的反应进行推断。一般来说，竞争者对企业价格变动反应主要包括跟进、不变、战斗三种类型。如果竞争对手采取老一套的办法来对付本企业的价格变动，那么企业可以很容易预测竞争对手的反应，从而进行应对；如果竞争对手把每一次价格变动都看作是新的挑战，根据当时的利益做出反应，这时企业必须了解竞争对手的利益是什么，可能会出现什么应对措施，在此基础上结合市场变化情况确定价格调整的幅度与时机。

（五）企业对竞争者价格变动的反应

企业同样也要对竞争对手的调价行为做出反应。企业主动调整价格一般会通过深思熟虑，但是竞争对手突然实施调价行为时，企业常常措手不及，为了避免在竞争过程中处于被动，企业需要密切注视竞争对手的行为，建立竞争者价格变动的应急措施与方案，以便在受到价格攻击时迅速地做出决策。在同质产品市场上，如果竞争者降价，企业必须随之降价，否则顾客就会购买竞争者的产品而不购买本企业的产品。在异质产品市场上，企业对竞争者降价的反应有更多的选择余地，因为在这种市场上，顾客选择企业的产品不仅考虑价格因素，还会考虑产品的质量、功能、包装、服务等多方面的因素，企业可以根据市场竞争状况与消费者的需求偏好进行价格应对。

案例分析：特斯拉的降价策略

2023 年，特斯拉再次当起了"价格屠夫"。

1 月 6 日，国产特斯拉全系降价，最高下降达 4.8 万元，其中 Model3 起售价 22.99 万元，ModelY 起售价 25.99 万元，两款车型价格均创下史上新低。而在去年的 10 月 24 日、11 月 8 日与 12 月 7 日，特斯拉曾三次推出优惠活动，算上这次，已经是三个月时间内的四次降价。同时在刚刚过去的 2022 年，特斯拉全球交付量 131 万辆，没有达到 150 万辆的预期。

文本：分析思路

为何特斯拉频频挥起"降价大刀"？是由于销量的压力还是有其他原因呢？

三个月，特斯拉当了四次"价格屠夫"。

据特斯拉中国官网，1 月 6 日 Model3 与 ModelY 等车型价格出现大幅下调。其中 Model3 后驱版降价 3.6 万元，高性能版降价 2 万元；ModelY 后驱版降价 2.9 万元，长续航版降价 4.8 万元，高性能版降价 3.8 万元。

对此，特斯拉对外事务副总裁陶琳发微博称："特斯拉价格调整的背后，涵盖了无数工程创新，实质上是独一无二的成本控制之极佳定律：包括但不限于整车集成设计、产线设计、供应链管理，甚至以毫秒级优化机械臂协同路线——从'第一性原理出发'，坚持以成本定价。"

中欧协会智能网联汽车秘书长林示接受记者采访时表示，特斯拉 Model3 与 ModelY 都推出了很久，尤其是 ModelY 都是五年前的产品了。作为一款五年前的产品，它的各种成本已经大幅摊薄了。

实际上这三个月时间里，特斯拉已经进行了四次优惠活动。2022 年 10 月 24 日，特斯拉宣布调整售价，最高降幅达 3.7 万元。享受国补后 ModelY 后轮驱动版起售价为 28.89 万元，Model3 后轮驱动版起售价为 26.59 万元。

2022 年 11 月 8 日，特斯拉官方微博又发布了"现车限时提车保险补贴方案"：11 月 8 日（含）至 11 月 30 日（含），购买现车及合作保险机构车险组合并按期完成提车，尾款可减 8 000 元；12 月 1 日（含）至 12 月 31 日（含），尾款可减 4 000 元。

2022 年 12 月 7 日，特斯拉再度出手，推出"叠加福利"，12 月 7～31 日，购买符合条件的特斯拉现车并完成交付，将额外享受 6 000 元福利。

为何接连降价？新能源汽车领域竞争激烈。

三个月内的四次优惠，凸显了特斯拉促销的急迫，为何特斯拉会在短时间内接连进行大幅降价？按陶琳在微博上的说法，这是由于特斯拉的成本控制能力强（带来成本降低），坚持以成本定价。

而北京社科院研究员王鹏接受记者采访时表示，需要从更宏观的视角看待特斯拉为何会在这个时间节点进行降价。

"大的整体背景，是新能源汽车市场未来的竞争非常激烈。特斯拉作为全球领先的巨头，虽然有一定的市场影响力，受到粉丝追捧，但近年来它持续受到其他相关厂商的侵蚀。"王鹏说。

具体来看，王鹏认为特斯拉受到的是"全方位、立体化"竞争：一方面，传统的汽车巨头包括德系车、美系车、日系车都在发展电动车，无论是混动还是纯电，都会在一定程度上侵蚀特斯拉市场；另一方面，中国市场竞争激烈，比亚迪与"蔚小理"在价格与性能方面都与特斯拉形成了竞争。

除了上面提到的"存量市场"竞争之外，特斯拉也受到了"增量市场"的竞争。王鹏表示，中国有很多互联网与手机企业纷纷入局新能源汽车赛道，包括华为、小米、百度、阿里巴巴等都想造车。

"所以说对特斯拉来说，无论是高、中、低档产品都受到了立体化的竞争。在这样一个大背景之下，特斯拉需要在保证自己的品质与品牌价值的前提下，进一步增加它的品牌影响力，更好地扩大市场，那么降价就是一个非常好的办法。"王鹏说。

据乘联会数据，特斯拉上海超级工厂 12 月交付量 55 796 辆，环比下降 44%，同比下降 21%。此前也曾传出上海超级工厂"放假停产"的消息，尽管特斯拉进行了回应，称是"整车生产按计划进行年度产线维保工作"，但也引发了市场对于特斯拉"不好卖了"的担忧。

整个 2022 年，特斯拉全球交付量为 131 万辆，同比增长 40%，未达到 150 万辆的预期。而同年比亚迪的全年销量超过 186 万辆（混动＋纯电），同比增长超 1.5 倍，成功拿下了全球新能源汽车"销量一哥"的宝座。

根据特斯拉生产与销售数据追踪服务商 TroyTeslike 提供的数据显示，截至 2022 年 12 月 8 日，特斯拉全球在手订单量已经从 7 月的 47.6 万辆下降至 16.3 万辆，而中国市场在手订单量则从 7 月的 17.6 万辆下降至 5 879 辆。可以看到，产能的提升与在手订单的飞速下降给特斯拉带来了一定压力，这也成为它降价的动力之一。

为何特斯拉"向下"，国产品牌"向上"？

在特斯拉大幅挥舞"价格屠刀"的同时，国内许多新能源车企却开启了涨价模式。

2022年12月31日，比亚迪汽车官方微博发布《关于车型价格正式调整的通知》称，比亚迪汽车决定自2023年1月1日起，对相关车型官方指导价进行正式调整，上调幅度为2 000～6 000元。据了解，这已经是比亚迪2022年以来第四次官宣涨价。

除了比亚迪之外，广汽埃安也发布通知称，将在2023年对相关车型上调价格3 000～8 000元。1月4日，哪吒汽车也官宣调价，其中哪吒S涨价3 000元，哪吒U-Ⅱ涨价6 000元，哪吒V涨价4 000元。长安深蓝、零跑汽车等车企也纷纷加入涨价大军。

北京时间1月26日是农历大年初五，人们都在忙着迎"财神"。特斯拉在这一天公布了2022年第四季度与全年财报，也迎来了属于自己的"财神"。

"2022年对特斯拉来说在各个层面上都是有史以来最好的一年"，特斯拉CEO埃隆·马斯克在电话会议上提到。

的确，2022年全年，特斯拉总收入同比增长51%，达到815亿美元；2022年全年GAAP净利润为126亿美元，同比翻了1倍多。在2022年第四季度中，特斯拉实现了有史以来单季度最高营业收入、最高营业利润与最高净利润。2022年，特斯拉实现131万辆的交付纪录。

但不可忽视的是，2023年初的大幅降价已经为特斯拉引来了消费者的观望与维权、投资者的质疑与审视。财报电话会议上，马斯克表示，在特斯拉降价后，订单量在2023年1月达到历史新高，几乎是工厂产能的2倍。

问界、小鹏两大品牌近期跟风降价。问界M5 EV售价下调2.88万～3万元，起售价降至25.98万元；问界M7下调3万元，起售价降至28.98万元。小鹏G3i、P5与P7三款车型起售价分别调整为14.89万元、15.69万元与20.99万元，最大降幅达3.6万元。同为造车新势力的零跑虽未直接降价，但也推出优惠举措"变相降价"，针对其C01车型推出0.5万元抵3万元的优惠。

资料来源：安宇飞. 一枝独秀！新能源汽车迎"开门红"，降价潮或将席卷整个行业［EB/OL］. 证券时报，http：//www. stcn. com/article/detail/781418. html. 2023－01－26；特斯拉降价后订单量暴增达产能两倍 促销的下一步棋该怎么走［EB/OL］. 新京报，https：//baijiahao. baidu. com/s? id＝1756134985595857991&wfr＝spider&for＝pc. 2023－01－27，小鹏汽车跟进降价 国内新能源汽车价格战硝烟再起［EB/OL］. 中国商报，https：//baijiahao. baidu. com/s? id＝1755437274331124327&wfr＝spider&for＝pc. 2023－01－19.

讨论问题：

1. 结合案例，你认为特斯拉短短时间四次降价的战略意图为何？
2. 企业营销定价策略的影响因素有哪些？
3. 应对特斯拉降价，其他新能源车企应该采取什么价格调整策略？举例并回答。

情境讨论和能力训练

训练主题：电商平台产品定价策略分析

训练目的：

1. 了解电商平台相关产品定价的差异。

2. 了解电商平台产品定价的方法。

3. 了解电商平台产品定价的影响因素。

4. 了解电商平台价格变动策略。

训练方案：将班级同学进行分组，每组4~6人

1. 每个小组成员都各自撰写一份资料，任选自己熟悉的电商平台某一店铺商品价格策略进行分析。

2. 所写资料应该包括以下内容：（1）该店铺产品的定价策略有哪些？（2）对比店铺不同产品的定价策略差异，回答以下问题：定价的影响因素有哪些？价格有生命周期吗？产品在什么阶段会有价格调整？定价技巧都有哪些？新品上市是如何定价的？

3. 最后小组成员一起讨论：定价策略的适用性体现在哪儿？不同渠道电商平台定价策略有何差异？店铺定价策略的选择与平台的关系如何？以及定价策略对消费者选择产品的影响程度，以上写成相应的总结材料。

本项目思考题

1. 定价的重要性你是如何理解的？

2. 试着分析网络营销中的产品定价策略。

3. 观察你熟悉的一种商品，分析它的定价策略以及该定价策略的特点。

4. "总成本最低能使企业保持绝对优势"的提法是否合理？

5. 常用的定价策略有哪些？举例说明。

6. 举例说明企业如何应对竞争对手的价格调整。

项目九

制定渠道策略

听故事悟原理
（强生公司的
网络渠道）

课程思政
（循环经济中
的绿色物流）

项目九课件

■ 目标描述

知识目标：

1. 掌握营销渠道的概念及类型；

2. 掌握中间商的类型；

3. 掌握电子商务营销渠道的特征；

4. 掌握营销渠道的设计与管理；

5. 掌握现代物流的内涵。

技能目标：

1. 通过模拟情境训练，提高对营销渠道策略的认知水平；

2. 通过课堂模拟训练及实战训练，提高学生的语言表达能力；

3. 通过思维能力训练，提高学生分析问题的能力；

4. 通过实战训练，增强团队的沟通与协作能力。

■ 工作任务导图（见图9-1）

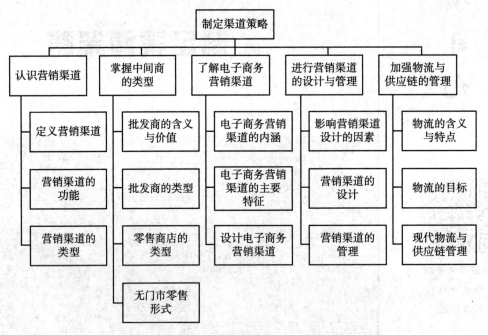

图9-1 制定渠道策略工作任务

■ 重要概念

营销渠道　中间商　批发商　零售商　电子商务渠道　物流　供应链管理

任务一 认识营销渠道

营销情境 9-1

宝洁公司的营销渠道

宝洁公司（Procter & Gamble）创立于 1837 年，是世界上规模最大、历史最悠久的日用消费品公司，所经营的包括美容美发、妇幼保健、食品与饮料、纸品、家居护理、洗涤、医药等 300 多个品牌的产品畅销 160 多个国家和地区。每天，在世界各地，宝洁公司的产品与全球 160 多个国家和地区消费者发生着 30 亿次亲密接触。

音频：营销情境
9-1 分析提要

1988 年，宝洁公司在广州成立了在中国的第一家合资企业——广州宝洁有限公司，从此开始了其中国业务发展的历程。宝洁大中华区总部位于广州，在广州、北京、上海、成都、天津、东莞等地设有多家分公司及工厂，员工总数超过 6 300 人，在华投资总额超过 10 亿美元。

宝洁公司在进入中国市场的开始阶段选择了传统的分销模式，即借助分销商完成全国的网络覆盖。这种模式下，分销商承担了所有零售终端的供货，所以哪种产品的利润高，分销商就会卖力推广哪种产品。鉴于这种情况，宝洁进行了渠道变革，改变了经由分销商向零售商供货的方式，逐渐开始向重点零售商直接供货，并打破了华南、华北、华东、西部四个销售区域运作模式，改为分销商渠道、批发商渠道、主要零售渠道和大型连锁渠道和沃尔玛渠道。

资料来源：吴帆. 传统品牌数字化传播策略研究——以百年化妆品企业及其品牌为例 [D]. 上海：上海交通大学，2016.

思考： 营销渠道对于企业的重要性。

一、定义营销渠道

生产者生产产品不是为了自己消费，而是为了满足市场的需要。在现代经济社会中，生产者与消费者之间不仅存在时间、空间和所有权的分离，而且在产品数量、品种、信息、产品估价等多个方面存在差异和矛盾。企业生产出来的产品，只有通过一定的渠道，才能在适当的时间、地点，以适当的价格供应给广大消费者或用户，实现企业的市场营销目标。事实证明：一个企业的成功不仅取决于其自身的表现，还取决于整个渠道系统与竞争者相比是否更具有综合优势。成功的营销渠道的决策和管理绝非偶然，需要精心计划和认真落实。为了更多、更稳、更快地销售产品或服务，各行业均在不断完善和变革自己的营销渠道。

著名的营销大师科特勒对营销渠道的解释是：某种货物或劳务从生产者向消费者移动时，取得这种货物或劳务所有权或帮助转移其所有权的所有企业或个人，包括供应商、生产者、商人中间商、代理中间商、辅助商（如支持营销渠道活动的仓储、运输、金融、广告代理等机构）以及最终消费者或用户等。

二、掌握营销渠道的功能

营销渠道的基本功能是实现产品从生产者向消费者的转移。在市场经济条件下，生产者和消费者之间存在空间分离、时间分离、所有权分离、供需数量差异以及供需品种差异等方面的矛盾。生产者和消费者之间需要一座"桥梁"——营销渠道，使得产品实现顺利转移。营销渠道的主要功能有：（1）调研。即收集制订计划和进行交换所必需的信息。（2）促销。进行关于所供应物品的说服性沟通。（3）接洽。寻找可能的购买者并与之进行沟通。（4）配合。使所供应的物品符合购买者需要。（5）谈判。为了转移所供物品的所有权，而就其价格及有关条件达成最后协议。（6）物流。从事产品的运输、储存。（7）融资。为补偿渠道工作的成本费用而对资金的取得与支出。（8）风险承担。承担与渠道工作有关的全部风险。

在不同的营销渠道中，这些职能可能会由不同的渠道成员承担。当渠道结构改变时，渠道中某些机构可以被取消，但这些机构所承担的职能不能被取消，只是转移至前一个环节或后一个环节，由其他成员承担。例如商品的运输环节，制造商、批发商、零售商甚至最终消费者都可以参与，但也可以只由一家第三方物流公司负责，制造商或中间商和最终消费者通过网上销售直接达成交易。

三、了解营销渠道的类型

（一）直接渠道和间接渠道

根据生产者与消费者是否直接接触，可以将营销渠道分为直接渠道和间接渠道。

1. 直接渠道。直接渠道又称零阶渠道，即直销模式，指没有中间商参与，产品由生产者直接销售给消费者（用户）的渠道类型。直接营销的主要方式是上门推销、家庭展示会、邮购、电话营销、电视直销、互联网销售和厂商直销。

2. 间接渠道。间接渠道是指商品从生产领域到达消费者或用户手中要经过若干中间商的销售渠道，即生产者通过若干中间商将其产品转卖给最终消费者或用户。大多数生产者缺乏直接营销的财力和经验，因此间接营销是消费品分销的主要类型。采用间接渠道，能够发挥中间商在广泛提供产品和进入目标市场方面的最高效益。

（二）长渠道和短渠道

从纵向来看，按照经过的流通环节或层次的多少，可以将营销渠道分为长渠道和短渠道（见图9-2）。

1. 一阶渠道中，生产厂商和消费者之间增加了零售商。当零售商的规模足够大并且能大批量采购，或是商品的单价很高而使得批发商维持库存的成本过高时，就经常采用这种渠道类型。

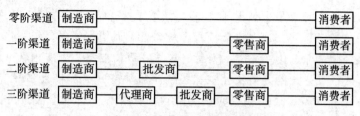

图 9 - 2 不同阶段的营销渠道

2. 二阶渠道包括两个中间商，在消费者市场，一般是批发商和零售商。对那些产品单价比较低、销售区域广而消费者又需要经常购买的产品，如果生产厂商直接向零售商销售就显得不经济。于是，就增加了批发商。例如，娃哈哈将产品销售给地区批发商，通过这些批发商强大的配送能力，将产品销售给各个零售商，最后到达消费者手中。

3. 三阶渠道包括三个中间商。当小型生产厂商需要面对许多零售商销售时，经常会通过代理机构来销售产品。

从制造商的角度来看，渠道级数越多，企业对渠道的控制力就会越弱。

（三）宽渠道和窄渠道

从横向来看，营销渠道有宽窄之分。宽渠道是指产品流通通过尽可能多的渠道进行转移；窄渠道是指尽量使用少的渠道进行产品转移。渠道宽窄有以下三种模式可供选择。

1. 独家分销。独家分销是指在一定地区和一定时间内，只选择一家中间商经营公司的产品或服务。通常要由双方协商签订独家经销合同，规定在该地区市场内经销商不得经营竞争者的产品，制造商则只对选定的经销商供货。这一策略的重心是控制市场，彼此希望得到对方更积极的营销努力和配合。独家分销在许多情况下是由于产品和市场的特异性（如专门技术、品牌优势、专门用户等）而采用的，通常可以强化产品形象并获得较高毛利。

2. 选择性分销。选择性分销是指制造商在某一地区，仅仅通过少数精心挑选的最合适的中间商来销售产品。这一策略的重心是维护本企业产品的良好信誉，建立稳固的市场竞争地位。选择性分销适用于所有的产品。但相对而言，消费品中的选购品和特殊品、工业品中的零配件，更适宜采用选择分销策略。

3. 密集分销。密集分销是指尽可能通过许多批发商、零售商销售其产品。这一策略的重心是扩大市场覆盖面或快速进入一个新市场，使众多消费者和用户随时随地买得到这些产品。消费品中的便利品（如香烟、牙膏、糖果等）和工业品中的物料（如办公用品），通常采用密集分销策略。

相关链接： **从营销到渠道，绿箭靠什么把一支单品卖到一亿盒？**

全国性的零售连锁巨头、连锁便利店、非连锁的便利店、夫妻店等，多样化的业态分布在中国的城市和郊县。由于口香糖属于冲动型消费品，选择怎样的营销渠道、建立并维护与经销商的关系至关重要。

箭牌根据零售商的销售区域和业态来选择渠道战略伙伴，并且采取抓大放小的策略。针对全国零售连锁巨头和大卖场，箭牌从公司层面统一谈判、统一供货，设计统一的铺货标准，以此来降低谈判成本。而针对区域一级的业态，则交由区域经理负责，一方面减少区域间串货，另一方面及时跟踪区域商品动态，更加接近消费者。随着罗森、7-ELEVEN、便利店等连锁便利店的快速扩张，绿箭有了新的增长市场，如今的绿箭更多地加码便利店和街边小店，用于抵消大卖场中消失的人群。

资料来源：钱丽娜．箭牌"新表情"：和中国交个朋友吧［J］．商学院，2015（09）：19-22.

任务二　掌握中间商的类型

营销情境 9-2

小米手机触底反弹

音频：
营销情境 9-2
分析提要

小米手机自 2011 年上市以来，短短的几年时间便开创了一个销售神话。可以说小米手机是国产手机不畏险阻、敢于创新、勇于探索的代表。但近年来，小米的出货量明显降速，低于预期，更是在 2016 年遭遇了"断崖式"下跌。然而，更让人惊讶的是，在 2017 年第二季度，小米手机出货 2 316 万台，环比增长 70%，创下小米创办 7 年以来的单季出货量历史，引起了强烈的反响。小米科技创始人雷军称，除小米之外世界上没有任何一家手机公司，在下滑之后能够成功逆转，譬如诺基亚、摩托罗拉等。小米为什么能够逆转？雷军说的始终坚持技术创新、新零售模式升级和国际业务爆发增长当然是逆转的原因，但对供应链管理的优化、线下实体店的布局也是重要原因。

小米上市初期，渠道只做线上的模式，通过小米官网等线上渠道销售手机，认为由此可以省去渠道差价和零售店成本，消费者能够以最实惠的价格买到手机。但自 2015 年以来，手机线上渠道的出货量增速开始放缓。数据表明，超过 70% 的手机用户仍然通过线下渠道进行购买，小米公司不得不针对此做出调整，从 2016 年初开始在全国范围内开设"小米之家"线下实体店。截至 2017 年端午节，小米之家已在中国大陆开设 100 家门店。

资料来源：贾晓轩，张芊．裂变［M］．北京：中国人民大学出版社，2019.

思考： 对于小米手机来说，中间商在营销渠道中起了什么作用？

肯德基为什么购买鸡肉来生产汉堡，而不是自己办养鸡场呢？这说明每个企业都有自己的优势产业，对于制造商来说，将销售工作委托给中间商，不仅可以集中资源将优势产业发扬光大，而且采用中间商还能更有效地节约成本并推动商品广泛地进入目标市场。批发商和零售商共同构成了渠道的中间部分。

一、批发商的含义与价值

批发是指一切将物品或服务销售给为了转卖或者其他商业用途而进行购买的个人或组织的活动。我们使用批发商这个词来描述那些主要从事批发业务的公司。这个词的内涵排除了制造商和农场主，因为他们主要从事生产，同时也排除了零售商。

相关链接： 　　　　中国最大的小商品批发市场——义乌小商品批发城

义乌小商品批发城坐落于浙江中部义乌市，创建于 1982 年，是我国最早创办的专业市场之一。经历四次搬迁八次扩建，义乌小商品批发城现拥有营业面积 260 多万平方米，商铺 50 000 余个，从业人员 20 多万人，日客流量 20 多万人次，连续多年位居全国工业品批发市场榜首，是国际小商品的流通、研发、展示中心，也是我国最大的小商品出口基地。

义乌小商品批发城拥有 43 个行业、1 900 个大类、40 万种商品，几乎囊括了工艺品、饰品、小五金、日用百货、雨具、电子电器、玩具、化妆品、文体、袜业、副食品、钟表、线带、针棉、纺织品、领带、服装等所有日用工业品。其中，饰品、袜子、玩具的产销量占全国市场的 1/3。物美价廉、应有尽有的鲜明特色，使其在国际上具有极强的竞争力。

义乌小商品批发城物流发达，是浙江省三大物流中心之一。市场拥有 200 余条联托运线路，直达国内 200 个大中城市；六条铁路行包专列；建有浙中地区唯一的民用机场；紧邻宁波、上海港，海运发达，形成了公路、铁路、航空立体化的交通运输网络，日货物吞吐量达 5 000 余吨，同时，开办海关办事处，开通"一关三检"，配套建设了国际物流中心、商城物流中心两个现代物流基地，现代物流基础设施先进，功能完善、高效。

发达的市场链和万商云集的火爆交易，使义乌小商品批发城成了发布小商品价格、新产品动向的信息源头。市场信息传播渠道宽畅，拥有各种专业报刊和"中国小商品数字城"等多家小商品市场信息网站。其中，"中国小商品数字城"是中国小商品城网上市场，将有形市场商铺全部搬上网站，促进了电子商务的发展。

义乌小商品批发城的商品辐射 212 多个国家和地区，行销东南亚、中东、欧美等地，年出口量已达总成交额的 60%。其中，工艺品、饰品、小五金、眼镜等优势行业的商品出口量占行业总销量的 70% 以上；市场内 60% 以上的商户进行外贸供货业务，现有常驻义乌的外商达 8 000 多人，境外商务机构 500 余家。义乌小商品批发城拥有先进而发达的市场体系，会展业发起早、影响力大。市场配套建有国际先进水平的大型展馆——总建筑面积 4.6 万平方米的义乌梅湖会展中心，设 5 个展馆，可容纳 1 500 个国际展位，同时配有国际会议厅、商务中心、咖啡吧等，每年承接不同规模的国际国内展会 20 余个。

资料来源：马淑琴，王江杭，徐锋. 中国范本 [M]. 杭州：浙江工商大学出版社，2018.

（一）批发商的含义

批发是指一切将物品或服务销售给为转卖或者其他商业用途而进行购买的个人或组织的活动。从事这种活动的个人或组织被称为批发商。批发商和零售商相比，其特点主要有：第一，销售对象不同。批发商是向转售者或生产者出售商品，零售商是向最终消费者出售商品。第二，销售批量不同。批发商从事大宗买卖，批量购进、批量销售，零售商是批量购进、零星销售。第三，地区分布不同。大型批发商主要分布在全国性的经济中心城市，中小批发商主要集中在地方性的经济中心，零售商分散在全国各地的广大消费者中间，批发商的数量比零售商少得多，但覆盖的贸易区域比零售商大。

（二）批发商的价值

批发之所以存在，在于它对上下游有价值，且价值高于成本。批发商的价值主要体现在两个方面：

1. 批发商为制造商提供服务。制造商的分销渠道为什么需要批发商？从制造商的角度看，批发商承担了以下营销职能：

（1）市场销售与沟通职能。批发商通过其销售人员的业务活动，可以使制造商有效地接触众多的小客户，从而促进销售。当制造商的市场是由众多地域分布广泛的较小客户组成时，这一职能尤为突出。

（2）市场覆盖职能。随着全国统一市场和全球统一市场的形成，制造商的产品市场地域分布越来越广泛，市场覆盖率已成为市场占有率的先行指标，产品有一个广泛的市场分布，意味着顾客能随时随地方便地接触并买到产品，而这显然是批发商的长项。

（3）仓储运输职能。批发商通常负责货物的储存和运输，批发商一般距离零售商较近，可以很快将货物送到客户手中，并降低供应商和客户的存货成本和风险。

（4）订单处理职能。批发商可以满足当地小额订单客户的需求。批发商往往经营同一大类不同厂商的多品种、多规格产品，因此更适合那些小批量、多品种采购的客户。如汽车修理店的零部件就更适合通过当地的汽车零部件批发商来采购。

（5）传递市场信息职能。批发商可以向供应商提供有关买主的市场信息，诸如竞争者的活动、新产品的出现、价格的剧烈变动等。

（6）客户服务职能。客户除了购买产品，还需要各种形式的服务，如产品调换、退货、组装、送货、维修和技术支持。如果制造商直接从事这些活动，则费用高效果差，所以，需要批发商完成这些服务。

2. 批发商为零售商提供服务。在个人消费品市场上，批发商最终要靠零售商完成商品的销售，二者利益一致。因此，批发商会尽力满足零售商的需要，并努力帮助、培训和激励零售商成为更有效的经营者。（1）批发商帮助零售商培训推销人员，布置商店，建立信息系统、管理程序、会计系统和存货控制系统，提高零售商的经营效益。（2）配货职能。批发商替客户选购产品，并根据零售商的需要将各种货物进行有效的搭配和送货，为零售商节约时间。（3）批发商向零售商提供合作广告和促销支持。（4）批发商为零售商及时调换有缺陷的产品。

二、批发商的类型

批发商有不同的分类，依据惯例，将批发商分为三种类型：商人批发商、经纪人和代理商、制造商销售办事处。

（一）商人批发商

商人批发商是指自己进货，取得产品所有权后再批发出售的商业企业，也就是人们通常所说的独立批发商。商人批发商是批发商最主要的类型。商人批发商按职能和提供的服务是否完全来分类，可分为两种类型：

1. 完全服务批发商。这类批发商执行批发商业的全部职能，他们提供的服务，主要有保持存货，雇用固定的销售人员，提供信贷，送货和协助管理等。他们分为批发商人和工业分销商两种。批发商人主要是向零售商销售，并提供广泛的服务；工业分销商向制造商而不是向零售商销售产品。

2. 有限服务批发商。这类批发商为了减少成本费用，降低批发价格，往往只执行一部分服务。有限服务批发商的主要类型：

（1）现购自运批发商。他们不赊销，也不送货，需要自备货车去批发商的仓库选购物品，当时付清货款，自己把物品运回来。现购自运批发商经营食品杂货，其顾客主要是小食品杂货商、饭馆等。

（2）承销批发商。他们拿到顾客（包括其他批发商、零售商、用户等）的订货单，就向制造商、厂商等生产者进货，并通知生产者将物品直运给顾客。所以，承销批发商不需要有仓库和产品库存，只要有一间办公室或营业场所就行了，因此经营成本较低，可以为客户节约成本。

（3）卡车批发商。他们从生产者那里把物品装上卡车后，立即运送给各零售商店、饭馆、医院、自助餐厅等顾客。所以这种批发商不需要有仓库和产品库存。卡车批发商经营的产品是易腐和半易腐产品，如牛奶、面包、冷饮等。卡车批发商主要执行推销员和送货员的职能。

（4）邮购批发商。借助邮购方式开展批发业务的批发商。他们经营食品杂货、小五金等产品，其顾客是边远地区的小零售商等。

（5）农场主合作社。指为农场主共同所有，负责将农产品组织到当地市场上销售的批发商。合作社的利润在年终时分配给各农场主。

（二）经纪人和代理商

经纪人和代理商是从事购买或销售或二者兼备的洽商工作，但不取得产品所有权的商业单位。与商人批发商不同的是，他们对其经营的产品没有所有权，所提供的服务比有限服务批发商还少，其主要职能在于促成产品的交易，借此赚取佣金作为报酬。与商人批发商相似的是，他们通常专注于某些产品种类或某些顾客群。

经纪人和代理商主要分为以下几种：

1. 产品经纪人。经纪人的主要作用是为买卖双方牵线搭桥，协助他们进行谈判，买卖达成后向雇用方收取费用。他们并不持有存货，也不参与融资或风险。

2. 制造商代表。制造商代表比其他代理批发商人数更多。他们代表两个或若干个互补的产品线的制造商，分别和每个制造商签订有关定价政策、销售区域、订单处理程序、送货服务和各种保证以及佣金比例等方面的正式书面合同。他们了解每个制造商的产品线，并利用其广泛关系来销售制造商的产品。

制造商代表常被用在服饰、家具和电气产品等产品线上。大多数制造商代表都是小型企业，雇用的销售人员虽少，但都极为干练。那些无力为自己雇用外勤销售人员的小公司往往雇用制造商代表。另外，某些大公司也利用制造商代表开拓新市场，或者在那些难以雇用专职销售人员的地区雇用制造商代表作为其代表。

3. 销售代理商。销售代理商是在签订合同的基础上，为委托人销售某些特定产品或全部产品的代理商，对价格、条款及其他交易条件可全权处理。这种代理商在纺织、木材、某些金属产品、某些食品、服装等行业中常见，在这些行业，竞争非常激烈，产品销路对企业的生存至关重要。

4. 采购代理商。采购代理商一般与顾客有长期关系，代他们进行采购，往往负责为其收货、验货、储运，并将物品运交买主。例如服饰市场的常驻采购员，他们为小城市的零售商采购适销的服饰产品。他们消息灵通，可向客户提供有用的市场信息，而且还能以最低价格买到好的物品。

5. 佣金商。佣金商又称佣金行，是指对产品实体具有控制力并参与产品销售协商的代理商。大多数佣金商从事农产品的代销业务。农场主将其生产的农产品委托佣金商代销，付给一定佣金。委托人和佣金商的业务一般只包括一个收获和销售季节。例如，菜农与设在某大城市中央批发市场的佣金行签订一个协议，当蔬菜收获和上市时，菜农就随时将蔬菜运送给佣金行委托全权代销。佣金行通常备有仓库，替委托人储存、保管物品。此外，佣金商还执行替委托人发现潜在买主、获得最好价格、分等、再打包、送货、给委托人和购买者以商业信用（即预付货款和赊销）、提供市场信息等职能。佣金商对农场主委托代销的物品通常有较大的经营权力：他收到农场主运来的物品以后，有权不经过委托人同意，以自己的名义，按照当时可能获得的最好价格出售物品。因为，这种佣金商经营的产品是蔬菜、水果等易腐产品，必须因时制宜，尽早脱手。佣金商卖出物品后，扣除佣金和其他费用，即将余款汇给委托人。

相关链接：　　　　　　　　　　**德国小企业的代理制**

在德国，约 99% 的中小企业，贡献了约 54% 的增加值，带动了约 62% 的就业。它们称得上是德国工业和服务业的中坚力量。更为重要的是，德国的中小企业不仅是对德国经济发展贡献大，在全球市场中也处于重要地位。据相关数据统计，在 2 764 家中型全球领导企业中，德国就占有了 47% 的席位。

德国中小企业普遍采用代理制在全球销售产品，这样就可以节省精力和时间，实行"技术驱动、品质占领市场"的模式，打造高品质产品，获得丰厚的收益和利润。

资料来源：黄郑亮. 全球价值链背景下的国际权力探析——以德国、越南、印度为例［D］. 上海：华东师范大学，2021.

（三）制造商及零售商的分店和销售办事处

批发的第三种形式是由买方或卖方自行经营批发业务，而不通过独立的批发商进行。这种批发业务可分为两种类型：

1. 销售分店和销售办事处。生产者往往设立自己的销售分店和销售办事处，以改进其存货控制、销售和促销业务。在生产者处于行业竞争相对集中、企业规模庞大的情况下，采取自营销售的情况较多。如美国的石油和汽车行业，虽然用户相对分散，但生产高度集中。由于生产者的庞大规模和垄断地位，使得其寻求通过自营销售组织加强对最终市场的控制与竞争对手抗衡，并通过内部计划来协调生产与销售各环节的矛盾。

2. 采购办事处。许多零售商在大城市设立采购办事处。这些办事处的作用与经纪人或代理商相似，但却是买方组织的一个组成部分。

展望21世纪，随着市场经济的发展，批发业将主要通过兼并、合并和地区扩张来实现持续发展。地区扩张要求分销商懂得如何在更广泛和更复杂的地区内有效地竞争。电脑系统的使用和日益推广，将有助于批发商在这方面开展业务。批发商在扩大其地区范围时，将越来越多地雇用外部公共或私人运输工具运送产品。外国公司在分销方面所起的作用将有所加强。同时，对批发业主管人员和管理人员进行培训的工作也将主要由行业协会来承担。

三、零售商店的类型

相关链接： **优衣库的中国市场扩张**

优衣库（UNIQLO）是日本迅销（Fast Retailing）集团旗下的实力核心品牌。其首家店铺于1984年在日本广岛诞生，目前已成为全球成衣专业制造零售商销售规模五强之一。2002年，优衣库在上海开设了中国首家店，并于2005年进军北京市场。由于市场定位不准确，店铺出现亏损，优衣库一度撤离了北京市场。2008年，完成了从大众化向中产阶层重新定位的优衣库重返北京市场，并迅速扩张，以平价时尚为特色，以快速、低价、齐全为经营理念，迅速占领了北京市场，对国内本土服装品牌及消费者购买行为产生巨大影响。

优衣库进入中国市场以来，困扰其发展的主要问题就是实体门店数量扩张缓慢。当时，优衣库门店主要集中在上海及其周边市场，而诸如北京、重庆、广州等大城市尚未完全覆盖到，在这种情况下，像郑州、西安、保定等二、三线城市更谈不上强势进入。如何完全覆盖中国市场并适当发力，无疑是优衣库的决策层颇费心思的一个问题，这也是几年后促使优衣库与淘宝合作的重要动因。

重新进入北京市场的两年间，优衣库以平均每年五家店的速度迅速布局北京市场。2008年，优衣库在西单大悦城（Joy City）、王府井新东安、三里屯VILLAGE连开三家面积千余平方米的店铺，强势回归北京市场。2009年，优衣库开店进程进一步加快，仅在2009年8~9月的一个月时间内，就连开三家店，其中尤以位于前门大街的北京旗舰店引人注目。2010年5月，优衣库又连开两家店，进一步扩大其北京市场。

2009 年 4 月 16 日，优衣库正式入驻淘宝。据报道，其网上旗舰店开了 10 天，销售额便已经成为淘宝所有店铺中的第一名。优衣库淘宝网上旗舰店销售火爆，但也没有影响其实体门店的收入，北京的实体店销售继续高速增长，与网络销售齐头并进。因为买家几乎来自全国各地，淘宝旗舰店的数据监控显示，有 1/2 的销售来自优衣库没有开店的地区。网上销售弥补了优衣库实体门店数量扩张不够快的不足。

截至 2022 年 8 月，优衣库在中国的门店已经超过 900 家，有 3 万多人就业于优衣库，创造了百万个就业机会。

资料来源：张颖. 优衣库品牌在华营销策略研究 [D]. 镇江：江苏大学，2020.

零售商是指为个人或家庭消费而销售商品同时提供服务的独立中间商，介于制造商、批发商与消费者之间，是以营利为目的从事零售活动的组织。零售商的基本任务是直接为最终消费者服务，它的职能包括采购、销售、储存、加工、拆零、分包、传递信息、提供销售服务等。在地点、时间与服务方面，应方便消费者购买，零售商在分销渠道中具有重要作用。主要的零售业态有：

（一）专业店

专业店是指以专门经营某一类商品或服务的零售业态。专业店又有两种类型：一种是按商品类别划分的，如书店、服装店、家具店、建筑材料店等；另一种是按服务对象划分的，如儿童商店、妇女用品商店、旅游用品商店等。这类商店通常以经营该类商品中各具特色的高中档品种为主，商品结构体现专业性和深度，品种丰富，给消费者的选择余地大，服务项目齐全，可满足各种特殊需求。专业店可大可小，经营品种可多可少，商店选址多样化，多数店铺设在繁华商业区、商业街或百货商店、购物中心内。

一般来说，专业店的商品加价率偏高，高档商品专业店的加价率甚至高过百货公司，因为专业店为顾客提供有专业知识的售货人员服务和优越的购物环境。不过，20 世纪 90 年代后美国出现了一种大型专业店，规模类似大型仓储式商店，也采取超市式的自助购物，从而降低了经营成本，商品加价率也低得多。例如，美国的家得宝（The Home Depot）、百思（Best Buy）和巴诺（B&N）等，国内的国美、苏宁、东方家园都是这类发展很快的企业。由于它们的商品定价低、品种全、营业空间大，因此极具竞争力，又被称为"价格杀手"。

（二）专卖店

专卖店是指专门经营或授权经营某一制造商品牌或中间商品牌商品为主的零售业态。专卖店通常选址在繁华商业区、商业街或百货商店、购物中心内，商店的陈列、照明、广告讲究，其营业面积根据经营商品的特点而定。专卖店的商品结构以著名品牌、大众品牌为主，目标顾客以中青年为主，采取定价销售和开架销售，亦可开展连锁经营，商品结构以企业品牌为主，销售体现量少、质优、高毛利的特点。专卖店还注重品牌声誉，从业人员必须具备丰富的专业知识，并提供专业性知识服务。

相关链接： <center>格力空调的"专卖店"</center>

格力空调连续多年产销量全国第一，不仅得益于格力空调过硬的品质及品牌的强势，而且得益于格力独有的区域代理制，再加上格力品牌专卖店的渠道模式。产品—品牌—品牌专卖店成就了完美的品牌质量。

2004 年，格力电器股份有限公司可谓"笑傲江湖"，数年来由小到大、由弱到强的辉煌，靠的是单一的产品—空调。正因为格力的专心专业，使之被冠以"单打冠军"的绰号。

在空调行业原材料价格不断上涨、行业洗牌进程大大提速的情况下，格力继续保持着优势地位，其销售量、销售额、利润和市场占有率均稳步提升。

资料来源：中国制冷空调工业协会，樊高定.中国战略性新兴产业研究与发展制冷空调［M］.北京：机械工业出版社，2018.

（三）百货商店

百货商店由多个专业商品部组成，经营商品品种多、范围广，所以称为百货商店。百货商店起源于 19 世纪中期的欧洲，是城市发展、人口集聚、商品品种增多的结果。与专业店相比，百货商店更具大众性，即对所有人开放，满足所有人各方面的需要。

传统百货商店以经营软性高级商品为主，如各式服装、家用纺织品、鞋、美容化妆品、珠宝项链、手包及礼品等。后来，百货公司逐渐增加了一些"硬性商品"，如家具用品、小五金、炊具、照相器材、灯具、体育用品等。百货商店的规模一般较大，经营的每大类商品都有相当多的花色品种和品牌供消费者选择，且内部装饰华丽，讲究商品陈列与橱窗布置。百货商店经营的另一特色是向顾客提供广泛的服务，有较多的售货人员，提供商品咨询、送货、维修、礼品包装、赊销、邮购，甚至餐饮、娱乐、儿童照顾服务等。

与其他零售业态相比，百货商店提供齐全的商品品种与全方位的服务，因此经营成本较高，商品加价率也高，传统百货商店商品加价率高达 40%。从单位营业面积获利能力上看，百货商店在各种零售形式中不具有竞争优势，它的优势在于商品品种齐全、购物环境好、服务项目多。百货商店因为本身采购量大，希望越过批发商直接向生产商进货，以得到优惠的采购价格和制造商较好的售后服务，但由于其经营品种繁多，要做到这一点并不容易。

相关链接： <center>商场温度的"秘密"</center>

虽然北京市政府一再规定冬季室内温度不得高于 20℃，但是商场往往不肯把温度降下来。并非商场不懂得节能，而是担心这会直接影响到顾客在商场内的体验并由此减少商场的营业额。

商场不愿意店堂内充斥穿着厚重外套的顾客。外套意味着刚刚进来或者准备离开，匆匆忙忙，而商场是需要慢慢逛的；穿着风衣或者厚夹克，意味着每当顾客要试衣服时，需要多脱一层（这比起已经脱掉放在手里感觉更麻烦），试完了还要多穿一层；每当顾客试鞋子坐下弯腰时，都会感受到外套的阻力甚至视线的阻挡，这会在很大程度上影响其体验过程，最终影响销售的达成。

20℃以下的温度意味着营业员的穿着相对臃肿，这种臃肿对店堂时尚的氛围是一种无情的破坏：在18℃～20℃时，营业员无法穿裙子或者单衣、西服之类的标准服装而不感到阴冷。或许顾客还可以接受将上衣改成时尚毛衣的营业员（但是这会对毛衣的材质与款式提出比普通西服套装更高的要求）。不过，顾客更喜欢看到线条清晰的营业员，而不是因为多穿衣服而使身材变得模糊的他们，因为这跟店内的环境不搭调，并且降低了顾客购物的趣味与愿望。

18℃～20℃意味着不让顾客久留。许多人愿意夏季或冬季逛商场的理由可能非常简单：享受空调或暖气。商家其实非常明白，无论是夏季的凉爽，还是冬季的温暖，都是让顾客在其中久留的重要"钩子"，而久留就等于更多地购物的可能。人在商场内缓步慢行，18℃左右的温度，如果脱去外套（假设多数人不喜欢衣着笨重地在店内徜徉），多半人会觉得阴冷，从而降低了逛商场的趣味，容易匆匆走人。

18℃～20℃等同于更少的人去购买饮料，或者在店内咖啡厅、饮食档里消费。没有暖意，何来口渴的感觉？没有感觉，哪有买饮料的欲望？而店内的餐饮消费更是如此。人们一般不会在家穿着外套吃东西或喝饮料，而且往往外套要比里面的服装厚得多。

资料来源：李海峰，张莹，杨维霞，武永生. 管理学原理与实务（第3版）[M]. 北京：人民邮电出版社，2018.

（四）超级市场

超级市场是指采取自选销售方式，以销售食品、生鲜食品、副食品和生活用品为主，满足顾客每日生活需求的零售业态。它起源于20世纪30年代，第二次世界大战后在美国获得迅速发展。与其他业态相比，超级市场的经营特征主要表现在：以购买频率高的商品为主，商品构成以食品、衣服、日用杂货等常用必需品为主；选址在居民区、交通要道、商业区，以居民为主要销售对象；实行顾客自我服务和一次集中结算的售货方式；薄利多销，商品周转速度快；商品新鲜、洁净，明码标价，并在包装上注明商品的质量和重量；实行商品经营管理制度，按部门陈列商品；一般周边设有停车场。

在传统超级市场的基础上，随着营业面积增至10 000平方米以上和更多品种、更大范围的非食品类商品或服务（如家用电器、服装、家具、洗衣、修鞋等）的加入，出现了超级商店或特级市场，其商品线和服务线一般都实行计算机系统管理。价格偏高，服务质量也较高，有导购员导购。如沃尔玛公司的超级中心（大卖场）和法国的家乐福就分别属于超级商店和特级市场。

（五）仓储式商店

仓储式商店又称仓储式俱乐部，是指以会员制为基础，以经营生活资料为主，储销一体、低价销售、提供有限服务的零售业态。世界上最早的仓储式商店是1968年在荷兰建立的万客隆，起初主要面对小型公司、个体企业的批量购买，后来逐渐扩大到一般消费者，但采取会员制，顾客定期交纳会费，凭会员卡进店采购。

这类商店营业面积大，一般约为10 000平方米，店堂设施简朴、实用，店内装修很少，经营产品线宽，但每类商品品种不多，以周转快的全国性品牌商品为主。店内许多商品仍然保留出厂时的外包装而放在货架上供人挑选,一般包装较大,售价较低。与一般零售店比,称得上是批量购买。仓储式商店一般建在城市郊区地价比较低廉的地方,设有较大规模的停车场,服务辐射的区域范围比较广泛。沃尔玛公司的"山姆俱乐部"和德国的"麦德龙"是典型的批发俱乐部式商店,它们都已经在我国北京、上海、广州等大城市开有分店,也带动了我国国内各种仓储式商店的发展。

(六) 便利店

便利店是指以经营即时性商品为主,以满足顾客便利性需求为主要目的,采取自选式购物方式的零售业态。便利店的规模一般较小,其主要特点是为广大消费者提供购物地点和时间上的便利。便利店选址通常深入到居民住宅区或加油站,使顾客可以就近或方便地购买到商品。此外,便利店营业时间很长,通常营业到深夜甚至通宵,而且节假日都不休息,使顾客随时都能买到商品。便利店一般经营日用品、食品等,并设有多种方便顾客的服务项目,如微波炉加热食品、电话订货、送货上门等。

便利店多建在居民区内,多数顾客是常客,店主与顾客相互熟悉、信任,具有群众基础,还可以根据顾客的需求特点有针对性地提供服务。当然,便利店由于小而分散,缺点必然是经营品种有限、进货成本高,因而商品价格较高,如果是连锁便利店,还存在管理和控制上的困难。成功的连锁便利店,如世界知名的 7 – ELEVEN 便利店,罗森、北京的好邻居便利店等。

相关链接: **7 – ELEVEN 便利店的发展**

7 – ELEVEN 便利店诞生于美国,前身是成立于 1927 年的"南大陆制冰公司"。由于店铺的营业时间是从早上 7 点开始到晚上 11 点结束,1946 年南大陆公司正式将图腾店改名为 7 – ELEVEN,从而真正地揭开了便利店时代的序幕。后由日本零售业经营者伊藤洋华堂于 1974 年引入日本,从 1975 年开始变更为 24 小时全天候营业。目前,7 – ELEVEN 便利店遍及全世界多个国家地区。

自 2004 年 4 月 15 日北京首家 7 – ELEVEN 便利店——东直门店开业,截至 2019 年 5 月,7 – ELEVEN 便利店全球运营门店的数量达到 68 000 多家,其中北京地区有 279 家。7 – ELEVEN 便利店在北京的店铺扩张政策基于市场支配战略,集中开店,即在重点区域内快速密集布局以迅速达到规模效益,便利店集中布局的 CBD、燕莎商圈以及中关村核心区,无论从经济发展水平、人口分布密度和构成,还是从商业繁荣程度等方面看,都是较高的。7 – ELEVEN 便利店已经成为日本国内包括罗森、全家等几大便利店品牌中最具有代表性的一家便利店品牌,同时也是世界上最大的便利店连锁集团,在日本、美国、中国等 18 个国家蓬勃发展。

资料来源:丁晓艳. A 便利店供应链管理研究 [D]. 北京:对外经济贸易大学,2017.

(七) 折扣店

折扣店是商品按正常价格折扣出售的一种零售业态。该业态是第二次世界大战以后发展起来的一种零售形式,20 世纪 60 年代后获得了较大的发展。其突出的特点是以比一般百货商店便宜得多的价格大量销售商品。为保持低价优势,折扣店的主要经营措施包括:一般设在郊区或小城镇且租金较低的建筑物内；只有简单的内外装修及店内设施；只雇用少量员工，自助购物，提供很少的服务项目，一般不负责送货；经营商品以易耗日用品为主，并增加各种家用电器，但品种较少，多为销路较好的全国性品牌商品，以减少推销费用，加快周转，同时顾客也容易比较价格便宜了多少；大规模发展连锁经营，以扩大销售规模，降低费用率。

（八）购物中心

根据我国商务部的定义，购物中心是指多种零售店铺、服务设施集中在由企业有计划地开发、管理、运营的一个建筑物内或一个区域内，向消费者提供综合性服务的商业集合体。它既不是一种企业，也不是一种零售业态，而是由众多店铺构成的一个集中购物设施。购物中心由发起者有计划地开设，布局统一规划，店铺独立经营。其选址为中心商业区或城乡接合部的交通要道，内部结构由百货商店或超级市场作为核心店铺，与各类专业店、专卖店、餐饮店以及娱乐健身休闲场所等组合构成。购物中心设施豪华、店堂典雅、宽敞明亮，实行卖场租赁制。核心店铺的面积一般不超过购物中心面积的 80%，而且服务功能齐全，集零售、餐饮、文化、娱乐、金融、会展于一体。此外购物中心还根据销售面积，设立相应规模的停车场。

四、无门市零售形式

虽然大多数物品和服务是由商店销售的，但是无门市零售却比商店零售发展得更快。下面介绍无门市零售的四种形式：直复市场营销、直接销售、自动售货和购货服务公司。

（一）直复市场营销

直复市场营销是一种为了在任何地方产生可度量的反应和达成交易而使用一种或多种广告媒体互相作用的市场营销系统。直复市场营销者利用广告介绍产品，顾客可写信或打电话订货。订购的物品一般通过邮寄交货，用信用卡付款。直复市场营销者可在一定广告费用开支允许的情况下，选择可获得最大订货量的传播媒体，使用这种媒体是为了扩大销售量，而不是像普通广告那样刺激顾客的偏好和树立品牌形象。电视购物就是一种典型的直复市场营销。

（二）直接销售

直接销售主要有挨门挨户推销、逐个办公室推销和举办家庭销售会等形式。推销人员可以直接到顾客家中或办公室进行销售，也可以邀请几位朋友和邻居到某人家中聚会，在那里展示并销售产品。直接销售成本高昂（销售人员的佣金为 20%～50%），而且还需支付雇用、训练、管理和激励销售人员的费用。随着信用手段和信息技术的快速发展，直销得到了空前的发展。其形式包括目录营销、电话营销以及网络零售等。

（三）自动售货

使用硬币控制的机器自动售货是第二次世界大战后出现的一个主要的发展领域。自动售货已经被用在相当多的产品上，包括经常购买的产品（如香烟、软饮料、糖果、报纸和热饮料等）和其他产品（袜子、化妆品、点心、热汤和食品、书、唱片、胶卷、T恤、保险和鞋油等）。售货机被广泛安置在工厂、办公室、大型零售商店、加油站、街道等地方。自动售货机向顾客提供 24 小时售货、自我服务和无须搬运产品等便利条件。由于要经常给相当分散的机器补充存货、机器常遭破坏、失窃率高等原因，自动售货的成本很高，因此，其销售产品的价格比一般水平要高 15%～20%。对顾客来说，机器损坏、库存告罄以及无法退货等问题也是非常令人头疼的。相信随着技术不断改进和环境升级的驱动下，这些问题都能逐步克服。

相关链接： **鲜榨橙汁自动售货机**

随着中国经济的高速增长，消费者的健康意识在不断增强，中国果汁市场上刮起一股猛烈的鲜榨旋风，而鲜榨橙汁自动售货机凭借智能化和卫生安全的特点脱颖而出，备受市场青睐。鲜榨橙汁自动售货机具有自动制冷、臭氧杀菌的功能，既保障橙子的鲜美，也保障橙汁的口感。鲜榨橙汁自动售货机可以自动完成去皮、榨汁、装杯、封盖、吸管、收费等一体化流程，智能均衡每杯橙汁重量，所有终端以全智能远程管理系统实时监控、管理，机器还可达到 24 小时无人看管状态，自助售卖、自动落杯、自动统计、自动反馈、自动定时开关机等智能化的操作。消费者可通过支付宝、微信及 App 端购买，支付完成后，45 秒之内即可完成工作，全自动压榨，自动落杯，口感极佳。

鲜榨橙汁自动售货机相对一般的果汁店而言，两者在经营成本和经营门槛上有着巨大的差别，只要有一块 3 平方米左右的空间和电源，无论是办公室内部，还是商场、车站、社区门口、医院，鲜榨橙汁自动售货机都可以轻松应对。经营上低人工、低场租、24 小时服务都是其显著的优点。

资料来源：苑辉. 天使之橙：一杯橙汁的三个创新故事［J］. 上海企业，2018（03）：20－23.

（四）购物服务公司

购物服务公司是不设店堂的零售商，专为某些特定顾客，通常是为学校、医院、工会和政府机关等大型组织的雇员提供服务。这些组织的雇员可成为购物服务公司的会员，他们被授权从一批经过挑选的、愿意向这些成员以折扣价售货的零售商那里购货。例如，有一位顾客想买一台录像机，就可以从购物服务公司领一种表格，拿到经过批准的零售商那里以折扣价购买。然后，该零售商要向购物服务公司付一小笔费用。

相关链接： **可口可乐的 22 种销售渠道**

1. 传统食品零售渠道。如食品店、食品商场、副食品商场、菜市场等。

2. 超级市场渠道。包括独立超级市场、连锁超级市场、酒店和商场内的超级市场、批发式超级市场、自选商场、仓储式超级市场等。

3. 平价商场渠道。经营方式与超级市场基本相同，区别在于经营规模较大，而毛利更低。平价商场通过大客流量、高销售额来获得利润，因此在饮料经营中往往采用鼓励整箱购买、价格更低的策略。

4. 食杂店渠道。通常设在居民区内利用民居或临时性建筑和售货亭来经营食品、饮料、烟酒、调味品等生活必需品，如便利店、便民店、烟杂店、小卖部等，这些渠道分布面广，营业时间较长。

5. 百货商店渠道。即以经营多种日用品为主的综合性零售商店，内部除设有超市外，多设快餐厅、冷饮厅、咖啡厅或冷食柜台。

6. 购物及服务渠道。即以经营非饮料类商品为主的各行业，经常附带经营饮料。

7. 餐馆酒楼渠道。即各种档次的饭店、餐馆、酒楼，包括咖啡厅、酒吧、冷饮店等。

8. 快餐渠道。快餐店往往价格较低客流量大，用餐时间较短，销量较大。

9. 街道摊贩渠道。即没有固定房屋在街道边临时占地设摊、设备相对简陋出售食品和烟酒的摊点，主要面向行人提供产品和服务，以即饮为主要消费方式。

10. 工矿企事业渠道。即工矿企事业单位，采用订货的方式向职工提供饮料。

11. 办公机构渠道。即由各企业办事处、团体、机关等办公机构购买，用来招待客人或在节假日发放给职工。

12. 部队军营渠道。即由军队后勤部供应，以解决官兵日常生活、训练及节假日联欢之需。一般设小卖部，经营食品饮料、日常生活用品等主要向部队官兵及家属销售。

13. 大专院校渠道。即大专院校等住宿制教育场所内的小卖部、食堂、咖啡冷饮店，主要向在校师生提供饮料和食品服务。

14. 中小学校渠道。即设立在小学中学、职业高中以及私立中小学校等非住宿制学校内的小卖部，主要向在校学生提供课余时的饮料和食品服务（有些学校提供加餐、午餐服务，同时提供饮料）。

15. 在职教育渠道。即设立在各党校、职工教育学校、专业技能培训学校等在职人员再教育机构的小卖部，主要向在校学习的人员提供饮料和食品服务。

16. 运动健身渠道。即设立在运动健身场所的出售饮料、食品、烟酒的柜台，主要向健身人员提供产品和服务；或设立在竞赛场馆中的食品饮料柜台，主要向观众提供产品和服务。

17. 娱乐场所渠道。即设立在娱乐场所（如电影院、音乐厅、歌舞厅、游乐场等）内的食品饮料柜台，主要向消费者提供饮料服务。

18. 交通窗口渠道。即机场、火车站、码头、汽车站等场所的小卖部以及火车、飞机、轮船上提供饮料服务的场所。

19. 宾馆饭店渠道。即集住宿、餐饮、娱乐为一体的宾馆、饭店、旅馆、招待所等场所的酒吧或小卖部。

20. 旅游景点渠道。即设立在旅游景点（如公园、自然景观、人文景观、城市景观、历史景观及各种文化场馆等）向参观者提供服务的食品饮料售卖点，一般场所固定，采用柜台式交易，价格偏高。

21. 第三方消费渠道。即批发商、批发市场、批发中心、商品交易所等以批发为主要业务形式的饮料销售渠道。该渠道不面向消费者，只是商品流通的中间环节。

22. 其他渠道。指各种商品展销会食品博览会、集贸市场、促销活动等其他销售饮料的形式和场所。

可口可乐的成功在于系统化的操作，在不同的区域复制即可。它对渠道的掌控能力非常强，是快消品中的典范。

资料来源：孙勇，刘博. 市场营销 [M]. 南京：东南大学出版社，2017.

任务三　了解电子商务营销渠道

小红书从社交网络中发现电子商务机会

成立于 2013 年的小红书起步之初的主要业务是，在社区里分享购物经验，很快，它的 App 上出现了关于美妆、运动、旅游、家居、旅行、酒店、餐饮等信息的分享，涉及了消费经验和生活方式的方方面面。

音频：
营销情境 9 – 3
分析提要

小红书以极快的速度获得了以女性为主的用户的欢迎。根植于分享好物和种草笔记的内容生态构建，小红书成功包装出了这样一种独特气质：在这里，你可以发现真实的好物品，并可以像分享者一样轻松拥有它。这样做的背景是，在移动互联时代，受众的关注点越来越细分化，越来越多的人热衷于"意见领袖"的引导式消费，共享消费偏好和消费信任。

人们围绕意见领袖发布的好物分享笔记，在小红书社区中通过评论、私信等方式进行相互交流，建立一种网状的社交关系，这种社交关系进而触发了广泛的网络经济。

资料来源：刘思宇. UGC 社区跨境进口电商平台的发展瓶颈与模式优化——以小红书为例［D］. 兰州：兰州财经大学，2021.

思考：电子商务营销渠道与传统营销渠道相比，有什么特点？

随着现代电子技术和通信技术的应用与发展，网络化的浪潮正在席卷全球，企业的生存竞争空间正逐步从传统市场转向网络空间市场。以 Internet 为核心支撑的网络营销正逐渐发展为现代市场营销的主流。企业的营销方式也从传统的市场营销转向网络营销。网络营销是指企业以电子信息技术为基础，以计算机网络为媒介和手段而进行的各种营销活动（包括网络调研、网络新产品开发、网络促销、网络分销、网络服务等）的总称，它是企业营销实践与现代通信技术、计算机网络技术相结合的产物，是 21 世纪市场营销发展的重要方向。企业如何利用网络平台开展网络营销已成为企业管理和经营者共同关心的问题。

依托互联网而产生的电子商务营销，作为一种新的营销理念和营销方法，与传统市场营销相比，具有跨时空、多媒体、交互式、拟人化、成长性、整合性、超前性、高效性、经济性和技术性等特点，已经成为各国市场营销发展的趋势，并具有无可替代的功能和优异的特点。电子商务营销是人类经济、科技、文化发展的必然产物，是传统市场营销在网络环境下的继承、发展和创新，建立在 Internet 上的网络营销不受时间和空间的限制，可以每天 24 小时不分区域地运作，在很大程度上改变了传统营销的形态和业态。

一、电子商务营销渠道的内涵

电子商务营销渠道是以互联网技术和通信技术为基础，将产品的销售与服务数字化，进而实现渠道交流、交易和分销功能的信息化、数字化和电子化，从而使得客户可以借助终端设备自行订购产品、获取信息、满足需求。

电子商务营销渠道具有很多优势。利用电子网络技术，企业大大提高了获取、处理和传递信息的能力；通过互联网，企业的渠道可以覆盖全世界所有电子网络互通的地方，扩大了企业的潜在市场，也扩大了企业渠道的覆盖范围；通过数字化，电子网络还可能改变货款的支付方式、所有权的转移方式，甚至产品实体的移动方式。在产品实体的移动方面，虽然大部分实体商品的物流还难以由电子网络替代，但是电子网络却可以通过提高信息传送的效率，提高实体商品物流的效率。一个完善的网络营销渠道应具有三大功能：订货、结算和配送功能。

二、电子商务营销渠道的主要特征

电子商务营销渠道基于移动互联网的特点和渠道的基本结构框架，以及基于一般商品的渠道决策管理实践，与传统的互联网相比，从企业角度看，电子商务营销渠道主要有以下特点。

（一）接触更多的消费者

随着便捷的移动终端出现，助力了消费者消费潜能的激发。2020 年，我国手机网络购物用户规模达 7.81 亿。全国网上零售额 11.76 万亿元，同比增长 10.9%，占社会消费品零售总额的近 1/4。同样，企业也更愿意通过移动端便捷地与消费者接触，以前局限于局部地区的渠道，现在企业可以借助移动互联网技术直面全国乃至全球的消费者。例如，截至 2020 年 12 月，电商企业的直播超过 2 400 万场，电商直播用户规模达 3.88 亿，较 2020 年 3 月增加 1.23 亿。网络零售的蓬勃发展推动各地复工复产与经济复苏。

（二）侧重高效和精准的顾客沟通

企业将产品或服务等相关营销信息发布在电商平台上，可以不受时间限制和地域限制，24 小时全天候将信息传递给各地的顾客，顾客亦是如此。双方除了传递信息外，不断互动交流也成为必然，毕竟移动互联技术已将相关壁垒消除。此外，移动互联网渠道的顾客沟通一定是精准的，特别是，"00 后"逐渐成为电商平台消费的生力军。他们对本土品牌接受度较高，对产品需求呈现出个性化、多元化等特点，愿意为产品设计、产品特色支付溢价。在数字经济迅速发展、年轻人独立意识增强的趋势下，消费者的个性化需求将进一步被挖掘，多元化、个性化消费将成为消费热点，企业要想生产和经营适销对路的产品，就需要进行精准的顾客沟通。

（三）高效的支付结算

随着我国电子商务的发展，通过第三方支付平台、如支付宝、微信支付等即可完成网上支付结算。由于支付功能和其他渠道功能的关联性，这些工具甚至是顾客使用电子商务渠道的一个重要理由。有些移动 App 为平台上的中小经销商提供实时的货款结算业务，吸引了大量中小经销商进驻。

（四）新的交易规则

企业要想在移动互联网上生存，必须先了解和遵循不同渠道平台独特的游戏规则。移动互联网渠道发展出了很多新规则，并逐步成为行业的新标准。例如，7 天无理由退货的逐步落实。

（五）新技术的应用

新技术的应用一直推动着营销渠道的变革。例如，射频识别技术在零售企业的应用推动了商品品类由人工转向机器自动化。移动互联网将移动通信和互联网二者结合起来。移动互联网热门技术包括 HTML5、多平台/多架构应用开发工具、可穿戴设备等。显然，以移动互联网技术为代表的现代高技术、资金密集投入等是电子商务营销渠道的基础。

三、设计电子商务营销渠道

在网络环境下，根据中间商的有无，电子商务营销渠道可以分为网络直接销售渠道和网络间接销售渠道。

（一）网络直接销售

网络直接销售是指生产者通过网络直接把产品销售给顾客的营销渠道，是一种利用网络媒体手段的直销，可以分为两种：一种是企业拥有自己的网站，由专人从事网络营销活动并处理有关产品的销售事务；另一种是企业委托信息服务商在其网点发布信息，企业利用有关信息与客户联系，直接销售产品。

（二）网络间接销售

网络间接销售主要是指通过网络商品交易中介机构来销售商品。可以分为以下几种：

1. 行业在线销售商。行业在线销售商是面向行业的企业对企业（B2B）模式，有时也被称为垂直门户或者行业门户网站。例如，易创化工网是中国化工行业功能最完善、信息最全面的电子商务交易网络，为用户提供了一个开放式、全天候中外化工供求交流平台，用户除了可以在公告板上免费发布商业信息外，还可以开设在线拍卖和在线招标两种双向竞价模式。

2. 传统网上零售商。如美国零售业巨头沃尔玛为抵抗互联网对其零售市场的侵蚀，在2000 年 1 月开始在互联网上开设网上商店，向网络消费者提供多种商品的在线零售服务。

3. 新兴网上销售商。一些新兴的网络零售商，他们一般没有实体店铺，纯粹进行网络零售。是一种企业对消费者（B2C）的模式，如亚马逊，天猫等。

4. 网络信息服务商。阿里巴巴全球贸易信息网为买卖双方提供了信息发布平台，促成交易机会，并为用户提供网上交流的条件。这类网络信息服务平台对企业有极大的好处：一是增加市场机会；二是可以比较供货渠道；三是促成项目合作；四是宣传了企业的品牌。

5. O2O 模式。线上到线下（online to offline，O2O），是指将线下的商务机会与互联网结合，让互联网成为线下交易的前台。O2O 模式，更多地体现在团购网站，商家拥有线下实体店，通过团购网站进行销售活动，然后由专业的快递人员快速完成送货。

相关链接： <center>直播带货有赔有赚</center>

21世纪经济报道曾以《戳破明显直播泡沫：90万人观看成交不到10单，谁在"裸泳"？》为题，揭露了直播行业里，商家投入与回报不成正比的潜规则。一广告业主说："我们9月与某知名直播间合作，交了45万元的坑位费，5万元的保证金。但是成交额最高不到15万元，还要扣掉20%的佣金。"这一销售成绩在当天参与的数十名商家里，竟然排第二名。因为不满意这个结果，两个多月来，他多次希望能够妥善处理，但对方没有采取任何补救措施。

资料来源：陶力，王雨琪. 一门暴利"生意"，起底某知名主播直播内幕 [N]. 21世纪经济报道，2021-11-24.

相关链接： <center>线上家居建材交易为何绕不开基本功？</center>

与如火如荼的其他类产品网上销售相比，家居建材行业的网上销售增长并不快。但家居建材市场的规模确实很大，以致每年的"双十一"各大电商与传统线下家居卖场均会展开市场份额争夺战，导致这一现象的主要原因可能是线上家居建材城很多基本功不扎实。

1. 不可忽视家居建材行业消费者的购买特点。消费者是一切消费的基础，即使是在线上，也不例外。线上家居建材商城要想赢得消费者喜爱，也要结合行业特点分析消费者的心理和行为。

消费者购买决策过程包括五个阶段：确认需求—收集信息—评估备选方案—购买决策—购后行为。理论上，消费者在每次购买时均会经历这五个阶段，但在经常性购买中，消费者常常会跳过某些环节，尤其是在购买日用快速消费品时。对于家居建材这类大件商品，消费者会花大量时间收集相关信息，以确保自己做出正确的购买决策。在购买建材、家具产品毫无经验的情形下，降低风险的办法主要是多比较和多了解。因此，消费者会在中间三个阶段耗费大量的时间和精力，其购买决策过程也较为复杂。消费者很难凭借有限的文字描述和图片展示对家居建材作出准确判断。因此在整个购买过程中，反复体验是不可或缺的环节。网上家居建材商城可通过网络技术的不断提升，实现对家居建材的接触体验从平面过渡至3D可视化，但不能单独完成售前体验、物流、安装、售后服务等。

2. 物流对家居建材线上交易的限制。首先，考虑物流合作伙伴、物流网络布局是否支持线上交易的完成。线上交易势必扩大产品销售范围。例如，原本可能集中在北方地区销售的产品，可通过网络接受全国范围的订单。此时，物流就成了提供服务的重要因素。目前，家居建材行业的干线物流（库—库）大多委托第三方公路干线运输公司来完成。灯具、卫浴、玻璃制品等重量大、面积大、易损坏的产品，在运输过程中需特殊加固，运输过程若出现损坏等情况，责任很难分清。普通第三方物流公司很难依据专业化要求来操作和安装，可能给商家带来损失。此外，消费者要求家居建材商提供送货上门服务，但"最后一公里"成为最大的限制，目前要找到合适的城际配送合作伙伴并不容易。四通一达（申通快递、圆通速递、中通速递、百世汇通快递、韵达快递）伴随着淘宝的发展实现了快速发展，但它们属于小件包裹公司。针对家居物流行业，企业自建仓储物流的成本高，资源也得不到最优化利用和配置。

其次，物流管理水平将决定线上业务发展的广度与深度。家居建材行业存在一站式购物现象，即消费者希望一次能将相关物品采购齐全。因此，未来家居建材电商的产品线也会不断丰富，从单纯的家具延伸至家装饰品等，这对仓储中心的库存管理提出了较高要求。

3. 服务和物流等基本功能的构建给家居建材线上交易提供机会。顾客不愿在线上购买家具，主要是担心服务问题。例如，在家居建材超市（如居然之家）购物，消费者需在店面与销售人员沟通，送货之前与厂家的客服代表沟通，送货当天与送货司机沟通。中间一旦出现问题，解决过程就非常烦琐。如果卖场将各个环节整合，效率便会提升。

传统家居建材卖场，仅靠商业地产和收取进场费的模式已很难实现持续盈利。物流为产业链延伸提供了很好的契机，是企业线上交易延伸的重要推手。通常，相对于网络平台型服务商，大型家居建材卖场在全国主要城市均有网点，更有条件完成此项任务。从生鲜食品电商的发展模式看，垂直型电商模式（如叮咚买菜）要比平台型模式（如天猫）好。为提供足够专业的物流服务，垂直型电商可自建物流。线上销售要获得更快发展并实现发展模式创新，平台型电商需在模式上与传统销售模式有所区别，但基本功必须扎实。

资料来源：王强. 中国零售业发展监测与分析报告 [M]. 北京：中国人民大学出版社，2019.

任务四　进行营销渠道的设计与管理

营销情境 9-4

老干妈：一代商业传奇背后的奇特营销模式

老干妈对经销商极为强势。别的快消品都在尽力把货压在经销商手里，而老干妈的经销商必须先打款，才能拿到货，甚至打第二批货款的时候，才能拿到第一批货。老干妈现金流充裕，让其他厂家叹为观止。此外，老干妈从不做广告，自然也不会给予经销商政策支持。其产品利润空间很小，一瓶甚至只赚几毛钱。

资料来源：北海. 老干妈的逆营销 [J]. 现代企业文化（上旬），2015（05）：72-73.

思考：经销商为什么会接受这些条件？

音频：
营销情境 9-4
分析提要

一、影响营销渠道设计的因素

营销渠道是渠道成员相互选择的结果。每一渠道成员在选择中，都会受到一系列主客观因素的制约。这些因素主要有下列四类。

（一）产品因素

1. 产品的物理化学性质。对一些易腐易损商品、危险品，应尽量避免多次转手、反复搬运，选用较短渠道或专用渠道。一些体积大的笨重商品，如煤炭、木材、水泥等，也应努力减少中间环节，尽可能采用直接渠道。

2. 产品单位价值高低。一般而言，对于价格昂贵的工业品、耐用消费品、奢侈品应减少流通环节，采用较短的渠道；对于单价较低的日用品和一般选择品，则可选择较长、较宽的分销渠道。

3. 产品式样。式样花色多变、时尚程度较高的产品，如高档玩具、时装、家具等，为避免过时，宜采用短渠道分销；款式不易变化的产品，分销渠道则可长些。一些非标准品及有特殊式样、规格的产品，通常也要由企业销售部门直接向用户销售。

4. 产品技术的复杂程度。产品技术越复杂，用户对其安装、使用和维修服务的要求越高，采用直接销售或短渠道的要求就越迫切。

（二）市场因素

1. 目标市场范围的大小。市场范围越大，分销渠道一般相应越长；相反，则可短一些。

2. 顾客的集中程度。如果顾客集中在某一地区甚至某一地点（如工厂用户），可采用短渠道或直接渠道；如果顾客均匀分散在广大地区，则需要更多地发挥中间商的作用，采用长而宽的渠道。

3. 消费者购买习惯。消费者对产品购买方便程度的要求，每次购买数量、购买地点及购买方式的选择，会影响企业选择不同的分销渠道。

4. 销售的季节性。对一些销售季节性较强的产品，一般应充分发挥中间商的作用以便均衡生产，不失销售时机，所以往往采用较长的分销渠道。

5. 竞争状况。通常同类产品与竞争者采取相同或相似的分销渠道，在竞争特别激烈时，则应伺机寻求有独到之处的销售渠道。

（三）企业自身因素

1. 企业的财力、信誉。财力雄厚、信誉良好的企业，有能力选择较固定的中间商经销产品，甚至建立自己的销售网点，采取较易控制的短渠道；反之，就要更多地依赖中间商。

2. 企业的管理能力。有较强市场营销管理能力和经验的企业，可以自行销售产品采用短渠道或直接渠道；反之，就往往采用较长的渠道，利用中间商的优势。

3. 产品组合。企业的产品组合也会影响其渠道类型。企业产品组合的宽度越大，则与顾客直接交易的能力越大；产品组合的深度越大，则使用独家分销或选择性代理商就越有利；产品组合的关联性越强，则越应使用性质相同或相似的市场营销渠道。

4. 企业控制渠道的愿望。有些企业为了有效控制分销渠道，宁愿花费较高的直接销售费用，建立较短而窄的渠道；也有一些企业可能并不希望控制渠道，则可根据销售成本等因素采取较长而宽的分销渠道。

（四）经济形势及有关法规

1. 经济形势。整个社会的经济形势好，发展快，分销渠道的选择余地较大，而出现经济萧条、衰退时，市场需求下降，企业就必须尽量减少不必要的流通环节，使用较短的渠道。

2. 有关法规。国家政策、法律，如专卖制度、反垄断法规、进出口规定、税法等也会影响分销渠道选择。如一些国家实施医药、烟酒专卖制度，对这些产品的分销渠道就必须依法选择，其分销自由度大大下降。

二、营销渠道的设计

口香糖等日常消费产品的营销渠道肯定与手机等电子产品的营销渠道不同。制造商在建立公司后，必须要想办法销售自己的产品或服务，应该选择哪种营销渠道呢？制造商必须在理想的渠道和实际可行的渠道之间做出抉择，即营销渠道设计问题。

新企业通常选在一个有限的市场区域内销售。由于资本有限，通常只利用每个市场中少数几个现有的中间渠道：少数制造商的销售代理商，少数批发商，一些现有零售商。从中选定最优渠道可能不成问题，问题是如何说服一个或几个可利用的中间商经销其产品。

营销渠道经常随着市场机会和条件发生演变。在较小市场中，企业可能直接向零售商销售；在较大市场中，可能通过销售商来销售。在国内某个地区，它可能授予独家特许专卖权，因为该地商人通常采取这种方式经营；在其他地区，它可能通过所有愿意经销其产品的商店销售。在一个国家，它可能利用国际销售代理商；在另一个国家，它可能与当地企业合伙销售。为使效力最优化，渠道分析和决策制定应该更有目的性。一般来讲，设计一个有效的营销渠道，必须经过以下步骤。

（一）确定渠道目标与限制

渠道目标是渠道设计者对渠道功能预期的具体化。企业可以根据对不同服务产出水平的需求来识别细分市场，有效的渠道设计要求决定企业服务于哪一个细分市场。渠道目标因产品特性的不同而不同。易腐产品要求较直接的营销渠道。体积庞大的产品，如建筑材料，要求采用运输距离最短、搬运次数最少的渠道布局。非标准化的产品，如顾客定制机器和特制模型等，则由公司销售代表直接销售。需要安装或长期服务的产品，如空调系统，通常由公司或独家特许经销商经销。单位价值高的产品，如发电机和叶轮机等，一般由制造企业销售人员销售，很少通过中间商。渠道设计反映不同类型的中间商在执行各种任务时的优势和劣势。每一个生产者都必须在顾客、产品、中间商、竞争者、企业政策和环境等因素综合形成的限制条件下，确定其渠道目标。具体的渠道设计的目标如表 9-1 所示。

表 9-1　　　　　　　　　　　　　　　　　渠道设计的目标

目标	操作说明
顺畅	最基本的功能，以短渠道较为适宜
增大流量	追求铺货率，广泛布局，多路并进
便利	最大限度贴近消费者，广泛布点，灵活经营
开拓市场	较倚重中间商
提高市场占有率	渠道维护至关重要
提高品牌知名度	争取和维系客户对品牌的信任度与忠诚度
经济性	考虑渠道的建设成本、维系成本、替代成本及收益
市场覆盖面和密度	选择型分销和密集型分销
控制渠道	生产者应扎实提高自身能力，通过管理、资金、经验、品牌或所有权来掌握渠道主动权

（二）明确各主要渠道备选方案

渠道备选方案由三个方面的要素确定：一是中间商的类型；二是中间商的数量；三是渠道成员的参与条件和责任。

1. 中间商的类型。企业首先要确定可以利用的中间商类型。根据目标市场及现有中间商情况，可以参照同类产品经营者的现有经验，设计自己的分销渠道方案。

中间商主要包括批发商和零售商。企业制订间接渠道的备选方案，通常首先考虑短渠道方案，即能否直接利用零售商销售产品，然后再考虑长渠道方案，即利用批发商、代理商逐级分销产品。此外，企业还应设法寻求更多创新的分销渠道方案。

2. 确定中间商的数量。企业必须决定营销渠道的每一个层次选择和使用中间商的数量，由此形成所选择分销渠道的宽度类型，即独家分销、选择性分销或密集分销。

（1）独家分销多用于豪华汽车、高档白酒、大型家电产品和某些有特色的品牌产品分销。通过授权独家分销，厂商希望销售活动更加积极并能有的放矢，而且能够在价格、促销、信用和各种服务方面对中间商的政策加强控制，有助于提高产品形象和获得较高的利润。

（2）选择性分销通常为信誉良好的企业和希望以某些承诺来吸引经销商的新企业所采用。由于经销商数目较少，企业容易与经销商形成良好的合作关系，得到适当的市场覆盖范围，提高控制力，成本也较低。

（3）密集分销常被日用消费品和通用性工业品的厂家采用，市场竞争激烈，批发商与零售商一般不愿分担广告费用，但厂家可以获得最大限度的品牌展示和消费者的购买方便。

（三）评估各种可能的渠道选择方案

企业需要根据目前实力和环境状况对各个渠道选择方案进行可行性分析，作出适用与否的评价。企业的评估标准有三个方面。

1. 经济性标准。每一种渠道模式都会产生不同的销售量和销售成本，因此生产企业须考虑的首要问题就是：是使用企业自己的推销队伍带来的销售量大，还是借助分销机构带来的销售量大？

同意使用企业自己推销队伍的人认为：企业的推销人员对企业有绝对的忠诚，对企业的产品有足够的熟悉度，他们更富有进取心，推销人员的前途与企业命运息息相关，所以选用自己的推销队伍，采用直接销售方式将给企业带来更大的销售量。在实际活动中顾客也表示出与企业营销人员直接沟通的意愿，这样既可以全面了解产品，又可以获得技术、资金上的支持。主张借助分销商来扩大销售的人认为：分销商的存在是社会分工的必然产物，由于专门从事产品分销工作，分销商具有比企业更丰富的销售经验，可以动用的人力、物力、财力资源更多，分销商深入社会，与顾客有着最紧密、最广泛的联系，信息沟通迅速，分销产品得力。只要给予必要的价格折扣或佣金，他们就会比企业的推销人员干得更出色。

生产企业还要比较分销成本。分销成本的高低与销售量的大小密切相关。在某个销售水平上，无论采用哪种分销模式，其分销成本应该是相等的。如果实际销售量低于上述销售量水平，则利用分销商比较有利；而当实际销售量高于上述销售量水平时，利用企业自身销售人员更为有利。

2. 控制性标准。分销商本身是一个独立的经济利益主体，其关心的是自身的经济利益最大化，所以分销商的精力主要集中在如何刺激消费者购买方面。一家分销商分销的产品少则几十种，多则上万种，对于众多产品的技术问题或相关资料信息缺乏细致的了解，难以有效地针对产品特性和顾客特性进行营业推广活动，会影响企业产品的销售量。因此，生产企业在选择分销模式时，要考虑如何控制分销商。要想让分销商全力以赴推销自己的产品，除了价格上给予一定的折扣外，还必须加强对分销商的管理。

3. 适应性标准。适应性是指生产企业选择的渠道方案对环境变化的适应能力。每个渠道方案都会因市场营销环境的不断变化而不能长久地发挥作用。因此，在迅速变化和充满不确定性的市场上，生产企业要力求建立起适应性更强的营销渠道结构。

三、营销渠道的管理

企业管理人员在渠道设计之后，还要对个别中间商进行选择、激励与定期评估。

（一）选择渠道成员

相关链接： 选择沃尔玛分销产品吗？

日用品企业如果能够进入沃尔玛的分销系统，意味着企业将有巨大的销量，这是众多企业梦寐以求的，但沃尔玛不通过经销商或制造商代表与供应商接触和交易，而是直接与供应商打交道。

沃尔玛要求供应商加入它的供应商协作平台，按商品和商店实时共享销售数据。沃尔玛还要求签订长期合同和大量采购，加强与供应商的合作。新的供应商被要求必须通过外部第三方进行的现场供应链安全审核。那些提供非处方药、维生素、膳食和营养补充剂、含有活性药物成分的商品的公司，被要求必须证明符合现行的 FDA 良好生产规范。

沃尔玛要求供应商在其内部运营中使用沃尔玛的可持续发展指数。可持续发展联盟根据最新公认的排放、废物、森林砍伐和工人安全等指标更新指数。在中国，沃尔玛要求很多供应商参与类似项目，它们致力于利用一个基于网络的工具来确定提高能源效率的举措，从而提高资源效率。

沃尔玛是否管多了？供应商是否愿意选择沃尔玛等大型零售商分销产品？

资料来源：杨柏欢，丁阳，李亚子. 市场营销理论与应用［M］. 南京：南京大学出版社，2020.

生产商吸引合格营销中间商的能力各有不同。一些生产商物色中间商毫无困难。例如，丰田汽车公司毫不费力就能吸引来新的经销商。在一些情况下，独家或精选销售某一理想产品的许诺会吸引来大量经销商。

在另一个极端的生产商是不得不努力地物色到足够的合格中间商。例如，宝丽来公司刚开始时无法让照相商店经销它的新照相机，因此不得不去大型综合商店。类似地，小食品生产商在让连锁超市经营他们的产品时也经常遇到困难。

在选择中间商时，企业应该明确用什么特性来区分较好的中间商。它会想去评估每个渠道成员的从业年限、发展和财务报表、协作性和声誉等。如果中间商是销售代理商，企业会去评估它经营的其他产品的数量和性质，以及销售人员的规模和素质。如果中间商是一家要求独家或精选销售的零售商，企业应评估该店的顾客、位置和将来的发展潜力。

（二）激励渠道成员

对于被选中的渠道成员，必须不断地加以激励，使其最出色地完成任务。绝大多数生产商采用软硬兼施的方法，俗称胡萝卜加大棒子法。有时，他们会使用积极的激励因素，如较高的利润额，特殊关照的交易，奖金等额外酬劳、合作广告折让、展览折让、销售竞赛等。有时也会采取一些消极的激励因素，如威胁减少利润额、推迟交货，或中止关系等。采用这种方法的生产商通常没有好好研究其销售商的需要、问题、长处和短处。生产者还必须避免激励过分与激励不足两种情况。

相关链接：　　　　　　　　　　**美的家电产品营销渠道激励**

美的家电产品初期主要销售给总经销商和批发大户，再通过他们发展二三线分销渠道。2012 年，美的致力于打造扁平化敏捷型组织。在多种激励政策的带动下，美的实现了企业及渠道成员的双赢，这使得美的对渠道的控制能力更强，对突发状况的反应速度更快。

1. 回款奖励。美的通过实施奖励措施来提高中间商的回款。雄厚的资金支持不仅能够给旺季销售做好准备，而且也能为公司淡季家电销售做足货源的准备。

2. 进货奖励。美的根据中间商进货的数量、提货的机型不同而采取不同的奖励措施。若中间商主推美的产品给顾客，则给予优惠的进货条件。

3. 促销支持。通过帮助中间商掌握主要技术、开展技术服务、加强广告宣传等措施加强消费者对产品印象的升级。这样不仅中间商能从促销活动中获取利润，而且也可以提高其品牌知名度。

4. 销售奖励。奖励额度与中间商业绩直接挂钩，并且每年会根据销售业绩按照一定的标准对中间商进行返利，这样可以大大提高中间商的销售积极性。

5. 合作奖励。奖励那些主推美的家电产品的中间商。对销售进度完成较好的中间商给予支持，奖励那些能达到销售目标的中间商。

6. 补贴。对一些大卖场给予政策性的补贴，这样那些滞销、难销、卖场获利较低的产品也能够得到较好的销售推进，提高卖场的积极性。

为了使市场的覆盖率更高，美的通常会增加渠道成员的数量；反之，如果渠道成员超出市场需求数量，则要进行更新替换，甚至淘汰。

资料来源：尹元元，朱艳春，孔繁正，赵胤淳. 渠道管理［M］. 北京：人民邮电出版社，2017.

先进的企业努力地与其销售商建立良好的关系。生产商在处理他与经销商的关系时，常依不同情况而采取以下三种方法。

1. 合作。大部分生产者认为，激励的目的不过是设法得到中间商的合作。他们常常运用感召力、专长力、法定力、奖赏力和强制力，采用软硬兼施的方法来赢得合作：一方面使用积极的激励手段，如高利润、奖赏、津贴、交易中的特殊照顾、合作广告资助、销售竞赛等激励中间商；另一方面，如果这些不能奏效，他们就采取一些消极的制裁手段，如威胁减少利润、推迟交货甚至终止合作关系等。这些方法的根本问题，是生产者从未认真研究过经销商的需要、困难及其优缺点；相反，他们只是简单地套用了"刺激—反应"模式使用各种激励手段。因此，生产者在使用时必须谨慎，否则会产生较大的负面影响。

2. 合伙。生产者着眼于与经销商或代理商建立长期的伙伴关系。这就要求制造商必须深入了解他能从经销商那里得到些什么，以及经销商可以从制造商那里获得些什么。这些都可用市场涵盖程度、产品可得性、市场开发、寻找顾客、技术方法与服务、市场信息等各种因素来衡量。

3. 分销规划。所谓分销规划，是指建立一个有计划的、实行专业化管理的垂直市场营销系统，把制造商的需要与经销商的需要结合起来。这是一种更先进的方法。生产者在市场营销部门设立一个分部，如"经销商关系规划部"，以了解经销商的需要，制订营销规划，帮助每一个经销商尽可能以最佳方式经营。通过该部门与经销商共同规划营销目标、存货水平、产品陈列、员工培训以及广告宣传等，引导经销商认识到他们是垂直营销系统的重要组成部分，积极做好相应的工作并从中得到更高的利润。

（三）评估渠道成员

生产者除了选择和激励渠道成员外，还必须定期评估他们的绩效。如果某一渠道成员的绩效得分低于既定标准，则需找出主要原因，同时还应考虑可能的补救方法。当放弃或更换中间商将会导致更坏的结果时，生产者只好容忍这种令人不满的局面。当不致出现更坏的结果时，生产者应要求工作成绩欠佳的中间商在一定时期内有所改进；否则，就要取消他的资格。

1. 契约约束与销售配额。（1）在契约中明确中间商有关绩效标准与奖惩条件，如销售强度、绩效与覆盖率、平均存货水平、送货时间、次品与遗失品的处理方法、对企业促销与训练方案的合作程度、中间商必须提供的顾客服务等，就可以避免种种不愉快，因为契约中明确了经销商的责任。（2）生产者还应定期发布销售配额，以确定目前的预期绩效。如生产者可以在一定时期内列出各中间商的销售额，并依销售额大小排出先后名次，以激励中间商的竞争。还要注意，排名不仅要看中间商销售水平的绝对值，还要考虑中间商各自面临的不同环境，以及产品大类在中间商全部产品组合中的相对重要程度。

2. 测量中间商绩效的主要方法。（1）将每一中间商的销售绩效与上期的绩效进行比较，并以整个群体的升降百分比作为评价标准。对低于该群体平均水平的中间商，必须加强评估与激励措施。如果对后进中间商的环境因素加以调查，可能会发现一些可原谅因素。这样，制造商就不应因这些因素而对经销商采取任何惩罚措施。（2）将各中间商的绩效与该地区基于销售量分析所设立的配额相比较。即在销售期过后，根据中间商的实际销售额与潜在销售额的比率对各中间商进行排名，从而调整与激励措施可以集中于那些未达既定比率的中间商。

相关链接： **九阳公司如何选择总经销商**

济南九阳电器有限公司于 1993 年设立，起步资金千余元，1994 年 12 月推出豆浆机后，市场连年大幅增长，逐步发展成全国知名的家用豆浆机生产厂家，市场遍及全国大部分省市。这样一家起初品牌知名度并不高的中型企业，仅在六年之内就把豆浆机从无到有，做成了一个产业，创造了每年近百万台的市场需求。

九阳公司根据自身情况和产品特点采用了地区总经销制。以地级城市为单位，在确定目标市场后，选择一家经销商作为该地独家总经销。为达到立足长远做市场、做品牌、共同发展的目标，九阳公司对所要选择的总经销商提出了较严格的要求：

1. 总经销商要具有对公司和产品的认同感，具有负责的态度和敬业精神。这是选择的首要条件。经销商只有对企业和企业的产品产生认同，才能有与企业基本一致的对产品及市场的重视程度，才能树立起开拓市场、扩大销售的信心。九阳销售人员注意在帮助经销商分析认识企业的发展前景和产品市场潜力的同时，培养经销商的认同感。负责的态度是指经销商要对产品负责、对品牌负责、对市场负责，这是经销商完成销售工作的保障。敬业是推动一个企业不断发展的重要动力，具备敬业精神的经销商能够积极主动地投入市场与拓展，克服销售障碍，协助企业开展各项活动，充分发挥能动性和创造性，通过自身的发展来带动企业销售业绩的提升及市场占有率的扩大。

2. 总经销商要具备经营和市场开拓能力，以及较强的批发零售能力。这涉及经销是否具备一定的业务联系面，分销通路是否顺畅，人员素质高低及促销能力的强弱。企业选择总经销商，就是要利用其开拓市场、扩散产品的能力。总经销商的市场营销能力直接决定着产品在该地市场能够在多大范围和程度上实现其价值，进而影响到企业的生产规模和生产速度。

3. 总经销商要具备一定的实力。实力是销售网点正常运营、实现企业营销模式的保证。但是要求实力并不是一味地求强求大。九阳公司在如何评价经销商的实力上，采用一种辩证的标准，即只要符合九阳公司的需要，能够保证公司产品的正常经营即可，并不要求资金最多。适合的就是最好的，双方可以共同发展壮大。适用性原则扩大了选择的余地。

4. 总经销商现有经营范围与公司一致，有较好的经营场所。由于经销商直接面对顾客，经销商的形象往往代表着企业的形象和产品的形象，对顾客心理产生影响，所以对经销商的经营场所亦不能忽视。九阳公司要求总经销商设立九阳产品专卖店，由九阳公司统一制作店头标志，对维护公司及经销商的形象产生了积极的作用。

资料来源：曾玉湘，陈建华，张小桃，王朝晖，武献宇. 客户关系管理 [M]. 重庆：重庆大学出版社，2016.

任务五　加强物流与供应链的管理

营销情境 9 – 5

伯灵顿——戴尔的物料保姆

伯灵顿全球货运物流有限公司（BAX Global）（以下简称"伯灵顿"）拥有覆盖全球的通信和信息服务系统，为供应链管理提供全程即时信息服务。该公司于 1994 年在北京建立了在中国的第一个办事处，经过多年努力，目前已在中国的物流行业处于领先地位。伯灵顿中国依靠其在空运、海运、报关以及仓库管理等各个领域的一流服务，已成为许多著名跨国企业的生意伙伴。

音频：
营销情境 9 – 5
分析提要

2006 年，伯灵顿全球货运物流有限公司在中国来了一个大手笔：它和香港裕利集团共同投资 1 000 万美元，在厦门建了一个仓库。这个位于厦门象屿保税区内的现代物流保税仓库与众不同，是国内第一个完全按照现代化物流模式设计的物流仓库。它由两个层高在 12.5～13m 之间的高架仓库叠落而成，可同时容纳 16 个集装箱车辆的装卸进出。一层 8 000 平方米，完全由伯灵顿使用，服务对象是戴尔公司；二层则可以给一些大跨国公司做国际采购分拨中心。新仓库让伯灵顿可以更好地服务于它在中国不断增长的客户群。有调查表明，包括供应商管理库存（Vendor Managed Inventory，VMI）、实时库存控制和交接运输等增值仓储服务，正在成为全球物流市场中增长最快的领域之一，而这正是伯灵顿的优势所在。已经有越来越多的高科技公司选择把复杂的物流业务外包，凭借运作复杂物流方面的成功经验，像伯灵顿这样"术业有专攻"的第三方物流（3PL）公司也就拥有了更强的竞争力。当制造商生产线需要原材料时，系统会自动生成一个采购订单给伯灵顿，再由伯灵顿根据订单把各个供应商的物料送到生产线上。只有在这个时候，物权才发生转移。最后，供应商根据伯灵顿提供的送货单与制造商结账，实现贸易转换。

1994 年 10 月，戴尔公司将其亚太区制造中心由马来西亚转移至厦门时，伯灵顿就以合作伙伴身份一起来到了厦门。有和戴尔的紧密合作关系作铺垫，伯灵顿在厦门的业务得到了快速增长。过去两年，伯灵顿在厦门的货物进出口量占到了整个象屿保税区总量的 60%。伯灵顿在厦门为戴尔管理和运作 VMI，帮助戴尔（中国）公司实现"真正的零库存"，算得上是伯灵顿在中国的一大杰作。伯灵顿北京办事处北方区总经理张晔北说："在厦门，伯灵顿能够保证只要戴尔要货，90 分钟内物料就能直接上线。"

正因为戴尔不需要自己管理的仓库，零库存才有了可能。戴尔的风险由伯灵顿和供应商一起来分担。对伯灵顿来说，规模经营方式可以降低被转移到自己这一环上的风险。VMI 仓库中，除了戴尔，还有伯灵顿的其他客户。因为如果 VMI 仓库装不满，伯灵顿的运作成本就会成为大问题。而供应商也必须以规模来规避风险，规模太小的供应商几乎没有能力进入 VMI，大的供应商一般同时给几家大企业供货，自由调配物料，把风险降到最低。另一个更前沿的做法是，供应商自己也可以采用 VMI 模式管理更上游的供应商。一些超大的供应商就同时扮演着双重身份，既是大制造商 VMI 中的一环，同时又有自己的 VMI。

资料来源：王静. 现代物流管理与战略［M］. 西安：陕西人民出版社，2016.

思考：戴尔公司是如何实现自己的零库存的？有什么借鉴意义？

市场营销不仅意味着发掘并刺激消费者或用户的需求和欲望，而且还意味着适时、适地、适量地提供给消费者或用户，从而满足其需求和欲望。企业无论使用哪种类型的营销渠道，都必须负责向中间商或最终消费者供应实体产品，完成商品的实体分配，即通常说的"物流"。企业制定正确的物流策略，对于降低成本费用，增强竞争实力，提供优质服务，促进和便利顾客购买，提高企业效益具有重要的意义。

一、物流的含义与特点

由于生产者和消费者的分离，造成了生产与消费在时间和空间上的背离，导致了社会生产与社会消费的矛盾。为解决这些矛盾，满足消费需要，必须在商品交换的同时，提供商品的时间效用和地点效用。于是，便出现了与商品交换密切相关的物流概念。

（一）物流的含义

所谓物流，是指物质实体从供应商向需要者的物理转移，它由一系列创造时间和空间效用的经济活动组成，包括运输、保管、装卸、包装、流通加工及物流信息处理等多项活动，是这些活动的统一。长期以来，人们都习惯从生产领域寻找创造利润的焦点，因此产生了"第一利润源泉"（节约物质资源以创造利润）和"第二利润源泉"（降低劳动消耗即提高劳动生产率以创造利润）。但随着生产领域利润源泉的日益枯竭，人们开始在流通领域寻找新的利润增长点。物流就成为经济理论界找到的"第三利润源泉"。在未来的市场竞争中，通过提高物流效率和物流管理水平创造的优势将起到举足轻重的作用。

（二）物流的特点

1. 信息化。互联网时代，信息化是现代物流发展的必然要求。物流信息化表现为物流信息的商品化、物流信息收集的数据库化和代码化、物流信息处理的电子化和计算机化、物流信息传递标准化和实时化、物流信息存储的数字化等。与此同时，能够提供准确及时有效信息的信息化技术也得到了迅猛发展。条码（bar code）技术、数据库（database）技术、电子订货系统（EOS）、电子数据交换（EDI）、快速反应（QR）及有效客户反应（ECR）等已经在物流行业中到了普遍的应用。

2. 网络化。物流领域的网络化有两层含义：一是物流配送系统的计算机通信网络化，包括物流配送中心与供应商或制造商的联系要通过计算机网络，另外与下游顾客之间的联系也要通过计算机网络通信；二是组织的网络化，即所谓的组织内部网（Intranet）。

3. 自动化。自动化的基础是信息化，自动化的核心是机电一体化，自动化的外在表现是无人化，自动化的效果是省力化，另外还可以扩大物流作业能力、提高劳动生产率、减少物流作业的错误等。物流自动化的设施非常多，如条码/语音/射频自动识别系统、自动分拣系统、自动存取系统、自动导向车、货物自动跟踪系统等。

4. 智能化。智能化是物流自动化、信息化的一种高层次应用。物流作业过程大量的运筹和决策，如库存水平的确定、运输（搬运）路径的选择、自动导向车的运行轨迹和作业控制、自动分拣机的运行、物流配送中心经营管理的决策支持等问题，都需要借助于大量的知识才能解决。在物流自动化的进程中，物流智能化是需要解决的技术难题，一般来说可以借助于专家系统、机器人等相关技术。

5. 柔性化。柔性化本来是为实现"以顾客为中心"理念而在生产领域提出的，但要真正做到柔性化，即真正地能根据顾客需求的变化来灵活调节生产工艺，没有配套的柔性化的物流系统是不可能达到目的的。20 世纪 90 年代，国际生产领域纷纷推出柔性制造系统（FMS）、计算机集成制造系统（CIMS）、制造资源系统（MRP-Ⅱ）、企业资源规划（ERP）以及供应链理论的概念和技术。这些概念和技术的实质是要将生产、流通进行集成，根据需求端的需求组织生产，安排物流活动。因此，柔性化的物流正是适应生产、流通与消费的需求而发展起来的一种新型物流模式。这就要求物流配送要根据顾客需求"多品种、小批量、多批次、短周期"的特色，灵活组织和实施物流配送。

另外，物流设施、商品包装的标准化，以及物流的社会化、共同化，也都是现代物流的新特点。

二、物流的目标

实施物流管理的目的就是在尽可能最低的总成本条件下实现既定的客户服务水平，即寻求服务优势和成本优势的一种动态平衡，并由此创造企业在竞争中的战略优势。根据这个目标，物流管理要解决的基本问题，简单地说，就是把合适的产品以合适的数量和合适的价格在合适的时间和合适的地点提供给客户。具体说来包括以下几点：（1）以实现客户满意为第一目标。这是现代营销观念最重要的目标和要求，只有实现客户满意，才能实现企业的长久生存和发展。（2）以企业整体最优为目的。不管选择什么样的物流模式，都应该以提高企业的整体效率，实现企业的整体利益最大化为目标。（3）物流综合成本最低化。在选择是自营还是物流外包时，必须弄清两种模式物流系统总成本的情况，作为企业而言，选择物流模式时应该选择综合物流成本低的相对较好。

三、现代物流与供应链管理

随着物流理论与实践的发展，传统的物流渠道的概念也在演变。供应链和供应链管理的新概念更能适应生产、流通与消费之间日益紧密的联系，因此也产生了现代物流如何适应供应链管理的新问题。

（一）现代物流

现代物流提出了物流系统化、物流综合管理的概念。物流系统化就是使物流向两头延伸，融入新的内涵，使社会物流与企业物流有机地结合在一起，从采购物流开始，经过生产物流，进入销售物流，并经过包装、运输、仓储、装卸、加工配送到消费者手中，并且还包括了商品的回收物流。同时，现代物流又是货物流、信息流、资金流和人才流的统一：商品运输由单一的运输方式变成多种运输方式的最佳组合，提高了运输效率，缩短了时间，加速了商品流动，大大降低了运输成本，加快了商品使用价值的实现，以互联网为平台的信息流极大地加快了物流信息的传递速度，为客户赢得了宝贵的时间，以快节奏的商流和先进的信息技术为基础的现代物流能够有效减少流动资金的占用，加速资金周转，充分发挥资本的增值作用。

（二）供应链管理

进入 20 世纪 90 年代，工业化的普及使生产效率和产品质量不再是竞争的绝对优势，在全球化竞争环境下，任何一家企业都不可能在所有业务上成为最杰出者，必须联合行业中其他上下游企业，建立一条经济利益相连、业务关系紧密的行业供应链，实现优势互补。供应链管理是指对供应链中的物流、商流、业务流、价值流、资金流和信息流进行的计划、组织、协调与控制。供应链管理通过互联网、交互式 Web 应用、电子商务将各个企业独立的信息和业务过程集成起来，覆盖了从供应商到客户的全过程，包括原材料供应、外协加工和组装、生产制造、销售分销与运输、批发、零售、仓储和客户服务等，实现了从生产领域到流通领域的全业务过程。其目标是提高整个供应链运行的速度、效益及附加值，为整个供应链上的所有贸易伙伴带来经济效益。

（三）现代物流适应供应链管理的做法

1. 应用现代物流技术融合信息流，使供应链管理更加科学。在信息时代，媒体在全球范围内发生数以百万计的交易，每一笔交易的背后都伴随着物流和信息流。供应链上的贸易伙伴都需要这些信息，以便对产品进行发送、跟踪、分拣、接收、储存、提货以及包装等。在全球信息化高度发展的今天，物流与信息流的相互配合越来越重要。

物流技术是指与物流要素活动有关的所有专业技术的总称，包括各种操作方法、管理技能，如流通加工技术、物品包装技术、物品标识技术、物品实时跟踪技术等。当计算机网络技术应用普及后，物流技术中又综合了许多新技术，如条码技术、电子数据交换（EDI）、全球卫星定位系统（GPS）、地理信息系统（GIS）、射频识别技术（RFID）等。这些技术的应用促进了物流与信息流的有效结合。

2. 高质量服务和总体成本的最佳平衡仍是现代物流和供应链管理的原则之一。企业创造价值的方式是降低原材料和生产过程的成本。成本下降了，产品降价就有了空间，这也是许多企业通过价格战来占领市场的原因。但是，降低成本是有限度的，所以，企业逐渐开始用服务，特别是个性化服务去占领市场，而提高高质量的服务离不开现代物流和供应链管理的支持。

3. 第三方物流的发展使现代物流和供应链管理更加完善。第三方物流指由物流的供方、需方之外的第三方去提供物流服务的运作方式。在当今竞争日趋激烈和社会分工日益细化的大背景下，第三方物流具有明显的相对优势，具体表现在：

（1）企业能够集中精力于核心业务。由于任何企业的资源都是有限的，很难成为业务上面面俱到的专家。为此，企业应把主要资源集中于自己擅长的主业，而把物流等辅助功能留给物流公司。

（2）灵活运用新技术，实现"以信息换库存"，降低成本。随着科学技术的日益进步，专业的第三方物流供应商能不断地更新信息技术和设备，而普通的单个制造公司通常一时间难以更新自己的资源或技能。不同的零售商可能有不同的、不断变化的配送和信息技术需求，此时，第三方物流供应商能以一种快速的、更具成本优势的方式满足这些需求，而其提供的服务通常是制造商一家难以独立做到的。

（3）减少固定资产投资，加速资本周转。企业自建物流需要投入大量的资金购买物流设备、建设仓库和信息网络等专业物流设备。这些资源对于缺乏资金的企业，特别是中小型企业来说，是一个沉重的负担。而如果使用第三方物流公司，不仅减少了设施的投资，还解放了仓库和车队方面的资金占用，加速了资金周转。

（4）提供灵活多样的顾客服务，为顾客创造更多的价值。假如一个原材料供应商，其原材料需求客户需要迅速的货源补充，就需要有地区仓库。但是只要通过第三方物流的仓储服务，原材料供应商就可以满足客户需求，而不必因为建造新设施或长期租赁而调拨资金并在经营灵活性上受到限制。如果是最终产品供应商，利用第三方物流还可以向最终客户提供超过自己提供给他们更多样的服务品种（如提供本企业一时不能满足客户要求的暂时缺货的产品、短时间的仓储管理等服务），为顾客带来更多的附加价值，使顾客的满意度提高。

生产企业应根据自身情况，按照科学严谨的程序选择第三方物流，促进供应链的管理效率与价值提升。

相关链接： **强大物流体系撑起"快"的京东**

应对新冠肺炎疫情，既是一场防控阻击战，也是一场经济保卫战。在这场开年大考中，京东表现出色。凭借多年来构建的供应链物流基础设施网络体系，京东在非常疫情的考验中，以无人能及的"快"成为一个成功的范例。

新冠肺炎疫情期间，依托布局全国的物流基础设施、大数据备货等供应链能力以及无处不达的服务优势，京东将自己的"快"发挥得淋漓尽致。与此同时，通过抗击疫情的磨炼与考验，京东构建的数字化供应链和智能物流体系，已成为新型基础设施建设（以下简称"新基建"）的重要部分。截至 2020 年 2 月 28 日，京东物流已将超过 6 000 吨的防疫救援以及民生物资送往武汉及周边地区。

在此次抗击新冠肺炎疫情过程中，京东因其快速高效的配送备受瞩目，而这背后源自京东自 2007 年开始耗费巨资打造的物流体系。

京东物流相关负责人表示，物资的快速调配得益于京东物流的三个能力：一是分布全国的仓库等物流基础设施能力，"武汉地区的'亚洲一号'更是当地仓储、分拣能力最强的智能物流中心之一""捐赠给湖北的100万只口罩中，我们在武汉就筹集了40万只，另外的60万只也在南京快速完成筹集"；二是大数据备货能力，冬季本来就是感冒、流感等呼吸系统疾病的高发期，通过大数据备货，口罩、消毒液等类似医用物资的储备较为丰富；三是京东物流的运力与配送整合能力，"这是我们快速完成物资集散及送达，4天即筹集完全部物资并运输到位的核心能力之一。"

众所周知，电商经营的品类规模庞大，海量订单呈现多频次、小批量、多样性的特点，造成订单处理压力大；由于直接面对终端消费者，对物流质量和时效要求更高；物流作业量也会受促销影响产生巨大波动。

面对异常复杂的物流情况，京东决定自建物流体系。之所以采取仓配一体化的模式，京东是希望通过建设越来越多的仓库，使货物离消费者越来越近，使得货物移动的距离越来越短，速度越来越快，成本也越来越低。

数据显示，截至2019年12月31日，京东物流运营的仓库超过了700个，仓储总面积约1690万平方米。此外，京东还在全国拥有近7000个配送站和自提点。

强大的自营物流体系使得京东拥有完善的物流基础设施及配送资源，能够为消费者提供限时达、次日达、夜间配1小时达和2小时极速达、GPS包裹实时追踪、快速退换货等诸多专业服务，保障了消费者良好的"端对端"购物体验。即便在"618""双十一"这样的电商销售高峰期，京东仍然保持了高效稳定的物流服务水平。

为了构建覆盖全国主要城市的现代化物流运营网络，京东于2010年启动了"亚洲一号"项目。"亚洲一号"项目是经过定制化设计，有针对性建设的可以满足不同品类商品、不同业务流程的智能化物流中心，可处理京东在线销售的3C、日用百货、食品母婴以及图书等各大类近300万个商品品类，从一枚戒指到一台冰箱，尽管商品类型、体积、材质各不相同，都能快速妥善完成订单处理。

目前，京东已在上海、广州、沈阳、武汉、贵阳等地建成并投用了25座"亚洲一号"智能仓群，业务范围辐射当地及周边多个省市，形成了强大的网络体系，提升了京东的订单履约时效和客户体验。

不仅如此，京东已拥有中小件、大件、冷链、B2B、跨境和众包（达达）六大物流网络，正是这六张物流网络的高效协同，让京东的"快"在此次抗击疫情的过程中，发挥了重要作用。

资料来源：周文. 国家何以兴衰 历史与世界视野中的中国道路［M］. 北京：中国人民大学出版社，2021.

案例分析：格力的分销渠道

文本：分析
思路

成立于1991年的珠海格力电器股份有限公司，是一家集研发、生产、销售、服务于一体的国际化家电企业，以"掌握核心科技"为经营理念，以"打造百年企业"为发展目标，借卓越的产品品质、领先的技术研发、独特的营销模式引领中国制造。作为传统制造企业自建渠道的典范，目前格力电器在全球范围内建立了近10 000家专卖店，其中国内7 000家，国外3 000家。格力区域股份制销售公司模式一度被誉为制胜法宝，但是在经营中也遭遇了新挑战，需要与时俱进。

一、格力营销渠道发展历程

最初，格力电器集中开发强势品牌影响力和覆盖力较弱的地区，重点经营专卖店和百货店，通过良好的售后服务维持客户关系。随着销售业务的急速扩展，格力电器的销售渠道却显得混乱，缺少章法。1994年以来，格力电器先后在家电行业首创"淡季贴息返利"和"年终返利"政策，在空调市场竞争激烈、商家普遍亏本的情况下，同样艰难的格力依然决定拿出1亿元返还给经销商，增强了经销商的信心。1997年，"湖北格力空调销售公司"的成立，标志着格力区域股份制销售公司模式计划正式开始实施。其主要以资产为纽带，以格力品牌为旗帜，在每个区域选定几家大的经销商，共同出资参股组建一家专营格力品牌的股份制销售公司。其中，格力只输出品牌和管理，在销售分公司中占有少许股份，厂方在该区域的一切市场开拓、管理和售后服务工作均由该销售公司来实现。2001年初，格力在湖北成立"新欣格力公司"，取代年销售逾5亿元的湖北格力销售公司，引起了厂商对渠道控制力与利益的争夺。其后，格力吸收小经销商参股，同时加大资金投入增持股份，削弱原大股东的地位，达到控股目的。作为大股东，总部派遣人员在各销售公司管理层任职，牢牢掌握控制权。同时，格力积极地尝试与以国美、苏宁为代表的新兴家电连锁企业合作，选择"两条腿走路"。

2004年，国内家电连锁老大国美开展"空调大战"计划，格力电器认为成都国美擅自降价破坏了格力空调长期稳定统一的价格体系，决定停止向国美供货。国美则称格力电器在价格方面与国美"薄利多销"的原则相违背，开始在全国卖场清理格力空调。其后，格力开始全面自建渠道，与各省市的大经销商联合出资成立股份制区域销售公司，被誉为传统制造企业自建渠道的典范。

二、格力营销渠道模式的特点

1. 权责清晰，利益共享。总公司在综合评估市场需求和企业运营的基础上，对各区域销售分公司进行管理，作为格力股份制专营销售公司，发挥桥梁纽带作用，培育和管理经销商，为之提供有利、公平的竞争环境。经销商需要达到一定标准，经过格力总部审批之后才能建立专卖店。并以"淡季贴息返利"模式和"年终返利"模式为基础返点得到激励，平衡了季节性生产波动，严控价格和串货。格力一直所坚持的"三个代表"值得称道，即代表经销商利益、代表消费者利益、代表厂家利益。通过相对清晰的股份制产权关系，将厂商之间的利益进行捆绑，形成利益共同体，能够有效避免各环节出现业内普遍存在的多渠道倾轧问题，为其持续、高效、稳步发展提供了强有力的动力支持，被称为"格力模式"。

2. 可控性强，有利于品牌形象塑造。通过在销售公司增持股份，强化在渠道上的话语权，强化管理与控制力，提升总部对销售公司的服务和支持功能，强化培训，加强理念引导。专卖店和销售公司均拥有单一订货渠道，价格透明，有利于在同一地区执行统一的销售价格。专卖店直接面向消费者，可以直接获取最真实的客户信息，解决就近购买问题，强化了品牌形象的宣传和提升，专业化的渠道之路与空调产品本身"三分质量七分安装"的专业性特点相契合。

3. 有效调动了经销商的积极性，有利于开拓三、四级市场。在业务上，各地销售公司是总部的一个营销部门，并受总部的业务管理；在形式上，销售公司是独立法人，是一个产权非常明晰的企业，有了良性的产权激励机制；总部提供品牌和市场，销售公司有很大的自主权，利于其发挥主观能动性，充分整合与调动当地人脉资源等。同时，淡季贴息返利、年终返利，甚至不定期返利政策，能够很好地稳定经销商队伍。

但随着竞争日趋激烈，产品价格下降，原材料成本上扬，行业利润率日益下滑，由于利益捆绑的链条比较长，长渠道各环节均要利益共享，在这种利润稀薄的时候，各环节的利润分配难以平衡。而且营销渠道快速扩张，管理跟不上，格力也遭遇了品牌形象建设难题。

资料来源：马红霞. 格力营销渠道模式解析［J］. 中国商界，2010（07）：223 – 224.

讨论问题： 格力营销渠道模式应怎样完善？

情境讨论和能力训练

某食品企业最近研发了一种新的茶饮料，该饮料是用一种叫荷叶的植物为原材料生产加工而成的，具有降血脂、清热利湿、增强免疫力的功效。该产品口感清凉，气味清香。企业在讨论该新产品进入市场的渠道规划时，出现了几种不同的意见。一是还沿用原有产品的成熟销售渠道，这样可以省时省力，节约成本，但对新产品的推广力度不足；二是开辟新的渠道，以迅速提升新产品的市场形象和市场占有率，这样做会导致渠道建设成本高、风险大；三是增加特殊卖场渠道，如增加学校、网吧、机场、车站等场所的销售，但特殊卖场的销售能力有限。一时间，大家难以达成共识。如果你是该企业的决策者，你会采纳哪一种渠道策略？

训练主题： 理解市场营销渠道的设计

训练目的：

1. 了解市场营销渠道策略。

2. 设计营销渠道。

训练方案：

1. 学生分成 4 个小组，每个小组人员 4 ~ 6 人。

2. 根据情境设计的内容，进行渠道模式决策分析，甲组选择传统的成熟销售渠道为主要主张，乙组选择开拓新的销售渠道为主要主张，丙组选择特殊卖场销售渠道模式为主要主张，各组需阐述所选择的渠道模式的内容、优势和缺陷。丁组对甲、乙、丙三组的渠道决策进行评价。

3. 各小组对其选择的渠道模式进行分析讨论，对渠道模式进行概况性描述，并展望该渠道模式的未来发展前景。并选派一名同学进行陈述，说明其渠道模式并极力推行自己的渠道模式主张。

4. 各组对其他两组的渠道模式进行评价，并尽可能说服对方支持本组的渠道模式决策。

5. 丁组对甲、乙、丙三组的渠道模式进行点评，综合各组选出一套大家都能认可和接受的渠道模式方案。

本项目思考题

1. 简述营销渠道的类型。
2. 批发商的价值体现在哪些方面?
3. 电子商务营销渠道有哪些新的表现形式?
4. 影响分销渠道设计的因素有哪些?
5. 供应链管理与现代物流如何有效地配合?

项目十

制定促销策略

听故事悟原理
（必胜客如何把
午餐变成了一件
很燃的事情）

课程思政
（广告创意中的
价值导向问题）

项目十课件

■ 目标描述

知识目标：

1. 了解营销渠道对企业市场营销的作用和意义；

2. 学会善用企业竞争优势，取长补短，掌握平衡性竞争的情况。

技能目标：

1. 掌握识别竞争者的主要方法；

2. 熟悉竞争战略的基本类型；

3. 熟练分析企业自身竞争优势，解释企业竞争性营销战略的原则；

4. 感悟合作和竞争的关系和管理。

■ 工作任务导图（见图10－1）

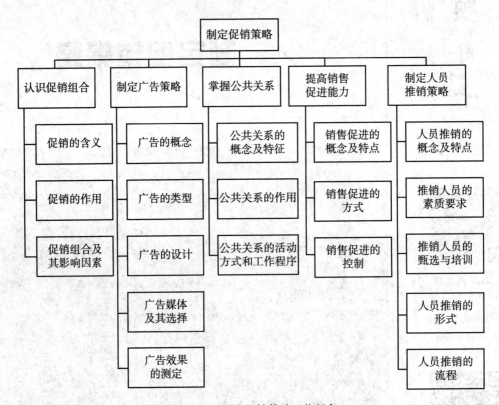

图10－1 制定促销策略工作任务

■ 重要概念

促销 促销组合 广告 人员推销 销售促进 公共关系

任务一 认识促销组合

营销情境 10-1

立白洗衣液《我是歌手》促销策略

2013 年，立白洗衣液赞助了湖南卫视的《我是歌手》节目，通过线上线下整合传播，在消费者心中形成了品牌与节目的关联，并初步在洗涤市场上树立了产品"洗护合一"的功能卖点。2014 年，立白洗衣液冠名《我是歌手 1》，继续借势传播，深化立白洗衣液"洗护合一"的功能卖点。同时立白洗衣液产品线向中高端转移，推出立白精致衣物护理洗衣液系列产品，希望借此机会，推广精致衣物护理洗衣液，并在消费者心中树立品牌高端形象，推动终端销售。

音频：
营销情境 10-1
分析提要

（1）情感营销。以情感为载体，结合社会热点，塑造情感话题，充分发挥明星效应，与节目的官方微博共同推出大受欢迎的"合一体"，首先是为歌手创造了属于他们风格的"合一体"，在网络上引起讨论热潮，接着通过微博发起"爱情合一宣言"，鼓励每对情侣晒出自己的爱情合一体照片，最后通过拯救都市精致女人的落地活动落到产品的洗护合一功能上，让消费者在参与话题讨论的过程中逐步理解并认同"洗护合一"的含义。

（2）内容互动。立白将主要的传播阵地定位于官方微博，辅助配合微信的圈子营销在微信活动发酵的时候再将消费者引流到微博上进行讨论，两者之间形成了很好的配合传播效应。不仅如此，根据项目的进展搭配报纸、杂志、论坛等资源，同时吸纳了大量意见领袖的参与，包括明星、草根达人等，他们的互动参与进一步提升了 UGC 内容的质量与活跃度。

立白洗衣液赞助《我是歌手 1》，使立白高端系列在整体销量中的占比，由原来的 10.74% 左右提升到了 25% 以上。据 CTR 品牌与广告效果研究报告最新数据显示，立白洗衣液自冠名《我是歌手》后品牌知名度上升到行业第二名。另外，由百度指数数据得知，立白洗衣液在节目播放中的搜索量提升了 67%，并且成功带动其他品牌关键字的搜索。

资料来源：燕荣放. 新零售背景下 L 日化集团的营销策略研究 [D]. 北京：中国石油大学，2021.

思考：促销的作用。

成功的市场营销活动，不仅需要制定适当的价格、选择合适的分销渠道向市场提供令消费者满意的产品，而且需要采取适当的方式进行促销。促销策略是四大营销策略之一，其实质是卖方与买方之间的信息沟通。在现代市场经济条件下，明确各种促销形式的意义和特点，掌握各种促销手段和技巧，正确制定并合理运用促销策略是企业在市场竞争中取得有利的产销条件、获取较大经济效益的必要保证。

一、促销的含义

促销是促进产品销售的简称。从市场营销的角度看，促销是企业通过人员和非人员的方式，沟通企业与消费者之间的信息，引发、刺激消费者的消费欲望和兴趣，使其产生购买行为的活动。从这个概念不难看出，促销具有以下几层含义。

（一）促销工作的核心是沟通信息

企业与消费者之间达成交易的基本条件是信息沟通。若企业未将自己生产或经营的产品和劳务等有关信息传递给消费者，那么，消费者对此则一无所知，自然谈不上认购。只有将企业提供的产品或劳务等信息传递给消费者，才能使消费者引起注意，并有可能产生购买欲望。

（二）促销的目的是引发、刺激消费者产生购买行为

在消费者可支配收入既定的条件下，消费者是否产生购买行为主要取决于消费者的购买欲望，而消费者购买欲望又与外界的刺激、诱导密不可分。促销正是针对这一特点，通过各种传播方式把产品或劳务等有关信息传递给消费者，以激发其购买欲望，使其产生购买行为。

（三）促销的方式有人员促销和非人员促销两类

人员促销，亦称直接促销或人员推销，是企业运用推销人员向消费者推销商品或劳务的一种促销活动，它主要适合于消费者数量少、比较集中的情况下进行促销。非人员促销，又称间接促销或非人员推销，是企业通过一定的媒体传递产品或劳务等有关信息，以促使消费者产生购买欲望、发生购买行为的一系列促销活动，包括广告、公关和营业推广等。它适合于消费者数量多、比较分散的情况下进行促销。通常，企业在促销活动中将人员促销和非人员销结合运用。

二、促销的作用

促销在企业营销活动中是不可缺少的重要组成部分，是因为促销有如下功能。

（一）传递信息，提供情报

销售产品是市场营销活动的中心任务，信息传递是产品顺利销售的保证。信息传递有单向和双向之分。单向信息传递是指卖方发出信息，买方接收它。双向信息传递是买卖双方互通信息，双方都是信息的发出者和接受者。在促销过程中，一方面，卖方（企业或中间商）向买方（中间商或消费者）介绍有关企业现状、产品特点、价格及服务方式和内容等信息，以此来诱导消费者对产品或劳务产生需求欲望并采取购买行为；另一方面，买方向卖方反馈对产品价格、质量和服务内容、方式是否满意等有关信息，促使生产者、经营者取长补短，更好地满足消费者的需求。

（二）突出特点，诱导需求

在市场竞争激烈的情况下，同类商品很多，并且有些商品差别微小，消费者往往不易分

辨。企业通过促销活动，宣传、说明本企业产品的特色，便于消费者了解本企业产品在哪些方面优于同类产品，使消费者认识到购买、消费本企业产品所带来的利益较大，促使消费者乐于认购本企业产品。生产者作为卖方向买方提供有关信息，特别是能够突出产品特点的信息，能激发消费者的需求欲望，变潜在需求为现实需求。

（三）指导消费，扩大销售

在促销活动中，营销者循循善诱地介绍产品知识，一定程度地对消费者起到了教育指导作用，从而有利于激发消费者的需求欲望，变潜在需求为现实需求，实现扩大销售之功效。

（四）形成偏爱，稳定销售

在激烈的市场竞争中，企业产品的市场地位不稳定，致使有些企业的产品销售此起彼伏、波动较大。企业运用适当的促销方式开展促销活动，可使较多的消费者对企业的产品滋生偏爱，进而巩固已占领的市场，达到稳定销售的目的。对于消费者偏爱的品牌，即使该类商品需求下降，也可以通过一定形式的促销活动促使消费者对该品牌的需求得到一定程度的恢复和提高。

三、促销组合及其影响因素

（一）促销组合

促销的方式有直接促销和间接促销两种，又可分为人员推销、广告、公共关系和营业推广四种。由于各种促销方式都有其优点和缺点，在促销过程中，企业常常将多种促销方式同时并用。所谓促销组合，就是企业根据产品的特点和营销目标，综合各种影响因素，对各种促销方式的选择、编配和运用。促销组合是促销策略的前提，在促销组合的基础上，才能制定相应的促销策略。因此，促销策略也称促销组合策略。

相关链接： **故宫文创产品的促销策略**

1. 广告策略。借助"互联网 +"在网络平台上进行的促销具有较强的综合性，而不是仅将博物馆的线下商店转移到网上购物平台进行产品售卖。

2012 年是网络文化全面流行的一年，这一年诞生了很多经典流行词，而故宫也在网络流行的浪潮中顺势而为，通过设计非常贴合年轻人口味的趣味图文广告，利用微博、微信公众号等上传到网上，借助微博和微信的巨大流量，使内容一经发布就立刻迎来大量传播转发，成为文创产品软文营销中的经典案例。据统计，仅在 2013 年故宫通过创意制作的文创产品就有 5 000 种之多。2017 年故宫文创产品的收入取得 15 亿元的好成绩，并且引发其他博物馆争相效仿。在移动互联网的趋势下，故宫文创团队也顺势而为，上线了十余款故宫相关的 App。故宫更是于 2018 年就入驻抖音，运用比图文更加直观的短视频广告宣传形式向全国十几亿大众展示更加年轻而富有创意的故宫文创产品，在其抖音的主页面就附有橱窗小店，消费者可以在选择观看自己喜欢或感兴趣的短视频广告后，直接进入橱窗小店购买相关文创产品。

2. 人员推销策略。人员推销是故宫博物院在终端销售的一种重要促销手段，故宫博物院文化创意体验馆是游客参观故宫博物院的"最后一个展厅"，馆内有各式各样的文创产品供消费者观看和购买，能够满足不同消费者的多种需求，店内的推销人员根据产品的不同属性以及消费者的需求偏好向消费者进行推荐。但随着移动互联网的发展，"直播带货"在当前的人员推销策略中占有很大的比例，而且是当下最热门的人员推销形式，推销人员可以在各大电商平台运用"一对多""多对多"的形式，"面对面"地与消费者进行产品推销，将需要推销的产品上架后——向消费者展示介绍和推销，例如 2020 年"双十一"期间，故宫博物院院长单霁翔老师来到京东直播间亲自带货，既生动地展示了故宫博物院的历史文化，又为不了解故宫的观众上了一节"故宫文化课"，还在轻松幽默的氛围中推销了故宫的文创产品。

3. 销售促进策略。故宫文创在销售促进策略方面运用多种促销方式，主要在节假日时采取此促销策略，如妇女节、五一节和国庆节等大型节假日。在众多文创特色产品中，最值得一说的当数故宫口红，为了迎接"38 女神节"，故宫专门在各类电商平台上开辟了专区，专区的产品也都安排了独具创意的名字，而且每一件产品都根据不同的目标人群，打造特有的文化属性和文化内涵，并可以叠加用券满 600 元减 90 元，全店商品可参与满减活动。故宫 2016 年线上销售额为 3 000 多万元，2017 年总收入增长26.7%，而 2017 年线下收入近 1 亿元，2017 年总收入 1.4 亿元。这些惊人的数字不仅代表着消费者对故宫的认可，还说明在文化创意产品运营和推广方面，故宫博物院形成了相当成熟的经验和心得。

4. 公共关系策略。2005 年的《故宫》纪录片从建筑文物到故宫博物院，全方位展示了故宫的辉煌瑰丽。2012 年《故宫 100：看见看不见的紫禁城》以短片的形式讲述了紫禁城一百座建筑的过去、现在和将来，上线后好评如潮。2016 年推出高分纪录片《我在故宫修文物》，详细介绍了文物修复师如何将已经被岁月侵蚀的文物重新修复，使其焕发出新的生机。2017 年上映的《故宫新事》将故宫的新旧故事串联起来，成为新的话题。2020 年的《我在故宫 600 年》更是通过摄像机拍摄了故宫不为人知的隐秘角落，其中细腻的局部细节、大气的整体布局成为刷屏级别的热度现象。在当今竞争日益激烈的市场中，制定有利于故宫博物院文创产品销售的公共关系策略，对于产品本身的销量推动、故宫的知名度扩大，尤其是对年轻一代的教化引领都有非常好的帮助。这些精心制作的电视宣传片既是了解历史的科普窗口，又是故宫文化的宣传片，而对于那些独具创意的文创产品来说也是最好的隐性推广方式。

资料来源：程秋琦. "互联网＋"背景下博物馆文创产品营销策略的研究——以故宫为例 ［J］.营销界，2020（26）：13－14.

促销策略从总的指导思想上可分为推式策略和拉式策略两类。推式策略，是企业运用人员推销的方式，把产品推向市场，即从生产企业推向中间商，再由中间商推给消费者。故也称人员推销策略。推式策略一般适合于单位价值较高的产品，性能复杂、需要做示范的产品，根据用户需求特点设计的产品，流通环节较少、流通渠道较短的产品，市场比较集中的产品等。拉式策略也称非人员推销策略，是指企业运用非人员推销方式把顾客拉过来，使其对本企业的产品产生需求，以扩大销售。对单位价值较低的日常用品，流通环节较多、流通渠道较长的产品，市场范围较广、市场需求较大的产品，常采用拉式策略。促销组合中的广告策略、公共关系策略、销售促进策略都属于拉式策略。

（二）制定促销组合的影响因素

促销组合和促销策略的制定，其影响因素较多，主要应考虑以下几个因素。

1. 促销目标。促销组合和促销策略的制定，要符合企业的促销目标，根据不同的促销目标，采用不同的促销组合和促销策略。

2. 产品因素。

（1）产品的性质。不同性质的产品，购买者和购买目的就不相同，因此，对不同性质的产品必须采用不同的促销组合和促销策略。一般来说，在消费者市场，因市场范围广而更多地采用拉式策略，尤其以广告和销售促进形式居多；在生产者市场，因购买者购买批量较大，市场相对集中，则以人员推销为主要形式。

（2）产品的市场生命周期。促销目标在产品市场生命周期的不同阶段是不同的，这决定了在市场生命周期各阶段要相应选配不同的促销组合，采用不同的促销策略。以消费品为例，在投入期，促销目标主要是宣传介绍商品，以使顾客了解、认识商品，产生购买欲望。广告起到了向消费者、中间商宣传介绍商品的作用，因此，这一阶段以广告为主要促销方式。在成长期，由于产品已打开销路，销量上升，同时也出现了竞争者，这时仍需加强产品特色的广告宣传，以增进顾客对本企业产品的购买兴趣，同时辅之以公关和销售促进，扩大销售渠道。在成熟期，竞争者增多，促销活动以增进购买兴趣与偏爱为目标，各种促销工具的重要程度依次是销售促进、广告、公关。在衰退期，由于更新换代产品和新发明产品的出现，使原有产品的销量大幅度下降。促销活动适宜针对老顾客，以销售促进为主，并辅以广告和公关手段。为减少损失，促销费用不宜过大。

3. 市场条件。市场条件不同，促销组合与促销策略也有所不同。从市场地理范围大小看，若促销对象是小规模的本地市场，应以人员推销为主；而对广泛的全国甚至世界市场进行促销，则多采用广告形式。从市场类型看，消费者市场因消费者多而分散，多数靠广告等非人员推销形式；而对用户较少、批量购买、成交额较大的生产者市场，则主要采用人员推销形式。此外，在有竞争者的市场条件下，制定促销组合和促销策略还应考虑竞争者的促销形式和策略，要有针对性地不断变换自己的促销组合及促销策略。

4. 促销预算。企业开展促销活动，必然要支付一定的费用。在满足促销目标的前提下，要做到效果良好而且节省费用。企业确定的促销预算额应该是企业有能力负担的，并且是能够适应竞争需要的。为了避免盲目性，在确定促销预算额时，除了考虑营业额的多少外，还应考虑到促销目标的要求、产品生命周期等其他影响促销的因素。

美团外卖"三周年盛典"整合传播

美团外卖"三周年盛典"用符合品牌格调的戏剧化方式演绎核心信息"送啥都快"，并以实时竞价强有力地支撑品牌的核心立足点——快，形象地传达其"将世界送到你手中"的美好企业愿景。

1. 执行过程与媒体表现。几乎演艺圈一半的人都在微博上发来三周年盛典邀请函，召集粉丝一起嗨翻美团生日聚会，引爆微博；人气最盛组合成员演绎国民美食的视频在 B 站等 OTV 平台上投放后引起热烈的回应，平面版海报在微博中再次引起粉丝热议；餐饮圈的知名媒体、业内名人召集吃货粉丝，网罗美团外卖现有及潜在用户群体，传递三周年促销信息；美团平台多家优质商户联合发布，突出外卖小哥的形象，生动、视觉化地传达美团外卖把优质餐点送到消费者手中的信息；爱奇艺、高德地图、斗鱼直播等不同品类平台也纷纷送来三周年庆生蛋糕，通过跨界合作，在微博上互相声援，实现新客导流并在不同接触点上增加老客使用美团频次；汇集棒约翰、汤城小厨等多家知名美食品牌老板、主厨的庆生海报，让行业的领导者先行，带动用户。

随后，制作 MV，通过 B 站首发，引发了粉丝大讨论，弹幕刷屏，通过微博及秒拍扩散发酵。同时，制作 H5 广告投放微信朋友圈，并基于朋友圈的特点定制竖屏形式，与平台完美融合又吸足眼球，让观众有与视频内容互动的感觉，大幅提升趣味性及促销内容的吸引力，引发观众自主传播。

2. 营销效果与市场反馈。日订单量实现 400 万~900 万单的突破性飞越；品牌 TVC 及 MV 在 SNS 平台上收获 1.3 亿次的阅读量、22.6 万次的讨论量，朋友圈曝光 9 932 万次，互动达 253 万次，视频播放 92 万次；三周年 Campaign 双微平台播放量达 4 351 万次，官方双微活跃度显著增加，最高互动量提升超过 100 倍；"百万大咖约你开趴"庆生海报在微博上收获 1.6 亿次曝光、1.1 亿次的阅读量、1.4 亿次的讨论量。

资料来源：杨洪涛. 市场营销 网络时代的超越竞争 [M]. 北京：机械工业出版社，2019.

任务二　制定广告策略

营销情境 10 - 2

《在快手　点赞可爱中国》

2020 年 1 月 4 日晚间 7 点 30 分，央视《新闻联播》后的 120 秒，首次留给一部长达两分钟的品牌广告片《在快手 点赞可爱中国》，此次广告投放选取了 5 个具有代表性的故事：训练到哭的小男孩、立志改变环境的年轻人、离开父亲的女儿、为生活奔波的夫妇和害羞跳舞的女孩，用镜头对焦素人生活，把他们平凡中的闪耀时刻，传播到目之所及的任何角落，快手用普通人的生活琐碎，拼凑出中国人的可爱面貌，用这支前所未有的暖心大片，致敬那些真正热爱生活的人。

音频：营销情境
10 - 2 分析提要

在《在快手　点赞可爱中国》里，快手没有将镜头聚焦在流量红人或者大热明星，而是对准了一个个普通人，对准了在日常生活里努力拼搏、努力奋进的"你"。从创立伊始，快手就一直将"用科技提升幸福感"作为服务用户的宗旨，记录生活的点滴，与所有人分享真实有趣的生活。这个广告的主题全篇紧扣快手这款软件的初衷，就是记录你认为需要记录的一切，而这一切都是转瞬即逝的，所以把快手自己的名字也表现在了里面，以及被快手珍藏的无数快手用户和中国人民的可爱缩影。

资料来源：李传琦. 短视频平台"快手"的品牌形象传播研究［D］. 北京：北京邮电大学，2021.

思考：优秀广告的魅力体现在哪些方面？

一、广告的概念

广告一词源于拉丁语有"注意""诱导""大喊大叫""广而告之"之意。广告作为一种传递信息的活动，它是企业在促销中普遍重视且应用最广的促销方式。市场营销学中探讨的广告，是一种经济广告。亦即，市场营销学中的广告是广告主以促进销售为目的，付出一定的费用，通过特定的媒体传播商品或劳务等有关经济信息的大众传播活动。从广告的概念可以看出，广告是以广大消费者为广告对象的大众传播活动；广告以传播商品或劳务等有关经济信息为其内容；广告是通过特定的媒体来实现的，并且广告主要对使用的媒体支付一定的费用；广告是为了促进商品销售，进而获得较好的经济效益。

广告发展到现代，人们已无法回避它无处不在的影响。在电视里，广播里，在报纸上，在街头巷尾，在地铁车站……你无时无处不在接触各种各样的广告。据调查，一个美国人从出生到18岁，在电视中看到的广告达1 800多个小时，相当于一个短期大学所用的学时。广告正在影响着人们的消费观念，影响着人们的购买行为，甚至影响着我们的学习、工作和生活。

二、广告的分类

根据不同的划分标准，广告有不同的种类。

（一）根据广告的内容和目的划分

1. 商品广告。它是针对商品销售开展的大众传播活动。商品广告按其目的不同可分为三种类型：一是开拓性广告，亦称报道性广告。是以激发顾客对产品的初始需求为目标，主要介绍刚刚进入投入期的产品的用途、性能、质量、价格等相关情况，促使新产品进入市场。二是劝告性广告，又叫竞争性广告。是以激发顾客对产品产生兴趣，增进"选择性需求"为目标，对进入成长期的成熟前期的产品所做的各种传播活动。三是提醒性广告，也叫备忘性广告或提示性广告。是指对已进入成熟后期或衰退期的产品所进行的广告宣传，目的是在于提醒顾客，使其产生"惯性"需求。

2. 企业广告。企业广告又称商誉广告。这类广告着重宣传、介绍企业名称、企业精神、企业概况（包括厂史、生产能力、服务项目等情况）等有关企业信息，其目的是提高企业的声望、名誉和形象。

3. 公益广告。公益广告是用来宣传公益事业或公共道德的广告。它的出现是广告观念的一次革命。公益广告能够实现企业自身目标与社会目标的融合，有利于树立并强化企业形象。公益广告有广阔的发展前景。

（二）根据广告传播的区域来划分

1. 全国性广告。全国性广告是指采用信息传播能覆盖全国的媒体所做的广告，以此激发全国消费者对其广告的产品产生需求。在全国发行的报纸、杂志以及广播、电视等媒体上所做的广告，均属全国性广告。这种广告要求广告产品是适合全国通用的产品，并且，因其费用较高，也只适合生产规模较大、服务范围较广的大企业，而对实力较弱的小企业实用性较差。

2. 地区性广告。地区性广告指的是采用信息传播只能覆盖一定区域的媒体所做的广告，借以刺激某些特定地区消费者对产品的需求。在省、市报纸、杂志、广播、电视上所做的广告，均属此类；路牌、霓虹灯上的广告也属地区性广告。此类广告传播范围小，多适合于生产规模小、产品通用性差的企业进行广告宣传。

此外，还有一些分类。例如，按广告的形式划分，可分为文字广告和图画广告；按广告的媒体不同，可分为报纸广告、杂志广告、广播广告、电视广告、因特网广告等。

三、广告的设计

广告设计是通过特定的艺术构思，将特定的广告主题准确、凝练、与众不同、引人入胜地表现出来的创造性思维活动。广告设计是整个广告活动的核心和关键，它决定着整部广告的成败。对企业而言，一个优秀的广告设计可以给企业带来丰厚的利润，甚至能够使濒临破产的企业起死回生；一个拙劣的广告设计无疑会使企业的广告费用付诸东流。因而企业必须重视广告的设计工作。

（一）广告设计的原则

广告是一门科学，也是一门艺术。进行广告设计，始终都应遵循一定的原则。

1. 真实性原则。广告的生命在于真实。真实性要求广告里所讲的一切必须与产品、劳务的本来面貌全部一致，这样才能维护顾客的利益、赢得顾客的信任。欺骗性广告不仅损害顾客的利益，也会使企业声名扫地、断送销路，情况严重的还会受到广告管理机构或司法机构的惩处。

2. 思想性原则。广告不仅是一种促销活动，也是传播意识形态的工具。广告借助文学、美术、音乐等艺术形式，通过大众媒体天天与群众见面，这就必然会对人们的思想意识、生活方式和社会风气产生影响。因此，广告在强调经济效益的同时，要注意内容的健康性和思想性，要有利于精神文明建设。

3. 针对性原则。设计广告要针对目标顾客的心理活动和特点、所考虑的问题、购买商品时可能产生的各种疑虑，作合乎科学的、有说服力的介绍、说明和证实；有的放矢地进行宣传，为打开产品销路扫清障碍。

4. 创造性原则。广告的活力在于独创，新颖、独特是广告的生命力之所在。只有在广告设计中赋予商品以鲜明、突出、不同凡响的品牌形象，才能在众多的同类商品中吸引消费者的注意力，引发消费者的兴趣和购买欲望，最终导致购买行为。反之，广告设计因循守旧、步人后尘、机械模仿其他广告设计，则只能留给消费者以平庸感、陈腐感、雷同感，最终被消费者所抛弃。

5. 艺术性原则。广告设计要讲求艺术效果。要把促销目的寓于耐人寻味的艺术设计之中，做到主题鲜明、简洁易懂、美观新奇、富于趣味、给人以启迪，使人们在美的享受中获得收益。

6. 效益性原则。广告的设计要讲求经济效益，要以尽可能少的费用支出取得尽可能大的广告效果。

（二）广告设计的内容与形式

广告设计的内容因广告种类的不同而有所不同。一般来说，商品广告以介绍商品的厂牌、商标、性能、特点、能带来的效益、购货地点和方式、售价及服务为主，旨在促进商品销售；劳务广告以介绍劳务或服务的形式、质量、特点、价格等为主，旨在使顾客了解、接受并使用；观念广告以设计宣传某种观念为主，旨在向顾客灌输或改变一种消费观念，建立或改变消费者对一个企业、一种产品的印象。

广告形式的设计主要有以下几种：（1）生活片段。摄取人们日常生活片段，显示消费者正在使用广告中的产品，给人以一种贴近生活的亲切感，使人产生共鸣。（2）生活方式。强调某种产品如何顺应或倡导了新的生活潮流，从而使受众不由自主为这种潮流所吸引并加以追随。（3）情趣和想象。借助产品引起人们某种美好的情趣和想象等。例如一些香水广告，刻意制造一种朦胧幻境，使人产生某种浪漫遐想。（4）音乐化。把企业和产品形象融于歌词和旋律之中。（5）人格化。以幽默的方式赋予产品以人的特性。例如，用图像和文字把产品人格化，使之生动、有趣、惹人喜爱。（6）名人推荐。选择一些社会地位高或有相当知名度的明星等向消费者推荐产品，充分利用名人效应。（7）示范和证明。充分展示产品在制作过程中企业的专长和经验，以及产品的特殊点，出示相当的证据或证明，使顾客产生依赖感。（8）警示。以适当的警示方式，提醒人们对某些问题的注意，以达到推销产品的目的。例如，牙膏广告中说明牙病对人的危害，提出该种牙膏能治病、防病，从而引起人们的共鸣。

（三）广告设计的管理

基于广告设计的重要性，为确保广告的质量，企业必须做好广告设计的管理工作。（1）要有组织保证，即要在企业内部设立专职的广告部门负责组织广告活动，进行广告设计的管理工作。（2）要正确选择广告设计单位。目前，多数企业的广告是委托广告代理公司或媒体广告部门代为设计制作。对设计单位的选择，一是看其经营信誉；二是看其设计能力、人员配备，如设计人员的创意能力如何，对该行业产品、市场是否熟悉，是否有设计该类广告的经验，该公司能投入多大人力物力用于本代理业务；三是看其是否具备制作条件。（3）一旦选定广告代理单位，就要全力配合其工作，详尽、全面地向其介绍本企业的情况，提供一切必要资料，因为设计人员对企业和产品了解越多、广告主题抓得越准，设计的广告也就越好。企业必须和设计单位保持密切联系，随时监督、了解委托的广告业务的设计进程，分析各种设计方案的效果，参与方案的审定与选择。

四、广告媒体及其选择

广告媒体，也称广告媒介，是广告主与广告接受者之间的连接物质。它是广告宣传必不可少的物质条件。广告媒体并非一成不变，而是随着科学技术的发展而发展，科技的进步，必然使得广告媒体的种类越来越多。

（一）广告媒体的特性

1. 报纸。报纸是最重要的传播媒介，它的优点是读者稳定、面广，传播覆盖面大；弹性大、及时，特别是日报，可将广告及时登出，并马上送抵读者；地理选择性好；制作简单、灵活，收费较低。缺点主要是保留时间短，读者很少传阅，表现力差，印刷质量不能保障，多数报纸不能表现彩色画面或色彩很简单。因此，刊登形象化的广告效果较差，而且这种媒体不适合儿童。

2. 杂志。印刷媒体期刊，与报纸相比，杂志的专业性较强，读者更为稳定、集中，特别适合刊登各种专业产品的广告。由于针对性强，保留时间长，传阅者众多，名声好，画面印刷效果好等优点，广告效果较好。缺点是一般发行量不如报纸，有些发行量是很少的，覆盖面小；广告购买前置时间长，信息传递速度不如报纸、广播、电视及时。

相关链接： **JEEP 越野车的平面广告**

吉普越野车起源于军车，是世界上屈指可数的优秀越野车，拥有独特的设计风格。其车身巨大、气质豪迈、充满野性，是很多热爱越野活动的成功人士所热衷的车型。吉普越野车价格高而性能极佳，动力强劲，其车型已经有了很强大的 VI 识别功能。在常见的 JEEP 广告中，它都是以高大威猛、激情豪迈的形象出现，不管是暴雨冰雪的恶劣天气，还是悬崖峭壁的极端地形，JEEP 越野车都能如履平地，从容应对，仿佛一个成功者的人生，不管前面的路有多艰险，成功者都能从容应对，化险为夷，因为 JEEP 的目标客户群体一直都定位于热衷户外活动的人群，这样的广告内容对于 JEEP 的目标客户群体来说，能够产生共鸣，达到非常好的销售效果。

JEEP 越野车有一则平面广告，画面的中心是一把钥匙，上有醒目的 JEEP 标识，钥匙的齿状部分被处理成起伏的山峦，这极具暗示作用，而山峦之上有一处文案：START UP A MOUNTAIN，意为：开启一座山峰。图案下方是文案："JEEP THERES ONLY ONE"，意为"吉普，此处的唯一"。

平面广告吸引人之处在于能够让人联想，在很小的区域内提供大量的信息，以小见大，这幅广告也不例外。钥匙上面起伏的山峦象征着吉普越野强劲的动力和强悍的爬山实力，而钥匙如利剑一样的形状更加强了这种速度感，让人似乎能够感受到吉普车呼啸而过、征服高山的快感，而在钥匙之上，醒目的文案更是加深了这种感受，"开启一座山峰"，这样的文字极具气场，在字里行间都透露出一种成功者的霸气和得意，山峰都能够被驾驶吉普越野车的人所开启，意味着任何困难在驾驶者面前都将被碾得粉碎，这样的豪言壮语和吉普车本身对目标客户的定位十分契合。设计者还特地采用了大写的字母，同时字体也很巨大，在醒目的同时，也充满了大气和坚定。在图案的右下角，还有一行文字：吉普，此处的唯一。这是对吉普车优秀的爬山性能的描述，其含义是，要在这样陡峭的山峰上行驶，也只有吉普越野车才能做到，独一无二，唯我独尊。这样的广告文案虽然对对手充满了挑衅意味（其实三菱和丰田的越野车也能做到），但是对于购买者来说却能够带来一种优越感，每个人都希望可以买到独一无二的好产品，设计者抓住了消费者这种"人有我优"的心态，编辑这样的文案对于那些热爱户外活动并喜欢越野车的人来说很有吸引力。

综观该广告的整体，JEEP 广告的诉求点就在于"对山峰的征服"，也暗示对困难的人来说很有吸引力。征服，这一概念在广告被突出、被深化，与 JEEP 本身的卖点相结合，成为最为集中、最吸引注意力的广告之"眼"。画面标识物使用象征性的汽车钥匙，一般而言，钥匙意味着开启，而广告所要传达的信息就集中到这把钥匙上，"开启新生活"或者"开启前方的山峰"，无论是文案还是对图像具象化的处理，都始终围绕对受众"吉普车概念"的宣传，海报的整体风格简约大气，充满气场。

资料来源：张毅莲. 广告赏析与批判［M］. 厦门：厦门大学出版社，2016.

3. 电视。电视是现代最重要的视听型广告媒体。它将视、听、动作紧密结合且引人注意，充分运用各种艺术手法，能最直观形象地传递产品信息，具有丰富的表现力和感染力。电视广告播放及时，覆盖面广，选择性强，收视率高，且能反复播出，加深收视者印象。其缺点为传播成本高、展露瞬间即逝，无法保留、对观众无选择性。

4. 广播。广播是一种大量、广泛使用的听觉媒介，地理和目标顾客选择性强，制作简便，成本特别适用于司机和老年人，广播的缺点是不如电视吸引人、展露瞬间即逝，传递信息有限、遗忘率高。

5. 互联网媒介的广告形式。

互联网作为一种传播媒体，具有传播范围广、保留时间长、信息数量庞大、开放性强的特点，作为一种最新的广告媒体，目前已经成为最重要的广告媒体。

（1）网页广告。网页广告又称页面广告，是指在视频点播的各页面中放置的各种形式的链接广告包括各类门户网站、其他网站（如论坛）上的广告，甚至是邮箱界面和博客页面等网页上各种类型的广告。通常是文字、视频、多媒体或者视频内容的边框，一般在视频或广告内容的旁边。页面广告的主要目的是在网页中展示广告主的名称、品牌和产品。页面广告还可以依靠点击实现交互，或者通过多媒体促成进一步的信息传递。包括横幅广告、标识广告、按钮式广告、墙纸式广告等。网页广告如果在形式上有创意和趣味性，就能够吸引网民点击，这也是许多企业经常运用的一种广告形式。

（2）流媒体广告。流媒体是指在互联网上以数据流的方式实时发布音频、视频、动画或其他多媒体文件的媒体，流媒体实际上是指一种新的媒体传送方式而非一种新的媒体。其实质是应用流技术在网络上将持续的多媒体文件或信息进行紧缩处置后放到网络服务器上，让阅读者一边下载一边观看收听，而不需要整个多媒体文件下载完成才可以观看的技术，它不是一门单一的技术，融合了多种网络技术和其他计算机技术，包括流媒体数据的收集、紧缩、编码、存储、网络传输和网络通信等多种技术。流媒体广告是以流媒体技术在网络上传播产品、服务或品牌信息的广告活动。近年来我国的流媒体技术快速发展，许多人比较熟悉的 App 如哔哩哔哩、爱奇艺、优酷视频、芒果 TV 等就是典型的手机流媒体。

（3）即时通信工具广告。即时通信工具或实时传讯工具（instant messager，IM）是一种可以让使用者在网上建立某种私人聊天室的实时通信服务工具。大部分即时通信服务工具提供了状态信息的特性——显示联络人名单，联络人是否在线及能否与联络人交谈。互联网上的即时通信软件包括微信、QQ 等。由于即时通信工具的应用非常广泛，网民一旦应用往往会滞留较长的时间，在即时通信工具中出现的广告的注目率和曝光率都是比较高的。中国移动、可口可乐、阿迪达斯等知名品牌与即时通信工具提供商进行过多方面的合作，将即时通信工具作为其网传播工具之一。

（4）游戏嵌入式广告。游戏嵌入式广告是指内嵌在游戏中的广告，它把游戏变成发布广告的一种载体。它以游戏的用户群为基础，通过固定的条件，游戏过程中在适当的时间、适当的位置出现广告。与普通的商业广告不同，它所借助的载体是游戏这种新型媒体。从游戏和广告的结合形式上看，游戏广告是一种内嵌在游戏程序之中的广告。它在游戏场景中出现，在玩家玩游戏的同时起到广告传播的作用。

（5）电子杂志广告。电子杂志又称网络杂志、互动杂志，目前进入第三代，以 Flash 为主要载体独立于网站存在。电子杂志是一种非常好的媒体表现形式，它兼具平面媒介与互联网媒介的特点，融入图像、文字、声音、视频、游戏等多种手段，将信息以更加生动形象的方式呈现给读者。此外，它还包含超链接、互动等网络元素。电子杂志延展性强，可移植到 PDA、手机、MP4 以及数字电视等多种个人终端。

（6）电子邮件广告。电子邮件广告（E-mail Advertising）是指通过互联网将广告发到用户电子邮箱的网络广告形式，它针对性强，传播面广，信息量大，其形式类似于直邮广告。电子邮件广告的制作和维护比传统媒体简单、快捷。

（7）广告主网站。广告主网站是企业在互联网上进行网络营销和形象宣传的平台，相当于企业的网络名片，不但对企业的形象是一个良好的宣传，同时可以辅助企业的销售，通过网络直接帮助企业实现产品的销售，企业可以利用网站来进行产品资讯发布、招聘等。广告主网络是企业通向互联网的平台和门户，是企业开展网络营销的重要工具。广告主网站的作用是展现公司形象，加强消费者服务，完善网络业务，与潜在消费者建立商业联系等。

（8）虚拟社区广告。虚拟社区是指一群主要通过计算机网络彼此沟通的人们，他们彼此有某种程度的了解、分享一些知识和信息、在很大程度上如同对待朋友般彼此关怀，从而所形成的团体。相对于传统社区，虚拟社区极大地扩大了人与人之间交流的范围、深度和影响力。相对于地理概念，虚拟社区更多地被看作是一种社会网络。虚拟社区是一个沟通平台，是人与人之间一种新的交流平台。虚拟社区包括专业垂直类网站和开放式专题 BBS、聊天室等。广告主利用虚拟社区开展品牌传播活动的形式有广告、活动与事件和博客等。在虚拟社区进行品牌传播应该尽可能采取潜移默化的方式，因为较直接的广告不如情感交流方式有效。

（9）搜索引擎广告。搜索引擎广告是指广告主根据自己的产品或服务的内容、特点等，确定相关的关键词，撰写广告内容并自主定价投放的广告。当用户搜索到广告主投放的关键词时，相应的广告就会展示（关键词有多个用户购买时，根据竞价排名原则展示），并在用户点击后按照广告主对该关键词的出价收费，无点击不收费。搜索引擎广告的优势是：针对性强，网民可以主动找到自己需要的信息；成本容易控制，企业可以根据自己的市场营销传播战略，灵活地制定合理的成本预算；网民点击的起步价低，能为中小企业扩大品牌知名度和影响力提供较为理想的展示平台。

（10）BBS广告。BBS广告就是利用论坛这种网络交流的平台，通过文字、图片、视频等方式发布企业产品和服务的信息，从而让目标客户更加深刻地了解企业的产品和服务，最终达到宣传企业的品牌、提高市场认知度目的的网络传播活动。BBS是信息传播和扩散最为理想的媒介平台，也是企业开展口碑营销、病毒营销首选媒介。该媒介平台的优势在于其用户或网民群体大都是根据某些行为或个性划分的，同属一个群体的网民往往具有大致相同的个性或气质特征，这为企业选择目标消费者供了较为理想的信息发布平台，在BBS上发布的信息也很容易在同一个受众群体中得到传播和扩散。

（11）博客广告。博客广告，顾名思义，就是利用博客平台为企业推销产品和服务、塑造品牌、树立产品形象所做的广告。具体而言，博客广告是指广告主通过一定的策划与创意，在博客网站上发布有关产品和服务的信息，并劝说诱导用户购买和消费其产品和服务的信息传播活动。它的基本作用就是借助于博客这种传播载体，用以传递商业资讯、发布广告信息，刺激购买欲望，引导消费潮流，从而推动商品经济的蓬勃发展。

（二）影响广告媒体选择的因素

广告媒体的选择对于企业来说很重要，媒体选择得是否恰当，直接关系着广告的效果。正确选择广告媒体，一般要考虑以下几个因素。在选择媒体时要考虑广告信息传播的目标受众的媒体习惯。不同群体选择的媒体习惯是有差别的，如青少年更多的接触电视、网络；中老年人看报纸；专业人员阅读杂志。不仅如此，即便是决定了选择报纸，全国有数百份报纸，同一地区也有若干种报纸发行，还要综合成本和效果考虑具体选择哪个报纸、哪个版面。

1. 目标顾客接收媒体的习惯。产品的特点不同，选择媒体也不同。如流行服饰最好选择在彩色杂志上做广告；技术复杂的产品，广告中必须包含大量详细信息的产品，以印刷媒体为宜，需求广泛的日用消费品适于选择以大众为对象的报纸、电视、广播媒体；对一些高技术性能的工业品，可选择一般专业性杂志或采用邮寄广告的形式进行宣传。

2. 产品特点。媒体的选择还取决于信息自身的内容特点。如技术数据多的信息，需要印刷邮寄性或杂志广告；宣布某项展销活动或推出某种新产品，当然是电视和广播最及时、覆盖面最广。

3. 信息内容。电影、演出海报以报纸和户外媒体比较及时。不同媒体的成本不同，不同企业的支付能力也不同，企业不仅要分析广告成本与效果。

4. 媒体的成本和企业支付能力。不同媒体成本不同，不同企业的支付能力也不同，企业不仅要分析广告成本与效果之间的关系，也受预算和广告绝对成本的限制，主要制约企业选择媒体的种类和数目。中小企业实力弱、资金少，选择的媒体种类和数目都比较少，有的甚至只选择一种媒体发广告，媒体组合比较简单，对大企业来说，资金充足，预算宽裕，可选择的广告媒体和数目较多，就需要媒体组合之间的配合。

五、广告效果的测定

广告效果有经济效果和社会效果之分，也有即效性效果与迟效性效果之分，还有促销效果和广告本身效果的分类。在此，我们按最后一种分类测定其效果。

（一）广告促销效果的测定

广告促销效果，也称广告的直接经济效果，它反映广告费用与商品销售量（额）之间的比例关系。广告促销效果的测定，是以商品销售量（额）增减幅度作为衡量标准的。测定方法很多，主要有以下几种。

1. 广告费用占销率法。通过这种方法可以测定出计划期内广告费用对产品销售量（额）的影响。广告费用占销率越小，表明广告促销效果越好；反之则越差。其公式为：

$$广告费用占销率 = [广告费/销售量（额）] \times 100\%$$

2. 广告费用增销率法。此法可以测定计划期内广告费用增减对广告商品销售量（额）的影响。广告费用增销率越大，表明广告促销效果越好；反之则越差。其公式为：

$$广告费用增销率 = [销售量（额）增长率/广告费用增长率] \times 100\%$$

3. 单位费用促销法。这种方法可以测定单位广告费用促销商品的数量或金额。单位广告费用促销额（量）越大，表明广告效果越好；反之则越差。其公式为：

$$单位广告费用促销额（量） = 销售额（量）/广告费用$$

4. 单位费用增销法。此法可以测定单位广告费用对商品销售的增益程度。单位广告费用增销量（额）越大，表明广告效果越好；反之则越差，其计算公式为：

$$单位广告费用增销量（额） = [报告期销售量（额） - 基期销售量（额）]/广告费用$$

5. 弹性系数测定法。即通过销售量（额）变动率与广告费用投入量变动率之比值来测定广告促销效果。其公式为：

$$E = (\Delta S/S)/(\Delta A/A)$$

其中，S 为销售量（额）；ΔS 为增加广告费用后的销售增加量（额）；A 为广告费用原有支出额；ΔA 为增加的广告费支出额；E 为弹性系数，即广告效果。E 值越大，表明广告的促销效果越好。

影响产品销售的因素很多，广告只是其中因素之一，单纯以销售量（额）的增减来衡量广告效果是不全面的。也就是说，上述测定方法只能作为衡量广告效果的参考。当广告促销效果不理想时，也不应轻易否定广告，而应从其他多方面来考虑分析。

（二）广告本身效果的测定

广告本身效果不是以销售数量的大小为衡量标准，而主要是以广告对目标市场消费者所引起心理效应的大小为标准，包括对商品信息的注意、兴趣、情绪、记忆、理解、动机等。因此，对广告本身效果的测定，应主要测定知名度、注意度、理解度、记忆度、视听率、购买动机等项目。测定方法中，常用的有以下几种。

1. 价值序列法。它是一种事前测定法。其具体做法是，邀请若干专家、消费者对事先拟定的几则同一商品的广告进行评价，然后排序，依次排出第一位、第二位、第三位……排在首位的，表明其效果最佳，选其作为可传播的广告。

2. 配对法。也是一种事前测定法。其做法是，将针对同一商品设计的不同的两则广告配对，请专家、消费者进行评定，选出其中一例。评定内容包括广告作品的标题、正文、插图、标语、布局等全部内容。

3. 评分法。此法既适合于事前测定，又适合事后测定。其做法是，将广告各要素列成表，请专家、消费者逐项评分。得分越高，表明广告自身效果越好。

4. 访查法。这是一种主要适合于事后测定广告效果的方法。其主要做法是通过电话、直接走访等方式征集广告接受者对广告的评价意见，借以评价广告优劣。

相关链接： **可口可乐的广告营销**

可口可乐的经典广告不胜枚举。

1. 以"红飘带"为灵感的创意广告。可以说，这些年可口可乐的红飘带创意深入人心，已经变成了品牌极具辨识度的品牌符号，也成为品牌广告创作的灵感来源。在广告中，红飘带可以是指路牌，可以是传递和平开心氛围的手势，也可以是链接品牌与用户的纽带。有时候，广告的奇妙之处就是能够通过类似的动作去传递不同的信息。可口可乐有两只手碰到一起的广告，给人留下了深刻的印象，并得到了广泛的传播，而广告表达的内涵更让人体会到什么是妙不可言。

在中国市场上，可口可乐将标志性的飘带设计成了正在传递快乐的两只手，而快乐的"本身"就是一瓶可口可乐。这时候，可口可乐不再只是一瓶可口可乐，而是快乐的化身。同样是以红飘带+手为广告创意的灵感来源，可口可乐将投放在拉丁美洲的广告则变成了不同肤色人群中间的相互问候加油的拳头。两个拳头击拳，其隐藏含义是我俩是伙伴，你的遭遇我感同身受，有默契与信任的表达含义，瑞典设计师帮助可口可乐设计的这组广告更具融合性。

相同的广告创意，却传递着可口可乐不同的品牌价值观。而这种有趣的表达形式，也给人们留下了深刻的印象。

2. 指路牌。可口可乐为了证明品牌的环保意识，展现企业的社会责任感，可口可乐承诺将在 2025 年实现产品包装的 100% 可回收，实现品牌环保的循环经济，而推出了户外可回收广告牌。超长的广告牌，灵活的"手指"，给用户指明了可口可乐可回收垃圾桶的位置，在吸引人注意的同时，传递了可口可乐可持续发展的环保理念。

资料来源：吴惠. 可口可乐品牌跨文化传播研究［D］. 长沙：湖南师范大学，2019.

任务三 掌握公共关系

营销情境 10 – 3

经典成功公关案例

一、盒马"共享"员工

2020 年，在新冠肺炎疫情的影响下，不少侧重提供线下消费服务的商家无法正常营业，如一些大型连锁餐饮店就面临着员工不能正常上岗、资金紧张、可能发不出工资的窘境。

音频：营销情境10-3分析提要

同样因为新冠肺炎疫情的影响，社区电商兴起，需要大量的人力来配送生鲜蔬果，该行业面临"用工荒"。2020年2月3日，阿里巴巴旗下的盒马宣布联合北京多家餐饮企业，合作解决餐饮企业待岗人员的收入问题，缓解餐饮企业的成本压力，以及商超生活消费行业面临的人手不足的挑战。计划施行后，陆续有餐饮、酒店、影院、百货、商场、出租车、汽车租赁等行业的多家企业加入进来，1 800余人加入盒马，正式上岗。

该"共享"举措为盒马赢得了各界的赞誉，如浙江省总工会协助盒马、京东、苏宁等平台型企业与受疫情影响暂无法营业的餐饮企业达成临时合作，"借用"后者的员工，大大缓解了疫情期间的人力供需矛盾。广州日报评论了疫情期间"共享"员工的广泛尝试，认为这种用工模式能够有效地缓解"潮汐式"用工这一难题。通过"共享"用工，员工可以得到多元化的工作机会，保证收入来源，而企业则可以减轻用工成本压力，从而实现双赢。

二、五菱——"人民需要什么，五菱就造什么"

2020年新冠肺炎疫情暴发，口罩一时间成为紧缺物资。于是，上汽通用五菱于2月开始改造生产线转产医用口罩，并且打出了"人民需要什么，五菱就造什么"的口号。上汽通用五菱生产口罩一事，瞬间在社交媒体发酵，并登上微博热搜榜。

2月15日，央视《新闻联播》报道了《战疫情，中国制造跑出中国速度》，称赞上汽通用五菱仅用了三天时间就完成了10万级无尘车间改造、设备安装调试等一系列工作，并取得了民用防护口罩的研发、生产、销售资质。

三、从网抑云到网愈云

2020年8月，"网抑云"突然成为网络爆梗，起因是许多网易云评论区的评论被指是假的，或者是编的，引发大众反感情绪。该梗用于嘲讽那些"为赋新词强说愁"的人。即便大众对这些"伤痛文学"抵触，也不能排除写下那些抑郁评论的人是否真的需要一个倾诉渠道。基于这样的考虑，8月3日，网易云音乐称已推出"云村评论治愈计划"，邀请心理专家、万名心理专业志愿者加入"云村治愈所"，万名乐评达人组成云村乐评团发起乐评征集大赛；同时升级《云村公约》治理虚假内容，规范乐评礼仪，为真正有需要的用户提供专业帮助。

四、星巴克气氛组

2020年，"气氛组"成为网络流行词，引申为在各种场合活跃气氛、带动气氛的人。12月下旬，有网友在社交平台上公开询问："那些在星巴克里拿个笔记本电脑一坐就是一下午的人都是什么职业？"立刻有人回复："星巴克气氛组。"显然这只是一种调侃。随后，星巴克官方接梗，还发布了一则招募通知：立即招募官方气氛组30人，招募时间在12月21～27日，顺势做了一波圣诞节营销宣传。"原来星巴克还有气氛组"这一话题发布后24小时阅读量达2.3亿次、讨论2.5万条，迅速引起了广大网友的围观。

资料来源：宫承波. 新媒体概论（第九版）［M］. 北京：中国广播影视出版社，2021.

思考：根据以上案例，总结公共关系的作用。

一、公共关系的概念及特征

公共关系又称公关或公众关系，是指企业在从事市场营销活动中正确处理企业与社会公众的关系，以便树立企业的良好形象，从而促进产品销售的一种活动。公共关系是一种社会关系，但又不同于一般社会关系，也不同于人际关系，因为它有独有的特征。公共关系的基本特征表现在以下几方面。

（一）公共关系是一定社会组织与其相关的社会公众之间的相互关系

这里包括三层含义：其一，公关活动的主体是一定的组织，如企业、机关、团体等。其二，公关活动的对象，既包括企业外部的顾客、竞争者、新闻界、金融界、政府各有关部门及其他社会公众，又包括企业内部职工、股东。这些公关对象构成了企业公关活动的客体。企业与公关对象关系的好坏直接或间接地影响企业的发展。其三，公关活动的媒介是各种信息沟通工具和大众传播渠道。作为公关主体的企业，借此与客体进行联系、沟通、交往。

（二）公共关系的目标是为企业广结良缘，在社会公众中创造良好的企业形象和社会声誉

一个企业的形象和声誉是其无形的财富。良好的形象和声誉是企业富有生命力的表现，也是公关的真正目的之所在。企业以公共关系为促销手段，是利用一切可能利用的方式和途径，让社会公众熟悉企业的经营宗旨，了解企业的产品种类、规格以及服务方式和内容等有关情况，使企业在社会上享有较高的声誉和较好的形象，促进产品销售的顺利进行。

（三）公共关系的活动以真诚合作、平等互利、共同发展为基本原则

公共关系以一定的利益关系为基础，这就决定了主客双方必须均有诚意，平等互利，并且要协调、兼顾企业利益和公众利益。这样，才能满足双方需求，以维护和发展良好的关系。否则，只顾企业利益而忽视公众利益，在交往中损人利己，不考虑企业信誉和形象，就不能构成良好的关系，也毫无公共关系可言。

（四）公共关系是一种信息沟通，是创造"人和"的艺术

公共关系是企业与其相关的社会公众之间的一种信息交流活动。企业从事公关活动，能沟通企业上下、内外的信息，建立相互间的理解、信任与支持，协调和改善企业的社会关系环境。公共关系追求的是企业内部和企业外部人际关系的和谐统一。

（五）公共关系是一种长期活动

公共关系着手于平时努力，着眼于长远打算。公共关系的效果不是急功近利的短期行为所能达到的，需要连续的、有计划的努力。企业要树立良好的社会形象和信誉，不能拘泥于一时一地的得失，而要追求长期的、稳定的战略性关系。

二、公共关系的作用

公共关系的行动主体是组织，其作用对象是公众，其运作手段主要是运用信息传播来达到目的。公共关系当中的组织包括各类企业、政府机关、事业单位、社会团体等。其面对的公众主要有股东、员工、媒体、政府机构、社会团体、民众等，企业需要与各类公众建立良好的关系。公共关系的作用主要表现在几个方面。

（一）树立企业良好形象

在市场经济条件下，企业形象逐渐成为企业竞争战略的核心内容，而公共关系对于树立企业特定形象有着独特的、不能取代的作用。因为作为广告和人员推销的作用范围，主要是为企业销售产品服务，其形式主要是自我宣传，因此，在树立形象方面所发挥的作用是有限的。而公共关系的作用是为整个企业服务的，不仅仅只是为某个方面的职能服务；其采取的形式是多样化的，有企业的自我宣传，也有公众的口头传播，还有新闻媒介、社会人士进行的客观宣传，所以，公共关系发挥的作用是广泛的。

（二）协调内外关系

企业是一个经济、技术、文化、心理的复合体，其生存和发展离不开和谐的外部环境，因而维护、协调和发展各种多边关系成了每个企业都面临的课题。通过公关活动，发挥沟通和关系协调功能，可以帮助企业处理好与销售网络中各经销商、股东、顾客、政府、媒体、社区等的关系，使他们理解和支持本企业的工作，以保持企业在发展过程中的平衡和协调。

（三）化解企业面临的危机

企业生存在千变万化的环境之中，可能会在某些时候面临危机，这些危机的出现会影响企业和产品的形象，甚至摧毁企业。通过公共关系，对有可能影响企业与公众关系的行为及时提醒和制止，对出现的危机产生的原因进行分析，采取办法化解危机，使企业度过困难阶段。例如，对由于企业过失行为造成的危机，通过公关活动，对企业的过失行为进行道歉等，可以起到化解危机、解决危机的作用。

相关链接： **特斯拉的危机公关**

危机发生后，应如何"转危为机"？特斯拉给我们上了一堂生动的危机公关示范课。2013年10月1日，一辆Model S型豪华轿车在美国西雅图南部的公路上发生车祸，事故现场的图片迅速传遍网络，引发一片对Model S型轿车的质疑之声。

面对突如其来的危机，特斯拉命其全球公关总监伊丽莎白·贾维斯·辛在事故当天股市收盘之前发表紧急声明。声明首先承认起火的是一辆特斯拉Model S，同时解释称这辆车是受到重大撞击之后才起火的，并非自燃。这位公关总监在声明中强调，由于特斯拉的安全设计，大火仅局限在车头部分，所有迹象都显示火焰没有进入内部驾驶室。

事发时，特斯拉的警报系统显示车辆故障，并指引驾驶员靠边停车和安全撤离，避免了人员伤亡。

但是，公关总监的声明没能阻止公司股价下跌。特斯拉股票在接下来的两天里累计下跌达 10%，公司市值被削掉 23 亿美元，并且引发了媒体关于"特斯拉起火"的大量负面报道。

在这种情况下，原本不打算就此事发表意见的特斯拉 CEO 马斯克在事件发生后的第三天公开发表了博文，向公众解释特斯拉轿车起火的前因后果。马斯克首先说明，事故的发生是因为轿车在高速行驶中撞到了路中央的一个从半挂车上掉落的弯曲金属物体，该物体对轿车底部 1/4 英寸厚的电池保护装置施加了高达 25 吨的巨大冲击力，造成了一个直径为 3 英寸的穿孔。他又详细解释了 Model S 型轿车底部有 16 个由防火墙隔离的电池仓结构，火势只会向下方蔓延，不会向上方或者驾驶室蔓延。如果事情发生在传统的燃油车上，大火早已把整辆车烧成灰烬。

马斯克还引用了数据，让公众吃下了一颗定心丸：在美国，平均每 2 000 万行驶里程就会发生一起轿车火灾，至于特斯拉，则是每 1 亿行驶里程才会发生一起火灾。驾驶纯燃油车遭遇火灾的可能性是驾驶特斯拉的 5 倍。

在文章的结尾，马斯克还附上了事故车主与特斯拉副总裁之间的电子邮件记录，驾驶员说："轿车电池经历了一次'可控燃烧'，但是互联网上的图片显然夸大了。"

有事故前因后果的详细说明、数据对比以及事件亲历者的"证词"，马斯克的声明马上有了回响。投资者的信心又回来了，当天，特斯拉股价强劲反弹 4.43%，收于 180.98 美元。

那么，特斯拉是如何挽回民众信心的？

其实，特斯拉在事件发生的一开始犯了一个错误。尽管公关总监在 24 小时内发表了声明，达到了危机处理快速反应的要求，但这个声明还有很多疑点没有说清楚。譬如特斯拉当时到底撞上了什么物体，这个物体是从哪里来的，驾驶员对这起事故持什么态度，是否有第三方的说法等。福布斯中文网的记者瑞安·麦克就公开表达了不满，认为声明不够详细具体，没有把事情的真相说出来。

好在特斯拉 CEO 马斯克意识到了问题的严重性，迅速发表了公开声明，详细解释了事情的前因后果，解答了公众关于此次起火事件的所有疑惑，并且让事故的亲历者即驾驶员为特斯拉做了"无罪辩护"，成功挽回了消费者的信心。特斯拉成功"转危为机"，增强了消费者和投资者对特斯拉的信心，使人们相信特斯拉比普通燃油汽车更安全。特斯拉能"转危为机"有两个关键因素：一是特斯拉成功打造了马斯克的个人形象，马斯克有一众坚定的粉丝，因此，马斯克的解释能让大多数人信服；二是马斯克坦诚地讲述了事情的前因后果，把事实的真相公之于众。

资料来源：何修猛. 现代公共关系学（第三版）[M]. 上海：复旦大学出版社，2015.

【启示】 危机公关其实就是沟通，目的是重新取得大家的信任。取得大家的信任有三个关键因素。一是出面说话的人是大家信任和喜欢的。在危急时刻，一个有影响力的企业领导人的表态往往能起到决定性作用，对企业来说，寻找一个为公众所信任的领导人是非常重要的。二是要坦承，犯了错就要坦白地承认错误。如果没有犯错，涉事主体也要坦白地说明事情的前因后果，以消除大众的疑惑。三是要及时，最好是在事情发生后的 24 小时内给出合理说法。因为时间长了，消费者心目中形成的负面印象已经定型，解释再多也没有意义了。

（四）增强企业内部凝聚力

公共关系承担协调领导与员工的关系、各部门之间的关系及员工之间的关系，创造好的内部环境的职责。通过公关活动，进行有效的双向沟通，使企业上下从领导到基层员工，都同心同德为企业经营目标的实现而努力，消除可能产生的误解和隔膜，增强员工的自豪感和认同感，使企业成为一个统一的整体，这样的企业才会在竞争中充满活力。即使面临暂时的困境，也会由于强大的凝聚力和高涨的士气而重整旗鼓、摆脱困境。

（五）有助于塑造名牌，增加企业销售

消费者之所以追求、向往和崇尚名牌，其原因既在于它的内在价值，也在于产品的外在延伸。通过公共关系宣传把企业的好产品名牌化，组合传播完整的品牌形象，全方位地提高产品的知名度、美誉度。例如麦当劳中国第一家分店在深圳开业时，公司就宣布把当天的所有收入全部捐给儿童福利基金。这一公关宣传深受公众好评，麦当劳叔叔开朗热情乐于助人的形象很快被公众接受，使深圳麦当劳的营业额一直居于世界各分公司的前列。

（六）有利于信息收集

公共关系所需收集的信息主要有两大类，即产品形象信息与企业形象信息。产品形象信息包括公众对产品价格、质量、性能、用途等方面的反映，对于该产品优点、缺点的评价以及如何改进等方面的建议。企业形象信息包括公众对本企业组织机构的评价、公众对企业管理水平的评价、公众对企业人员素质的评价、公众对企业服务质量评价。通过公共关系，企业可以及时获得可靠的社会信息、市场信息、质量反馈信息，为经营决策提供第一手资料，有助于及时开发新产品，提供新服务，不仅可以满足市场的内在需求，而且可以预测市场的未来发展趋势，引导消费者科学、文明、健康的消费潮流，驱动企业不断增强竞争能力。

三、公共关系的活动方式和工作程序

公共关系在企业营销管理中占有重要地位。在企业内部，公关部门介于决策者与各职能部门之间或介于职能部门与基层人员之间，负责沟通和协调决策者与职能部门之间、各职能部门之间以及职能部门与成员之间的相互关系；在企业外部，公关部门介于企业与公众之间，对内代表公众，对外代表企业，沟通、协调企业与公众之间的相互关系。公共关系部门，无论是独立的职能部门，还是隶属于某一职能部门，它都具有相同的活动方式和工作程序。

（一）公共关系的活动方式

公共关系的活动方式，是指以一定的公关目标和任务为核心，将若干种公关媒介与方法有机地结合起来，形成一套具有特定公关职能的工作方法系统。按照公共关系的功能不同，公共关系的活动方式可分为以下五种。

1. 宣传性公关。宣传性公关是运用报纸、杂志、广播、电视等各种传播媒介，采用撰写新稿、演讲稿、报告等形式，向社会各界传播有关信息，以形成有利的社会舆论，创造良好气氛的活动。这种方法传播面广，推广企业形象效果较好。

2. 征询性公关。这种公关方式主要是通过开办各种咨询业务、制定调查问卷、民意测验、设立热线电话、聘请兼职信息人员、举办信息交流会等各种形式，逐步形成效果良好的信息网络，再将获取的信息进行分析研究，为经营管理决策提供依据，为社会公众服务。

3. 交际性公关。这种方式是通过语言、文字的沟通，为企业广结良缘，巩固传播效果，可采用宴会、座谈会、招待会、谈判、专访、慰问、电话、信函等形式。交际性公关具有直接、灵活、亲密、富有人情味等特点，能深化交往层次。

4. 服务性公关。就是通过各种实惠性服务，以行动去获取公众的了解、信任网评，以实现既有利于促销又有利于树立和维护企业形象与声誉的活动。企业可以各种方式为公众提供服务，如消费指导、消费培训、免费修理等。事实上，只有把服务提到公关这一层面上，才能真正做好服务公众，也才能真正把公关转化为企业全员行为。

5. 赞助性公关。赞助性公关是通过赞助文化、教育、体育、卫生等事业，支持社区福利事业，参与国家、社区重大社会活动等形式来塑造企业的社会形象，提高企业社会知名度和美誉度的活动。这种公关方式公益性强，影响力大，但成本较高。

相关链接： **2020 年公共关系活动成功案例**

1. 钉钉"求饶"事件。为了响应教育部延期开学以及停课不停学的号召，钉钉从一个协助在线办公的应用摇身一变"兼职"起了网课平台。钉钉的特点是你看没看直播、你看没看见消息我都知道，需要多次签到、打卡等，让学生感觉到时刻都在被"监控"，不喜欢被"死盯"的学生们表示很不满。网上有传言低于一星的应用将会被商店下架，于是钉钉的评论区成了学生们的发泄之地，"少侠"们组团去各大应用商店刷一星"好评"（行业通行 5 星打分规则，每位用户的最低评分都是 1 分，无 0 分选项，因此评分低于 1 分不可能实现）。

钉钉评分从 4.7 分一度掉到最低 1.3 分。在此情况之下，2020 年 2 月 16 日晚上 8 点，"钉钉 DingTalk"在以 Z 世代用户为主的哔哩哔哩弹幕网发布了一个名为《钉钉本钉，在线求饶》的视频作品，向对钉钉恶意刷一星的用户求好评。视频发布后钉钉在应用商店的评分及网络好感度均有所回升。该视频甚至还挤入 b 站当时热门视频 TOP10 榜单。

2. "逗鹅冤"事件。2020 年 6 月 30 日，腾讯起诉老干妈，请求查封、冻结老干妈公司名下 16 240 600 元的财产。随后，老干妈发公告表示和腾讯没有任何商业合作并报案。7 月 1 日，贵阳警方通报，伪造老干妈印章的三人已被逮捕。据悉，三个骗子代表老干妈与腾讯签署《联合市场推广合作协议》，腾讯在 QQ 飞车手游 S 联赛推广"老干妈"品牌，推出了手游限定款老干妈礼盒，还发布了 1 000 多条推广"老干妈"的微博，其间老干妈产品更是频繁出现在赛事直播之中。

随后，腾讯 b 站动态更新，"中午的辣椒酱突然不香了"，引来支付宝、盒马、金山等一大波友商官号前来围观慰问。网络上开始流传各种消遣腾讯的段子，掀起一波网络狂欢，网络情绪也由此一路攀高。而这种在"鹅厂"（网友对腾讯的昵称）上"撒"老干妈的行为被网友亲切地称为"逗鹅冤"。

腾讯回应被骗，自掏腰包悬赏 1 000 瓶老干妈寻找线索。老干妈旗舰店上线辣椒酱大客户专属套装。7 月 1 日晚间，腾讯公关总监分享其晚饭仅辣酱拌饭，腾讯在 b 站上线自黑视频《我就是那个吃了假辣椒酱的憨憨企鹅》。此外，腾讯 QQ 还上线了"辣椒酱"表情，不过 7 月 5 日，有媒体发现该表情已经被悄悄移除。一通操作之下，腾讯树立了"傻白甜""憨憨"人设，被赞公关很成功。

资料来源：程宇宁. 整合营销传播（第 3 版）[M]. 北京：中国人民大学出版社，2022.

【公关解读】

身为互联网巨头，稍有不慎就容易贴上"店大欺客""仗势欺人"的标签，且很不利于挽回"颜面"。所以，钉钉和腾讯在被群众调侃消遣之时，并没有选择态度强硬的回应，而是一致选择了向公众示弱，这种角色反差更容易争取到受众的同情分。当然，公关稿的形式和投放渠道也很重要，b 站以"鬼畜"文化闻名，主力用户是喜欢动画、漫画、游戏文化的年轻一代。那么在 b 站发布官方"鬼畜"视频就不显得突兀了，而且还是对症下药，用目标受众习惯和喜欢的语言完成良好的品牌沟通。

从"钉钉求饶"到"我是憨憨"，钉钉和腾讯不但躺平任嘲，还要自嘲自黑，"只要我自己够黑，别人就黑不了我"的反套路赢得了公众的理解。以卖萌的人格化方式和用户沟通整件事情，用娱乐化的话题传播，用"求饶"消解了学生们的怨气，用"憨憨"化解了被骗的尴尬。

（二）公共关系的工作程序

公共关系活动的基本程序，包括调查、计划、实施、检测四个步骤。

1. 公共关系调查。它是公共关系工作的一项重要内容，是开展公共关系工作的基础和起点。通过调查，能了解和掌握社会公众对企业决策与行为的意见。据此，可以基本确定企业的形象和地位，可以为企业监测环境提供判断条件，为企业制定合理决策提供科学依据等。公关调查内容广泛，主要包括企业基本状况、公众意见及社会环境三方面内容。

2. 公共关系计划。公共关系是一项长期性工作，合理的计划是公关工作持续高效的重要保证。制订公关计划，要以公共调查为前提，依据一定的原则，来确定公关工作的目标，并制订科学、合理而可行的工作方案，如具体的公关项目、公关策略等。

3. 公共关系的实施。公关计划的实施是整个公关活动的"高潮"。为确保公共关系实施的效果最佳，正确地选择公共关系媒介和确定公共关系的活动方式是十分必要的。公共媒介应依据公共关系工作的目标、要求、对象和传播内容以及经济条件来选择；公关活动方式宜根据企业的自身特点、不同发展阶段、不同的公众对象和不同的公共关系来选择。

4. 公共关系的检测。公关计划实施效果的检测，主要依据社会公众的评价。通过检测，能衡量和评估公关活动的效果，在肯定成绩的同时，发现新问题，为制定和不断调整企业的公关目标、公关策略提供重要依据，也为企业的公共关系有计划地持续工作提供必要的保证。

相关链接：　　　　　　北大百年校庆之成功公共关系策划

1997 年 8 月，北大未名生物集团参股的深圳科兴公司为宣传公司形象，曾在北京举办了一次别开生面的晚会。晚会的成功引起了一位校领导的关注，他鼓励科兴公司的几位北大人，争取在百年校庆上拿出自己的想法。于是几位北大人开始用心设计校庆方案。

原来他们曾想过更新北大未名湖旁的旧椅子，为北大幼儿园添置新设施等方案。但后来都觉得没有发一趟校庆专列好。

因为北大的百年是与祖国风雨同行的百年，她的每一件大事都与中国的大事件紧密相连，而最能表达这个意境的就是一列列车。这是一列世纪列车，尽管有颠簸、有风雨，但永远是向前的。另外，专列还象征着时代列车。深圳是改革开放的前沿，专列从深圳始发，象征着祖国沿着改革开放之路滚滚向前。

开这个专列还有一个切实的考虑：校友们毕业后即奔赴四面八方，从事不同的工作。工作繁忙，使他们很难有机会相聚畅谈，专列行程 32 个小时，校友们可以尽情畅谈。

基于以上的各种考虑，百年校庆专列的大胆想法形成了。

这个创意得到了铁道部及下属单位的大力支持。北京到深圳有 K106 次车，但京九线途经的省会城市少，不方便，所以决定走京广线。可是京广线始发站是广州。铁道部门做出一个前所未有的决定：专列起始站改到深圳，然后走京广线。他们还专门组织召开了有关铁道部门与北大校庆筹委会参加的联席会议，会上专题研究了北大校庆筹会委员提出的有关车内彩旗、横幅等宣传布置问题，车上就餐问题，车上广播娱乐活动问题，老弱病残服务问题以及车上安全问题，对这些问题双方逐一进行了协商。同时为了保证落实，于当日下午，由广州客运段陪同北大校庆筹委会人员到站实地察看了 K106 次列车车底，为他们做好准备工作提供了条件。

1998 年 4 月 30 日 21：05，专列在盛大的欢送队伍的注视下顺利发车，激昂的情绪就始终伴随着大家，"北大往事"演讲最初由每个车厢推荐一人参加，后来，则是大家踊跃报名，抢着要说。一名校友为百年校庆写了几首歌，一上车，他就教大家唱，许多车厢开始对歌。由三节硬座车厢组成的"长明教室"，使很多人回忆起学校彻夜开放的教室，大家聊天儿、唱歌，久久不肯去睡。

在长 5 米、宽 1 米的条幅上签名留念，使校友们激动欣喜，这条签名条幅将送到北大校史馆收存。

列车每一到站，车上的校友们就敲锣打鼓下车迎接上车的校友，"欢迎北大专列'新生'"的横幅令每一个准备上车的校友倍感亲切，已经 60 多岁的胡树海说，"新生"两个字让我想起了刚入学时的情景，仿佛已又是一个无知的青年，再次回到北大的怀抱。

资料来源：廖为建. 公共关系学［M］. 北京：高等教育出版社，2011.

任务四　提高销售促进能力

营销情境 10 - 4

屈臣氏的促销策略

能让都市时尚白领一族以逛屈臣氏商店为乐趣，并在购物后仍然津津乐道，有种"淘宝"后莫名喜悦的感觉，这可谓达到了商家经营的最高境界。屈臣氏的促销活动每次都能让顾客获得惊喜，在白领丽人的一片"好优惠呦""好得意呦""好可爱啊"声中，商品被"洗劫"一空。屈臣氏促销活动之所以获得消费者青睐，在以下几方面的突出表现值得借鉴。

音频：营销情境
10 - 4 分析提要

1. 持之以恒。屈臣氏的常规促销活动每年都会定期举行，特别是自有品牌商品的促销，如"全线八折""免费加量""买一送一""任意搭配"等会在每年中定期举办，并且在活动中经常都会包含"剪角抵用券""满 50 元超值 10 元换购""本期震撼低价"等优惠活动。

2. 丰富多彩。屈臣氏一年 24 期常规促销活动，形式非常独特，与其他零售店的方式完全不一样，"自有品牌商品免费加量 33% 不加价""60 秒疯狂抢购""买就送"更是丰富多彩，促销商品品种繁多，如滋润精选、如丝秀发、沐浴新体验、皓齿梦工场、唯有新健康、营养街、清亮新视界、知足便利店、关爱自己、完美纸世界、小工具课堂、优质生活、开心美味园、健康情报站、潮流点缀、旅游自助魔法等非常多的趣味主题，介绍众多的个人护理用品，引导消费。

3. 权威专业。屈臣氏的促销活动往往都会贯穿一个权威专业的主导线，每时每刻都在向消费者传递着自己在专业领域里权威专业的信息，让消费者有更大的信任感。屈臣氏的"健康知己"为顾客提供日常健康知识咨询，《屈臣氏护肤易》《屈臣氏优质生活手册》《健与美大赏》《屈臣氏自有品牌特刊》《畅游必备品》向顾客推荐好的产品的同时，邀请行业界知名人物，与读者共同分享美容心得、健康知识。屈臣氏的《促销商品快讯》也是一本健康美容百科全书，除了众多的特价商品、新商品推介，还有介绍非常多的日常护理小知识。

4. 优惠实效。根据国人消费习惯，实惠才是硬道理，屈臣氏促销讲究的就是"为消费者提供物超所值"的购物体验，从"我敢发誓"到"冬日减价""10 元促销""SALE 周年庆""加 1 元多一件""全线八折""买一送一""自有品牌商品免费加量 33% 不加价""买就送"等，每一次都会引起白领丽人的惊呼，降价幅度非常大。每期都有的 3 个"10 元超值换购"商品、9 个"震撼低价"商品每次都会给抢购一空。

5. 全员重视。屈臣氏的促销能达到一个好的结果，不仅仅是有好的策划思路，最重要的是有好的执行力，其全员重视为促销获得成功铺垫了基础。每次更换促销活动主题，在屈臣氏称为"转销"，每逢此时，员工需要在停止营业后一直工作到凌晨，才可以把卖场布置好。为了每次促销活动让各个分店都能按总部思路执行，各分店的经理都要去参观样板店，促销开始的第二天，区域经理就马不停蹄地到各个分店巡视促销活动执行情况，随时监督各分店的工作部署。

6. 氛围浓郁。"创造一个友善，充满活力及令人兴奋的购物环境"是屈臣氏卖场布置的精髓，为了打造一个好的促销氛围，屈臣氏从不吝惜布置场地方面的成本，每次促销会更换卖场所有的宣传挂画、价格牌、商品快讯、色条（嵌在货架层板前面的彩色纸条）、POP，虽然有浪费之嫌，同时舍得投入也是获得回报的根本。

资料来源：李正波，邱琼，中国国际电子商务中心. 电子商务与新零售研究［M］. 北京：中国人民大学出版社，2017.

思考：屈臣氏运用了什么方式吸引消费者？

一、销售促进的概念及特点

销售促进又称营业推广，它是指企业运用各种短期诱因鼓励消费者和中间商购买、经销或代理企业产品或服务的促销活动。销售促进是与人员推销、广告、公共关系相并列的四种促销方式之一，是构成促销组合的一个重要方面。与其他促销方式不同，销售促进对需求的刺激属于强刺激，对于鼓励迅速购买具有十分明显的效果。但是，销售促进方式如果运用不当，则会造成产品贬低的状况，损害企业的形象。因此，大量的销售促进在一定程度上会削弱顾客的品牌忠诚度，增加顾客对价格的敏感度，淡化品牌意识，形成短期行为取向。销售促进较其他促销方式有以下鲜明的特征。

1. 非连续性。广告、人员推销、公共宣传的促销往往是一个长期的、连续的过程，而销售促进则往往是短期内专门开展的一次性促销活动。

2. 强烈性。销售促进对需求的刺激具有强烈的特征。

3. 多样性。销售促进是除广告、人员推销、公共宣传以外的促销方式的集合，其促销的方式多种多样。

4. 即期性。由于销售促进的强刺激作用，因此销售促进传递的信息是立即购买和当期购买的暗示。

相关链接： **玩转销售促进**

1. 星巴克：用星说。"谁来请我喝杯星巴克？"

这是很多人在微信朋友圈转发"用星说"时的发文。

在 2017 年的情人节活动中，星巴克用它的 App "用星说"很专心地过了一次节。微信用户可以通过"用星说"这个社交礼品平台送朋友一杯咖啡，对方凭收到的微信卡券就可以在门店里扫码得到咖啡。伴随着一杯咖啡或星礼卡，消费者不仅可以在线写下祝福，同时也能在送礼的同时附上一张有回忆的照片或一段视频。

2. 海底捞：折星星抵菜钱。"有一次在海底捞等位，服务员拿来一堆彩条纸说可以折星星抵菜钱，一个星星抵五角钱，瞬间没人玩手机了。大家拿出毕生的功力跟时间赛跑，立誓要把海底捞折破产！"

等位本是顾客去餐厅吃饭时最厌烦的事之一，这位网友却乐在其中，并分享到网上，评论里很多人都跃跃欲试，想去海底捞吃火锅，更有人信誓旦旦地表示可以折100多个。

3. 湘江壹号：爱的约定。歌手陈升曾经提前一年预售了自己演唱会的门票，仅限情侣购买，一人的价格可以获得两个席位。但是，一份情侣券分为男生券和女生券。恋人双方各自保存属于自己的那张券，1年后，两张券合在一起才能奏效……而这样浪漫又考验爱情的约定，在红花树湘江壹号餐厅也可以体验到。情人节当天，情侣新办理零花钱会员卡及续卡储值达1 000元，如果第二年的情人节，情侣仍能够牵手来店用餐，则当天可免费享用餐厅精心为他们推出的超级浪漫情侣套餐。

资料来源：杨洪涛. 市场营销　网络时代的超越竞争（第3版）［M］. 北京：机械工业出版社，2019.

二、销售促进的方式

销售促进的方式多种多样，每一个企业不可能全部使用。这就需要企业根据各种方式的特点、促销目标、目标市场的类型及市场环境等因素选择适合本企业的营业推广方式。

（一）向消费者推广的方式

1. 赠送样品。即免费让消费者试用产品，通过亲身试用，使消费者领略到产品的好处和实际利益从而迅速接受新产品，成为新产品的购买者。

相关链接：　　　　　　　　　　**里力口香糖的赠送样品**

口香糖是美国人里力的杰作，它刚出现时运气不佳，买的人寥寥无几。为了推销口香糖，里力用了各种宣传手段，可是效果不大。后来，他发现，儿童是他的一个突破口。于是，他决定以儿童作为推销口香糖的一个突破口。他按照电话簿上刊登的地址，给每个家庭都免费送上4块口香糖。他一口气送礼150万户，一共送上了600万块口香糖。这一举动让大家迷惑不解，为什么要做这样赔本的买卖呢？几天过后，这一招奏效了，孩子们吃完里力赠送的口香糖，都吵着还要吃，家长们当然只有再买。从此，口香糖的销路就打开了。

资料来源：赖丹声，高目，文洁. 钓鱼要有诱饵［J］. 财经界，2006（05）：122－126.

2. 有奖销售。销售某种产品时设立若干奖励，并印有奖券，规定购买数额，顾客达到购买数额后可获奖券。然后由销售者宣布中奖号码，中奖者持券兑奖。这种销售促进方法利用了人们的侥幸心理，对购买者刺激性较大，有利于在较大范围内迅速促成购买行为，但应注意奖励适度及奖品真实性。

3. 廉价包装。包装注明统一折价率，购买时按折价率付款；包装上注明该包装是加大容量的包装或购买时另赠送小容量包装的商品。

4. 折价优待。随广告或商品包装发送的折价优待券，凭券到指定商店购买该商品即可获得一定的价格优惠。

5. 赠品印花。亦称交易印花。消费者购买商品时，赠送消费者印花，当购买者的印花积累到一定数量时，可以兑换现金或商品。赠品印花的实施，可以刺激消费者大量购买本企业的产品，扩大企业的市场占有率。

6. 消费信贷。常见的操作方式是发生在消费信贷的销售活动中，一般采取赊销、分期付款等形式。采用这种方式，消费者不用支付现金即可购买产品。

7. 商品展销。通过展销会的形式，使消费者了解商品，增加销售的机会。常用的展销形式有：为适应消费者季节性购买的特点而举办的"季节性商品展销"、以名优产品为龙头的"名优产品展销"、为新产品打开销路的"新产品展销"等。

8. 现场演示。"耳听为虚，眼见为实"，在销售现场为顾客演示产品的使用，使顾客亲身感受到产品的效果，甚至让顾客亲自操作、使用，促其购买。

9. 俱乐部制或"金卡"制俱乐部制。是指顾客交纳一定数量的会费给组织者后，即可享受到多种价格服务优惠的促销方式；"金卡"制是指顾客交纳一定数量的现金，即可取得有期限的"金卡"，从而可享受价格折扣的促销方式。

10. 广告特制品。将印有广告商名字的有用物品作为礼物送给消费者。礼品包括笔、日历、钥匙链、购物袋、T恤衫、帽子以及咖啡杯。这是一项相当有效的促销，据美国一项调查结果表明，63%的消费者会使用这些特制品，在拿给采访者看之前，超过 3/4 的人记得特制品广告公司的名字。

由于竞争的加剧，许多厂商不断地开发出新的销售促进方式，使其类型不断增多。如特价日优待、先购优待、购物积分、限时折价等。

相关链接：　加多宝开创场景营销新模式，打造"不怕上火"的饕餮盛宴

2017 年 6 月，加多宝第 6 次入驻盱眙国际龙虾节，与主办方一起为吃货寻找最地道的小龙虾味道。一场小龙虾风暴席卷南京玄武湖——由《扬子晚报》、江苏城市频道、荔枝新闻网共同打造的"2017 江苏虾王风云榜之加多宝龙虾嘉年华"盛大开幕。近万名消费者齐聚莲花广场，尽情享受"嗨吃小龙虾不怕上火"的饕餮盛宴。

龙虾嘉年华活动面向全体市民开放，同时邀请权威媒体嘉宾。现场设有小龙虾售卖点，消费者可以一边畅饮加多宝，边吃小龙虾，既可以参与趣味互动，还能见证虾王风云榜最终结果，满足了大家对小龙虾的全部幻想。对于不能亲临活动现场的消费者，加多宝与京东生鲜贴心开启线上小龙虾狂欢节，满减、秒杀等专属优惠不断，足不出户也能吃到优惠又美味的小龙虾。线下有南京，线上有京东生鲜，加多宝打造的小龙虾饕餮盛宴绝对称得上是盛宴中的极品。仅 6 月 13 日一晚，近 4 万名宾客就吃掉近 50 吨小龙虾，喝掉超过 10 万罐加多宝凉茶。

加多宝在全国选取北京、合肥、南京、武汉 4 个小龙虾消耗重点城市，携手当地权威自媒体和龙虾店共同打造了龙虾迷福利月。活动中消费者盲眼剥虾、挑战无敌辣龙虾等互动环节，结合实时的直播，让现场乃至全国消费者体验加多宝与小龙虾的化学反应。

随着饕餮盛宴活动落下帷幕，加多宝2017年夏季营销也圆满收官。回顾整个夏天2.3亿个现金红包贯穿始终，抽中999元超大红包的幸运儿每天都在诞生；龙虾节、吃货节、区域活动、饕餮盛宴依次展开，节奏紧密。既有接连不断的福利派送，又有走近消费者的超前意识，使加多宝成为当年最令人难忘的品牌之一。

资料来源：杨洪涛. 市场营销　网络时代的超越竞争（第3版）［M］. 北京：机械工业出版社，2019.

（二）向中间商推广的方式

制造商策划与掀起的促销活动，如果没有中间商的响应、参与和支持，是难以取得促销效果的。劝诱中间商更多地订货的最有效办法可能是给予价格折扣，主要是数量折扣或者当中间商订货达到一定数量之后，就赠送他们一部分产品。为中间商培训推销人员、维修服务人员，使中间商能更好地向顾客示范介绍产品、提高产品售后服务质量，对于有效地促进中间商的营销工作，吸引顾客购买生产企业的产品具有积极的作用。

针对以上的推广目标，有以下几种常见的销售促进方式。

1. 购买折让。这是最有代表性的一类方法。具体形式有批量折扣、季节折扣、现金折扣等，以鼓励经销商多购、付现金和非季节性进货。

2. 推广津贴。为经销商提供商品陈列设计资料、付给经销商陈列津贴、广告津贴、经销新产品津贴，以鼓励经销商开展促销活动和积极经销本企业的产品及新产品。

3. 经销竞赛。即组织所有的经销本企业产品的中间商进行销售竞赛，对销售业绩较好的中间商将给予某种形式的奖励。

4. 代销。代销是指中间商受生产厂家的委托，代其销售商品，中间商不必付款买下商品，而是根据销售额来收取佣金，商品要是销不出去，则将其返还生产厂家。代销可以解决中间商资金不足的困难，还可以避免销不出去的风险。因此，很受中间商的欢迎。

5. 业务会议和贸易展览。业务会议是指企业自办或与其他企业联办业务洽谈会或商品展示会，以便吸引消费者或中间商前来观看、购买或洽谈业务，这是难得的销售促进机会和有效的促销机会。

（三）针对推销人员的销售促进

面向推销人员的销售促进旨在鼓励推销人员积极工作，努力开拓市场，增加销售量主要方式有以下几种。（1）销售红利。即事先规定推销人员的销售指标，对超指标的推销人员按比例提成一定的红利，以鼓励推销人员多推销商品。（2）推销竞赛。即在推销人员中发动销售竞赛，对推销产品有功的人员或销售额领先的推销员给予奖励，用以鼓励推销员，调动推销员的积极性。（3）特别推销金。企业给予推销人员一定的现金、礼品或本企业的产品，以鼓励其努力推销本企业的产品。

三、销售促进的控制

销售促进是一种促销效果比较显著的促销方式，但倘若使用不当，不仅达不到促销的目的，反而会影响产品销售，甚至损害企业的形象。因此，企业在运用营业推广方式促销时，必须予以控制。

（一）选择适当的方式

选择好销售促进方式是促销获得成功的关键。一般说来，应结合产品的性质、不同方式的特点以及消费者的接受习惯等因素选择合适的销售促进方式。

（二）确定合理的期限

控制好销售促进的时间长短也是取得预期促销效果的重要一环。推广的期限，既不能过长，也不宜过短。这是因为，时间过长会使消费者感到习以为常，消失刺激需求的作用，甚至会产生疑问或不信任感；时间过短会使部分顾客来不及接受营业推广的好处，收不到最佳的促销效果。一般应以消费者的平均购买周期或淡旺季间隔为依据来确定合理的推广方式。

（三）禁忌弄虚作假

销售促进的主要对象是企业的潜在顾客，因此，企业在营业推广全过程中，一定要坚决杜绝徇私舞弊的短视行为发生。本来销售促进这种促销方式就有贬低商品之意，如果再不严格约束企业行为，那将会产生失去企业长期利益的巨大风险。

（四）注重中后期宣传

开展销售促进活动的企业比较注重推广前期的宣传，这非常必要。在此还需提及的是不应忽视中后期宣传。在销售促进活动的中后期，面临的十分重要的宣传内容是营业推广中的企业兑现行为。这是消费者验证企业推广行为是否具有可信性的重要信息源。所以，令消费者感到可信的企业兑现行为，一方面有利于唤起消费者的购买欲望；另一方面是可以换来社会公众对企业良好的口碑，增强企业良好形象。

相关链接： 　　　　　　　　　　　**娃哈哈的促销活动**

　　娃哈哈集团在大肆做广告的同时，也十分注意营业推广手段的运用，经常进行一些活动，引起消费者的参与和媒体的报道，达到提升企业形象、销售产品的目的。有时这种活动的效果比广告还好。娃哈哈曾经在杭州市各大报纸上刊登广告，将报纸上的娃哈哈标志剪下来，可以到杭州市各大商场免费领取一份娃哈哈果奶，当天报纸的发行量是100万份，娃哈哈领导预计能有30%的反馈率就不错了，结果各大商场的果奶很快就赠完了，可是商场门前等着兑换的人依然很多，并且迟迟不肯离去。为此，公司决定连夜加班生产，让每一个持标志者都领到了果奶。这一活动成为各大报纸宣传的热点，娃哈哈的美誉度得到了很大的提升。

　　资料来源：杨柏欢，丁阳，李亚子. 市场营销理论与应用［M］. 南京：南京大学出版社，2020.

任务五　制定人员推销策略

玛丽的汽车

玛丽·凯是美国一位大器晚成的女企业家，她干了 25 年的直销工作，退休后才创办自己的玛丽·凯化妆品公司。有一次，玛丽·凯想买一辆新车，送给自己做生日礼物。当时领导潮流的福特汽车有一款两种颜色的新车刚刚投入市场，她想要一辆黑白色的。

音频：营销情境
10 –5 分析提要

玛丽·凯带着现金来到一家福特汽车销售代表处的展销厅，但售货员一点也不把她放在眼里，因为她看见玛丽·凯是开着一辆旧车来的，更何况那时候女性不容易得到购物信贷，所以他就轻易地判断玛丽·凯买不起车。由于觉得不是"潜在的买主"，这个代表处的售货员连理都不理她。当时正是中午，售货员干脆为自己找了个借口，说他有约会，已经迟到了，对不起。玛丽·凯也见不着经理，因为经理出门去了。

消磨时间的她走进了另一家出售默库里牌汽车的商行。她只是随便看看，因为她仍然太想买那种黑白福特车。这边的展示厅中摆放着一种米黄色汽车，玛丽·凯觉得也还可以，但车上标出的售价比原来准备花的钱要多一些。可是这里的售货员对她十分礼貌，当他听说那天是玛丽·凯的生日后，跟她说了声"请原谅"就走开了。几分钟后，他又回来同玛丽·凯接着聊，15 分钟后，一位秘书给他送来了 12 枝玫瑰，这是给玛丽·凯的生日礼物。"我顿时感到他送给我的好像是几百万美元！"玛丽·凯回忆起来时不禁感慨万分。当然玛丽·凯开走了那辆米黄色默库里牌汽车，而没有买福特汽车。

资料来源：鲁原，焦若静. 顶尖业务员的成功法则［M］. 北京：企业管理出版社，1997.

思考：人员推销的作用？

一、人员推销的概念及特点

（一）人员推销的概念

人员推销是企业运用推销人员直接向顾客推销商品和劳务的一种促销活动。在人员推销活动中，推销人员、推销对象和推销品是三个基本要素。其中前两者是推销活动的主体；后者是推销活动的客体。通过推销人员与推销对象之间的接触、洽谈，将推销品推给推销对象，从而达成交易，实现既销售商品，又满足顾客需求的目的。

（二）人员推销的特点

人员推销与非人员推销相比，既有优点又有缺点，其优点表现在以下四个方面。

1. 销售的针对性。与顾客的直接沟通是人员推销的主要特征。由于是双方直接接触，相互间在态度、气氛、情感等方面都能捕捉和把握，有利于销售人员有针对性地做好沟通工作，解除各种疑虑，引导购买欲望。

2. 销售的有效性。提供产品实证，销售人员通过展示产品，解答质疑，指导产品使用方法，使目标顾客能当面接触产品，从而确信产品的性能和特点，易于消费者引发购买行为。

3. 密切买卖双方关系。销售人员与顾客直接打交道，交往中会逐渐产生信任和理解，加深双方感情，建立起良好的关系，容易培育出忠诚顾客，稳定企业销售业务。

4. 信息传递的双向性。信息的双向沟通是区别于其他促销手段的重要标志。在推销过程中，销售人员一方面把企业信息及时、准确地传递给目标顾客，另一方面把市场信息、顾客（客户）的要求意见、建议反馈给企业，为企业调整营销方针和政策提供依据。

人员推销的缺点主要表现在两个方面：一是支出较大，成本较高。由于每个推销人员直接接触的顾客有限，销售面窄，特别是在市场范围较大的情况下，人员推销的开支较多，这就增大了产品销售成本，一定程度地减弱产品的竞争力。二是对推销人员的要求较高。人员推销的效果直接决定于推销人员素质的高低。并且，随着科学技术的发展，新产品层出不穷，对推销人员的素质要求越来越高。

二、推销人员的素质要求

人员推销是一个综合的复杂的过程。它既是信息沟通过程，也是商品交换过程，又是技术服务过程。推销人员的素质，决定了人员推销活动的成败。推销人员一般应具备如下素质。

（一）推销人员必须对所代表的公司有一个全面了解

推销人员应熟悉公司发展史，对公司历年财务、人员状况、领导状况及技术设备都了如指掌，因为这些知识都有助于增强顾客对推销员的信任感。推销员还必须掌握公司经营目标和经营策略，并能够灵活运用和解释它们。同时，还应该学会巧妙运用统计资料来说明公司的地位，力争在顾客心目中树立起良好的公司形象。

（二）推销人员应该是产品专家

推销人员应全面了解从产品设计到生产的全过程，熟悉产品性能、特点、使用、维修，熟知产品成本、费用、出厂价格。还应全面掌握产品种类、设备状况、服务项目、定价原则、交货方式、付款方式、库存、运输条件等。另外，还必须了解竞争产品的情况。

（三）推销人员要了解相应情况

一方面需要了解顾客购买的可能性及希望从中得到的利益；另一方面还需要了解顾客购买决策依据，顾客购买决策权在谁手中，谁是购买者，谁是使用者和消费者。了解顾客的购买条件、方式和时间，深入分析不同顾客的心理、习惯、爱好和要求。

相关链接：　　　　　　　　　**不同的推销方式**

美国一位儿童用品的推销员在推销一种新型铝制轻便车时，来到纽约市的一家商场。该商场的各类童车一应俱全。推销员找到该商场一位经理，不动声色地把这种轻便型儿童车的资料递给他。经理看了一会，问到"什么价？"推销员就将一份内容详细的价目表递给他。经理看了一会，说："送六打，全要蓝色的。"推销员说："您不想听听产品介绍吗？"经理回答："产品和价目表已经告诉我所要了解的全部情况，这是我所喜欢的购买方式，请随时再来。"

资料来源：永丰. 一组营销策略案例 [J]. 市场营销导刊，1999 (04): 62 - 64.

（四）相关业务知识

主要包括营销策略、市场供求情况、潜在顾客数量、分布、购买动机、购买能力、有关法规等。

（五）良好的文化素质

对推销人员来说，同行竞争的焦点往往是文化素质的差异。在文化素质方面，要求推销人员具有一定的专业知识，如经济学、市场学、心理学、经济法、社会学等。除此之外还应在文学、艺术、地理、历史、哲学、自然科学、国际时事、外语等方面充实自己。博学多才是推销员成功的重要因素。

（六）相应的法律素质

工作中要有强烈的法律意识和丰富的法律知识。推销工作是一种复杂的社会活动，受到一定的法律法规制约。推销过程中，推销员应注意衡量自己的言行是否合法，以及会给社会带来什么后果。

三、推销人员的甄选与培训

由于推销人员素质高低直接关系到企业促销活动的成功与失败，所以，推销人员的甄选与培训十分重要。

（一）推销人员的甄选

甄选推销人员，不仅要对未从事推销工作的人员进行甄选，使其中品德端正、作风正派、工作责任心强的胜任推销工作的人员走入推销人员的行列，还要对在岗的推销人员进行甄选，淘汰那些不适合推销工作的推销人员。推销人员的来源有两种：一是来自企业内部。就是把本企业内德才兼备、热爱并适合推销工作的人选拔到推销部门工作。二是从企业外部招聘。即企业从大专院校的应届毕业生、其他企业或单位等群体中物色合格人选。无论哪种来源，都应经过严格的考核，择优录用。

甄选推销人员有多种方法，为准确地选出优秀的推销人才，应根据推销人员素质的要求，采用申报、笔试和面试相结合的方法。由报名者自己填写申请，借此掌握报名者的性别、年龄、受教育程度及工作经历等基本情况；通过笔试和面试可了解报名者的仪表风度、工作态度、知识广度和深度、语言表达能力、理解能力、分析能力、应变能力等。

（二）推销人员的培训

对当选的推销人员，还需经过培训才能上岗，使他们学习和掌握有关知识与技能。同时，还要对在岗推销人员，每隔一段时间进行培训，使其了解企业的新产品、新的经营计划和新的市场营销策略，进一步提高素质。培训内容通常包括企业知识、产品知识、市场知识、心理学知识和政策法规知识等内容。

培训推销人员的方法很多，常被采用的方法有三种：一是讲授培训。这是一种课堂教学培训方法。一般是通过举办短期培训班或进修等形式，由专家、教授和有丰富推销经验的优秀推销员来讲授基础理论和专业知识，介绍推销方法和技巧。二是模拟培训。它是受训人员亲自参与的有一定真实感的培训方法。具体做法是，由受训人员扮演推销人员向由专家教授或有经验的优秀推销员扮演的顾客进行推销，或由受训人员分析推销实例等。三是实践培训。实际上，这是一种岗位练兵。当选的推销人员直接上岗，与有经验的推销人员建立师徒关系，通过传、帮、带，使受训人员逐渐熟悉业务，成为合格的推销人员。

四、人员推销的形式

一般说来，人员推销有以下三种基本形式。

（一）上门推销

上门推销是最常见的人员推销形式。它是由推销人员携带产品的样品、说明书和订单等走访顾客，推销产品。这种推销形式，可以针对顾客的需要提供有效的服务，方便顾客，故为顾客所广泛认可和接受。此种形式是一种积极主动的、名副其实的"正宗"推销形式。

（二）柜台推销

柜台推销又称门市推销，是指企业在适当地点设置固定的门市，由营业员接待进入门市的顾客，推销产品。门市的营业员是广义的推销人员。柜台推销与上门推销正好相反，它是等客上门式的推销方式。由于门市里的产品种类齐全，能满足顾客多方面的购买要求，为顾客提供较多的购买方便，并且可以保证商品安全无损，故此，顾客比较乐于接受这种方式。柜台推销适合于零星小商品、贵重商品和容易损坏的商品。

（三）会议推销

它指的是利用各种会议向与会人员宣传和介绍产品，开展推销活动。例如，在订货会、交易会、展览会、物资交流会等会议上推销产品均属会议推销。这种推销形式接触面广，推销集中，可以同时向多个推销对象推销产品，成交额较大，推销效果较好。

五、人员推销的流程

人员推销是一门涉及各个领域的古老艺术。营销人员的成功除了要有天分外，还涉及许多其他因素。如今很多企业每年花费大笔的资金对营销人员进行培训，试图将营销人员从一个被动的订单承接者转变为积极地为顾客解决问题的订单争取者。一个积极的订单争取者要学会如何聆听和识别顾客的需要并提出有效的解决方法。

没有在任何情况下都通用的方法，但大多数营销职业培训方案都认为有效的人员推销过程需要完成几个主要步骤。

（一）挖掘潜在顾客

企业可以通过多种渠道识别潜在顾客的信息，例如现有顾客推荐、查询工商企业名录、广告、信函、电话以及互联网等手段。找出潜在顾客以后，企业应着手评估这些潜在顾客的购买意愿以及资金实力，然后加以确认。

（二）顾客分析

顾客分析，包括他们需要什么样的产品，谁参与购买决策过程，以及采购人员的个性及购买方式等。这一阶段的另一个任务是确定接下来的访问目标以及访问方法和访问时机。访问目标可以是确定潜在顾客是否够资格，也可以仅仅是为了收集他们的信息还有可能是立即达成交易。访问方法多种多样，如亲自拜访、电话访问或信函访问。至于访问时机则要避开顾客可能会非常忙碌或者不便接受访问的时间段。

（三）接触

在这个阶段，营销人员应该了解如何会见顾客，并使双方关系有一个良好的开端。这时，得体的仪表和开场白显得尤为重要。

相关链接： 　　　　　**拜访的"真诚"决定客户转化率**

日本企业家小池出身贫寒，20 岁时在一家机器公司当推销员。有一段时间，他推销机器非常顺利，半个月内就同 25 位顾客做成了生意。有一天，他突然发现他现在所卖的这种机器比别家公司生产的同样性能的机器贵了一些。他想："如果顾客知道了，一定以为我在欺骗他们，会对我的信誉产生怀疑。"于是深感不安的小池立即带着合约书和订单，逐家拜访客户，如实地向客户说明情况，并请客户重新考虑选择。他的行动使每个客户都很受感动。此举也给他带来了良好的商业荣誉，大家都认为他是一个值得信赖的正直的人。结果，不但 25 人中没有一个解除合约，反而又给他带来了更多的客户。

资料来源：赖丹声，高目，文洁. 英国商人的圈套 [J]. 财经界，2006 (01)：106－111.

（四）销售演示

营销大师菲利普·科特勒指出，如今营销人员向顾客展开销售攻势时常采用两种方法：

第一种方法是 AIDA 公式。争取注意（attention）—引起兴趣（iterest）—激发欲望（desire）—见诸行动（action），即在销售过程中首先要争取顾客的注意，然后要引起顾客对产品的兴趣，接下来就要用适当的方法激发顾客的购买欲望，最后是促成交易行动。第二种方法是 FABV：特征（feature）、优势（advantage）、利益（benefit）和价值（value）。特征指的是产品的物理特点；优势描述了产品相对于同类竞争产品的优点；利益指的是使用该产品能为顾客带来的好处；价值则是指产品的综合价值，包括物质与非物质的（例如精神享受）。在产品推销的过程中常犯的一个错误是过分强调产品特点，而忽视了顾客的利益。所以有些企业要求营销人员在向顾客展示产品的时候，要首先强调它对于顾客的利益（好处），以此来快速激发顾客的兴趣。

（五）处理异议

在产品推销过程中，顾客提出异议（反对意见）是非常普遍的现象。原因可能是心理抵触或逻辑抵触。心理抵触包括对外来干预的抵制、喜欢已建立的供应来源或品牌对营销人员的偏见等；逻辑抵触包括对价格、交货期或者是某产品、某企业的抵制。更为麻烦的是有些时候顾客并不直接说出反对意见，营销人员必须采取积极态度，设法找出隐藏在背后的反对意见，并诱导顾客说出反对的理由。优秀的营销人员常常能够通过解释将拒绝和怀疑变成让顾客购买的理由。

（六）达成交易

在这一阶段，营销人员要懂得抓住机会，达成交易。这里的关键是识别顾客所发出的特定的成交信号，包括顾客的动作、语言、评论和提出的问题。达成交易有几种方法和技巧，如重新强调双方协议的要点、建议顾客下订单、询问顾客购买产品的具体品种规格、提供购买的特殊理由（如特价、赠送额外数量的产品或是赠送其他礼品）等。

（七）跟进和维护

如果营销人员想保证顾客感到满意并能继续订购，跟进和维护是必不可少的。交易达成后，营销人员应马上确定交货时间、购买条款及其他事项，同时着手制订顾客的维护和成长计划，定期对顾客进行回访。这种访问还可以发现可能存在的问题，让顾客信任营销人员，并减少分歧的产生。

案例分析：小米手机的促销活动

2011 年 8 月 16 日，一场酷似苹果手机发布会的小米手机发布会在北京召开。至此，中国手机市场营销模式开启了新的篇章。如此发布国产手机的企业，小米是第一家！不可否认，小米手机这招高调宣传发布会取得了众媒体与手机发烧友的关注。前期预热够足够长够吊人胃口，这也是基于苹果的习惯套路，也是基于在业内的光环效应。至此，小米手机可谓是在互联网中"如雷贯耳"！关于小米手机的新闻、评测、拆机等报道一篇接一篇。

文本：分析思路

除了充分利用新媒体的广告促销，小米手机率先采用秒杀的形式出售工程纪念版。此消息一出，在网上搜索如何购买小米手机的新闻瞬间传遍网络。而且需在 8 月 16 日之前在小米论坛达到 100 积分以上的消费者才有资格参与秒杀活动，销售给之前就已经关注小米手机的发烧友们，客户精准率非常高。小米手机这一规则的限制，让更多的人对小米手机充满了好奇，越来越多的人想买一台，以致拥有一台小米手机就是身份的象征似的！

资料来源：杨柏欢，丁阳，李亚子. 市场营销理论与应用［M］. 南京：南京大学出版社，2020.

讨论问题：小米手机的促销手段成功在哪里？

情境讨论和能力训练

训练主题：理解市场营销促销组合策略

训练目的：

1. 了解市场营销促销策略。

2. 设计促销组合策略。

训练方案：

1. 将班级同学进行分组，每组 4～6 人。

2. 小组成员一起讨论：假设一个小组就是一个公司。

（1）请为一家即将开发的住房小区策划一份促销组合策略。要求分组进行有关市场环境、竞争对手消费者方面资料收集。针对该住房小区的市场定位，有针对性地设计广告、SP、人员推销、公共关系或网络营销等方面的促销策略。方案翔实、创意合理、便于操作。

（2）请为学校的招生活动进行相关的公关策划和广告媒体策划，以实现宣传学校、提高影响力的目标。

本项目思考题

1. 什么是促销，促销组合及其影响因素有哪些？

2. 广告的设计原则及广告效果测定的方法。

3. 什么是公共关系，其作用是什么？

4. 什么是销售促进，其主要方式有哪些？

5. 什么是人员推销，人员推销的流程是怎样的？

感知新媒体传播

听故事悟原理
（维基百科的
协作新闻）

课程思政
（网络数字化的
批判与反思）

项目十一课件

■ 目标描述

知识目标：

1. 了解网络传播的形态，认识其概念的意义所在；

2. 认知不同网络传播工具，及相关工具导向的营销策略；

3. 体会社交媒体营销的特点，社会化媒体时代的营销变革；

4. 理解网络产品的层次及特点。

技能目标：

1. 掌握微信营销生态，原生广告（信息流广告）特性；

2. 熟悉博客的结构特点与传播特点；

3. 理解维基的价值，分析 SNS 的结构特点与传播特点。

■ 工作任务导图（见图 11 –1）

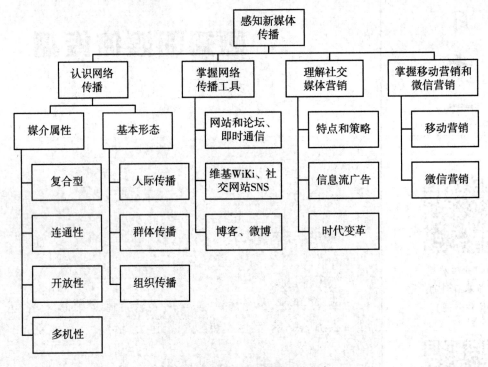

图 11 –1　网络传播营销工作任务

■ 重要概念

网络传播　社交网站 SNS　微博营销　社交媒体营销　移动营销　微信营销

任务一　认识网络传播

营销情境 11-1

迪士尼：娱乐王者的网络之舞

迪士尼并非简单地接入互联网领域，正如由故事和童话堆砌而成的迪士尼娱乐王国一样，迪士尼进入互联网的历史十分悠久、根基深厚。迪士尼与互联网有关的业务和产品方面最早的历史可以追溯到 1996 年。当时，历史上最具传奇色彩的互联网公司之一雅虎刚刚开始盈利。迪士尼在那时顺利完成了对 ABC 集团的业务收购，此后，迪士尼开始拥有了自己的互联网业务，先后通过资本运作的方式，构建了美国最大的体育、娱乐资讯王国，成为 ABCNEWS.com，

音频：营销情境 11-1 分析提要

ESPN.com，NBA.com，NFL.com 等美国大型网络媒体的幕后老板。同时，迪士尼还围绕自己所擅长的影视娱乐业务，推出了包括 Disney.com，Disney 移动娱乐，Family.com，Family Fun.com，Movies.com，wondertime.com 等互联网和移动网络服务。如今，在迪士尼的网络帝国中，我们能够看到其已经拥有了包括网站与固定因特网业务、宽带业务、网络游戏业务以及移动互联网业务等全方位的互联网产品及服务，这些网络业务从体育到游戏、从资讯到电影不一而足，迪士尼的网上娱乐王国已经初具雏形。

2001 年，迪士尼乘机把自己的网络产品和服务带到了中国。迪士尼互联网集团和中国的海虹控股股份有限公司合作开通了迪士尼中文网站（Disney.com.cn）及迪士尼收费游戏频道迪士尼小旋风（Disney Blast）。之后，迪士尼又先后收购了上海智赢和北京群胜两家无线网络服务公司，开始了在中国的移动互联网业务。不过，或许是患上了国际互联网巨头水土不服的通病，相比较其在全球的网络产品和服务领域的高速发展，迪士尼在中国的互联网业务发展却显得有些迟缓和慢热。

不过，虽然没能让自身的网络业务在中国得到高速发展，但迪士尼却通过另一种方式打开了其他业务在中国互联网市场的大门——基于互联网的营销。

在互联网营销方面，首先打开中国网络营销之门的是与搜狐合作运营香港迪士尼主题公园网站，销售香港迪士尼门票、香港迪士尼乐园酒店和迪士尼好莱坞酒店的网上预订。或许，这两项合作只是迪士尼主题乐园在中国互联网上的简单营销动作，但这样的本土化合作方式打开了中国的市场，为迪士尼的传统业务带来新的机会。

2016 年开始，迪士尼开始发力中国的社交媒体，定位"全世界最快乐地方"，传播一流的服务体验和提供卓越的顾客服务。凭借上海迪士尼的开园以及早已享誉全球的知名 IP 米老鼠系列和迪士尼公主系列等内容，在我国社交媒体上开了好头。近年来，更是打造了"达菲家族"IP 系列创造了奇迹。在抖音上，家族成员玲娜贝儿的视频更是铺天盖地而来，首发当日，玲娜贝儿的出场秀单条视频点赞高达 20 多万，关于她的话

题就多达10余条；在小红书上，通过与头部博主合作，促成4.36万种草笔记与转发，凭借着百万互动稳居平台第一。

资料来源，赛艾厦．迪士尼：娱乐王者的网络之舞［J］．销售与市场（管理版），2010（03）．

思考： 与迪士尼传统的IP系列不同，玲娜贝儿及"达菲家族"其他成员的成名之路并没有影视资源和文学作品作为支撑，那么，无作品、无动画的玲娜贝儿是如何爆火的？

一、网络的传播媒介属性

网络的传播媒介属性是不言自明的。与传统的传播媒介相比，网络传播的特性突出表现为复合性、连通性、开放性、多级性与网状化。

（一）网络传播的复合性

1. 传播形态与形式的复合性。传统的传播媒介既有电话等人际传播媒介。也有报纸、广播、电视等大众传播媒介。而网络则融多种传播于一体，因此，是一种复合性媒介。网络所承载的传播形态包括人际传播、群体传播、组织传播与大众传播等，各种传播形态之间形成了复杂的交织、渗透与互动关系。从传播形式来看，网站、客户端、电子邮件、即时通信、论坛、博客、微博、微信等相互连接、渗透，形成了立体的传播网络。

各种传播形态与形式的相互交织，使网络信息传播的具体过程与结构也变得格外复杂。网络中的传播既可以是"点对面"的，也可以是"点对点"的；既可以是一级传播，也可以是多级传播；既可以是同步传播，也可以是异步传播。一条信息的传播可能会跨越多种传播形态，在多个传播渠道中进行着多级传播，所以网络传播常常是"复合式"传播。在此过程中，会产生信息的放大、扭曲、衰减等可能性。

2. 传播手段的多媒体融合。多媒体融合，是网络信息传播的一个主要特征。多媒体融合有两个层面的含义：一是指网络平台可以承载任何一种形式的信息；二是指在有关某一事件或主题的信息传播中可以综合运用多媒体手段。

相关链接： **媒介融合**

媒体的数字化、网络化、移动化，带来的最终结果就是各种媒体之间界限的模糊、功能的交叉、市场的汇聚。这几个层面都会推动业务融合，包括融合性新闻及融合性产品的出现与创新。

融合性新闻，正是网络多媒体特性的体现。一般认为，媒介融合包括技术融合、业务融合、平台与市场融合、机构融合以及产业融合等不同层面。融合性新闻（或称融媒体新闻），有两种不同含义。其一涉及在一个报道内的多媒体手段融合。其二涉及各种媒体平台的报道构成一个有机整体，也就是将不同形式的报道在多个平台上用不同方式分发，满足不同用户群体的需求，形成一个合理的报道体系。越来越多的营销推广也采用这种信息传播形式。

在融合性新闻发展的同时，各种媒体之间将产生更多的交叉、互动，跨媒体的合作报道、合作栏目、合作经营等逐渐推动各媒体自身的业务改革，最终将基于跨媒体整合形成新的信息生产流程与分工模式。业务和市场融合在某种意义上会推动机构融合，但由于媒体长期处于相互隔绝状态，所以简单地把几个机构或几类机构捆绑在一起，也难以形成融合。机构融合更多的应是在市场导向下形成"利益共同体"。这个过程将是漫长的，而非靠行政命令一蹴而就的。没有共同利益驱动，形成的可能只是物理性的结合，而非化学性的融合。

媒介融合也意味着各种不同行业的融合，很多传媒业之外的行业正在"入侵"传媒业领地。与媒体进行合作，这给其他行业的媒体运用带来的影响是深远的。

3. 传播功能的多重性网络承担的传播功能是复杂的。在不同层面，其功能侧重点有所不同。（1）个人层面：人际交流、个人情绪的调节、"人脉"资源的积累、自我形象的塑造、个人生活平台、个人学习平台、个人工作平台等。（2）群体层面：已有群体的维系、新群体的发展、群体文化的形成与维系、群体间的互动等。（3）组织层面：组织的工作平台、组织内的信息沟通、组织文化的形成与维系、组织外的信息传播、组织的对外公关等。（4）社会层面：社会信息的传播、社会舆论的形成、社会环境的监测、社会文化的发展与传承、社会服务等。

4. 公共话语空间与私人话语空间的统一性。网络承载的传播形态的多样性，决定了网络兼具"公共话语空间"与"私人话语空间"的性质。

"公共领域"（public sphere，也被译为"公共空间"）是德国哲学家哈贝马斯提出来的一个重要概念。他指出，公共领域，"首先是指我们的社会生活的一个领域，在这个领域中，像公共意见这样的事物能够形成"。它是"介于私人领域和公共权威之间的一个领域，是一种非官方公共领域"[①]。它是各种公众聚会场所的总称，公众在这一领域对公共权威及其政策和其他共同关心的问题作出评判[②]。它既可以整合和表达民间的要求，又能使公共权力接受来自民间的约束。

网络是一种新型的、理想的公共领域。虽然网络整体成为一个理想的公共领域还有很多障碍，但网络的某些局部还是具有成为理想的公共领域的可能。作为一个公共话语空间，网络是一个允许个体进行意见表达的公开场所，个体在这样一种空间的话语表达，有可能被他人听到。但这样的空间赋予个人更多的是一种说话的权利而不是"权力"。一个人的话能否被人听到，能被多少人听到，取决于他的话题是否为众人所关注，他说话的方式能否为人所接受，他的观点能否引起共鸣或争鸣。而作为一个公共话语空间，网络还有一个重要作用，那就是它可以将弱小的个体的声音汇聚成强大的集体的声音，使之广为传播，尽管这种汇聚并不一定在所有情况下都是理性的或建设性的。但无论如何，网络都是一个公共意见交流的平台，尽管这种交流并不一定是平等的。

与此同时，也有很多人将网络视为一种"私人话语空间"，电子邮件、即时通信工具，甚至博客、微博、微信，一些网民都将它们视为纯私人的表达工具。在私人话语空间里，个

---

① 汪晖，陈燕谷. 文化与公共性［M］. 上海：上海三联书店，1998：125.

② 何增科. 公民社会与第三部门［M］. 北京：社会科学文献出版社，2000：10.

体的需求不同，个体的意见形成和表达方式与公共话语空间应该是有较明显的区分的，其社会功能也是有所不同的。需要意识到网络不只是一种公共意见表达的渠道，用户也有很广泛的私人化表达方面的诉求。重要的是，网络中的公共话语空间与"私人话语空间"的界限并不总是那么清晰可辨。网络媒介具有"公""私"兼具的特性，这意味着，品牌对自己在网络中的言行可能产生的社会性后果要有足够的估计。

（二）网络传播的连通性

上文提到，网络的演进过程就是"连接"的演进过程。到今天，网络已经成为由各种对象连接而成的一张巨大的"网"，这造就了网络在多个层面的"连通性"。

1. 结构的连通性，也对信息传播的控制提出了很大的挑战。在信息传播路径四通八达的情况下，简单封锁某一个站点或者某一路径，很难完全控制某些信息的发布与传播。在这种意义上，对网络媒介进行宏观控制的能力是受到削弱的。

2. 信息的连通性，网络中的信息的连通，表现为时间维度上的连通，也表现为空间维度上的连通。人们在网络中的活动往往基于这个信息网络的架构。信息间的联系，构成了人们获取更多信息、拓宽视野与交往范围的桥梁。并非所有网页间都存在直接联系，不同网页被链接的数量也存在很大差异。一个网页被其他网页链接的数量的多少，实际上成为一种影响力的衡量指标，影响力大的网站或网页，被链接的数量往往大。链接状态在某种意义上反映了网络中的信息"权力"格局。

在网络营销传播中，信息在技术上连通的可能性给人们拓展内容的广度与深度提供了一定的基础。如果对这样的手段运用得当，那么信息之间的连通性对于拓展产品或内容的展示面和深度会有一定的作用。但使用不当，也可能会干扰受众的注意力，造成信息的过载与浪费，导致无效沟通，形成过度的营销成本。这必须为网络营销中的许多环节所重视，如公共关系管理，危机公关沟通和反应机制。

3. 受众之间的连通性。大众传播者与受众之间的直接连通性带来了网络传播的"互动性"。传播者与受众之间的沟通方式，已经不再是简单的反馈与交流，而是一种你中有我、我中有你的共同协作。用"共动性"这个词更能准确表达出传播者与受众之间连通之后对于信息传播的作用与意义。

受众之间的连通性。网络受众并非在一个封闭的空间里获取信息，实际上，他们经常处于一个社会化的环境中，受众之间会产生各种各样的联系，他们彼此间容易形成相互的影响。这种连通不仅改变了传播模式，也影响了人们的社会关系。这种连通性也意味着一种高度的聚合性，它能使分散的、隐藏的个人选择外化为一种集体的选择，使弱小的个人意见集成为一种强大的集体声音。但这种集体的选择或声音并不等同于民意，它们也并非总是理性的，并非总是带来积极的效果。

相关链接：　　　　　　　　　　**UGC 的含义**

UGC（user generated content）即用户自身的原创内容通过互联网平台进行展示或者提供给其他用户，是提倡个性化为主要特点的 Web2.0 时代的产物，用户将自己的原创内容分享给别人，具有很强的互动性。它不是某种具体的业务，而是一种用户使用互联网的新方式，即由原来的以下载为主变为下载和上传并重。用户既是网络内容的浏览者，也是网络内容的创造者。

自 2013 年移动互联网的不断发展，信息技术水平日益提高，手机的功能越来越强大，应用商城层出不穷的社交 App 为 UGC 的发展提供了便捷。YouTube、抖音等网站都可以看作是 UGC 的成功案例，视频网络、内容分享博客等都是 UGC 的主要应用形式。

总结 UGC 有以下特点：（1）用户既是受众又是传播渠道；（2）传播力相对较弱；（3）一般与其他主题活动配合开展；（4）达到病毒传播效果的一种有效方式。

（三）网络传播的开放性

在网络传播的宏观与微观两个层面都可以看到"开放性"这一特点。

1. 传播格局的开放性。网络传播开放性的宏观表现，是传播格局的开放性。从大众传播的角度看，传媒机构在传统媒体时代的垄断地位已被打破。网络传播的参与者可以是任何有条件利用网络的人或组织。这种开放性，使网络传播的格局变得更加多元与复杂。网络大众传播主体的多元化，大大拓宽了商业和公共信息传播渠道，使过去处于特权地位的传统体的地位受到挑战，过去单一的由媒体发出的声音被多种来源发出的声音冲击，受众处于一个更多元的信息环境中。与传统媒体时代相比，传播参与者的多元化所带来的信息构成的多元化与流向的多向性，使网络平台上整体的信息环境所受到的控制减少。可能为消费大众对现实社会环境作出判断提供更多参照，但也可能造成信息质量的良莠不齐，造成虚假商业信息的泛滥。

2. 传播过程的开放性。网络传播开放性的微观表现，是传播过程的开放性。从时间上看，与传统媒体相比，网络可以全天候地处于信息发布的状态，对于突发事件或动态发展的事件，可以做到即时发布、全过程跟踪、不间断报道。此外，网络信息传播过程中的各个要素与环节，都处于开放状态。特别是信息发布之后的多级传播过程，是很难受到信宿（通常为营销主体）的控制的。开放性也会使传播过程中的信息变形更容易发生，例如在原有信息上添加或删除一些内容，这给信息传播过程中的责任认定带来困难。

（四）网络传播的多级性

传播学者拉扎斯菲尔德等在 1940 年美国大选期间所做的研究，提出了两级传播的概念，即大众传播并不是直接流向一般受众，而是要经过意见领袖这样一个中间环节。美国社会学家罗杰斯则提出了"N 级传播"的模式。他认为，大众传播过程涉及两个方面：一是作为信息传递过程的"信息流"；二是作为效果或影响的产生和波及过程的"影响流"。前者可以是"一级"的，而后者则是"多级"的。

传统传播存在"多级"传播，网络传播更是如此。而且多级传播不仅出现在"影响流"中，也出现在"信息流"的传播过程中。多级传播的作用范围越来越大，程度也越来越深。多级传播可以包括非常多的组合形式。总体而言，网络传播通常是大众传播、群体传播与人际传播三者的组合，有时还包括组织传播。这中间的环节数量可以无限增加，也就是说传播级数可以无限增加。传统媒体的多级传播中，一级之后的传播通常是在媒体之外完成的。而网络中的多级传播可以全部利用网络这个媒介实现。值得注意的是，并不是所有的信息都会以多级方式流动。信息能否进入多级流动，取决于一些因素，例如，信息本身与受众兴趣的吻合度、信息发布的方式等。

（五）网络传播的网状化

网络平台上的传播，还有一个特点，那就是传播路径的网状化。信息不是沿着一条线性的路径传播的，而是在进行着网状扩散，如图 11-2 所示。从理论上看，每一条信息在数字平台中都可能借助网络从一个点扩散到一个面。

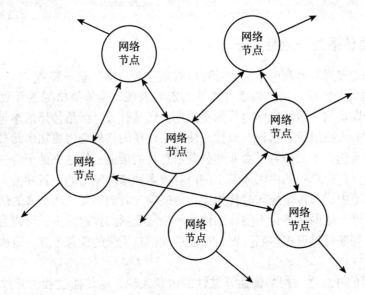

图 11-2　网络信息传播中的网状模式

网络平台上的各种传播主体（例如媒体、政府、企业、个体等），都可以被看作一个节点，它们之间存在着各种各样的联系，这些联系使节点构成了一个巨大的关系网络。而这个关系网络是网络平台传播的底层结构。网络平台上，关系对于信息的流动起着重要的作用。进入社会化媒体时代后，个人作为网络节点的角色被凸显了出来，特别是在营销传播中，"自媒体"模式也就开始成为营销信息传播的重要模式。

二、网络传播的基本形态

人类传播主要有五种基本形态，包括人内传播、人际传播、群体传播、组织传播。除了人内传播外，其他传播形态都存在于网络中，它们也构成网络传播的基本形态。

（一）网络中的人际传播

互联网中的人际传播网络是流行文化传播、病毒式营销等的重要渠道。网络中可以实现人际传播的方式是多样化的，电子邮件、即时通信、网络游戏、博客（播客）、SNS、微博、微信等都是重要的人际传播渠道，而网络直播等新应用，也在一定程度上承载着人际传播。

近年来的社交平台通常可以同时提供多种手段，包括类似面对面交流的视频聊天，人们可以在不同手段之间进行切换，这可在一定程度上弥补文字交流的不足。与面对面的交流相比，以文字为主的交流还有一个特点，那就是交流的内容是便于记录的。这些文字记录不仅可能对于后续的交流产生作用，也可能成为个人历史的一种记录。当然，这些记录常常也是隐私的一部分。

技术在推动网络人际传播的发展方面起到了至关重要的作用。网络人际传播处于不断变化中，从电子邮件发展到现在的微信交流，从初期的文字交流发展到各种平台的多媒体交流，网络在人际传播方面的能力范围在不断拓展。有趣的是，人们在网络人际交流中选择的手段，并不完全取决于其主观意愿，更多时候取决于技术基础，如计算机硬件、网络带宽、相关软件等。技术因素的制约，会在一定程度上影响到传播的过程及效果。过去的人际传播大多是一对一的，但是，博客、SNS、微博、微信朋友圈、网络直播等，也带来了一对多的人际传播可能。

美国学者约翰·舒勒（John Suler）在其研究报告《网络空间的基本心理特征》中指出，虚拟的网络空间与人们内心体验世界的真实大不一样，数字化的人、关系和群体使人类相互作用的时间和方式得以延伸扩展。他对人类在网络空间这一新社会领域中独特的心理体验进行了总结，并归纳出 9 个特点：（1）有限的感知经验；（2）灵活而匿名的个人身份；（3）平等的地位；（4）超越空间界限；（5）时间延伸和浓缩；（6）永久的记录；（7）易于建立大量的人际关系；（8）变化的梦幻般体验；（9）黑洞体验（舒勒所说的黑洞体验，是指在网络中得不到信息或反馈的情形）。虽然他不只是针对网络中的人际传播作出分析，但他提到的心理体验很多与人际传播相关。

（二）群体传播

网络的应用促进了人群之间频繁的交流互动，使得人群的交流不再是偶然的、临时的，而是逐渐变为固定的、持续的，并且在各个方面影响着网络社会的稳定性，对于网络意见的形成、网络文化的发展起着重要作用。

网络中的群体一般有两种：一种是在现实世界已经存在的，它通过网络来发展群体成员间的关系。早期的同学录、现在的微信群等，都是典型的线下群体关系向线上的延伸。而另一种，则是通过网络形成的新群体，如一些兴趣社团。网络群体形成的途径很广泛，BBS、电子邮件、博客、网络游戏、SNS、微博、微信等，都可能成为孕育群体的土壤。后者的形成，不具有强制性，群体规范所能产生的约束力也弱。所以网上的群体总体的流动性更大。

1. 社区模式。早期基于新闻组、BBS 形成的虚拟社区，一个重要特征是社区有一个明显的边界，就像一个"圈"一样，社区的活动都在这个明确的"地界"内。加入某个社区，会有明显的行为标志，如在社区注册，而每个社区也有一个明确的名称。人们在这种社区的互动是通过一个个明确的话题来进行的。从形式上来说，这种社区的"圈"或"地界"是由社区的进入机制来决定的；从本质上来说，这种地界是由社区的核心维系点决定的，即由社区成员共同的兴趣、意识、行为以及利益决定的。

圈式结构使社区边界明确，社区成员有较明确的身份意识，如在社区注册，而每个社区也有一个明确的名称，社区成员作为一个集体进行的交往比较多，成员对社区的归属感更容易形成。因此，这种结构更有利于群体的形成。然而，登录今天的一些网络平台（如豆瓣、

SNS 网站、微博、微信等）时，却发现，人群聚合并没有形成明确的边界，甚至某些时候人们的互动并不需要话题讨论，而只需要通过某种方式所形成的关系链条，如"标签"功能、"好友"功能等（"标签"建立在内容的联系上，"好友"建立在人际关系的认同上）。社区正是由这些关系链条或纽带生成的，最终这些纽带编织出复杂的成员关系网络，称为链式结构。

从网络群体传播的规模来看，新兴社区是处于动态变化中的。不同的时机和条件下激活的节点数量不同，形成的社区规模也就不同。例如，一些热点事件可以激活整个微博或微信平台，而大多数情况下，普通话题或活动只能激活微博、微信的一个局部。尽管理论上可以激活整体，但是关系的远近、利益的相关性等，都会影响到人们的参与程度。因此，网络中的应用工具，有些有助于形成这样的持续的互动与关系聚合，有些则只能带来流动的、松散的关系，难以形成群体。相较圈式结构而言，链式结构这样一种较为松散、灵活的结构，使社区成员的集中交往并不多，更多的交往是一对对成员之间的个别交往，因此群体意识较难形成。但是，在某些时候，成员间会产生较一致的行为。用户常用的"转发"就是这种关系链条的"接力"方式，一个社区中所有成员的共同意识或行为仍然有可能在某些时候被激活，表现出很强的群体效应。因此，社会网络的结构模式对于群体传播具有重要意义。

2. 网络社群模式。"社群"这个词，近两年被频频提及。尽管今天的从业者和研究者对社群的定义不尽相同，但无论如何，社群都离不开一个基本特征：社交平台上人群的紧密聚合与深度互动，可以被认为是网络群体的深化方向。"社群"与社区都来自英文"community"，看上去它们似乎只是同一英文概念的不同译法，但今天盛行"社群"这一提法还是有其原因的。今天人们关注的社群更接近社会学意义上的"群体"，也就是其成员更具有群体意识、群体归属感，也更具有一致的行动能力。而与群体这个概念相比，今天研究者和从业者所关注的社群，往往与创造、生产等行为相关联，是一种生产共同体。

要实现使社群成为生产力的目标，除了成员间兴趣、目标的趋同和更强的成员连接外，还需要为个体的自我价值实现提供空间，当然也需要每个个体全方位地贡献自己的能量，即进行智力、行动力、社会资源等方面的投入。社群也会更多地促进网络亚文化的形成。亚文化是社会上一部分成员接受的或为某一群体所特有的文化。社群本身的维系点就是共同的兴趣、价值取向等，以此为前提的成员互动，有可能发展出社区的亚文化，如自己的语言模式、自己的行为规范、自己的价值体系等。

相关链接：　　　　　　　　　　　　**社群经济**

今天的社群更多地出现在"社群经济"这一语境下。社群经济目前主要有三种指向：一是将社群作为服务对象或营销场所；二是挖掘粉丝社群的价值；三是集合社群成员力量来进行共同创造或经营活动，让社群成为一种生产力；第三种指向被很多研究者和实践者认为是社群经济更理想的目标。《罗辑思维》的创始人罗振宇认为，新媒体的本质就是社群。未来每个人都会摆脱工业时代给我们固定下来的社会角色和社会分工，自由联合，形成社群。尽管这一说法有夸大社群价值的嫌疑，但对于社群未来的影响，我们的确需要给予足够的关注。

资料来源：林南. 社会资本——关于社会结构与行动的理论 [M]. 上海：上海人民出版社，2005.

（三）网络中的组织传播

对于网络中的组织传播企业等组织来说，是一个非常值得关注的研究课题。对于组织来说，要有效地利用网络进行传播，可以依靠两种主要的网络技术，即内联网和互联网。内联网主要用于实现组织内的传播；而互联网则更多的用于实现组织外的传播。

1. 组织传播的方式。从营销传播的角度主要考虑组织外传播，互联网是实现组织外传播的一种重要方式。组织外传播主要包括以下两种：其一，组织的信息输入活动。组织的信息输入活动是组织为进行目标管理和环境应变决策而从外部广泛收集和处理信息的活动。其二，组织的信息输出活动。宣传活动是现代组织信息输出活动中的一个主要内容。宣传活动包括公关宣传、广告宣传和企业标识系统（CIS）宣传。

2. 组织传播的特点。

（1）组织在宣传活动中可以更好地掌握主动权。组织通过在互联网上建立的网站、博客、微博账号、微信公众号，就可以根据自己的需要随时发布信息，并且通过与公众或其他利益相关者的交流互动，进一步增强传播效果。

（2）组织在网络中宣传活动的效果，取决于对网络手段的运用能力。尽管网络使组织在宣传活动中得到了更多的机会与主动权，但这不一定意味着宣传效果会增强。无论是网站，还是微博、微信等，都需要认真经营，才能取得较好的传播效果。即使组织已经拥有较高的知名度，如果掌握不好网络传播的技巧与手段，那么也可能会遭受冷遇，甚至可能因为处理不当而产生负面效果。

（3）互联网中的组织传播与大众传播的界限开始淡化。尽管对组织来说，它们通过互联网发布信息都是企业组织传播的一部分，但对媒体和公众来说，这些内容在某些时候也可以被视作大众传播的信息。组织传播与大众传播在某些时候界限并不那么清晰。因此，组织需要对其传播内容的后续影响有充分的估计。

（四）网络传播的多级性

传播学者拉扎斯菲尔德等在1940年美国大选期间所做的研究，提出了两级传播的概念，即大众传播并不是直接流向一般受众，而是要经过意见领袖这样一个中间环节。美国社会学家罗杰斯则提出了"N级传播"的模式。他认为，大众传播过程涉及两个方面：一是作为信息传递过程的"信息流"；二是作为效果或影响产生和波及过程的"影响流"。前者可以是"一级"的；而后者则是"多级"的。

传统传播存在"多级"传播，网络传播更是如此。而且多级传播不仅出现在"影响流"中，也出现在"信息流"的传播过程中。多级传播的作用范围越来越大，程度也越来越深。多级传播可以包括非常多的组合形式。总体而言，网络传播通常是大众传播、群体传播与人际传播三者的组合，有时还包括组织传播。这中间的环节数量可以无限增加，也就是说传播级数可以无限增加。传统媒体的多级传播中，一级之后的传播通常是在媒体之外完成的。而网络中的多级传播可以全部利用网络这个媒介实现。值得注意的是，并不是所有的信息都会以多级方式流动。信息能否进入多级流动，取决于一些因素，例如，信息本身与受众兴趣的吻合度、信息发布的方式等。

任务二 掌握网络传播工具

营销情境 11-2

社交质量与生活质量：不确定的报偿

尽管社交是 SNS 用户普遍的核心需求，SNS 等网络社交也在很大程度上改变着人们的生活方式和社会互动方式，但从结果来看，它们并不一定给个体社交质量及生活质量带来积极的回报。

美国密歇根大学研究人员针对 82 名大学生志愿者进行了一项调查研究。调查采用经验取样法，研究人员监控这些大学生的社交网络使用状况，同时每天五次不定时给他们发去手机短信，要求他们回答一些问题，例如当前感觉如何、是否焦虑、是否孤独、是否在使用 Facebook、是否在与其他人面对面交流。调查结果显示，使用

音频：
营销情境 11-2
分析提要

社交网站越多的大学生，不快乐感觉越多，对生活的满意度下降越明显。与之不同的是，使用网络摄像头与朋友聊天或在现实生活中见面能让他们更开心，就连笑的频率也会增加 50%。

虽然这一研究结论的普遍性有待验证，但至少它表明：SNS 的使用与社交质量的提升，并不一定存在正相关关系。

尽管人们会在 SNS 平台上精心地进行形象管理，并把它作为一种社交策略，但是，这一策略的过度应用，会使人们更多地掩饰自己，可能导致人们越来越多地只关注自己的形象而不是与他人互动，从而逐渐失去与他人进行深层交谈的能力。

SNS 的使用，使用户处于一种广泛的社会比较的环境中，与他人的比较，对个体生活状态的影响，未必是正面的。德国柏林洪堡大学和达姆施塔特工业大学的研究人员合作开展的一项调查发现，Facebook 引发嫉妒心理的情况十分普遍。晒假期照片是引起愤恨的最大原因，超过半数的嫉妒心理来源于他人在 Facebook 上的假期掠影。社交互动则是引起嫉妒心理的第二大常见原因，用户会比较自己和好友收到生日祝福的数量，以及照片和帖子获得"赞"或评论的数量。在这项对 600 人调查中，研究人员发现，1/3 的人在浏览 Facebook 后感觉心情更糟，对生活更加不满。其中，那些只是浏览却没有上传任何信息的人受到的负面影响最深。调查还发现，这种嫉妒心理会让某些用户在 Facebook 上夸大自己的成就，以更好地表现自我。调查显示，男性大多会在 Facebook 网站上自我宣传，从而让人们知道自己的成就，而女性则注重表现自己娇好的样貌和丰富的社交生活。

目前我们不能对这项研究结果的普适作出判断，但是社会比较的确会带来更大的社会压力，而 SNS 增加了社会比较的广度与深度，它带来的困扰也是可想而知的。

资料来源：常用社交网站影响心情 [J]. 工会博览，2013 (09)，57.

思考： 你的社交媒体压力是什么呢？如何应对压力？

一、网站和论坛：大众传播的延续

对大多数公司而言，开展网络营销的第一步是建立一个网站。网站依据目的和内容不同而差别很大。一些网站主要是营销（marketing website），专门吸引顾客，推动他们直接购买或实现其他营销目的。例如，许多汽车公司都运营营销网站，现代汽车就是一例。每当有潜在顾客造访现代汽车公司的网站，这家汽车生产商就会立刻努力将询价转为销售，进而建立长期关系。该网站首页上有促销信息，随后提供大量有用的信息和互动的销售功能，包括对当前现代车型的详细描述、帮助进行车辆定制的设计工具、计算当前旧车以旧换新价值的计算区域、关于经销商地址和服务的信息，甚至还有一个咨询报价的地方，存货搜索和预订试驾时间能鼓励顾客勇于尝试，惠顾现代汽车的经销商。但是，今天的网络使用者很快就会抛弃那些不合格的网站。五花八门的信息渠道，如移动 App 小红书、抖音，视频平台……让门户网站几乎失去了吸引力，创造高价值内容是让访问网站的消费者乐意停留并再次访问的关键因素。

（一）网站传播的特点

网站是 Web 1.0 时代的主要传播形式。与网络中的其他传播形式相比，网站传播更多体现了传统大众传播的一些特点。当然，它同时也具有网络传播的一些突出特点，这主要表现在以下几个方面。

1. 技术上的相对复杂性。虽然建立一个简单的网站比较容易，但是，要维持一个网站的定期更新、长期运转，保证内容的丰富性，却需要较复杂的技术支撑，此外也需要一定的硬件条件。缺乏一定技术背景的普通人，很难将一个网站长期地、制度化地运作下去。因此，在网络中，网站传播是技术门槛相对较高的一种传播形式。

2. 特定网站中传播主体的单一性与高控制权。网站传播继承了传统媒体点对面的传播，是一种"大众门户"传播模式。利用网站进行传播需要具有对网页上的信息进行发布的控制权。受众虽然可以浏览网页，但并不能直接对网页进行修改，即使发表留言，也不是直接修改网页内容。网站也可以删除留言等。因此，网站传播的主体是网站的经营者，传播主体对于在网站上传播的内容的控制权是很大的，这一点，也与传统媒体类似。网站虽然可以转载其他来源的内容，但是，网站通常要对这些转载的内容进行把关，所以它是由单一传播主体进行控制的传播。

3. 传播受众的相对不确定性。与即时通信传播、社区传播等相比，网站传播的受众的不确定性更强。虽然网站可以通过一些统计工具来观察网站的流量，但是，对于受众构成的具体特征的把握相对较弱。因此，网站传播对象通常并不是清晰可辨的。

（二）网络论坛对网站的作用

1. 培育用户黏性。论坛是早期的门户网站培育用户黏性的重要手段。在其他社会化媒体兴起之前，论坛是网民之间互动的主要空间。网民之间的互动，给网站带来了人气，也促进了网民间的相互关系，而这种关系成为网站黏性的重要基础。

2. 了解与研究网民和消费者。通过论坛可以对消费者的意见与态度有较深入的观察，特别是跟帖这样的论坛。论坛也是开展定向调查的很好渠道。由于论坛中人们的兴趣比较明确、集中，因此，可以针对特定话题找到合适的论坛开展定向调研。此外，网站也可以在论坛中收集成员的资料或者行为数据，为开展定向营销等提供基础。

3. 构建网站品牌。在网络信息同质化的情况下，一个网站的论坛往往可以成为其特色，成为网站品牌的支持要素。在中国，网络社区最初以论坛的形式出现，随着信息技术的发展，集音视频、图片等多元表达形式的 App 兴起。在这些 App 中，以兴趣爱好、生活方式、审美倾向架构的网络社区吸引了大量用户，如豆瓣、知乎、喜马拉雅、B 站、小红书等 App，已然成为人们进行社交关系建构的重要空间。平台本身也形成独具个性的品牌。

相关链接： **信息茧房与回声室效应**

今天，当多元的生产者提供的多样化内容通过多样的渠道来传播时，我们是否就会获得一个比过去媒体的拟态社会更接近真实社会的信息环境？

虽然从理想状态来看，网络媒体的确可能会使过去被媒体排除的某些内容进入公共信息分发平台，进入公众视野，从而有助于信息环境的多样化，但是，无论是社会化媒体中的"鼠标投票"，还是机器的算法，都仍难免会造成一些信息被"遮蔽"。公众意志下形成的传播的"马太效应"，同样也容易造成信息环境的不平衡。不平衡的信息环境，显然不能完整地反映现实社会的状态。

网络传播还有可能带来比传统媒体时代更严重的信息茧房现象和回声室效应。

美国学者桑斯坦提出的信息茧房这一概念。信息茧房并非新媒体时代独有的，在传统媒体时代类似现象就已经表现出来，并且可以用传播学中的"选择性接触"等理论来解释。但是，在一定程度上，社会化媒体以及今天流行的个性化信息服务，会增强这种现象。个性化服务看上去很美，但是当人们只选择自己关注或符合自己需要的信息时，结果可能是"作茧自缚"，或者成为井底之蛙，使自己失去对环境的完整判断。此外，如果所有人都被这样的茧房束缚，公共信息的传播、社会意见的整合、社会共识的达成，就会变得日益困难。

回声室效应（echo chamber effect）这个概念从另一个角度说明了人们的"作茧自缚"，它意指信息或想法在一个封闭的小圈子里得到加强。同样，这一现象在传统媒体时代已经出现，但因网络而加剧。网络杂志《沙龙》的专栏作家安德鲁·列奥纳德指出：让我不安的，不是在互联网上用谷歌找到自己所需的信息的容易性，而是那种随时可以获得自己想要的心态的方便性。

也有人将这样的效应称为同温层效应。在社会化媒体中，人们以社交对象作为信息来源。他们在选择信息来源的同时，也就进行了信息的过滤。此外，社会化媒体在一定程度上强化了人群的分化。人们因社交圈以及自身的立场态度的影响，常常会固守在符合自己偏好的信息与意见的圈子里，各种圈子之间相互隔绝甚至对立。因此，在社会化媒体中更容易形成"回声室效应"。

资料来源：蓝江. 后真相时代意味着客观性的终结吗？[J]. 探索与争鸣，2017（04）：10-13.

二、基于关系网络的即时通信

即时通信已经成为网民广泛使用的互联网服务。目前的即时通信已经从电脑对电脑的交流，发展到电脑对手机、手机对手机等终端间的交流。它不仅为人际交流提供了新的渠道与手段，也在其他层面影响着人们的生活方式与行为方式。即时通信传播的功能主要表现为以下四个方面：（1）个体交流；（2）信息共享；（3）人脉资源积累；（4）个人情绪披露。

即时通信传播与舆论形成。即时通信将过去隐性的人际网络显性化，并且给了人们扩张这一网络的可能，也可以将某些弱联系转化为强联系。这样一个关系网络也可以充当营销传播网络：一条信息从这个网络中的某一个节点出发，如果被很多人认为有传播价值，就会被这些人不断地转发，产生病毒式传播效果。而且由于传播是基于熟人的网络，人们对于所接收的信息信任度更高，因此传播效果往往更强。利用即时通信工具进行的传播，有时同样能够产生广泛的社会影响。在某些时候，它的能量甚至不亚于大众传播渠道的能量。网络中的其他人际传播也会构成社会性网络，但由于即时通信传播的稳定性与持续性、交流的即时性、交流手段的灵活性等，它构建的社会性网络也具有更为稳定的基础结构，在这个社会网络中进行的信息传播也更为高效。

如今每天有 10.9 亿用户打开微信，3.3 亿用户进行视频通话；有 7.8 亿用户进入朋友圈，1.2 亿用户发表朋友圈；每天 3.6 亿用户读公众号文章，4 亿用户使用小程序。微信平台，作为一款国民级应用软件和不断发展成熟的微信生态，为私域流量提供良好的基础，为生态参与者提供丰富多样的用户触点与转化渠道。微信社交基因决定了"流量来自用户之间的联系"的极度去中心化，微信群、朋友群、公众号、企业微信等多种载体都可完美实现私域信息传递，全方位的变现方式更好实现商业闭环①。在任务四，我们将单独讨论微信营销相关内容。

三、个人小舞台——博客

博客是一种以个体为中心的社会化媒体，在某种意义上，它也是个体的一个表演舞台。尽管博客的概念在中国引入较晚，大规模的商业化博客平台的运作也是到 2005 年才出现的，但是，在短短的几年内，博客传播不仅得到普及，而且，它对于网络世界及现实世界的双重影响已不容回避。近几年来，虽然新的社会化媒体应用对博客产生了一定的冲击，但博客仍然没有消亡。在某些方面，它仍扮演着不可替代的角色。

（一）博客的基本含义

"博客"来源于英文 Weblog。blog 是在网络上的一种流水记录形式，也有人称其为"网络日志"。人们可以用"傻瓜式"的方式，在一个专属于自己的网络空间发布文章或图片等，这些内容都按照年份和日期倒序排列。在我国台湾地区，它的译名为"部落格"。

---

① 艾媒新零售产业研究中心.2019 中国私域流量现状剖析及发展前景预判分析报告 [EB/OL]. (2019 – 10 – 15). https：//www.iimedia.cn/c400/66362.html.

博客与早已存在的个人主页的区别是，利用博客进行信息发布的技术门槛非常低，几乎可以认为是"零"，只需几个简单的操作就可以随时发布内容。而对于普通网民来说，建立并维护一个个人网站，需要较高的技术水平，且时间成本也较高。因此，比较而言，博客有助于网上个人内容发布活动的持续化。与网络中各式各样的论坛相比，博客的特点在于，它可以将"博主"（博客的拥有者）的地位凸显出来，使他成为主角，

（二）博客的传播特点

博客传播是一种以个体为中心的非制度化的传播，它的传播特点主要表现为以下五个方面。

1. 个体构成传播中心。上文对博客传播结构的分析表明，个体是博客舞台的一个中心。尽管一个大的博客平台是由无数个这样的个人中心构成的，但是对于每一个博主来说，在自己这个中心上，他是绝对的主角与焦点，其他人的留言、评论是以博主的帖子为中心的，可以说这是一种"一对多"的交流，较好地保证了某一个体在信息发布与交流中的主导地位。博主有较大的传播控制权。当然，要让博主在这样的控制权下持续保持活跃，对其需求的满足与刺激，就变得尤为重要。

2. 自由度较高。博客传播的内容，是由博主自己决定的。尽管博客内容的发布需要在法律的框架下进行，法律法规禁止传播的内容不能出现在博客中，但除了这个限制外，博客中的内容发布还是相对自由的。博客内容的自由度，还表现为它的长度不受限制。容量的自由度也为博主的深度、充分表达提供了可能。此外，内容的发布不需要遵循固定的周期或节奏，博主可以按照自己的兴趣与心情，根据自己的情况来进行内容发布。

3. 私人话语空间与公共话语空间界限模糊。私人话语空间与公共话语空间界限模糊，是博客的渠道特点。博客兴起初期，一部分人将博客视为自媒体，"媒体"这个偏向，就是强调它对公共空间的影响力。但常态下，并非所有博客都具有公共话语空间的"自媒体"的影响力，多数人认为它只是纯私人空间。但是，在某些因素推动下，私人空间里的博客内容，可能会越过私人空间的边界进入公共空间，例如，博客中的促销内容、知识生产付费内容。

（三）博客营销

除了自己的博客，许多市场营销者还会借用第三方博客来传播营销讯息。在今天欧美市场中，个人博客营销还是常见的方法。例如，一些时尚博主拥有的粉丝数量达数百万之众，甚至比主要时尚杂志的博客和社交媒体账户的粉丝基础还要庞大。例如，23 岁的丹妮尔·伯恩斯坦（Danielle Bernstein）在纽约城时装技术学院念本科的时候开始经营"我们穿什么"博客。该博客在高峰期曾是 140 万粉丝每天的着装灵感之源。

如今，许多头部博主在脸书和 Instagram 网站发布一条消息和产品图片，品牌需要支付他们 15 000 美元或更多。大多数市场营销者已经介入博客领域，通过一些与品牌相关的博客内容来接近顾客社群。例如，在可口可乐 Unbottled 博客中，粉丝们和公司内部成员可以"探究真相"，分享最新产品和可持续发展倡议，到生动有趣且具鼓舞人心的粉丝故事"传播幸福"。在网飞公司的博客中，网飞团队的成员（自身就是狂热的影迷）谈论网飞新产品的特点，怎样从网飞产品中获得更多回馈的技巧，以及收集订阅者的反馈。在西南航空公司

员工撰写的富有创意的博客"西南杂谈"中，建立双向对话，让顾客对公司文化和运营有深入了解。同时，也让西南航空直接与顾客互动，获得反馈。

作为一种营销工具，博客具有许多独特的优势。它为企业加入消费者的网络和社交媒体会话提供了一种新鲜的、原创的和个性化方法。但是，博客空间也是杂乱且难以控制的。尽管公司有时可以利用博客来吸引顾客，建立有意义的关系，博客仍然是一种由消费者主导的媒介。无论是否积极参与博客，企业都应该监督和倾听。市场营销者可以利用来自消费者网上谈话的洞察改善自己的营销计划。

四、维基：协作式知识生产系统

维基（WiKi）指的是一种超文本系统。这种超文本系统支持面向社群的协作式写作。也就是说，这是在互联网上支持多人协作的写作工具。在维基页面上，每个人都可浏览、创建、更改文本。系统可以对不同版本的内容进行有效控制管理，所有的修改记录都会保存下来，不但可事后查验，也能追踪、恢复至本来面目。这也就意味着每个人都可以方便地对共同的主题进行写作、修改、扩展或者探讨。

维基技术理念最成功的应用，是维基百科。维基百科（Wikipedia）是一个基于维基技术的多语言的网络百科全书的全球协作计划，这是一部用不同语言写成的网络百科全书。维基百科以及类似的百度百科、互动百科等平台在中国应用范围也越来越广，在营销传播方面有巨大作用。

维基是一种去中心化的平等对话，它的传播是以某个特定的内容（如词条）为中心的多对多传播，参与者之间的对话是以内容为中介展开的。由于目标明确，参与者之间的分工合作也容易实现。与博客等不同，维基提供的工具，是以促进共同协作为基本目标的。网民在维基中的协作，不仅可以更好地完成特定的任务，还使得平等、沟通、合作等互联网精神得以实践。

五、社交网站 SNS：小型社会的投射

SNS（social networking services，社会性网络服务），专指旨在帮助人们建立社会性网络的互联网应用服务。SNS 的另一种常用解释：全称 social network site，即"社交网站"或"社交网"。SNS 是人们基于现实身份进行交流的平台，它是现实社会中的社会关系与社交圈的映射与拓展，它使得人们的关系更为多元、紧密。

SNS 营销也就是利用 SNS 网站的分享和共享功能，在六维理论的基础上实现的一种营销。通过病毒式传播的手段，让你的产品被众多的人知道。利用这些社交网络进行建立产品和品牌的群组、举行活动、利用 SNS 分享的特点进行病毒营销之类的营销活动。

SNS 在很大程度上印证了"六度分隔理论"，甚至进一步缩小了人们之间的分隔度数。2012 年 1 月，米兰大学的几位研究者发布研究报告《四度分隔》。该报告指出，一项针对 7 亿多脸书用户进行的研究显示，在脸书上，每两个人之间的中介者平均为 3.74 个，也就是分隔度数为 3.74 度。这意味着，六度分隔的世界已经被 Facebook 缩小为四度。

（一）社交网站的特性：关联

虽然微博等平台也是以个人为中心的，但那些平台的重点目标是促进内容分享与流动。因此，内容互动仍是微博的核心，微博中为个人展示而设置的功能相对较少，而 SNS 网站则是围绕个体展示来设置其功能的。虽然不同的 SNS 网站的功能不尽相同，但是，在个人展示方面，它们的方向是一致的。这些展示功能，也成为个体间形成联系的重要纽带。SNS 网站里，人们的关联主要包括以下几种：（1）社交关联。这指的是通过有意识的社交互动来建立和发展联系。（2）内容关联。这指的是通过对别人发出的内容进行评论、评价或转发来产生与他人的互动。（3）兴趣关联。共同的兴趣爱好可以把人们连接在一起，在某些情况下，即使人们不主动地互动，也会产生联系。（4）时间关联。人们在某一时间里的共同行为，或特定时间节点引发的兴趣，也是用户产生关联的基础。（5）空间关联。这是指以空间为基础来寻找人们的共同点，例如开心网的"足迹"就是以空间为基础来展示人们的经历或爱好，而这些空间也使不同人之间建立起了联系。（6）活动关联。通过某一活动来激发人们的共同性，使人们的连接得以强化。调查、投票、游戏等，都是 SNS 网站常见的活动。

（二）社交网站的作用

1. SNS 的实名作用。在 SNS 普及之前，网民更多的采用昵称的方式进行交流互动，更多的互动发生在陌生人之间，而 SNS 大多要求采用实名制。因此，过去戴着面具的 ID 互动，变成了建立在真实身份基础上的熟人互动。这使得网络交往的虚拟性减弱而现实性增强。SNS 中基于真实身份的互动，也给人们社会资本的获得提供了更现实的基础。尽管在之后出现的社会化媒体应用并不一定都采用实名制，但是 SNS 让网络用户有了一个基本的心理基础，他们不再完全排斥实名互动。实名这一前提，为互联网中更丰富的营销传播途径提供了新的可能。

2. 社交网站确立了以个人为网络传播节点的地位。论坛时代，网络是以一个个的群体为基础单元的。个体即使在一个论坛里拥有呼风唤雨的能力，在传播结构上他也不是一个独立存在的节点。博客开始赋予个体以传播节点的角色，每个个体都可以此为中心来进行双向的信息交流。但在博客的结构中，个体向外发布信息的能量较大，而从外界获取信息的能量较小。因此，它还是有一定的封闭性。而 SNS 使个人完全成为一个传播节点，并且从传播结构上造就了平衡的双向信息流动的可能性。

3. SNS 拓展了表达与互动的维度与形式。在论坛、博客等应用中，文字表达更是自我表达以及与他人互动中的主要形式，而文字表达有一定的门槛，这会影响那些不擅长或不愿意进行文字表达、交流的用户的活跃度。但在 SNS 中，音乐与图片等的分享也成为标准配置。文字交流的水平等不再成为互动的障碍，人们获得的乐趣也更为多样。此外，SNS 还包含了送礼物、点赞、游戏、调查等多元互动形式。游戏这种互动方式，对于提高用户的参与度尤为重要。中国 SNS 网站的兴起，在一定程度上与平台搭载的偷菜等游戏的风靡有关。如今，SNS 在中国互联网中的平台地位已经不如从前，主要受到新兴移动社交媒体及电商平台社交性功能的冲击。

六、微博：社交化的大众媒介

微博是一种以内容为纽带的社会网络连接，其传播结构是"个人中心"+"内容关联"。微博的传播结构也意味着，社会关联网络的质量直接决定了个人对外发布信息的传播广度，以及他们获得的外界信息的广度。每一个连接的链条，都是一条传播的通道，连接的链条数越多，理论上信息传播的通道也就越广。

（一）微博用户的需求

微博个体用户的需求包含：（1）公共信息获取。在内容的时效性、丰富性方面有很强的优势，一些专业人士的专业评论也能给用户额外的收获。（2）自我记录与表达。微博为时间、精力、知识以及文字水平有限的人群提供了简短抒发表达的可能性。（3）社会关系与社会资本。微博是一个个用户的社会关系网络的集合，每一个人都以自己为中心，通过"关注"与"被关注"建立起自己的社交网络，并从中获得自己所希望的某些社会资本，对于品牌和名人声望的积累具有特别的意义。（4）信息与知识的积累、归档。微博也成为一部分用户信息与知识积累的一种平台。他们分享、收藏的很多信息，虽然对当时的他们来说并不一定能成为深度阅读的对象，但如果日积月累，也可以成为重要的知识库或资料库。

与博客时期的营销类似，在新浪的微博营销策略中，名人战略再一次奏效，而且成为它在短时间内迅速成长的一个法宝。"围观"名人，与名人近距离对话，成为很多用户留在微博世界的重要理由。而"围观"、接近名人，实际上是很多人扩展其社会关系的一种方式。一方面，名人作为其社会关系与社会资本一部分的实在感进一步增强。因为很多时候，人们在微博上可以得到名人的回复，而在过去，人们更多只是一厢情愿地把名人想象为自己的一种社会关系。

（二）微博的传播特点

与社区、博客、即时通信和 SNS 等相比，微博传播具有以下五个特点。

1. 内容上的微型化。今天，尽管长微博已经突破内容的限制，但由于在大部分微博系统初始设定中，采用的是小段的文字段（如 Twitter 的容量上限是 140 个字；在中文的微博中，新浪微博等多数平台上限为 140 个汉字，网易微博的上限为 163 个汉字）。多数情况下，人们还是会把微博内容保持在限制范围内。"微"的特点，使个体参与信息传播的门槛进一步降低，随时记录自己的所见、所想，因此信息发布的频率通常比较高。

2. 传播的移动化。微博允许通过手机进行访问、更新，因此，在信息传播时空方面的限制减少了，时效性会得到增强，来自第一时间第一现场的内容也更丰富。微博与移动的结合，也使过去一些没有时间写博客的业界精英、专业人士得以更多地参与到微博信息传播中。这丰富了微博内容的构成，在某种意义上也提升了微博信息的专业性。

3. 交流结构上的开放性。微博与论坛和博客的交流结构不同。论坛交流是无中心多对多的，除了少数人，其他人很难成为主角。博客以个人为中心，但是又显得相对封闭，不容易与外界进行互动。而微博既能保证以个人为中心，又可以将外界的信息随时随地吸收进来，更容易形成持续刺激，使人们处于兴奋状态。这促进更多的人参与营销传播，对品牌而言也是重要的。

　　微博的一键转发功能，简单、方便，这是开放性的另一个表现。转发成为微博平台上促进信息流动的一个重要手段，转发使营销信息可以轻易地实现"病毒式传播"。因此，微博的信息传播效果通常会比博客要好。

　　4. 传播的碎片化。与传统博客相比，微博在内容上的"微"与信息发布上的移动性，都使得它呈现出更多的碎片化的特点。从文化的角度看，碎片化的文化反映了多元的、碎片化的价值观和参差多态的文化个性。在微博平台上，每一个用户也是一个文化的碎片。

　　值得一提的是，碎片化看上去与全面性、深刻性是相对立的，但未必一定如此。碎片化的信息反映的是某些时间或空间上的点的状态，当很多碎片被以一种内在的逻辑拼贴在一起时，它反映的事物的面貌与深度，也许比某一个个体的长篇大论更为全面、深刻。当然，如果不能实现这样一种逻辑的拼图，那么碎片化的信息的确可能会带来信息消费的负担，也可能带来某些误导。

　　5. 信息传播与社交有机结合。微博是一种基于社交的信息传播平台，人们的信息传播与社交活动是同一的。社交是信息传播的目的，信息传播是社交的手段。人们的关系网络与信息传播网络也是同一的。人们的社会关系网络的广度，决定了其获得信息的广度与深度，也决定了其传播的信息能走多远。由于以人际关系网络为传播网络，传播结构开放，信息流动容易，因此，一旦微博中出现了刺激性的或者与人们关联度很高的话题，这个话题就很容易在整个平台上"引爆"，以病毒式的扩散路径传播，迅速成为公共话题。

　　除了以上共同特点外，中国的微博还有聚焦度高的特点。与 Twitter 不同的是，中国的微博在一开始就设置了评论的功能，这使得 BBS 式的围绕一个话题的聚焦及深度讨论在微博中也能实现。评论成为微博的重要构成部分，在某些时候，它们的影响甚至比事实性信息更大。以上这些特点结合起来，使微博显现出"微传播"的特质，但同时又使其具有较强的大众传播属性，也就是媒体的偏向。

任务三　理解社交媒体营销

营销情境 11 - 3

奢侈品牌拥抱社交媒体

　　2020 年底，意大利奢侈品牌 Prada 开设了官方小红书账号，以"Prada 的 n 个第一次"为标题发布了小红书的第一篇笔记。截至 2023 年 3 月，该账号已拥有 6.1 万粉丝。

音频：营销情境 11 - 3 分析提要

　　Prada 可以说在近年来掌握了互联网的流量密码。最让大家印象深刻的，莫过于"Prada×乌中市集"，这一菜市场的营销活动让奢侈品牌似乎越来越"接地气"了，也正是 Prada 的再一次"场景破圈"。实际上，这是 Prada 为了宣传 2021 秋冬系列主打的几何图案，以#Feels-LikePrada#为主题，与上海的网红菜场乌中市集进行的一场跨界合作。菜市场内陈列了各种果蔬、生鲜等产品，不论是菜市场的建筑外墙展示、店内摊位设计，还是食品外包装，均统一采用了大面积的 Prada 印花。Prada 的这次创意营销，让其赚足了眼球，吸引了无数博主前来打卡，把乌中市集也变成了网红地，在小红书上的传播量达到几何级增长。Prada 的成功，促使越来越多的奢侈品时尚品牌入驻小红书平台。截至目前，Louis-Vuitton，DIOR，Gucci，Prada，Celine 和 Balenciaga 等知名奢侈品牌均开设了小红书账号。

有趣的是，这一现象对比 2020 年之前，尽管在当时中国市场数字生态系统的发展迅猛，越来越多企业利用数字营销和社交媒体来提高消费者意识的大趋势下，为了保留"神秘感"，许多奢侈品牌仍试图与社交媒体保持"距离"。

奢侈品牌往往采用高昂的定价，这种定价策略一方面是基于奢侈品在定价上的独树一帜可以加大其产品对寻常人来说的神秘感，给消费者带去一种产品价格越高，产品越好的消费心理。另一方面，是基于高价位可以满足消费者对身份、地位、品位的追求，很长一段时间以来，奢侈品牌都认为对于购买奢侈品的消费者来说，心理需求才是最重要的。

最新的报告指出，中国的 Z 世代不仅会成为最大的消费者群体，他们对奢侈品的购买力也不容小觑。根据调查，虽然有 29% 的 Z 世代仅愿意在奢侈品上花费年收入的 5% 以下，但却有 1/5 的 Z 世代出手更为阔绰，愿意在奢侈品上花费年收入的 16% 以上，这一消费比例和 55 岁以上的受访者相同。

有趣的是，通过调查发现，Z 世代比任何一个时代都更依赖主流社交媒体。社交媒体占 z 世代奢侈品信息来源的 65%，而对于 25~34 岁的人群而言，社交媒体占比较低（为 55%）。而在更为年长的年龄群组，这个比例更是断崖式下降，55 岁或以上人群利用社交媒体作为信息来源的比例仅有 35%。

资料来源：朱杰."网红经济"与"情感劳动"——理解"小红书"的一种视角［J］.文艺理论与批评，2021（01）：77-87. 网红产品大获全胜：来自小红书的新数据，精奢商业观察，https：//iingdailv. com/viral-products-xiaohongshu-social-media-balenciaga. 2022-11-18.

思考：社交媒体给奢侈品牌带来的风险与挑战是什么？

一、社交媒体的概念及其特点

（一）社交媒体的概念

社交媒体（social media）也称社会化媒体，普遍认为最早由美国学者安东见·梅菲尔德（Antony Mayfield）于 2007 年提出。社交媒体指互联网上基于用户关系的内容生产与交换平台。在我国，社交媒体平台从最初的博客到微博、微信，越来越多的媒体接入社交功能。除了大型社交媒体网络引人注目之外，无数小型社交媒体也很活跃。小型社交媒体网络可以迎合各种志趣相投的小群体的需求，为希望定位特殊兴趣群体的营销者提供了理想的平台。现在，每种兴趣、爱好、群体已经至少有一个对应的社交媒体网络。不仅是新媒体还有传统媒体，同时催生更多细分的社交形态。在今天，媒介化与社会化日趋融为一体，社交媒体已将传统媒体的内容导向转变为新的连接导向关系。

（二）社交媒体的特点

1. 受众广泛。网民使用互联网时间进一步增长。基于用户数据不断积累、算法不断优化、内容形式与吸引力不断完善，社交媒体在人们的生活中发挥着越来越重要的作用，因此社交媒体的受众具有充分的广泛性。

2. 自发传播。研究表明，美国人获取信息的方式有 1/3 是从各类分享中开始的，而分享后进行有目的的深度阅读的行为高达 70%。许多人认为，自己所认识的朋友在社交媒体上分享的消息和产品比广告更真实可信、更具有说服力。社交媒体打破了生产、消费、传播的界限，用户既可以充当消费者，又可以充当内容生产者，同时积极扮演自发传播者的角色。社交媒体平台的提供者让用户深度参与内容的制作生产，并利用他们自身的人际关系来实现传播。

3. 人际关系为核心。社交媒体重视打造以人际关系网络为核心的传播路径。微博、微信等媒体善于利用现实世界中的人际关系来建立虚拟关系网络。同时，基于网络用户间的分享文化，社交媒体还设计出许多功能及应用，来增强朋友之间的互动性。例如，点赞功能、评论功能和微信小程序等，推动产生更多的联系与关注度，培养用户互动习惯，并与线下活动紧密相连。由此，虚拟的社交圈成了维持现实中社交关系的重要一环。

4. 内容独特。社交媒体倡导"人人都可能成为内容生产者"，对于一些关注度极高的社交媒体，内容上很重要的一个特点便是高度个性化。个性化体现在独特的观点和视角上，这在很大程度上迎合了消费者求新求异的心理。在自媒体时代，每个用户都可以为自己发声，而独特的内容是社交媒体区别于传统媒体的重要因素。

二、社交媒体营销

社交媒体营销（social media marketing）也称社会化媒体营销，是指企业或组织为实现其营销目标，满足目标市场的需求，通过使用社交媒体工具，所采取的一系列行动和整合手段。每个社交媒体平台或者社交媒体渠道都有不同的特征和功能，企业在制定社交媒体营销行动时应当考虑不同社交媒体的特点。随着社交媒体的不断发展，消费者越来越倾向于通过微信、微博等社交平台对于意向购买的商品进行了解、讨论分享。这些社交网络将在营销活动中发挥重要的作用，一些国际化的大企业早已开始使用社交媒体和客户进行交互以提高销售的效率。在这样的情况下，社交媒体营销这样一种新兴的营销方式应运而生。

（一）社交媒体营销的特点

1. 直接性。基于社交媒体平台，企业或组织能够通过直接发布以及推广链接的方式来获取关注，能够在任何时间、任何地点为顾客提供关于品牌事件和活动及时且相关的内容。企业可以利用先进的互联网技术，通过文字、图片、视频等不同方式对产品进行陈列和介绍，使消费者充分接受企业传播的信息，以提高产品的知名度。与顾客直接沟通的便利为企业更好地了解消费者的需求、实现产品开发的有效性提供了保障。

2. 影响大。社交媒体营销的优势体现在消费者的参与性和社交分享能力。社交媒体特别适合创建顾客参与的社区，以使顾客能够与品牌和其他顾客互动。随着社交媒体的使用人数迅速增长且分布范围不断扩大，社交媒体营销的影响也越来越大。以增速迅猛的拼多多为例，其销售模式在很大程度上利用了人们的交友圈，以一人发起拼团参与者均享受优惠的形式销售商品，很快打开了销路、扩大了知名度、提高了用户人数，并以很快的速度增长。

3. 整合性。企业有各式各样不同的营销方式及营销手段，这些营销活动可以通过社交媒体这个交互式的平台来进行统一的规划，继而进行协调、实施。由此可以向消费者传达一致的信息和内容，同时也可以避免因不同渠道的信息不一致而产生的消极影响。

实际上，大多数的大公司正在设计全面的社交媒体营销—融合，并支持一个品牌的营销战略和策略中的其他要素。

相关链接： 　　　　　　　**星巴克的整合社交媒体营销**

大多数大公司现在纷纷设计全面的社交媒体，努力来支持或与其他品牌营销战略要素和策略相融合。成功使用社交媒体的公司可不是采用一些分散的努力仅仅追逐消费者点个赞或发条推特信息，而是整合范围广泛的多种媒体，创造与品牌相关的社交分享、互动以及顾客社群。

管理品牌的社交媒体努力可能是一项艰巨的任务。例如，星巴克是世界上最成功的社交媒体营销者之一，其核心社交媒体团队通过在 12 个不同的社交平台上的 30 个账户与粉丝们保持联系。仅 Frappuccino 在脸书、推特、Instagram 和图片库分享搜索器（WeHeartIt）上就有 110 多万粉丝。管理和整合所有这些社交媒体内容无疑极具挑战性，但值得投入。顾客无须到实体店就可以与星巴克进行网上互动，而且是吸引顾客主动参与。

除创造网上互动和建立网上社群之外，星巴克的社交媒体努力还有效增加了门店的客流量。例如，6 年前，星巴克推出首次大型社交媒体促销活动，顾客买一杯早餐饮料，就可以得到一份免费的糕点。结果约 100 万人到店参与。星巴克近期开展了"推特一杯咖"（Tweet-a-Coffee）促销活动，让顾客向朋友推送包括"#veetacoffee"和朋友账号的信息，即送出一张价值 5 美元的礼品卡。该活动在不到一个月的时间内，就为星巴克带来 18 万美元的营业收入。星巴克的全球数字营销总监说："社交媒体不仅仅是互动、讲事情和创造联系，它们可以对企业产生切切实实的影响。"

资料来源：章文. 星巴克：通过社交媒体卖咖啡 [J]. 品牌，2013（01）：53 – 55.

（二）社交媒体的营销功能

社交媒体营销的本质是建立与人的关联，社交媒体营销也能承担企业市场营销的多数功能，包括顾客关系建立、品牌建设、销售管理及其他营销功能（见图 11 – 3）。

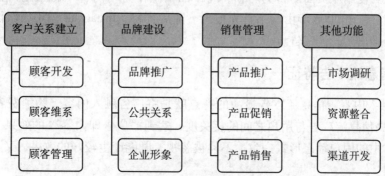

客户关系建立	品牌建设	销售管理	其他功能
顾客开发	品牌推广	产品推广	市场调研
顾客维系	公共关系	产品促销	资源整合
顾客管理	企业形象	产品销售	渠道开发

图 11 –3　社交媒体的营销功能

三、社交媒体的内容营销策略

内容是网络营销的灵魂,社会化媒体内容是顾客价值的重要体现。作为长期的营销规划,建议从顾客价值、产品特性、企业特性、营销者个性四个方面组织社交媒体营销的内容(见表11-1)。

表11-1 社交媒体营销内容组织

营销策略	营销内容
顾客价值	主要用于传递产品和服务对顾客的价值,表现为顾客得到的利益或者解决顾客的问题,围绕顾客价值可以进行众多的内容提炼和发布,与顾客沟通其感兴趣的信息
产品特性	围绕产品不同层次中的优势、特点、使用等组织内容,包括使用范围、属性、品质、功能、包装、价格、产地、材料等
企业特性	围绕企业和品牌组织内容,包括人员、技术、设施、项目、企业文化等,展示企业实力,建立顾客信赖
营销者个性	营销者个性在社会化媒体营销中起着重要的作用,幽默风趣、知识面广、独特新异、气质品格、个人影响力、情感与人情味等能有效吸引顾客

社会化媒体内容营销没有固定的法则,在设计内容时可考虑以下建议:先建感情、然后推广,巧妙植入、不留痕迹,助人求助、水到渠成,多引导、少推销,持续影响、引导教育,别出心裁、与众不同,给予利益、吸引接受。值得注意的是,社交媒体内容逻辑不是不变的,应随着平台流量算法的变化而不断变化。

四、信息流广告

(一)定义信息流广告

信息流(feeds)广告是指位于社交媒体用户的好友动态、资讯媒体和视听媒体内容流中,并符合用户使用原页面的行为习惯,将产品信息作为"内容"融入用户社交生活中的广告。信息流广告于2006年由脸书首先推出。随后推特、Instagram、QQ、微博和微信等社交媒体也相继推出信息流广告。

(二)信息流广告特征

1. 广告融入内容。信息流广告最大的特点就是将广告融入内容,为消费者提供"沉浸式体验",提高信息流广告与用户之间的相关度,达到"广告即内容"的效果。这种广告形式与社交媒体中的用户动态形式一致,不易被忽视,既能产生较好的效果,又不易让用户产生反感情绪。

2. 精准投放。实现个性化、差异化的精准投放是信息流广告的另一大特征。利用大数据分析，依据历史浏览、消费行为充分挖掘用户的喜好，并将用户进行分类，达到每一个用户都标签化的效果，以此来达到信息流广告的精准投放，使广告投放效果最大化。

3. 海量用户。承载信息流广告的载体是各类社交媒体，而社交媒体拥有海量的用户，如微信、QQ、微博等。在用户群体数量庞大的基础上，精准的广告投放具有效果。

相关链接：
 Vlog 广告

Vlog 即视频博客，是 VideoBlog 的缩写，通常指的是发布者以第一人称视角拍摄记录个人日常生活中的碎片化内容，通过剪辑、配乐、添加字幕等方式而形成的一种视频形式，拍摄 Vlog 视频的博主被称为 Vlogger。

在移动短视频时代，Vlog 的影响力日渐增大，作为流量变现的重要途径，Vlog 广告的带货能力也逐渐凸显。作为原生广告的一种新样态，Vlog 广告通过将品牌信息融入 Vlogger 所展示的日常生活中，构建了真实的空间体验（场景）。

VLog 是幸福生活仪式感的产物，Vlog 广告则是对品牌或产品进行仪式化的表达。它好似一个舞台，通过表演、加工和过滤，仪式感地进行自我表达与输出。广告的仪式感会加强受众对产品的认知。因此，VLog 广告有以下特性：（1）Vlog 广告具有原生广告的隐蔽性特征。（2）受众更年轻，和内容产生情感共鸣。（3）从第一视角"我"出发，与 Vlogger 已有内容调性相融合。（4）Vlog 广告实用性和娱乐性强，与传统广告相比，其消费转化率较高。

从我国广告市场的植入方式来看，Vlog 广告目前主要有以下四种形式：

产品测评型——Vlogger 围绕产品测评的整个过程完成叙事；

线下体验型——Vlogger 围绕自身参加品牌发布会、展览、探店的经历完成叙事；

场景沉浸型——Vlogger 围绕日常生活完成叙事，其间伴随着产品使用的场景；

主题创作型——Vlogger 围绕日常生活的某一事件完成叙事，并将自身生活感悟、人生态度和品牌推广理念融于一体，升华为 Vlog 的主题。

资料来源：邱敏，张翔. Vlog：一种内容营销的新形态［J］. 青年记者，2019（24）：81-82；郑满宁. 短视频时代 Vlog 的价值、困境与创新［J］. 中国出版，2019（19）：59-62.

五、社会化媒体时代的营销变革

（一）从依靠媒体到依靠关系平台

社会化媒体对企业的营销带来了深远的影响。以往企业的营销主要是依靠各种媒体平台，无论是广告还是宣传稿的投放，都需要借助媒体。而社会化媒体使企业可以自建或利用现成的关系平台，来进行营销活动。这样的营销，并不只是渠道的转换，更多的是营销主体的拓展。因为，社会化媒体营销需要更多地借助网民的力量。理想的社会化媒体营销，是让网民的自发感受成为口碑传播的基础。

社会化媒体在营销中的广泛应用，使得广告营销的法则发生了转变。传统的广告传播遵从的是美国广告学家 E. S. 刘易斯在 1898 年提出的 AIDMA 营销法则。该法则指出，消费者从接触营销信息到做出购买行为，大致要经历五个心理阶段：引起注意（attention）—产生兴趣（interest）—培养欲望（mesire）—形成记忆（memory）—购买行动（action）。消费者对于营销信息的 AIDMA 反应模式，是以"媒体"为核心，以"引起注意"为首要任务的营销策略的基础①。

而日本电通集团在 2005 年提出了一个新的法则，即 AISAS 法则，它包含如下五个阶段：注意（attention）—兴趣（interest）—搜集（search）—行动（action）—分享（share）。社会化媒体为这样一种新法则的实现提供了可能。这五个阶段，都可以在社会化媒体中完成。从"注意"与"兴趣"这两个阶段来看，来自熟人、有影响力的名人等的推荐，比大众媒体的机构推送能产生更好的效果。而对于相关信息的搜集来说，社会化媒体也越来越多地扮演起主要角色。社会化媒体与服务平台的连通，使人们从心动到行动的过程缩短，行动实施也更为便捷。至于分享，则更是社会化媒体平台的优势，它们也是引起新一轮注意与兴趣的源泉。关系平台的另一个价值，是将分散的用户力量集结起来，使用户参与到企业的活动中，成为企业和产品成长过程中的一分子。前文提到的利用粉丝和社群的力量，在很大程度上需要以关系平台为基础。

除此之外，数字化时代消费者决策过程和过去消费者经历的过程有很多不同，这对品牌管理者来说意义重大。传统的购买漏斗模型从问题认知开始，以购买选择结束。相反，线上环境创造了一种条件，在这种条件下，消费者可以不按照特定的顺序来行动，关于品牌的新信息可以在任何阶段影响他们的购买决策。营销中应该考虑到众多可以在不同决策阶段为消费者提供信息的在线渠道。图 11-4 概括了和线上环境密切相关的扩展型消费决策过程。

针对消费者决策过程所发生的变化以及它本身所具有的复杂性，品牌经理应该了解更多信息，知道不同细分市场的消费者在消费决策过程中有何不同。进一步来说，应该鼓励顾客在购买完产品后与品牌发生联系。因为顾客可以为品牌提供重要的购后宣传，营销人员可以激励和鼓励顾客积极推荐品牌。网络口碑的作用在社会化媒体中随处可见（见图 11-4）。

图 11-4　扩展消费决策过程

资料来源：R. Batra, K. L. Keller. Integrating Marketing Communications: New Findings, New Lessons, and New Ideas [J]. Journal of Marketing, 2016, 80 (06): 122-145.

（二）从"隔空喊话"到"零距离对话"

社会化媒体平台，不仅要借助用户之间的关系渠道来传播企业的口碑，或形成用户力量

①　刘德寰，陈斯洛. 广告传播新法则：从 AIDMA, AISAS 到 ISMAS [J]. 广告大观（综合版），2013（04）：96-98.

的凝聚，也需要建立起经营者与用户之间更亲密、更持续的关系。这种关系的建立，是在企业与用户间的零距离对话中完成的。以往的营销推广，对于用户相当于一种"隔空喊话"。一方面，由于距离太远，企业看不清用户的真面目，所以喊话的目标也不明确；另一方面，由于距离太远，所以只能"加大嗓门"，也就是在媒体不断增加广告投放的力度，但如果"劲"使得不得法，反而会制造出大量噪声。

社会化媒体营销的"对话"思维意味着，它靠的不是"声高"，而是对用户近距离的洞察。企业和用户两者间的关系是"活的交流关系，而不是机械的、程式化的信息传播关系"。这种对话不是以宣传企业或产品为中心的，而是以赢得用户的认识与理解，打动用户，使用户"卷入"为目标的。所谓的客服，也不再仅仅是程式化地解决用户的问题，而是在人性化的交流中为企业积攒用户资源。

社会化媒体营销可以消除企业与用户之间的中介，使两者随时可以开展直接的接触。这既可能给企业带来更多直接展示的机会，也可能使企业随时处于风口浪尖，因为社会化媒体平台在一定程度上也将企业与用户之间的墙拆掉了，用户可以更直接地洞察企业的内幕。没有持续的形象塑造和关系维护意识，很难维持长期的"友好"关系。更重要的是，如果企业的产品或形象存在致命缺陷，那么，无论什么样的营销技巧都无法让企业长期伪装下去。

也有一些企业会请独立的专门的营销机构帮助自己开展社会化媒体营销。专门的机构可能更熟悉在相关平台营销的操作技巧，但是社会化媒体营销也包含售前、售后服务等内容，而这些是专门的营销机构所无法完成的。因此，除非是某些无须产品服务的产品，否则专门的营销机构只能作为社会化媒体营销的一个部分，而不是全部。

（三）从大众化广告到个性化营销

顾名思义，广告是"广而告之"，也就是面向大众的。而社会化媒体营销不再是传统广告的传播过程，而是实现信息的个性化到达和个性化满足的过程。社会化媒体营销以人们的社交网络为基础，使社会关系成为营销信息的过滤网，这个过滤网可以使个体获得的信息更为个性化。同时，基于人际网络传递的信息，往往更容易得到人们的信任。如上一节提到的信息流广告与 Vlog 广告，今天企业的产品销售可以进一步直接嵌入营销信息中。社会化媒体营销不仅仅可以增强用户对品牌的认知，也可以直接完成产品的销售。

除了基于社交网络的信息传递外，社会化媒体营销也可以利用 LBS 为人们在不同的地理位置和生活场景中的特定需求提供相应的营销信息。而利用大数据技术对用户行为、偏好、需求等进行分析挖掘，提供个性化的信息满足，也将成为一种常态。因此，社会化媒体营销是差异化、个性化的营销，是以为用户提供"量身定做"的信息为目标的。

（四）从"二八定律"到"长尾营销"

传统的企业营销遵从的是"二八定律"，或称 80/20 定律、帕累托定律。1897 年，意大利经济学者帕累托在调查英国人的财富和收益模式中发现，大部分的财富流向了少数人手里。同时，他还从资料中发现，在其他的国家也有类似现象，而且在数学上呈现出一种稳定的关系。最后，帕累托从大量具体的事实中得出了以下结论：社会上 20% 的人占有 80% 的社会财富。

这一定律后来被推演到其他领域。应用于企业的生产与销售领域则意味着，对于一个产品的销售来说，20%的高忠诚度用户可以带来80%的销售业绩。因此，企业格外重视这20%用户的需求，企业的生产与营销主要围绕这些用户展开。但互联网改变了这一定律的适用性。美国《连线》杂志主编克里斯·安德森在他的《长尾理论》一书中指出，商业和文化的未来不在热门产品，不在传统需求曲线的主体部分，而在于过去被视为"失败者"的那些产品——需求曲线中那条无穷长的尾巴。非主流的、个性化的产品需求，虽然是需求的尾巴（the long tail），但是，它们累积起来，也能产生与畅销品（body）一样的销售业绩。

尽管长尾对企业并非毫无诱惑，但过去企业之所以主要关注对企业产生80%贡献的20%的用户，是因为生产模式和营销模式本身的局限性。而今天的技术为满足长尾需求品的生产提供了可能，社会化媒体则为面向长尾需求的用户进行营销提供了可能。

安德森（2012）认为，长尾的出现与三种力量有关：第一种力量是生产工具的普及，尤其是个人电脑的出现；第二种力量是通过普及传播工具降低消费的成本，而把每一个人都变成传播者的是互联网；第三种力量是连接供给与需求，将新产品介绍给消费者，推动需求沿曲线向右移动①。

社会化媒体的作用，正体现为第二种力量，它可以使企业生产的小众产品被更多用户了解甚至被直接推送到特定的用户那里，也可以反过来使企业更多地了解用户的个性化需求并设法满足。

（五）从部门营销到全员营销

传统的营销，是以企业的营销部门为主的，而社会化媒体营销需要企业的各种不同力量共同参与。无论是营销部门，还是生产部门，无论是管理者，还是普通员工，每个部门、每个个体都可以成为营销的一分子。一个企业的社会化媒体营销往往是官方营销账号、部门账号、管理者账号以及普通员工账号的立体组合。当然，几者的目标和风格应该有所分工，形成相互配合。今天很多营销者都称要构建营销矩阵，但所谓矩阵往往只包括企业各个部门的运营账号，而事实上，个人账号对于企业营销的影响也是非常显著的。

影响尤为显著的是管理者。只要他们在社会化媒体中以真实身份现身，他们就是企业的代言人。他们的任何表现，都会与企业的形象挂上钩。管理者的账号应该在展现个人魅力的同时，充分展现企业的文化、企业的风格。如果运营得当，企业领导者的账号甚至可以带来超出营销部门营销的影响力。企业的每一个成员，在社会化媒体中的一言一行，甚至在现实世界中的一言一行，都可能直接影响企业的形象与口碑。一时的不慎言行，很可能会由于社会化媒体的传播而导致危机的产生。

社会化媒体为企业营销传播带来了很多新机会，但也带来了相应的威胁。企业对于社会化媒体所带来的风险尤其需要有充分认识，并对自己的思维与策略做出相应调整。

（六）从明星代言到信任代理

过去的企业营销中，明星代言是一种常见的方式。尽管多数时候明星代言有利于产品或企业知名度的快速提升，但其投入巨大，且有一定风险。当用户对明星代言司空见惯时，其效果也会受到一定影响。

---

① 安德森. 长尾理论（3版）[M]. 北京：中信出版社，2012：48-51.

在社会化媒体营销中，明星代言虽然并不会完全失效，但更多时候，企业需要引入一些新的营销模式。利用"信任代理"就是其中的一种。"信任代理"是美国研究者克里斯·布洛根和朱利恩·史密斯在《信任代理》一书中提出来的概念。他们认为："信任代理是一些不以销售为目的、不施展高压手段的市场营销人员。他们是网络王国的土著居民，利用网络来真诚而人性化地做生意。①"但这里所说的不以销售为目的，并不意味着他们没有商业的目的，是指他们不是急于求得当下的销售业绩，而是通过日积月累的过程，去进行长远的商业价值的培养与发掘。

换一个角度看，信任代理也是一种意见领袖。他们对企业的价值，来自他们对他人的影响力。与其个人一贯信誉的可靠度、其分享的有亲密度的内容的数量成正比，而与其发布的含有过强自我意识的内容数量成反比。因此，信任代理的形成，是一个润物细无声的过程，是一个长期付出、长期积累的过程。没有任何事先的铺垫，企业的营销人员突然在社会化媒体中大量自我推销，很容易带来负面效果，他们也不可能成为信任代理。很多时候，让网民中的意见领袖充当信任代理，更为可行。

信任代理的培养基地就是社会化媒体。甚至很多的信任代理就是普通的网民，他们基于真实的产品体验用人际交流的方式来影响他人，为企业赢得口碑。在社会化媒体培养和发现信任代理，成为企业营销的新思维。

（七）从卖"我的产品"到创造"我们的文化"

今天的企业营销目标已经进入一个更高的层次，那就是，不仅促进自己的品牌与产品的推广，还要促进新的文化的形成，这种文化甚至不是传统意义上的企业文化，而是企业与其用户之间共同的文化，是"我们的文化"。

"我们的文化"的基础是新型的"粉丝文化"。从情感上的认同出发，以某一个产品、品牌、个体等为纽带，将具有共同兴趣与价值取向的人联结在一起，并通过某些集体行动来加强他们的归属感和参与感，这是粉丝文化形成的机制。今天的粉丝文化面临着升级。以往的粉丝文化中，粉丝属于从属的地位，特别是某些产品的粉丝。他们更多只能仰望、膜拜，不假思索地追捧，但对于产品的开发与走向，他们没有任何发言权。而今天的互联网，特别是社会化媒体，可以赋予他们参与到产品创造与推广过程中的权利。

小米公司及其产品的发展过程，就体现了这样一种重塑粉丝文化的过程。业界评论者往往将小米的成功归因于互联网思维的应用。小米创始人雷军认为，互联网思维很实在，原来厂商与用户之间的关系是简单的买和卖，小米则加上了情感因素与互动关系。小米不是做产品，小米是做用户，做社交网络。互联网时代，人与人之间的关系方式发生了改变，产生了Facebook 这样的社交网络公司，人与产品之间的关系也发生了变化，小米公司也可以被理解成这样的社交网络公司。这个社交网络最核心的圈子是 50 万核心用户，他们是买过好几款小米的产品，一直关注小米的产品，并一直通过 MIUI（小米手机的操作系统界面）论坛、微博、微信、QQ 空间等社交平台与小米进行互动的用户。这 50 万用户可以影响 5 000 万用户，而这 5 000 万用户算第二层，是小米产品的一般用户；最外一层则是小米的潜在用户，

---

① 布洛根，史密斯. 信任代理 ［M］. 沈阳：北方联合出版传媒集团（股份）有限公司，2014.

小米希望里面两层用户影响他们①。

小米公司通过各种方式来加强粉丝的归属感与参与感。例如，在微博上和粉丝积极互动，让粉丝参与 MIUI 设计改进，生产各种与"MI"主题相关的 T 恤，使"米粉"拥有主人的感觉。

小米的实践启发我们，今天社会化媒体的价值，不仅仅是可以产生一般的人与人之间的强弱关系链，还是可以带来高参与度的粉丝关系。如果能把粉丝的力量聚集与激发出来，就会给媒体或企业带来更多可能。

"我们的文化"是对"粉丝文化"的一种深化，它凝结与传达的是企业与用户之间的共识，包括产品理念、价值追求、文化基调等各方面。这样一种文化，是在产品生产、销售、使用的全过程中逐渐积累而成的。因此，要创造"我们的文化"，就要将社会化媒体营销链条向前延伸到产品的设计阶段，向后延伸到用户的使用阶段，使用户也成为产品的开发者与推动者，而不仅仅是消费者。

任务四　掌握移动营销和微信营销

营销情境 11 - 4

小红书的生产力——UGC

音频：
营销情境 11 - 4
分析提要

小红书先后经历过两次转型，第一次转型是建立健康完善的社区体系，大力打造社区文化。通过"我要上精选""积分奖励书券"等活动，提高小红书用户发表笔记的质量。小红书在 2018 年初，以冠名《偶像练习生》的方式，吸引了大量的用户注册。小红书采用话题高的流量明星，不断丰富社区内容，产生新热点，不断维持社区的生态闭环。当消费者有需求时，到小红书上搜索相关话题，结合自身实际经验对内容进行浏览和评估，发现是高质有效并对自己有用的内容，自然会点赞、收藏、评论，进一步引发购买行为。如小红书每个月通过用户的点击浏览数据评比出视频号红人榜、视频号新人榜，榜单规则是最具影响力原创作者榜和最具潜力的优质原创作者榜，每一位原创作者的视频号都为消费者购买力的形成产生了很大影响。

UGC 全称为 user generated content，也就是用户生成内容，即用户原创内容。UGC 的产生及发展是双向的，一方是信息发布方；另一方是信息接收方。一个知名度大的视频号、写手号离不开粉丝的支持和打榜，长期对粉丝进行经营有助于达到用忠诚粉丝带动潜在粉丝的效果，从而提高粉丝黏性。粉丝有忠诚度，会乐意主动购买喜爱的发布者所分享的产品，增加发布者的影响力。据社会化营销案例库 2019 年 9 月 12 日发布的趋势报告显示，粉丝文化已经进入到 4.0 时代。粉丝经济 4.0 时代最明显的特征是粉丝团体已具备较强的组织力、传播力与造势力。明星/KOL/品牌等借助高参与度与高流量的

---

① 雷军. 小米不只是互联网营销的成功［J］. 21 世纪经济报道，2013 - 12 - 28.

粉丝群体，吸引粉丝主动规划、参与、应援，甚至运营推广活动，粉丝成为不可或缺的传播战略之一。粉丝经济越来越成为 UGC 影响购买行为的一个重要倚仗。并且 UGC 一个重要的特性就是互动性，小红书的社区里每一条动态，都设置了评论区，方便视频号和粉丝留言互动。因为创作者和接收者有着相同的价值理念，从而更好地接收创作者传播的信息，刺激用户消费行为的产生。

传播政治经济学奠基人达拉斯·斯麦兹在此基础上提出"受众商品论"，认为广告商购买的"受众商品"具有劳动的属性。在移动互联网支持社交媒体发展的背景下，学者克里斯蒂安·福克斯发展了斯麦兹的"受众商品论"，认为社交媒体用户的活动是一种劳动，用户生产了"数据商品"。

资料来源：克里斯蒂安·福克斯. 社交媒体批判导言（第 1 版）［M］. 北京：中国传媒大学出版社，2018.

思考： 观察并列举你身边的 UGC，并考虑在我国 UGC 存在的问题。

一、移动营销

移动营销（mobile marketing）指向移动中的消费者，通过他们的移动设备递送营销信息、促销和其他营销内容。市场营销者运用移动营销在购买和关系建立的过程中随时随地到达顾客，并与他们互动。移动设备的广泛采用和移动流量的迅猛增加使得移动营销成为大多数品牌的不二选择。

（一）移动营销的技术基础

2010 年 8 月，美国《连线》杂志主编克里斯·安德森的一篇文章引起一些业内人士的关注。在题为《万维网已死互联网万岁》的文章中，安德森谈到了 App 技术对 Web 的冲击。尽管人们对 Web 是否会消失产生了不同的判断，但在智能手机上，App 的确对 Web 或 WAP（无线应用协议）网站产生了较大的冲击。App（应用）主要指智能手机、平板电脑以及智能电视等设备的第三方应用程序，在中国，通常也称为客户端。一个 App 便是一个软件，不同应用的功能不尽相同。App 的开发者来自四面八方，这也为应用的多元化提供了基础。

近年来，各类网站、媒体都在营销客户端，用客户端购物、获取信息已变成人们的习惯。而在电脑终端上以网站形式存在的社会化媒体以及电子商务等服务，在移动终端上，也都变成了一个个 App。目前的智能电视，也是利用各种 App 为用户提供服务的。

随着手机、智能手机和平板电脑的使用数量激增，移动设备在全球国家庭的渗透率增长迅猛，在美国甚至已经超过 100%（许多人拥有不止一部移动设备）。智能手机用户用它来连接移动互联网。他们不仅浏览移动互联网，而且是各种移动应用程序的积极使用者。大多数人喜欢用手机，甚至严重依赖手机。一项研究发现，近 90% 拥有智能手机、平板电脑、电脑和电视机的消费者只有在不用手机的时候才会使用其他设备。手机迅速变成人们的"首选屏幕"。离开家后，手机几乎就是人们唯一关注的屏幕。

（二）移动营销推广

对于消费者来说，一部智能手机或平板电脑就相当于一位便利的购物伙伴，随时可以获得最新的产品信息、价格对比、来自其他消费者的意见和评论，以及电子优惠券。一项最近的研究发现，90%的智能手机携带者会在购物的时候使用它。

企业用移动营销来刺激当前购买，简化购买过程，丰富品牌体验。这使得市场营销者在消费者表达购买兴趣或者制定购买决策时，为他们提供更多的信息、激励和选择。例如，塔可贝尔公司（Taco Bell）是全球大型墨西哥风味快餐餐厅。运用移动广告在其所谓的"移动重要时刻"联系顾客。为了推广早餐，塔可贝尔用移动广告瞄准精心选择的目标受众，在顾客开始新的一天时影响他们。根据诸如清晨消费者首先会用哪些移动应用程序、他们最喜爱什么信息来源或者他们什么时候会查看早餐食谱等特定行为，它的移动广告有的放矢。一位塔可贝尔的营销人员说："我们已融入顾客早晨的行为之中。"塔可贝尔还根据地理位置投放移动广告，运用谷歌 Waze 的导航和交通应用程序甄别特定顾客的位置，甚至提供到达附近门店的详细指引。通过这些方法，塔可贝尔可以根据每位顾客的行为、经历和环境定制移动广告。一位营销人员说，移动营销让塔可贝尔"当顾客早晨醒来开始考虑早餐时就及时出现"。

（三）移动端直播

网络视频直播很早就已出现，但是移动终端及应用的发展，推动了网络视频直播的普及，视频直播的应用范围及场景也在不断拓展。电商直播及社交互动性直播（如新闻、娱乐节目）对于直播的发展，影响尤为显著。直播形式增加了消费者临场感，也是品牌展示的表演舞台，直播过程中，企业以一种陪伴的姿态，与消费者一起进入更深层次的理解与互动——"在场"并"参与"。除了新闻直播外，现在的网络直播更多的是网红或"草根"的直播。这些直播，大多是社交性的，也就是以社交互动为目的，即使有些直播是以某个事件为依托的。

在美国社会学家戈夫曼看来，社交互动都是拟剧化"表演"。同样，我们也可以把社交性直播看作一种表演，直播现场也就是一种表演空间，这样的"现场"更多的是私人性的空间。当然，这种私人性主要体现在心理上，而非物理上。对于直播者来说，适度开放个人的私人空间，是为了更方便地进入他人的视野，创造自己在别人空间中的在场感。

我国央视网上线了"熊猫频道"，用固定机位 24 小时直播成都大熊猫繁殖基地熊猫的日常活动。它所营造的效果，就像熊猫在自己的窗外，随时可以看它几眼。这些直播的存在让我们意识到，营造在场感与陪伴感，也是直播的一种重要功能，这一点在网民的社交性直播中得到证明和延续。但也有些网民直播是直接定位于表演（狭义的表演，而非前文所指的社交互动性表演）的。除了特长、才艺展示外，还有不少表演以色情、自虐等作为卖点，以求博得眼球，甚至谋求经济利益。除了经济上的动因外，这样的表演，也是为了体现自我存在感。有研究者在分析"快手"直播中的自虐现象时指出，任何人活着，都想获得他人的认可和关注。但是可以想象，自虐视频中的那些主角，都是没有钱、没有文化、没有地位甚至长相平凡的人，他们从小到大基本不可能获得别人的关注和欣赏。假如他们想获得关注和认可，要靠什么呢？恐怕他们唯一能出卖的就是身体，通过残酷的自虐来获取关注①。

观看者也可以通过各种方式呈现自己的存在感。那些花重金给主播送礼物的观看者，除了用礼物来表达对直播者的喜爱与支持外，也许在一定程度上也是为了让主播和其他观看者注意到自己的存在。虽然是虚拟的方式，但是比起过去的电视直播来说，在网络直播中，观看者昭示自己在场的可能性增加了。企业和品牌还应该关注直播中消费者产生的"存在感""在场感"与"陪伴"等心理动因。

二、微信营销

（一）作为社交平台的价值

毫无疑问，微信最早是作为社交产品诞生的。社交是它最核心的功能，也是支持它的其他功能的基础。相比短信等社交手段，微信不只具有点对点的交流功能，还能通过朋友圈等方式使用户间保持点对点交流之外更广泛、更密切的接触。而与 SNS 等社交平台相比，微信的即时通信功能，又使它的社交黏性更强。与微博相比，微信朋友间更多的是熟人关系，这也是强社交黏性的重要原因。总体来看，微信用一种弹性的方式，在其平台上打造出各种不同的社交手段及社交圈，以迎合人们多样化的社交需求。作为一种移动社交平台，微信也使得空间和场景的意义大大增强，"摇一摇"就是这样一种思维的应用。通过"摇一摇"这样一个简单的动作，微信用户可以获得基于地理位置的信息或服务，或者找到附近的用户。这为基于地理空间的社交及服务提供了基础。

（二）作为营销及服务平台的价值

对于企业来说，微信意味着全新的营销和服务可能。但这并不代表将传统的广告搬到公众号或朋友圈，就可称为微信营销。在某种意义上，微信并不是广告的温床，甚至可能是抵制广告的。在朋友圈里，发硬广告可能导致被"拉黑"，即使在熟人间发也如此。而通过公众号来推送广告，也并不容易，一方面是因为公众号发布数量的限制；另一方面则是因为被折叠起来的公众号内容不容易被人们打开，尤其在人们知道它是广告内容的前提下。

在微信中，企业可以提供直接的产品销售。而这一新平台上的产品销售。还会延伸到用户数据挖掘、用户管理、个性化服务等一系列环节。而这些环节，在传统的线下或线上营销中，往往是无法实现或者是不能很好地实现的。

微信也是一个个性化的服务平台。通过对服务号中功能的开发，向每个用户提供一对一的服务，是一种新的企业客服方式。这同样适用于一些政府服务。作为一个移动社交平台，微信的一个重要特点，是实现线上与线下的连接。也因此，它被当作一个重要渠道。有研究者说，微信不仅仅是一个连接客户的工具，它完全是一种全新的客户体验生活方式；微信不仅仅是一个能带来订单的平台，它完全是一种全新的管理和生产方式；微信不仅仅是一个营销广告的渠道，它完全是一种全新的与客户对话的方式。

---

① 段鹏. 社群、场景、情感：短视频平台中的群体参与和电商发展 [J]. 新闻大学，2022（01）：86 - 95，123 - 124.

相关链接： 微信"抢红包"

对于社会化媒体中的传播，以及社会化媒体产品的开发、推广及运营来说，了解人性是一切的出发点，而满足人性需求则是其归宿。

微信平台推出的"抢红包"活动，正是这样一种思维的充分体现。2014年春节前，腾讯公司为了推广其微信支付而推出了"抢红包"这样一个带有游戏性质的营销活动，此后该活动在各种时间段与场景下得到延续。在网民乐此不疲的自娱自乐中，腾讯的收获是，大批网民将银行卡捆绑到微信平台，而这为微信成为商业入口提供了重要基础。

微信"抢红包"之所以成功，一个本质的原因，就是以人性为基础设计活动模式，使网民自觉参与微信红包可以满足人们彰显存在感、竞争和拼运气、对随机性的好奇、捡便宜的成就感等心理，也可以成为人们社交互动、获取社会资本、融入群体的一种方式。

抢红包规则简单，只有几个点击动作，所以它容易上手，人人可参与。微信红包的传播与推广，靠的是用户的人际关系链条。人际"传染"往往比企业宣传更为直接有效，因此，这一活动得以迅速推广。微信群也成为抢红包活动主要的传播渠道，红包变成群体的一种互动仪式。

微信红包的发放者是用户，而过去传统的企业营销往往需要企业自己的大量投入。微信红包将"群众路线"这样的互联网思维发挥到了极致。用户自己掏钱，相互馈赠，自娱自乐。尽管腾讯公司也需要为用户的提现支付手续费，但相比抢红包活动带来的巨大的宣传效应，这一投入也是值得的。与此相比，过去很多商家，包括电商，也会给用户赠送一些优惠券，但由商家来发放的这些优惠券，有使用范围的限制，用户真正的获利有限。另外，用户由于觉得羊毛出在羊身上，对这些优惠的兴趣也就有限，而金额少的优惠，更是难对用户形成诱惑。

资料来源：谢晓萍. 微信思维［M］. 广州：羊城晚报出版社，2014.

（三）微信营销生态

1. 微信的私域。业内普遍认为，私域流量的概念在阿里巴巴2016年管理者内部会上首次提出，私域流量是指从公域（internet）、它域（平台、媒体渠道、合作伙伴等）引流到自己私域（官网、客户名单），以及私域本身产生的流量（访客）。私域流量可进行二次以上链接、触达、发售等市场营销活动客户数据。私域流量和域名、商标、商誉一样属于企业私有的经营数字化资产。私域流量与公域流量概念对应，是基于信任关系的封闭性平台上的流量池，具有直接触达、无须付费、反复利用的特点，指QQ、微信、抖音、小红书等社交App形成的渠道聚合流量。其中品牌公众号、店铺官方微信、导购个人私信、朋友圈是品牌培育私域流量池的常见方式。私域流量本质是更为完善消费者—与品牌关系管理，在涨粉、内容、运营三大主题下对品牌客流进行精细化管理①。

疫情加速了私域化的进程。当前，私域流量已成为品牌影响消费者的重要路径。企业通

① 沈国梁. 从流量池到留量池：私域流量再洞察［J］. 中国广告，2019（12）：93–94.

过打造私域流量池，引导和维护私域客户群，与客户建立信任和依赖关系，实现流量到流量的转化。通过私域流量，品牌可主动地反复触达并唤醒用户，通过用户扩散品牌影响力，也可基于数据精准分析用户行为，并实现用户数据的应用和变现。

2. 微信群。微信群作为流量沉淀和唤醒的主要场所，本质就是一个流量池。企业一方面通过红包、礼品、优惠券等形式，引导用户进群，再通过满就赠、抽奖等活动实现流量留存；另一方面，通过分享小知识、小技巧、发起话题讨论等，提升用户的活跃性。微信群作为私域运营的重要组成部分，尤其在企业微信的场景下，企业基于对客户跟进记录、互动记录和用户画像的精细化运营，有效提升用户复购率、消费品类延伸和忠诚度。社群运营一直是私域运营中最重要组成部分，在企业微信的不断迭代中，群管理和精细化运营也是重中之重。伴随微信平台新增"群折叠"功能，低质的社群将会被用户遗忘和屏蔽。企业可结合活动目的，在社群发起有奖投票、晒图抽奖或发红包；根据商品和行业特点，设置契合度较高的互动话题，通过工作人员的参与，营造交流氛围，提升社群活跃度；通过新品发布、促销活动等，反复触达，唤醒用户，提高社群用户留存率和复购率。

3. 朋友圈：流量裂变落脚点。朋友圈作为用户线上社交工具，每天总流量高达一百亿次。朋友圈不仅是私域流量裂变实现的落脚点和入口，也是企业广告投放的主阵地。通过用户的朋友圈分享海报、链接，使品牌、产品等得到曝光和裂变。为加强用户的信任，企业可一对一地为客户打造专属的朋友圈和人设①。

4. 公众号。公众号是企业信息展示、客户沟通、新品发布、文化传播等平台，是企业品牌建设与内容营销的核心场景，也承载消费落地的前置环节。特别是企业微信好友上限达5万，极大地保护商家的私有客户资产，作为微信商业增长服务力的必备工具，是天生的社会化客户关系管理（SCRM）平台。伴随企业微信开通历史朋友圈功能，个人微信朋友圈和企业视频号的打通，通过服务号、订阅号的对外价值传递，企业可将公众号打造为用户专属的信息平台。

5. 小程序。小程序"用完即走、无须安装"的特点，逐渐养成用户习惯，使得其商业化逐渐成熟。小程序具有丰富的入口，企业可在微信搜索、发现入口、朋友圈广告、公众号、自定义菜单栏、公众号推文内链接、对话框等实现其推送；其天然的工具属性和以"一物一码"为代表的识别与追溯的广泛应用，使微信生态具备打通线上与线下场景的能力。通过拼团、秒杀、优惠券、小游戏、礼品卡、新人礼包、会员积分体系、试用装申领、AR试装等服务与玩法，助力品牌营销，提升流量转化。小程序作为私域运营落地转化最大场景之一，是品牌营销的主要工具，也是企业形成完整私域商业闭环的重要选择。

6. 视频号。随着微信视频号推广能力和效率再次升级，已与朋友圈、公众号、小程序、企业微信支付等打通，较好地连接用户和企业，实现公域流量的拉新。首先，视频号和企业微信彻底打通后，企业微信可不断接收和转发来自个人微信号的视频号消息，也可通过群发助手向用户发布视频号内容，甚至可一键转发到用户朋友圈；同时，升级后的视频号，Windows微信端可直接发起视频号直播，直接触达自己的用户，视频号在微信生态的转化场景中有更强大的支撑。其次，企业可通过视频号的账号管理绑定微信公众号，实现视频号和公

---

① 张小龙. 全面解读微信：朋友圈每天 100 亿流量，下一个风口在哪里？［EB/OL］. （2019 - 01 - 10）. https: www.sohu.com/a/288034423_197800.

众号互倒粉丝，利于有粉丝的内容团队快速起步和迁移。最后，通过视频号和微信支付运营场景的打通，微信支付成功页面可直接跳转至品牌视频号主页，并支持设置视频号直播预约。

"社群、小程序、导购"是私域落地转化的最强三大场景。通过"公众号＋社群＋小程序"三者互通，逐步形成稳定的三角关系，即品牌与用户之间的关系；用户与社群间的关系；社群与公众号间的关系。

案例分析："李子柒"短视频营销

停更视频 500 多天后，李子柒再次出现在了大众视野。伴随着杭州微念发出的《和解公告》，四川子柒文化传播有限公司也已于近期发生工商变更，微念创始人刘同明退出李子柒公司。许多互联网看客表示这样的结果是意料之中。一个品牌从创立到知名，背后是长期辛苦的经营付出。而商标则蕴含着品牌的商业价值与市场影响力，是企业的重要无形资产。虽然"李子柒"品牌在品牌资产管理中出现了不少的问题，但从营销角度来看，回顾李子柒品牌及其过往社交媒体营销的内容传播，依然有许多值得我们从营销角度深入观察和学习的地方。

文本：分析
思路

2016 年，还在用"李佳佳"这个名字的李子柒凭借视频《桃花酒》开始出圈，彼时社交媒体开始作为社会化创意的信息表达有效渠道，成为人们日常交流的主要平台。由于创作内容的高水准，尤其是对于细节的高度还原和追求，使得李子柒的视频不容易陷入俗套和同质化之中，持续引发观众的共鸣和转发。

李子柒在海外视频网站上的影响力也不容小觑。目前在 YouTube 网站上，李子柒账号的粉丝订阅数量超过 1 700 万，仍是全球订阅量最高的 YouTube 中文频道。甚至，在过去断更的时间里，李子柒的 YouTube 账号还一直保持着粉丝量的增长。

除了央视、共青团等官方媒体及机构都曾经点名表扬过李子柒，将其树立为文化输出的典型外，2020 年，李子柒本人入选中国妇女报"2019 十大女性人物"，担任成都非物质文化遗产推广大使、农业农村部"中国农民丰收节推广大使"、全国青联委员等职位，使得李子柒摆脱了一个传统网红的局限，将其品牌影响力扩展到了社会层面。

随着李子柒的走红，"李子柒"品牌的商业价值也逐渐显现出来。2018 年 8 月，李子柒同名品牌——"李子柒"线上旗舰店正式开业，上线不到一周，店铺销量便超过 15 万件，总销售额破千万元。据海豚智库显示，李子柒品牌在 2020 年销售额达到了 16 亿元，其中仅李子柒螺蛳粉的销售额就突破了 5 亿元。2020 年双 11，李子柒品牌在粮油速食类全网销售额排行榜中位列第一。"李子柒"品牌通过一系列的内容生产和营销传播，达到了营销目的，实现了品牌的社会价值。如今李子柒归来，我们拭目以待。

资料来源：石妍. 网络营销实训［M］. 南京：南京大学出版社，2020.

讨论问题：观察 2018 年"李子柒"品牌传播视频内容，思考品牌团队如何进行社交媒体的内容营销策划？

情境讨论和能力训练

训练主题：快销品牌的网络传播

训练目的：观察实际案例，体验与认知网络传播营销策略规划。

训练方案：

1. 人员：3~5人组成一个小组，以小组为单位训练。

2. 时间：与项目十一教学时间同步。

3. 方式：找一个你熟悉的零售快消品品牌，观察品牌在互联网上的传播状态，并完成以下问题：

（1）观察该品牌在同一时期内，品牌的相同内容（如发布新品、企业新闻、促销提醒等内容），在不同传播工具上的呈现有何不同？

（2）结合该品牌定位、目标客群偏好、产品特性、价格设定和竞争等营销相关角度，分析品牌整合营销传播是否成功。

本项目思考题

1. 网络传播中有多少媒体类型？不同媒介的特点是如何的？

2. 商品或品牌的信息从商家到消费者的过程中，有多少不同的传播形态？

3. 各种营销传播工具的特点。

4. 社交媒体营销带来的变革。

5. 归纳移动营销的特点。

6. 微信营销的特点，它给你的购物过程带来的变化？

参考文献

［1］郭国庆，陈凯. 市场营销学（第6版）［M］. 北京：中国人民大学出版社，2019.

［2］纪宝成. 市场营销学教程（第五版）［M］. 北京：中国人民大学出版社，2012.

［3］徐敬宏，胡世明，侯彤童. 网络传播概论（第五版）［M］. 北京：清华大学出版社，2022.

［4］陈荣. 消费者行为学［M］. 北京：清华大学出版社，2015.

［5］钱黎春，胡长深. 市场营销学［M］. 长沙：湖南师范大学出版社，2017.

［6］吴健安，聂元昆. 市场营销学（第五版）［M］. 北京：高等教育出版社，2014.

［7］吴健安，钟育赣. 市场营销学（应用型本科版）［M］. 北京：清华大学出版社，2015.

［8］李桂华，卢宏亮. 组织间营销［M］. 北京：清华大学出版社，2013.

［9］蒋平. 《市场调查》学习指导与习题［M］. 北京：世纪出版集团，2013.

［10］余爱云，刘镇龙等. 市场营销项目化教程［M］. 北京：北京理工大学出版社，2017.

［11］朱捷，陈晓健，邢增东. 市场营销［M］. 成都：电子科技大学出版社，2020.

［12］郭元. 现代市场营销学［M］. 北京：北京理工大学出版社，2021.

［13］王晓东. 市场营销理论与实务［M］. 北京：清华大学出版社，2016.

［14］［美］菲利普·科特勒. 市场营销原理（全球版）（第15版）［M］. 北京：清华大学出版社，2016.

［15］王俊杰，吕一林. 营销渠道决策与管理［M］. 北京：中国人民大学出版社，2022.

［16］庄贵军. 营销渠道管理［M］. 北京：北京大学出版社，2018.

［17］程宇宁. 整合营销传播（第三版）［M］. 北京：中国人民大学出版社，2022.

［18］克洛，巴克. 广告、促销与整合营销传播（第八版）［M］. 北京：中国人民大学出版社，2021.

［19］郝正腾. 市场营销［M］. 北京：经济日报出版社，2020.

［20］聂元昆. 市场营销学［M］. 北京：高等教育出版社，2020.

［21］莫童，潘印妮，李正源. 谈市场营销渠道的冲突、竞争与合作［J］. 现代商业，2011，258（29）：16.

［22］郭国庆，陈凯. 市场营销学［M］. 北京：中国人民大学出版社，2022.

［23］［美］菲利普·科特勒，［美］加里·阿姆斯特. 市场营销原理与实践（第17版）［M］. 楼尊译. 北京：中国人民大学出版社，2020.

［24］叶生洪. 论目标市场营销战略模型［J］. 商业时代，2005（15）：48－49.

［25］吴健安，聂元昆，郭国庆，钟育赣. 市场营销学（第六版）［M］. 北京：高等教

育出版社，2017.

[26] 陈云，王浣尘，沈惠璋. 互联网环境下双渠道零售商的定价策略研究 [J]. 管理工程学报，2008 (01)：34 - 39，57.

[27] 熊国钺，元明顺，吴泗宗. 市场营销学（第 5 版）[M]. 北京：清华大学出版社，2017.

[28] [美] 蒂姆·史密斯. 定价策略 [M]. 周庭锐等译. 北京：中国人民大学出版社，2015.

[29] 周振飞. 市场营销策略：有效的销售渠道管理——评《中国市场营销方法：价格与渠道》[J]. 价格理论与实践，2018 (06)：163 - 164.

[30] 高兴佑，郭昀. 谈企业市场营销中的定价方法与价格策略 [J]. 商业时代，2011 (22)：27 - 28.